중국문명대시야 3

中華文明大視野
by 袁行霈

Copyright ⓒ 2002 by 21st Century Publishing House
Korean translation copyright ⓒ 2007 by Gimm-young Publishers, Inc.
Korean translation rights arranged with 21st Century Publishing House
Through Imprima Korea Agency.

中华文明

중국문명대시야

베이징대학교 중국전통문화연구센터 기획 | 장연·김호림 옮김

大视野

3

김영사

중국문명대시야 3

저자_ 위안싱페이
역자_ 장연·김호림

1판 1쇄 인쇄_ 2007. 12. 1.
1판 1쇄 발행_ 2007. 12. 4.

발행처_ 김영사
발행인_ 박은주

등록번호_ 제406-2003-036호
등록일자_ 1979. 5. 17.

경기도 파주시 교하읍 문발리 출판단지 515-1 우편번호 413-756
마케팅부 031)955-3100, 편집부 031)955-3250, 팩시밀리 031)955-3111

이 책의 한국어판 저작권은 Imprima Korea Agency를 통한 21st Century Publishing House와의
독점 계약으로 김영사에 있습니다. 저작권법에 의해 한국 내에서 보호를 받는
저작물이므로 무단 전재와 무단 복제를 금합니다.

값은 표지에 있습니다.
ISBN 978-89-349-2738-9 04910
       978-89-349-2735-8 (세트)

독자의견 전화_ 031) 955-3104
홈페이지_ http://www.gimmyoung.com
이메일_ bestbook@gimmyoung.com

좋은 독자가 좋은 책을 만듭니다.
김영사는 독자 여러분의 의견에 항상 귀 기울이고 있습니다.

中國文明 大視野

추천사 | 양국 교류의 새로운 지평을 열기 위하여

올해는 중국과 한국이 수교한 지 15주년이 되는 해입니다. 하루 평균 1만 1천 명의 한국인이 매주 800여 항공편을 통해 한국의 6개 도시와 중국 30여 개 도시를 왕래하고 있습니다. 사람들이 자주 오가면서 중국에는 '한류韓流'가 퍼져나가고 한국에는 '한풍漢風'이 거세게 불고 있습니다. 중국에서는 매일 1억 명 이상의 시청자들이 한국 드라마를 봅니다.

한국에서는 중국어 학습 열풍이 불고 있습니다. 한국에는 현재 130여 개 대학이 중문과를 개설하였고 중국어를 할 줄 아는 외국인 3명 가운데 2명은 한국인입니다. 특히 HSK 상위권 득점자 대다수가 한국인입니다. 전 세계에서 중국어를 제일 잘 구사하는 외국인이 한국인인 것입니다. 이렇게 중국과 한국이 1992년 수교 이후 15년 만에 비약적인 관계발전을 이룩했다는 점은 어느 누구도 부인할 수 없습니다.

그러나 저는 한 가지 아쉬움이 있습니다. 문화의 가장 기본적인 바탕이라고 할 수 있는 도서의 교류가 아직 부족하지 않은가 생각하는 것입니다. 조금 과장해서 말하면 저는 양국 간의 활발한 도서 교류가 양국 관계에 새로운 전기를 마련해줄 수 있을 것이라고 봅니다. 두 나라의 국민들이 상대 국가에서 출간되는 양서를 더 많이 읽고 이해하면 두 나라가 좀 더 서로를 깊이 알고 좋은 관계로 발전해갈 수 있지 않을까 생각하는 것입니다.

김영사의 박은주 사장님이 4년 전 중국대사관 문화원 측에 중국문화를 제대로 이해할 수 있는 책을 함께 기획해보자는 의견을 주셨습니다. 그때 중국 문화원의 담당자는 양국의 친선교류를 위한 좋은 기회라고 판단하고 면밀한 검토 작업에 들어갔습니다. 그 결과로 선택한 책이 명문 베이징대학교의 대표적인 교수진이 집필한 이 책〈중국문명대시야(원제 : 中華文明大視野)〉였습니다. 김영사에서도 흔쾌히 출간을 수락하였고 그 결과 한중수교 15주년을 기념하여 출간하게 되었습니다. 저는 이 도서가 중국이 오랫동안 축적해온 문명의 정수를 제대로 한국인에게 보여줄 것이라고 생각합니다.

　　다행스럽게도 최근에는 양국의 출판계에서도 서로 활발한 교류가 이루어지고 있습니다. 양국의 작가들이 오가며 열띤 토론과 의견을 나누고 한국 서점에서도 중국의 다양한 책들을 볼 수 있게 되었습니다. 저는 주한 중국대사관 문화원과 김영사가 공동으로 기획한 이 도서가 양국의 지식정보 교류에 새로운 전기를 마련해주기를 진심으로 바랍니다.

2007년 겨울
주한 중국대사
닝푸쿠이 寧賦魁

서문 | 중국인이 중국인인 이유

만리장성, 황허, 창장강, 팔괘八卦, "높은 지위에 있는 사람도 삼가지 않으면 후회하게 된다亢龍有悔" "요조숙녀는 군자의 좋은 짝일세窈窕淑女 君子好逑", 띠, 중추절, 단오절, 용주龍舟 시합, 새해 인사, 양고기 샤브샤브, 젓가락 사용…….

앞에서 말한 것들은 중국인에게 무척 익숙한 것들이다. 중국인이 중국인인 이유는 이 수많은 요소들의 영향을 통해 중국인이 되었기 때문이다. 노란 피부, 검은 머리, 검은 눈동자 때문에 중국인이 중국인인 것은 아니다. 중국인이 머릿속으로 생각을 떠올리면 중국식 사유이고, 하루하루의 일상은 중국식 생활방식이다. 중국인은 중국문화에서 벗어나지 못한다. 중국인은 세계의 어느 곳에 있건 음력 섣달 그믐날이나 중추절 같은 명절이 되면 강렬한 반응을 보인다. 이런 크고 작은 일들이 넓은 중국문화의 그물이 된다. 중국인은 모두 이런 것에 익숙하지만 대부분은 그 이유를 모르고 어떻게 된 일인지 잘 설명하지 못한다. 이《중국문명대시야》는 중국인의 생활 속에 있는 중국문화를 친절하고 간단하면서도 믿을 수 있는 언어로 소개해준다.

1994년 내가 베이징대학교의 명예교수 자리를 받았을 때, 베이징대학교 국학연구원 중국전통문화연구센터의 학자들과 좌담회를 한 적이 있다. 그들은 마침 큰 프로젝트를 시작하고 있었다. 그들은 조를 나누어 중국문화와 역사에 대한 연구과제 1백여 편을 쓰고 있었는데, 어려운 내용을 알기 쉽게 쓰되, 착오 없이 정확하고 재미있어야 했다. 그 원고들은 중앙방송국에서 텔레비전 방송물로 제작되었다. 연구센터의 주임인 위안싱페이 교수는 내게도 "무술"과 "칭기즈칸" 혹은 맘에 드는 역사 인물에 관한 글을 써보라고 권했다. 무척 흥미가 당긴 나는 이 부탁을 받아들이려고 했다. 그러나 오래지 않아 홍콩으로 돌아갔고, 업무상 연락이 쉽지 않아 결국 마음을 접고 말았다. 나중에 베이징대학에 다시 돌아갔을 때 위안 교수와 그의 동료들이 내게 이미 촬영을 마친 텔레비전 방송물 몇 세트를 선물했다. 내용을 보니 수준이 대단히 높아서 독자들에게 널리 추천할 가치가 있다고 생각했다. 이제 방송 내용을 체계적으로 정리하여 한결 더 훌륭하게 출간된 책을 보니 정말 기쁘지 않을 수 없다. 이 책은 중국문화의 정수를 담고 있다. 이 책을 읽고 이해한 독자라면 중국문화를 이해했다고 말해도 지나치지 않을 것이다. 독자 제현의 일독을 권한다.

진융金庸

차례

추천사 | 양국 교류의 새로운 지평을 열기 위하여 • 6
서문 | 중국인이 중국인인 이유 • 8

제5부

남조의 문화 • 17
회흘의 문화 • 31
서하의 문화 • 45
짱족의 영웅서사시 《거싸얼》 • 59
당나라의 전기소설 • 71
육우와 《다경》 • 85
팔선에 관한 전설 • 99
청렴한 관리 포증 • 111
범중엄과 〈악양루기〉 • 125
구양수 • 139
왕안석과 희령변법 • 153
사마광과 《자치통감》 • 167
송사 • 179
소식 • 193
이청조 • 209
악비 • 223
육유 • 235
신기질 • 249
중국의 서원 • 261
주희와 이학 • 273

제6부

심괄과 《몽계필담》 • 287
문천상과 〈정기가〉 • 297
조판인쇄와 활자인쇄 • 311
화약과 화기 • 325
고대 화폐의 변천 • 339
송대의 설화와 화본소설 • 355
송·원대의 선본 • 369
송·원대의 도자기 • 383
송·원대의 회화 • 399
마르코 폴로가 본 중국 • 415
원대의 산곡 • 429
관한경과 원대의 잡극 • 441
왕실보와 《서상기》 • 453
《삼국연의》 • 465
《수호전》 • 477
《서유기》 • 491
《영락대전》 • 505
정화의 항해 • 519

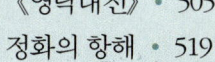

차례

【 제1부 】

용과 중국 민족
염제와 황제
물을 다스린 대우
상주의 청동기 예술
갑골문
《주역》과 팔괘
《시경》
제자와 백가쟁명
노자
공자
손무와 《손자병법》
묵자
장자
맹자
한비자
굴원과 〈이소〉
이빙과 두장옌
선진시대의 수레
선진시대의 옥기

【 제2부 】

진나라 시황제
장성
진시황릉 병마용
마왕퇴
문경의 정치
한나라 무제
서역으로 간 장건
사마상여와 한부
한나라의 악부
사마천과 《사기》
왕충과 《논형》

고대의 제지술
장형의 과학적 성취
한자 이야기
고대의 종
한나라 황실의 능과 궐
한나라의 백희
열두 띠 이야기
청명과 한식
설날 풍속

【 제3부 】

동고
석경
건안 풍골
신의 화타
의성 장중경
제갈량
도연명
육조의 고승
왕희지와 그의 서예
갈홍과 위진시대의 도교
조충지
북위 효문제와 북방 민족
윈강 석굴
조주교와 교량 건축
대운하
당나라의 장안성
당나라 태종과 정관의 치세
서역의 경전을 가져온 현장
대안탑과 소안탑

【 제4부 】

실크로드
당나라의 무악
문성공주와 송찬감포
무측천
개원 시기의 태평성대
당 왕조 능묘의 조각상
룽먼 석굴
둔황 석굴
감진의 일본행
당삼채
당대의 복식
당대의 서예
당시
왕유
이백
두보
백거이
한유
유종원

【 제7부 】

탕현조와 임천사몽
서하객과 《하객유기》
왕양명
송응성과 《천공개물》
서광계와 《농정전서》
이시진과 《본초강목》
명대의 왕릉과 유물
타이완을 수복한 정성공
포탈라 궁과 티베트 불교
장서루
지방지
명말의 3대 사상가
명·청대의 베이징성
명·청대의 원림
명·청대의 판화
명·청대 문인의 인장
명·청대의 국자감
고궁 건축
피서산장
주거지와 사합원

【 제8부 】

강건성세
곤곡의 흥망성쇠
청대의 곡예
전통 희극을 집대성한 경극
18세기 프랑스의 '중국 붐'
원명원
천단
포송령과 《요재지이》
오경재와 《유림외사》
조설근과 《홍루몽》
공자진
임칙서
황준헌
무술변법
경사대학당
추근
쑨원
5·4 신문화운동

中國文明 大視野

제5부

남조의 문화 · 회흘의 문화 · 서하의 문화 · 짱족의 영웅서사시 《거싸얼》 · 당나라의 전기소설 · 육우와 《다경》 · 팔선에 관한 전설 · 청렴한 관리 포증 · 범중엄과 〈악양루기〉 · 구양수 · 왕안석과 희령변법 · 사마광과 《자치통감》 · 송사 · 소식 · 이청조 · 악비 · 육유 · 신기질 · 중국의 서원 · 주희와 이학

【 남조의 문화 】

● 대리국大理國의 도읍인 다리성 유적

태화성은 오늘날의 다리와 샤관 사이 타이화촌 서쪽에 위치해 있다. 이 성곽은 서쪽으로 해발 4,000미터가 넘는 창산蒼山에 잇닿아 있고 동쪽으로는 푸른 파도가 넘실거리는 얼하이호에 임해 있다.

남조南詔(649~902)는 당나라가 이족彝族과 바이족白族의 선주민 위주로 건립한 지방 정권으로, 그 통치의 중심은 윈난성云南省 얼하이洱海호 일대였다.

  수나라 말기에서 당나라 초기에 윈난성 다리大理의 얼하이호 주변과 애뢰산哀牢山, 무량산無量山 북부에 거주했던 수많은 오만烏蠻(이족의 선주민)과 바이족의 선주민 부락들 중 세력이 비교적 강한 여섯 부락을 육조六詔라고 한다. '조詔'는 현지 민족의 토속어로서 우두머리와 지역이라는 두 가지 뜻이 있다.

  육조 가운데 몽사조蒙舍詔가 가장 남쪽에 있어서 남조南詔라고 불린다. 649년 몽사조의 우두머리 세노라細奴邏는 대몽국大蒙國을 세우고, 스스로 기가왕奇嘉王이라 칭하면서 사절을 보내 공물을 바치고는 당나라의 속국이 되었다.

  7세기 말엽부터 토번吐蕃이 윈난 쪽으로 세력을 확장하자 육조 가운데 오조가 토번과 관계를 맺었지만 유독 남조만은 당나라와 가까이 지냈다. 당나라도 적극적으로 남조의 육조 통일을 지지하면서 토번에 대항하도록

했다. 당나라 현종 때에 이르러 세노라의 증손자 피라각皮邏角이 당 왕조의 지지하에 육조를 통일했고, 738년에는 당나라로부터 몽귀의蒙歸義와 윈난 왕이라는 칭호를 받았다.

피라각과 그의 아들 각라봉閣羅鳳은 얼하이호를 중심으로 세력을 확장해서 가장 강성할 때는 서쪽으로 인도, 동쪽으로 베트남, 남쪽으로 라오스, 북쪽으로 쓰촨四川에 이르는 강토를 확보했다. 이 광활한 지역에서 남조는 당나라의 군정 제도를 모방하여 6절도, 2도독, 10검瞼을 설치했다. 검은 당나라의 주州에 해당했고, 그 나라의 재상은 청평관淸平官이라고 했다. 그들은 한자를 관용 문자로 정하고 문화 및 교육 제도도 중원을 많이 모방했으며, 아울러 왕실과 귀족의 자제들을 청두成都와 장안에 보내 공부시켰다.

남조는 세노라에서 시작하여 마지막 순화정舜化貞에 이르기까지 열세 명의 왕이 250여 년간 통치했는데, 그중에서 열 명의 왕이 당 왕조의 봉호封號를 받았다.

【 남조의 발상지 】

남조왕 순화정 중흥中興 2년(899)에 왕봉종王奉宗이 그린 〈남조중흥국사화권南詔中興國史畵卷〉(통칭 〈남조도전南詔圖傳〉)은 화법이 아주 정교한 긴 두루마리 그림이다. 이 그림은 연속된 화면에 남조의 건립에 얽힌 신화와 전설 그리고 역사적 사실을 담았는데, 그 기법은 둔황敦煌에서 출토된 당나라의 그림과 기본적으로 일치한다. 이 유물은 8국의 연합군이 베이징을 침략했을 때 약탈당해서 지금은 일본에 있다.

이 그림에 의하면 남조의 발상지는 웨이산巍山(지금의 윈난성 다리주大理州 웨이산현)이다. 몽사조의 시조 사룡舍龍은 원수를 피해 애뢰산에서 웨이산으로 이주했으며, 이곳에서 농경생활을 시작함으로써 점차 유목 부락에서 농업 부락으로 바뀌었다.

세노라는 사룡의 아들로, 그가 농사를 짓고 목축을 하던 곳은 오늘날 웨이산현의 성성城 동남쪽에 있는 웨이바오산巍寶山 기슭의 첸신촌前新村이

남조의 건립에 얽힌 신화와 전설이 담긴 〈남조도전〉

란 곳이다. 이 마을에 거주하는 이족 사람들은 마을에 있는 농구장이 바로 세노라의 생가터라 하여, 그의 생일인 1월 16일이면 아직도 그를 기념하고 있다. 근래의 고고학적 발견에 의하면, 웨이산현의 베이먀오제향北廟街鄉 구청촌古城村 동쪽의 성곽 유적지가 당시 몽사조의 근거지였던 것으로 추정된다.

〈남조도전〉은 또 세노라가 무쇠기둥에 제사 지낸 이야기를 그리고 있다.

전하는 바에 의하면, 백국白國에 제갈량이 노수瀘水(지금의 진사강金砂江)를 건널 때 세운 무쇠기둥이 있었는데, 너무 오래되어 녹이 슬어서 형편없이 변했다. 백국의 주인이 된 윈난의 대장군 장락張樂은 사람을 시켜 기둥을 새로 만든 후 세노라를 포함한 아홉 추장을 초청하여 제사를 지냈다. 이때 오색조 한 마리가 무쇠기둥 꼭대기에 잠깐 앉았다가 내려오

더니 세노라의 왼쪽 어깨에서 쉬다가 18일 만에 날아갔다. 그러자 사람들의 마음이 세노라에게 향하면서, 왕위를 그에게 넘겨줄 것을 장락에게 요구했다.

이 이야기는 남조가 흥기하기 전 얼하이호 남쪽에 이미 백만白蠻 부락 연맹이 있었음을 말해주며, 남조의 건립은 사실상 맹주인 백만의 장씨를 대체한 것인 동시에 오만과 백만 부락 간의 오랜 싸움이 끝났음을 말해 준다.

이때부터 무쇠기둥은 남조의 특별한 숭배물이 되었다. 지금도 정월 보름이면 이족과 바이족 사람들은 양과 돼지를 잡아 무쇠기둥에 제사를 지낸 뒤 밤새 모닥불을 둘러싸고 발로 땅을 구르며 노래를 부른다.

【 청평관이 된 한족 정회 】

남조의 왕족은 오만 부족이지만 백만 부족의 사회가 더 발달했고, 얼하이호 지역의 주요 민족이었기 때문에 남조 정부의 요직은 주로 백만 부족이 차지했다. 나중에 중원과의 관계가 발전하면서 많은 한족이 남조의 관리가 되었는데, 그중 정회鄭回는 남조의 청평관(승상에 해당함)에 발탁되었다. 그는 남조와 중원 문명의 발전에 매우 중요한 역할을 했다.

오늘날 윈난성 젠촨현劍川縣 서남쪽 스중산石鍾山 석굴의 제1호 굴에는 〈이모심의정도異牟尋議政圖〉가 보존되어 있으며 굴 안에는 9점의 조각상이 있다. 그중에서 머리에 단시복모短翅幞帽를 쓰고 관복을 입은 나이 지긋한 사람이 바로 청평관 정회이다.

정회는 본래 중원 상주相州(지금의 허난성河南省 안양安陽) 사람으로서 천보 연간에 당나라 준주儁州 서노현西蘆縣(지금의 시창현西昌縣)의 현령을 지냈다. 남조가 준주를 공격할 때 포로로 잡혔지만 재능과 학문이 뛰어나 남조의 왕 각라봉이 태자의 스승으로 삼고 그에게 '만리蠻利'라는 남조의 이름을 내렸다.

후에 이모심異牟尋은 왕위를 계승하자 정회를 청평관으로 임명하고 아울러 태자의 스승이라고 불렀다.《구당서 舊唐書》에 의하면, 이모심이나 태자가 잘못하면 정회가 꾸짖었다고 하니 그 위세와 명망이 얼마나 높았는지 알 수 있다.

다리성 서쪽 교외에서
출토된 악사 인형

남조 유적지에서 출토된
당나라의 건축 재료

정회는 중원의 유가 문화를 남조에 소개했다. 793년, 이모심은 정회의 주관하에 당나라에 사자를 세 번이나 파견하여 당귀 등 약재를 헌납하고, 영원히 속국이 될 것을 맹세했다. 이듬해에는 당나라의 사자가 남조에 들어가서 정회 등과 점창산(지금의 창산蒼山)에서 회맹會盟하고 토번에 공동 대처할 것을 약속했다.

【 횃불 축제 】

윈난성 다이족傣族의 물 축제가 유명하듯이, 다리의 바이족이 6월 25일에 거행하는 횃불 축제도 그곳에서는 유명한 축제이다.

횃불 축제는 화소송명루火燒松明樓의 전설에 기원을 두고 있다. 그 전설은 남조의 왕 피라각이 6조를 통일한 이야기이다. 피라각은 먼저 불이 쉽게 붙는 소나무 가지, 즉 송명松明을 조상에게 제사를 지내는 누각에다 덮어놓은 후 6월 24일 조상에게 제사를 지낼 테니 모두 참석하라고 5조에게 통보했다. 월석조越析詔 외 다른 4조의 우두머리 모두가 통보한 시간에 출석했다. 피라각은 참석한 사람들이 술에 취한 틈을 타 누각에 불을 질러 4조의 우두머리들을 전부 태워 죽이고는 마침내 모든 조詔를 합병했다. 4조 가운데 등탐조邆賧詔 우두머리의 아내인 자선부인慈善夫人(민간에서는 백결부인栢潔夫人이라고 함)은 성을 굳게 지키고 화살과 양식이 떨어질 때까지 싸우다가 전사했다. 피라각은 그 성곽의 이름을 덕원성德源城이라고 명명했다.

덕원성은 명나라 때 역참으로 변했는데, 명나라 말기의 유명한 지리학자 서하객徐霞客이 이곳을 경유한 적이 있다. 성곽 안에는 아직도 자선부인의 목각상을 모신 절이 있다. 다리의 바이족은 해마다 6월 25일이면 불굴의 저항정신을 보여준 자선부인을 기념하기 위해 횃불 축제를 벌인다.

사실 피라각의 겸병은 당나라의 절대적인 지지와 직접적인 참여하에 진행된 것으로, 유명한 태화성太和城의 남조덕화비南詔德化碑에 이러한 내용이 기록되어 있다. 738년, 피라각은 당나라 조정에 의해 윈난 왕으로 임명되었으며, 이듬해에는 태화성으로 도읍을 옮겼다.

【 태화성 】

태화성은 오늘날의 다리와 샤관下關 사이 타이화촌 서쪽에 위치해 있다. 이 성곽은 서쪽으로 해발 4,000미터가 넘는 창산蒼山에 잇닿아 있고 동쪽으로는 푸른 파도가 넘실거리는 얼하이호에 임해 있다. 동서 양쪽에 이런 천연의 병풍이 있어서 태화성은 따로 성벽을 쌓지 않았다. 성곽의 양쪽이 성지城池로 되어 있는 것도 남조 건축의 특색이다.

태화성 유적은 아직도 잘 보존되어 있으며, 타이화촌의 서쪽은 속칭 차오마오가草帽街라고 하며 남과 북 두 길에 성벽이 있다. 유명한 남조덕화비는 바로 이 두 성 사이에 있다. 766년에 세워진 이 비는 윈난성에 현존하는 당나라 최대의 비석이다.

비석의 앞뒷면에는 모두 5,000여 자의 한자가 새겨져 있지만 현재 알아볼 수 있는 글자는 776자뿐이다. 비석의 재질이 사석沙石이어서 1,000년도 넘는 오랜 세월 동안 비바람에 부식된 데다 비석을 약용으로 쓸 수 있다고 착각한 현지인들이 끊임없이 돌을 깎아냈기 때문이다.

각라봉이 이 비석을 세운 목적은 바로 "나는 예부터 지금까지 한족을 침범하지도 배신하지도 않는 신하가 되겠다"는 결심을 표명하기 위함이었다. 남조와 당 왕조가 관계를 맺고 발전해가는 전 과정이 비석에 자세히 기록되어 있는 등 이 비석은 문헌에 언급되지 않은 진귀한 사료를 많이 보존하고 있다.

포딩봉佛頂峰 정상에 있는 태화성은 방어가 아주 삼엄한 금강성金剛城으로, 흙을 다져서 쌓아올린 불규칙한 작은 원형의 성이다. 기록에 의하면 이 성은 747년에 건축되었는데, 당시는 마침 당나라가 남조에 《금강경》을 전한 시기여서 그런 이름을 얻었다고 한다. 현재 유적지에는 약 3,600평방미터에 달하는 토대가 남아 있는데 남조의 왕궁이 그 위에 있었던 것으로 추정된다.

태화성 내부의 건축물과 관련해서 오늘날에는 어떤 흔적도 찾아볼 수

남조덕화비와 비석이 있는 정자

없다. 그러나 이 지역 주민들은 지금도 천연의 돌을 쌓아 집을 짓고, 바닥에 돌을 깔아 길을 만드는 전통을 고수하고 있다.

【 천심탑 】

남조는 250여 년 동안 발전하면서 찬란한 과학 문화를 꽃피웠는데, 웅장한 숭성사崇聖寺 천심탑千尋塔은 남조 문화의 발달을 보여주는 가장 뚜렷한 증거이다.

숭성사 삼탑三塔은 다리성 북쪽으로 약 1킬로미터 떨어진 창산의 잉러봉應樂峰 아래 위치해 있다. 숭성사는 이미 훼손되었지만, 세 개의 황갈색 탑이 커다란 봉우리처럼 창산산과 얼하이호 사이에 우뚝 솟아 있다. 삼탑

다리의 삼탑

원난성의 이족彝族 처녀
오늘날 바이족, 이족, 하니족哈尼族, 나시족納西族 등이 남조 시기 백만과 오만의 후예이다.

중에서 가장 앞에 있는 큰 탑이 남조 시기에 건립된 천심탑이다.

천심탑은 높이 69.13미터로서 모두 16층으로 이루어진 사각형의 밀첨식密檐式 공심전탑空心塼塔이다. 탑의 서쪽에는 안으로 통하는 문이 있고, 탑 꼭대기까지 계단이 이어진다. 그리고 탑 꼭대기 주변에는 구리로 주조한 금붕金鵬이 있다.

전하는 바에 의하면, 다리는 옛날에 '택국澤國' 또는 '다수환多水患'으로 불렸는데, 당시 사람들은 그것이 용의 장난 때문이라고 여겼다. 용은 탑을 공경하고 큰 붕새를 두려워하므로 옛사람들은 탑과 붕새로써 용을 눌러 물난리를 막고자 했던 것이다. 탑 앞의 동쪽 중앙에는 하나의 벽이 있고 네 개의 대리석 판에 '영진산천永鎭山川(영원히 산천을 진정시킨다는 뜻 : 옮긴이)'이란 네 글자가 새겨져 있다. 전하는 바에 의하면, 개국 원로 목영沐英의 후손인 목세계沐世階가 쓴 것이다.

천심탑은 남조왕 권풍우勸豊祐 시기(824~859)에 건립되었으며, 그 형태가 시안西安의 소안탑과 아주 유사해서 전형적인 당나라 탑의 건축 양식을 보이고 있다. 원난 지방에 전해지는 문헌에 의하면, 당 왕조의 장인들이 이 탑의 설계와 건축에 참여했다. 이 탑은 구조적으로 내진 설계가 잘 되어 있어 지금까지 1,000년이 지나도록 변함이 없다.

중국의 옛 탑은 짝수층과 홀수층으로 분류되는데, 천심탑은 짝수층 탑

윈난성 다리 바이족의 가옥

가운데 층수가 가장 높은 탑이다. 천심탑에서는 불교 유물이 다량으로 출토되어 당시 불교가 성행했음을 말해준다.

結 779년, 남조는 도읍을 태화성에서 북쪽으로 7.5킬로미터 떨어진 양저우성陽苴咩城(지금의 다리 삼탑 부근)으로 옮겼다. 그 후 470여 년을 거치면서 남조국, 대장화국大長和國, 대천흥국大天興國, 대의령국大義寧國, 대리국大理國 등 다섯 정권이 양저우성을 도읍으로 삼았고, 1253년 원나라가 대리국을 멸망시킬 때까지 그 상황은 변화가 없었다.

중국 고대 소수민족의 문화 중에서 남조 문화는 중원 문화에 가까우며 비교적 높은 성취를 이루었다. 음악과 가무를 예로 들어보아도 남조의 유명한 사자무獅子舞가 당나라 때 중원에 전해졌고, 〈남조봉성악南詔奉聖樂〉도 당나라 때 궁정의 14부악 가운데 하나로 꼽혔다. 민간의 가무는 타가打歌(답가踏歌) 위주였고, 악기로 생황과 피리, 동고銅鼓를 사용했다.

    옛날 하늘의 자손이 귀양 와서 천록天祿을 내리니
    윤이 나는 머리칼은 초목에 의지했네.
    어느 날 아침 봉황을 타고 붉은 하늘로 솟아오르니
    취교翠翹(물총새의 깃으로 만든 장신구 : 옮긴이)와 화전花鈿(금은이나 옥을 박은 비녀 : 옮긴이)만 빈 골짜기에 남았네.

〈암감녹옥岩嵌綠玉〉이란 이 시는 윈난성의 대리석에 관한 전설을 표현하고 있다. 하늘의 직녀가 다리의 창산산에 귀양 왔다가 후에 봉황을 타고 날아가면서 오색 비단을 산골짜기에 남겨두었는데, 그것이 아름다운 대리석이 되었다는 것이다. 이 시의 작가는 남조의 유명한 시인 양기굉楊奇肱이다. 다리의 대리석은 오늘날 국제적으로 이름이 났으며, 이곳의 문화도 사람들의 흥미를 끌고 있다.

【 회흘의 문화 】

● 회흘인이 말을 끌고 가는 그림

회흘인은 유목생활을 주로 하던 민족으로서 군주가 없고 주거지도 일정치 않으며, 물과 풀이 있는 곳을 찾아서 이동하는 생활을 해왔다. 나라를 세운 후 처음으로 반정착생활을 하게 되었는데, 통치자들은 초원 위에 도시를 건설하기도 했다.

칙륵천敕勒川과 음산陰山 아래
하늘은 궁려穹廬(흉노족의 천막 : 옮긴이)처럼 사방을 덮고 있네.
하늘은 푸르디푸르고 들판은 아득하고 아득한데
바람 불면 풀이 쓰러지면서 소와 양떼 보이네.

이 노래에서 '칙륵'은 '철륵鐵勒'이라고도 하는데, 나중에 나온 돌궐突厥의 다른 이름이다. 회흘回紇은 원래 철륵 부족의 하나로서 그 선조는 흉노의 후예이다. 그들의 활동 지역은 막북사능수漠北娑陵水(지금의 몽골 셀렝가 강) 일대였다. 회흘은 지금의 위구르족과 위구족裕固族의 선조로 한문으로 된 기록에서는 회골回鶻, 외올아畏兀兒 등으로 불렸다.

630년, 당나라 군대는 설연타薛延陀, 회흘 등 철륵 부족과 합동 작전을 펼쳐 오랫동안 동아시아의 부족들을 억압해온 동돌궐한국東突厥汗國을 멸하고, 각 부족의 우두머리들을 장안에 소집해서 당나라 태종을 '천가한天可汗', 즉 최고 군주로 추대했다.

646년, 회흘은 막북을 통치하던 설연타를 항복시키고 당 왕조에 사자를 파견하여 자신들을 속국으로 받아줄 것을 요청함으로써 귀순하려는 뜻을 재차 밝혔다. 이듬해 당 왕조는 그 자리에 연연도호부燕然都護府를 설치하고 그 추장을 도독, 자사로 임명함으로써 공식적으로 그들을 당나라의 행정 체계에 편입시켰다.

744년, 회흘의 우두머리 회인가한懷仁可汗이 몽골의 고원에 회흘한국을 세웠다. 이 나라는 아홉 부족으로 구성되었기 때문에 문헌에서는 "아홉 성씨의 회흘"이라고 한다. 회흘 정권은 당 왕조와 밀접한 관계를 유지해서 거의 모든 왕이 책봉을 받았으며, 당 왕조는 여러 공주를 회흘의 우두머리에게 시집보내기도 했다. 안사의 난이 일어났을 때 회흘은 두 차례나 지원군을 파견하여 당나라를 도와 반란군을 평정했다.

안사의 난 이후 토번이 서역과 하서河西를 점령하자 당나라와 서방의 경제 교류에 장애가 생겼다. 그러나 회흘이 당 왕조와 친선관계를 유지하고 있었기 때문에 상인들은 길을 우회해 회흘의 통제 지역을 거쳐서 무역 활동을 했고, 이로 인해 회흘 지역이 동서 교통의 요충지가 되었다. 그리하여 상업이 전례 없이 활발해졌고, 적지 않은 회흘 상인들이 장안에 와서 부를 쌓았다.

840년에 회흘한국이 멸망하면서 부족들은 뿔뿔이 흩어졌고, 그중 두 갈래가 서역으로 이주하여 지금의 신장新疆 위구르족으로 발전했다.

【 회흘인의 건축과 문자 】

　회흘인은 유목생활을 주로 하던 민족으로서, 군주가 없고 주거지도 일정치 않으며, 물과 풀이 있는 곳을 찾아서 이동하는 생활을 해왔다. 나라를 세운 후 처음으로 반정착생활을 하게 되었는데, 통치자들은 초원 위에 도시를 건설하기도 했다.

　회흘한국에서 가장 장관인 도시는 회흘 아장성牙帳城으로 이 나라의 도읍이었다. 이 성의 유적은 오늘날 몽골의 한가이성 내에 있으며 면적은 25평방킬로미터이다. 이곳에서 여러 층으로 된 집과 난방시설, 진흙을 이겨 바른 벽과 청동을 씌운 대문이 발견되었다. 기와와 대문은 그 무늬가 모두 당나라 말기의 기풍을 띠고 있다. 성곽 안에서 궁전의 기초가 발견되었고, 수공업 작업실도 있었다.

　성곽의 남쪽에는 회흘가한의 사묘祠廟로 추정되는 절이 있는데, 유명한 구성회골가한비九姓回鶻可汗碑가 바로 이곳에서 발견되었다. 비문에는 회

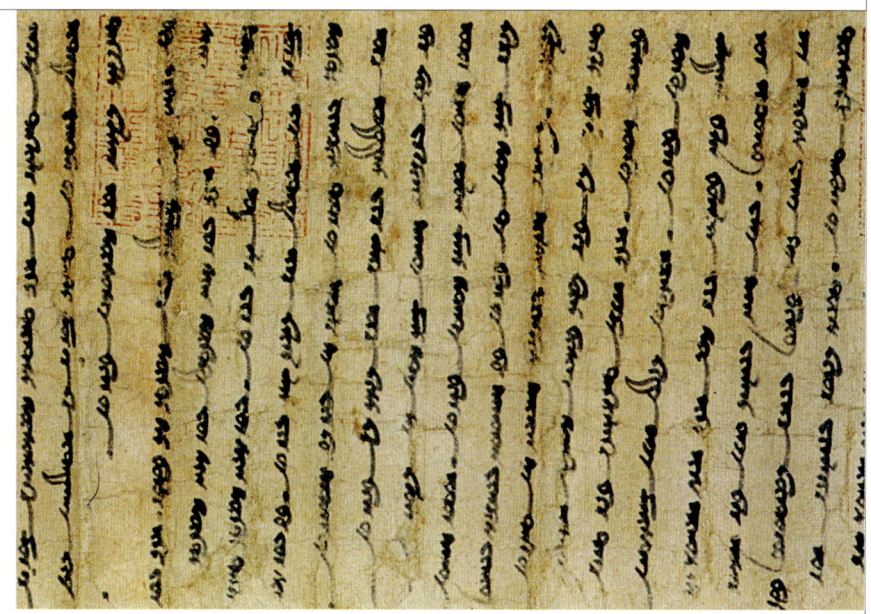

신장의 투루판에서 출토된 회골문으로 씌어진 문서

흘의 건국에서부터 비석을 세운 당사자까지 모두 여덟 왕에 관한 사적이 기록되어 있다.

회흘인들은 일찍부터 고돌궐문古突厥文을 사용하다가 나중에 자음과 모음을 바꿔 쓰는 자신들의 언어를 병기했는데, 이로부터 광범위하게 사용된 회골문이 탄생하게 되었다. 역사적으로 회골문은 북방 다른 민족의 문화 발전에 큰 영향을 끼쳤다.

문헌에 의하면, 거란족이 사용한 소자小字는 회골문을 모방한 것이며, 몽골족이 세운 원나라는 유라시아 대륙에 건립한 한국汗國들의 관용 문자로 회골문을 채용했다. 그리고 16세기 이후에 만주족은 몽골족으로부터 이러한 문자 체계를 빌려와서 만주족의 문자를 만들었다.

투루판 베제클릭 석굴 제45호 굴의 벽화 중 공양인 초상

【 회흘의 종교와 투루판의 베제클릭 석굴 】

회흘인은 처음에 샤머니즘을 믿었고 무당이 있었다. 구성회골가한비에 의하면, 762년에 모우가한牟羽可汗이 뤄양洛陽에서 마니교를 접하고 큰 흥미를 보였다. 이듬해 "국사國師가 예식 등 네 승려의 입국을 맞아들였고 … 변설이 거침없었기 때문에 회골에서 정교正敎를 설립할 수 있었다."

모우가한의 지지하에 마니교는 회골의 국교로 지정되었고, 마니교 승려들은 재상, 도독, 공주와 동급의 대우를 받았다. 마니교는 회흘인의 지지를 받으며 중원으로 신속히 전파되었는데, 한문 서적에서는 이를 명교明敎라고 불렀다.

마니교는 중국 백성들에게 깊은 영향을 미쳤으며, 농민 반란군을 조직하는 도구로도 사용되었다. 가령 북송 때 방랍方臘의 반란군, 원나라 말기 자칭 '소명왕小明王'이라고 한 한림아韓林兒, 나아가 주원장朱元璋이 건립한 명나라까지 모두 마니교와 관련이 깊었다.

회흘한국이 멸망한 후에 회흘인들은 사방으로 흩어졌으며, 그 일부가 감주甘州(지금의 간쑤성甘肅省 장예張掖)로 이주했다. 이 회골 부락민들은 점차 현지의 문화와 종교의 영향을 받아 불교로 개종했다. 둔황의 천불동에는 아직도 회흘 공양인의 초상이 보존되어 있다.

멸망한 회흘인의 또 다른 무리는 서쪽 투루판으로 이주해 서주회골 西州回鶻 또는 고창회골高昌回鶻로

베제클릭 석굴 제9호 동굴에 있는 경변화

불렸다. 그들은 일정 기간 마니교를 믿었는데 투루판의 베제클릭 석굴 벽화 뒷면에서는 마니교의 벽화가 다수 발굴되었다. 하지만 10세기 중엽에 이르러 고창회골에서도 불교가 성행했다.

투루판성城 동북쪽으로 약 50킬로미터 떨어진 훠옌산火焰山 무터우거우 木頭溝에 있는 베제클릭 석굴은 고창회골 시기의 중요 유적지 중 하나이다. 9세기 중엽 회골은 여기에 마니교 사원을 지었으며, 불교를 믿은 이후에는 왕족과 귀족의 사원을 지었다. 회골 왕실은 이를 위해 토목공사를 크게 벌여 옛 동굴을 보수하고 새 동굴을 조성했으며, 불상에 금을 입히거나 단청을 새롭게 칠하는 등 여러 작업을 거쳐 이 동굴을 회골 불교의 중심지로 만들었다.

베제클릭은 위구르족 언어로 "장식하여 만든 아름다운 곳"이란 뜻이

"하늘은 푸르디푸르고 들판은 아득하고 아득한데 바람 불면 풀이 쓰러지면서 소와 양떼 보이네."

다. 현재까지 70개의 굴이 발굴되었는데 그 중 40여 개의 굴에 벽화가 있다. 이 벽화들은 제재가 매우 다양할 뿐 아니라 한문과 회골문을 합친 제목이 많다. 이 석굴은 고대 회골인의 정치, 경제, 문화, 예술, 언어, 문자 및 생활 그리고 사회를 연구하는 데 귀중한 자료가 되고 있다.

14~15세기(원나라와 명나라 사이)에 이르러 이 지역의 회골인들은 이슬람교로 개종했다.

【 회흘한국 멸망 후의 회흘인 】

회흘한국이 멸망한 후 여러 부족들은 흩어져 몽골 고원을 떠났다. 그 중에서 아장牙帳 부근의 13개 부족은 남하하여 당나라에 귀순했고, 나중에는 동북의 다른 부족과 합류하여 점차 그들과 융합되었다.

다른 15개 부족은 서쪽으로 이주하여 몇 갈래로 나뉘었다. 토번의 점령 하에 있던 허시쩌우랑河西走廊의 감주甘州 회골은 오늘날 위구족의 선조가 되었고, 안서安西(지금의 투루판, 쿠처 등지)의 서주西州 회골은 후에 도호都護 정권을 건립하여 원나라 때까지 유지했다. 그보다 더 서쪽으로 이주한 회골의 분파들은 10세기에 이르러 다른 돌궐 부족과 함께 흑한黑汗 왕조를 건립했다.

여러 갈래로 흩어진 회골인들은 요遼, 송宋, 서하西夏 등과 빈번히 왕래함으로써 정치, 경제, 문화적으로 밀접한 관계를 유지했다.

【 감주 회골 】

회골 부족이 허시쩌우랑으로 이주한 지 얼마 되지 않아서 토번 왕조가 무너졌다. 그러자 한족 장의조張議潮가 사주沙州(지금의 둔황)에서 귀의군歸義軍 정권을 수립했다. 880년대에 하서의 회골은 귀의군 정권의 내분을 틈타 감주를 중심으로 자신들의 정권을 건립했는데, 역사에서는 이를 '감주 회골'이라고 한다. 이 정권은 140여 년간 존속하다가 1028년 서하국에 의해 멸망했다.

감주의 회골 왕국은 중원의 송나라에 빈번히 사신을 보냈으며, 당나라의 전통을 이어받아 스스로 외조카라 칭하고 송나라의 황제를 외삼촌으로 존중했다. 과주瓜州(지금의 간쑤성 안시安西)와 사주沙州를 통치하던 귀의군의 조씨 정권은 송나라와의 관계를 유지하기 위하여 그 동쪽에 있는 감주 회골과 친선관계를 맺으려고 노력했다. 조씨 정권을 세운 조의금曹議金은 감주 회골 우두머리의 딸을 아내로 삼고 자신의 딸을 회골의 우두머리에게 시집보냈다.

감주 회골은 오늘날 치롄산祁連山 중턱의 북쪽 기슭에 거주하는 숙남肅南 위구족의 선조로, 지난날 회골인의 흔적을 그들에게서 찾아볼 수 있다.

【 고창 회골 】

안서로 이주한 회골인은 당나라의 서주 고창군(지금의 신장 투루판)을 중심으로 북정北庭(지금의 신장 지무싸얼吉木薩爾), 구자龜玆(지금의 신장 쿠처) 등지에 할거했는데, 이를 서주 회골 또는 고창 회골이라고 한다.

북송 초기에 고창의 사자왕 아시난한阿斯蘭汗은 송나라에 사신을 파견했고, 당 왕조의 전통을 지키면서 송나라를 외삼촌으로 모셨다. 송나라 태종은 왕연덕王延德을 고창에 파견하여 그에 답례했다. 한편 왕연덕은 고창 회골을 자세히 조사해 생생하게 묘사했다.

문화적인 면에서 볼 때 당나라 이래의 한족 문화는 고창에서 양호한 상태로 보존되었다. 1209년 고창 국왕은 몽골에 귀순해서 신하로 자처했다. 몽골의 건국 과정에 고창 회골의 정치인과 문인들이 중요한 역할을

신장 지무싸얼의 사찰 유적지에 있는 〈분사리도分舍利圖〉

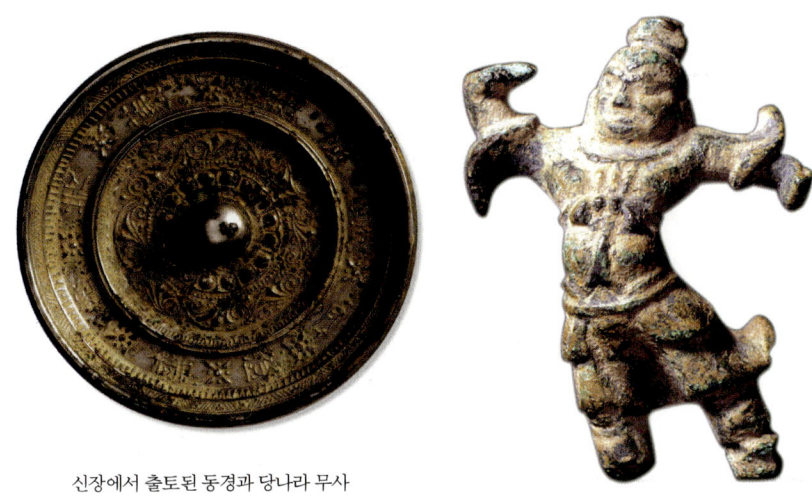

신장에서 출토된 동경과 당나라 무사

했는데, 예컨대 몽골의 문자는 회골인 탑탑통아塔塔統阿가 회골의 문자로 몽골어를 기록하는 과정에서 만들어진 것이다.

고창 회골은 베제클릭 석굴 등에 그 찬란했던 문화를 남겨놓았다.

【 흑한 왕조 】

흑한 왕조는 서쪽으로 이주한 회골인과 돌궐어를 쓰는 그 밖의 부족이 공동으로 건립한 정권으로 존속 기간은 10세기 중엽에서 13세기 초엽까지다. 왕조를 건국한 사람은 살토격薩土格 박격랍한博格拉汗으로, 그의 일생에서 가장 중요한 업적은 서부 돌궐의 여러 부족과 무슬림 간의 250여 년이 넘는 긴밀한 관계를 이용하여 가장 먼저 이슬람교로 개종한 것이다. 흑한 왕조는 중국에서 최초로 이슬람교를 수용한 왕조이다.

1040년경부터 흑한 왕조는 동서 두 갈래로 나뉘었으며, 그중에서 동한

국이 송나라와 밀접한 관계를 유지했다. 흑한 왕조의 통치자들은 여러 갈래의 회골 우두머리와 마찬가지로 송나라의 황제를 외삼촌이라 칭했다. 당시 카슈가르 사람 마합목馬哈木은 《돌궐어사전》에서 흑한 왕조 동쪽에 있는 카슈가르 지역(송 왕조의 기록에서는 '마진摩秦'이라 함)과 거란을 나란히 열거하면서 중국이 세 부분으로 이루어졌다고 했다.

흑한 왕조는 문화가 매우 번영했으며, 바로 이 시기에 아랍의 자음과 모음이 회골 문자를 대체했다.

《자치통감》에 의하면, 당나라가 연연도호부를 설치해서 회흘 각 부족의 족장을 도독과 자사로 임명하고 금, 은, 비단을 하사하자 칙륵들이 크게 기뻐하면서 춤을 추었다고 한다. 그들이 귀국할 때 당나라 태종이 송별회를 열자 여러 족장들이 일제히 "저희는 이미 당나라의 백성이 되었으니, 앞으로 하늘 같은 지존(태종을 말함)의 명을 부모님 말씀처럼 받들겠나이다. 회흘 이남, 돌궐 이북에 길을 열어서 '참천가한도參天可汗道(천자를 참배하는 길 : 옮긴이)'로 명명해주십시오"라고 했다.

태종은 그들의 요구를 받아들여 사도司徒 장손무기, 사공司空 방현령 등에게 '참천가한도'를 만들라고 명했다. 여러 민족이 공동으로 참여하고 노력한 끝에 길은 오래지 않아 완공되었고, 68개의 역참을 설치해 각각 역마驛馬와 술, 고기 등을 준비하여 왕래하는 사절들을 대접했다. 이 길은 당나라와 주변 지역이 왕래한 7개의 교통 요로 가운데 하나가 되었다.

성당盛唐 시대에 이 길은 남쪽의 중수항성中受降城(지금의 우라터첸치烏拉特前旗 동쪽)에서 시작하여 호연곡呼延谷(지금의 내몽골 바오터우包頭 북쪽)을 거쳐 곧장 서북쪽으로 회흘의 아장성에 이르렀는데, 그 길이가 무려 1,000킬로미터에 달했다. 이 교통 요로의 개통으로 칙륵의 부족들과 중원의 교류는 한결 원활해졌다.

【 서하의 문화 】

● 서하의 황릉

서하의 국왕 이원호는 한족의 문화에 대한 이해가 깊었다. 서하는 자신들의 문화를 창조하는 과정에서 한족의 문화를 많이 흡수했다. 서하의 문자, 관료 및 예의 제도 등은 모두 한족 문화를 참조하여 제정한 것이다.

서하西夏는 탕구트족이 세운 정권이다. 탕구트족은 강족羌族의 한 갈래로 한나라 이래로 지금의 칭하이성靑海省, 간쑤성, 쓰촨성 변경의 산골에 목축생활을 하던 민족이다. 당나라 초기에 탕구트족의 족장 척발적사拓跋赤辭가 부하들을 거느리고 당나라에 귀순하여 태종으로부터 이씨 성을 하사받았다. 당나라 후기에 탕구트족은 토번의 압박을 피하여 산시성, 간쑤성과 닝샤후이족 자치구의 접점으로 이주하여 하주夏州(지금의 산시성陝西省 징볜현靖邊縣 북쪽)에 정착했다.

당나라 말기, 탕구트족의 군대는 황소黃巢의 난을 진압하는 데 참여하면서 정난군定難軍 절도사에 임명되었으며, 하夏·은銀(산시성 미즈米脂 서북쪽)·수綏·수덕綏德·유유宥(징볜현 동쪽), 정靜(미즈 서쪽) 등 5개 주州를 관할했다. 오대 시기 각 왕조도 탕구트 이씨의 관할 구역을 묵인함으로써 북송 초기까지 이 상태가 줄곧 유지되었다.

송나라 태조 때 탕구트 이씨가 공물을 바친 적이 있지만, 태종과 진종眞宗 때에는 족장 이계천李繼遷이 투항과 반항을 반복했다. 그러다 요나라와 호각지세를 이루면서 송나라의 영주靈州(지금의 간쑤성 링우靈武)를 공략해 서평부西平府라고 고친 뒤 그곳으로 도읍을 옮겼다. 영주는 황허강 상류에서 토지가 가장 비옥한 곳으로 송나라의 처지에서는 서북 통치의 중추 지역이었다. 그런 지역을 강점당하자 송나라는 탕구트와의 전투에서 늘 불리한 입장에 처하게 되었다.

이계천이 죽고 그의 아들 이덕명李德明이 즉위하면서 탕구트는 송나라와 비로소 화해했다. 아울러 송나라뿐 아니라 요나라의 신하국으로 자처한 뒤 다시 서쪽으로 회흘의 감주甘州, 양주涼州(지금의 우웨이武威)를 점령했다. 이덕명의 아들 이원호李元昊는 즉위 후 과주瓜州(지금의 간쑤성 안시安西), 사주沙州(지금의 둔황), 숙주肅州(지금의 주취안酒泉)를 공략했다. 마침내 탕구트족의 강토는 "동쪽으로는 황허에 이르고, 서쪽으로는 위먼玉門, 남쪽으로는 숙관肅關, 북쪽으로는 대막大漠을 망라했는데, 그 지역이 1만여 리를 넘기고 허란산賀蘭山을 의지하고 있어서 매우 공고했다."

이원호가 즉위한 후 탕구트족은 선진적인 한족 문화의 영향을 받아 봉건 제도로 전환하기 시작했다. 이원호는 1038년에 정식으로 황제가 되면서 국호를 대하大夏라 하고 도읍을 경부慶府(지금의 닝샤후이족寧夏回族 자치구 인촨銀川)로 정했는데, 역사에서는 이를 서하西夏라고 칭한다. 이원호는 바로 서하의 경종景宗이다.

【 이원호는 어떤 사람인가 】

이원호(1003~1048)는 자가 수리嵬理로, 스스로 북위 척발씨의 먼 후손이라고 칭했다. 《송사宋史》에서는 그에 대해 "성격이 강인하고 모략에 능했다"고 묘사하고 있다. 그리고 재능이 많아 그림을 잘 그렸고 불경에도 통달했으며, 번문蕃文과 한자에 정통한 데다 여러 가지 발명도 했다고 전해진다.

그는 약관의 나이에 홀로 군사를 지휘하여 회흘의 왕을 격파하고 감주를 탈취하여 황태자의 자리에 올랐다. 아버지 이덕명이 죽은 후 즉위한 그는 송나라의 제도를 본떠 중서성中書省, 추밀원樞密院 등의 기구를 설치하고 지방에는 주군州郡을 두었으며, 법률을 제정하고 기강을 엄격히 하여 병법으로 군대를 다스렸다. 이때 서하의 기병은 15만 명이었는데, 그들이 통치한 지역이 22개 주에 달하여 탕구트, 토번, 회흘, 한족 등의 백성들을 두루 아울렀다.

사자의 신분을 증명하는
서하의 문직패

　이원호는 또 많은 한족을 등용하여 그들의 앞선 문화를 흡수하려고 노력했으며, 그것을 토대로 탕구트족의 문화를 창조하고자 했다. 그는 대신 야리인영野利仁榮 등에게 한자를 모방해 서하 문자를 만들게 해서 그것을 '국서國書'로 선포했으며, 《효경孝經》과 《이아爾雅》 등을 서하의 문자로 번역하게 했다.

　이원호는 요나라의 흥평興平공주와 결혼한 후 요나라와 동맹을 맺고, 1038년에 황제라고 칭했다. 이로써 서하는 송나라와의 관계를 단절했다.

　이원호는 서하국 내에서 명망이 높았다. 서하의 백성들은 그의 생일인 5월 5일을 명절로 정하고 대대적으로 축하했다.

　서하와 송나라 간의 전쟁은 대부분 서하의 승리로 끝나곤 했지만, 이 때문에 백성이 많은 고초를 겪게 되면서 이원호에 대한 신망도 점점 옅어졌다. 후에 요나라의 협산夾山 부족이 서하에 귀순했을 때 요나라의 흥종興宗이 이원호에게 그들을 돌려보내줄 것을 요구했지만 그가 받아들이지 않음으로써 두 나라는 전쟁을 하게 되었다. 수세에 몰린 이원호는 다시 송나라에 귀순할 수밖에 없었다.

서하의 문화 ◆ 049

1048년(송나라 인종 경력慶曆 8년) 이원호는 재위 17년 만에 사망했다.

【 서하와 송나라의 관계 】

이계천을 시작으로 탕구트와 송나라는 변경에서 끊임없이 전쟁을 벌였다. 이덕명은 토번과 회흘의 통제하에 있던 하서河西의 여러 주를 공략하기 위해 책략을 바꾸어 송나라와 화해했다. 그 조건은 송나라가 자신들의 서북 통치권을 승인하고 해마다 일정하게 물자를 지원해서 상호 무역시장을 개척하는 것이었다. 송나라는 이러한 조건을 받아들였다. 송나라 인종仁宗이 즉위한 후 두 나라의 경계에 몇 개의 무역시장이 증설되면서 쌍방 간에 무역이 활발하게 이루어졌다.

그러나 이원호가 황제라고 칭하면서부터 두 나라의 관계에 금이 갔고, 송나라는 변경에다 이원호의 수급을 가져오는 자를 정난군 절도사로 임명하겠다는 방을 붙였다. 물론 무역시장은 폐쇄되고 상호 왕래도 끊어질 수밖에 없었다. 쌍방의 갈등이 심해지자 이원호는 1040년부터 끊임없이 전쟁을 도발했는데 대부분 송나라의 패배로 끝이 났다.

송나라는 여러 차례 패배한 후 지연주사知延州事 범중엄范仲淹의 제안에 따라 서하에 대해 청야淸野 고수 정책을 실시했다. 서하는 경제력이 약한 데다 요나라와의 연대도 깨어졌기 때문에 어쩔 수 없이 북송 정부에 화친을 요구할 수밖에 없었다.

1044년에 송나라와 서하는 재차 화친 협약을 맺었다. 이원호는 더 이상 황제라 칭하지 않고 송나라에서 책봉한 서하국 왕으로 지내며, 송나라는 해마다 서하에 재정 지원을 하고 무역을 재개한다는 내용이었다. 주요 거

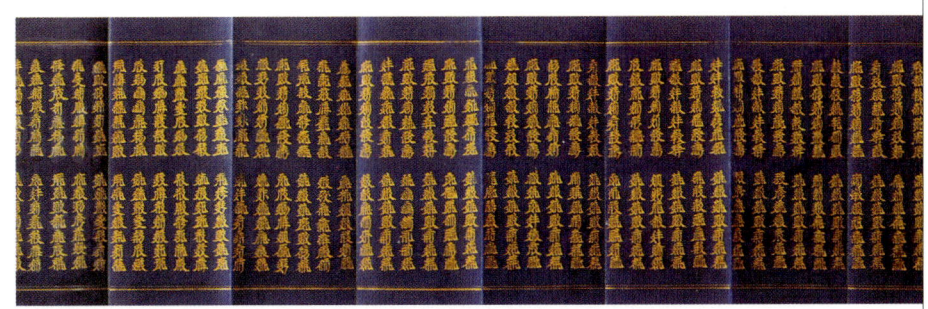

서하 문자로 쓰어진 불경

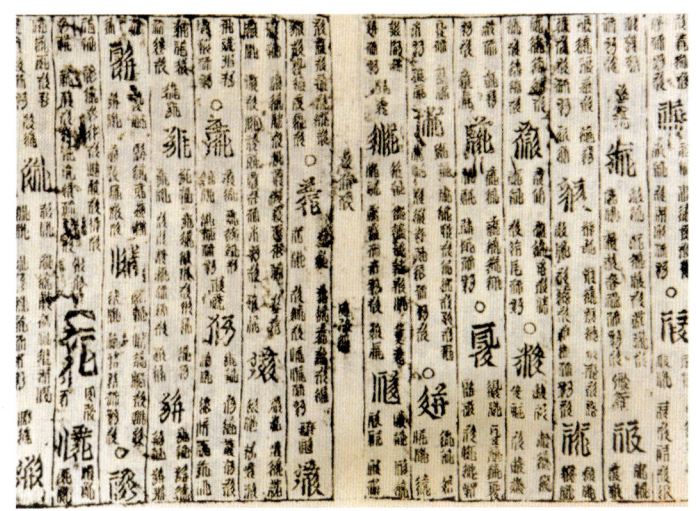

서하 문자로 쓰어진
《문해文海》의 영인본

래 상품은 서하의 소금과 송나라의 차, 옷감, 곡물이었다. 또한 한족의 문화가 서하에 점점 유입되는 한편 서하의 노래와 춤도 한족에게 전해졌다. 이후 몇 년 동안 두 나라는 화목한 관계를 유지했다.

【 한족 문화를 흡수하다 】

서하의 국왕 이원호는 한족의 문화에 대한 이해가 깊었다. 서하는 자신들의 문화를 창조하는 과정에서 한족의 문화를 많이 흡수했다. 서하의 문자, 관료 및 예의 제도 등은 모두 한족 문화를 참조하여 제정한 것이다. 또한 번관蕃官과 한관漢官을 병행하는 정치 제도를 시행함으로써 번례蕃禮와 한례漢禮라는 두 문화가 공존하기도 했다.

이원호는 서하의 문화 수준을 끌어올리고자 노력했으며, 그의 아들 의종毅宗 이양조李諒祚는 번례를 한례로 바꾸는 중대한 개혁을 실시했다. 그는 서하 사람들이 다시는 탕구트의 번례를 사용할 수 없다고 반포하고 이

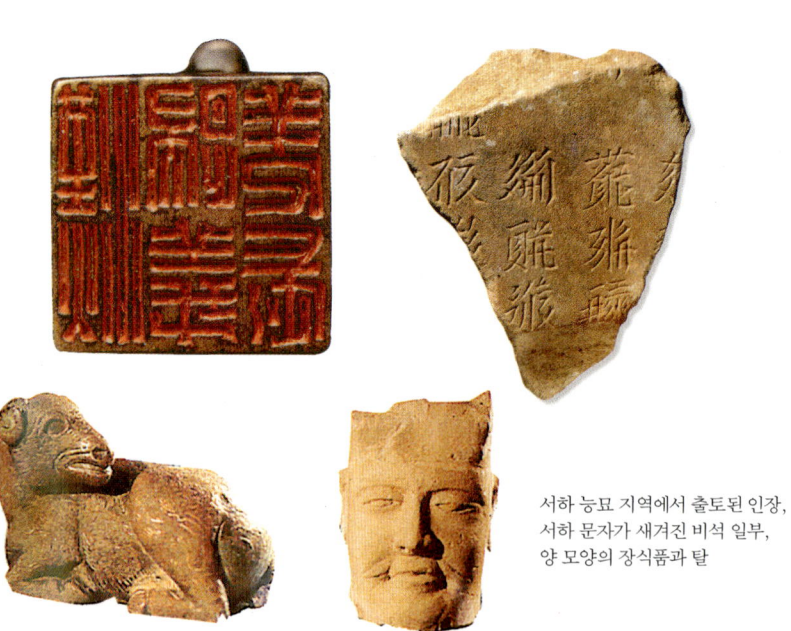

서하 능묘 지역에서 출토된 인장,
서하 문자가 새겨진 비석 일부,
양 모양의 장식품과 탈

규정을 송나라에 보고하기까지 했다. 의종 자신도 기꺼이 한족과 어울리면서 그들의 문화를 익혔다.

서하는 인종 때에도 송나라의 제도를 모방해서 과거를 시행하고 국학을 설립했으며, 아울러 공자를 문선제文宣帝로 추존했다. 특히 인종은 유명한 유생들을 직접 선발하여 태학에서 강의를 하게 했다. 어지나치額濟納旗의 흑수성黑水城에서 출토된 고서 가운데 《논어》, 《맹자》, 《손자병법》, 《정관정요》 등 서하 문자로 된 번역본이 발견되었는데, 그 책에는 서하국 사람들이 달아놓은 주석이 있었다. 인종 때에는 송 왕조의 실록 편찬법을 참조하여 자체적으로 서하의 국사를 편찬하기도 했다.

한족 문화의 영향 아래 서하는 점차 자체의 의학, 천문학 등을 갖추게 되었고 동시에 요나라 및 금나라와도 교류했다.

【 서하의 경제와 문화 】

서하는 중국 서북 지역을 190년간 통치하는 과정에서 점차 민족적 특색을 갖춘 자체의 문화를 형성했다.

서하의 경제는 목축업을 바탕으로 했다. 《몽골비사元朝秘事》에 의하면, 칭기즈칸이 서하에서 낙타를 많이 얻은 덕분에 몽골 고원에서 낙타가 광범위하게 번식할 수 있었다. 서하의 또 다른 경제적 토대는 농업이었다. 특히 수리관개 사업이 발달했는데, 주춘周春의 《서하서西夏書》를 보면 모두 68갈래의 크고 작은 관개시설로 9만 경頃의 땅을 관개했다고 한다.

서하의 수공업은 축산품 가공을 위주로 발달했으며, 11세기에 이미 모직품 생산량이 상당한 규모에 이르렀다고 전해진다. 서하에는 또 전문 목

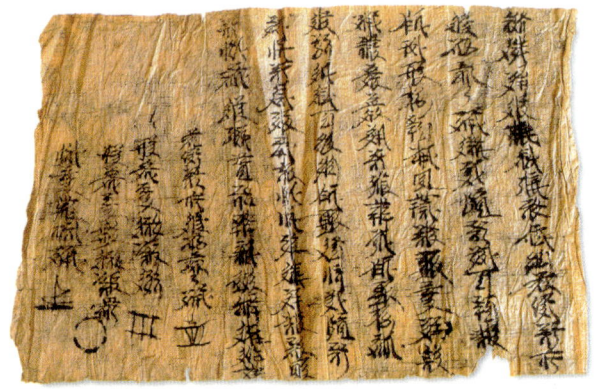

서하 문자로 된 계약서
소를 사고 파는 내용이다.

수와 대장장이 등이 있었으며, 위린굴榆林窟의 벽화에서 알 수 있듯이 당시에 이미 비교적 앞선 입식 풀무를 사용했다.

서하는 또 "의관衣冠 제도를 변혁한다"는 이유로 송나라에 사신을 파견해서 장인들을 청했으며, 그 결과 적지 않은 한족 재봉사들이 서하에 들어갔다. 고고학자들은 닝샤후이족寧夏回族 자치구 인촨시銀川市 서쪽의 허란산 밑에 있는 서하 황릉을 발굴하는 과정에서 갖가지 돌 조각, 금은 장식품, 구리그릇, 철기와 도자기 파편을 발견했다. 염주鹽州에 있는 소금 연못에서는 질 좋은 청백염青白鹽이 많이 생산되어 이웃 나라와 곡물 등을 교환할 때 주로 사용되었다. 둔황의 서하시대 벽화에는 술을 빚는 그림도 있다.

서하는 무역이 매우 번성했으며 상대국은 주로 송나라였다. 고유의 화폐가 없었기 때문에 처음엔 송나라의 화폐를 사용하다가 이원호 재위 시기에 비로소 화폐를 주조했다. 오늘날 볼 수 있는 가장 이른 시기의 서하 화폐는 천수통보天授通寶이다. 인종 때에는 천성원보전天盛元寶錢을 대량으로 주조해서 널리 유통시켰으며 주조 기술도 요나라를 능가했다.

자체의 문자를 가지게 되면서 서하의 문학은 빠르게 발전했다. 한문으

서하 황릉에서 출토된 건축 자재 왼쪽부터 시계 방향으로 지붕 마루의 유면釉面 장식물, 녹색 유약을 칠한 수면통와獸面通瓦, 백자로 된 판와板瓦

로 된 경서와 불경의 역주가 전해진 것 외에 숭종崇宗이 지은 시 〈영지가 靈芝歌〉가 서하 문학의 정수로 꼽힌다. 이 밖에도 의종은 송나라에 사절을 파견해서 영관伶官과 함께 희극에 필요한 의상을 요청했으니, 이로써 희극이 서하에 전해졌다는 것을 알 수 있다.

회화에서도 성취를 이룩했는데, 특히 이원호 자신이 회화에 능했다. 흑수성에서 발견된 풍경화는 그 기풍이 송나라의 것과 아주 유사하다.

【 서하의 멸망 】

서하국이 전성기를 지나 쇠퇴의 길로 들어선 시기는 바로 몽골이 막북에서 흥기하던 때이다. 요나라가 망한 후 서하는 금나라의 속국으로 80년간을 지내면서 때로는 금나라를 따라 몽골에 항거하고 때로는 몽골을 따라 금나라를 공격했는데, 결국 금나라가 먼저 몽골에 의해 멸망했다.

　테무친鐵木眞이 칭기즈칸으로 칭하던 그해에 서하국에서 왕권을 찬탈하려는 쿠데타가 일어났다. 이때 진이군왕鎭夷郡王 안전安全이 태후의 지지하에 환종桓宗을 폐하고 스스로 황제에 즉위해 양종襄宗이 되었다. 금나라는 사신을 파견하여 안전을 서하의 왕으로 책봉했으며, 서하는 계속 금나라와 함께 몽골에 항거했다.

　1209년 4월, 몽골군이 서하의 도읍인 중흥부中興府를 포위했다. 양종이 친히 병사들을 독려하면서 방어하자 몽골군은 마침내 강물을 끌어들여 성을 물에 잠기게 해서 성안의 많은 백성들을 익사시켰다. 양종은 금나라에 급히 구원을 요청했으나 금나라 왕 왕윤제王允濟는 신하들에게 "적들이 서로 공격하는 것은 우리에게 이롭다"고 하며 지원하려 들지 않았다. 그리하여 양종은 결국 몽골군에 항복할 수밖에 없었다.

　1211년 양종이 쿠데타에 의해 폐위되고, 신종神宗이 즉위하여 몽골과 함께 금나라를 공격했다. 후에 몽골이 서하에 계속 징병을 요구하자 서하는 견디다 못해 출병을 거절했다. 그러자 몽골은 군사를 일으켜 서하를 공격했다. 신종은 뭇 신하들의 반대로 물러나며 왕위를 둘째 아들에게 물려주었는데 그가 바로 헌종獻宗이다.

　헌종은 다시 금나라와 함께 몽골에 항거했다. 1225년 서역에서 막북으로 돌아온 칭기즈칸은 서하가 여전히 굴복하지 않자

도기로 만든 서하의 물병

가을에 다시 출병하여 서하를 공격했다. 몽골군이 승승장구하며 서하국으로 쳐들어오자 신종과 헌종은 두려움 속에서 죽었고, 새 황제 현晛이 왕위를 계승했다. 중흥부는 포위된 지 반년 만에 성안의 양식이 떨어진 데다 지진까지 발생하여 결국 투항할 수밖에 없었다.

  1227년 7월, 칭기즈칸이 군중軍中에서 사망했다. 황제 현이 투항하겠다고 밝혔지만 몽골군에게 살해되었으며, 마침내 서하국은 190년 만에 멸망하고 말았다.

結 강족은 역사가 유구한 민족이다. "강족의 피리가 어찌 버들을 탓하랴, 봄바람이 옥문관을 넘지 못하는데"라는 시구에서 "강족의 피리"란 바로 강족의 문화를 일컫는다.

유구한 중국의 역사는 여러 민족이 공동으로 창조한 것이다. 9~10세기에 걸쳐 강족의 한 갈래인 탕구트족과 거란족, 여진족, 한족은 힘을 합쳐 중국 서북부의 광활한 지역을 개발하고 다채로운 문화를 창조했다.

서하는 당시 북방의 세 나라 가운데 중원과 가장 밀접한 관계를 유지했다. 특히 한족 문화를 전폭적으로 흡수했기 때문에 그들의 문화에는 북송의 문화를 계승하고 발전시킨 흔적이 역력하다. 아울러 이는 원나라가 북방 문화를 창조하는 데 훌륭한 초석이 되었다.

【 짱족의 영웅서사시 《거싸얼》 】

● 거싸얼왕

서사시 《거싸얼》의 저자는 누구일까? 바로 역대의 민간 예능인들이다. 그들은 대개 낫 놓고 기역자도 모르는 목축인들로서 어릴 때부터 익숙하게 들어온 이 서사시를 자연스레 기억했다.

역사를 소재로 한 서사시는 민족 정신의 예술적 구현이자 민족 영혼의 상징이다. 고대 그리스의 서사시《일리어드》와《오딧세이》, 인도의 대서사시《마하바라다》와《라마야나》는 세상이 다 알고 있는 위대한 작품이다. 중국의 눈 덮인 고원에 사는 짱족藏族에게도 이런 웅대한 영웅서사시가 전해지고 있는데, 그것이 바로《거싸얼格薩爾》이다.

설산의 영웅 거싸얼왕에 대해서 짱족이라면 모르는 사람이 없을 것이다. 짱족들 사이에선 "모든 짱족의 입에는 한 부의《거싸얼》이 있다"는 말이 전해지고 있다. 거싸얼의 영웅적인 이야기는 많은 민간 예능인에 의해 전해졌는데, 그 내용이 끊임없이 늘어나면서 점차 100여 부部, 100만 행에 달하는 세계에서 가장 긴 서사시가 되었다.

위대한 영웅서사시《거싸얼》은 내용이 아주 풍부하다. 주인공 거싸얼왕의 영웅적 사적을 골격으로 해서 짱족의 생활상을 다양하게 반영하고 있는데, 전체적인 내용은 짱족의 역사, 종교, 풍속, 인정, 구비문학, 언어, 음악, 미술, 공예 등 여러 방면의 지식을 망라하고 있다. 특히 짱족의 음식, 복식, 주거, 운수, 목축업, 농업, 수공업, 전쟁, 무술, 사회 조직, 혼인, 장례 등 갖가지 풍속에 대해 자세히 묘사하고 있다.

설창說唱으로 된 이 서사시는 대략 7세기 이전부터 널리 전해졌으며, 11세기에 이르러서는 기본적인 정형이 이루어졌다. 그때는 바로 짱족 원시공동체의 말기였다.

서사시는 분장본分章本과 분부본分部本 두 종류로 나뉜다. 분장본은 이야기가 비교적 간단하지만, 분부본은 매 장章마다 독립적인 한 부部를 더해서 100여 부에 달하며, 각각의 부를 독립적으로 읊을 수 있다.

짱족의 문자로 된 초본抄本《거싸얼》

짱족 백성은 이 서사시를 너무나 사랑해서 과거에는《거싸얼》한 부의 초록본이 소 열다섯 마리에 해당했다. 근래에도 목축하는 사람들이 사기邪氣를 막기 위해 소 한 마리와《거싸얼》한 부를 교환해 집에다 모셔놓곤 한다.

【 거싸얼 이야기 】

거싸얼은 천신天神의 작은아들로, 인간이 마귀에게 해를 입고 고난을 겪자 그들을 구원하기 위해서 인간세상으로 내려왔다. 그는 한 마리 작은 새로 변신해서 상링가上嶺噶의 어느 집으로 날아가 여인의 태胎에 들어갔다. 그리고 어릴 때부터 숙부 차오퉁超同의 박해를 받으면서 어머니를 따라 거지 노릇을 하다가 이후 목동으로 성장했다. 15세 때 경마 시합에서 우승하여 '세계웅사거싸얼대왕世界雄獅格薩爾大王'이 되었고, 그 후 일련의 전쟁에서 위대한 업적을 쌓았다.

한때 북방의 마왕 루짠路贊이 거싸얼의 둘째 왕비 메이싸梅薩를 붙잡아 갔다. 거싸얼은 베이디北地에 가서 마귀들을 항복시키고, 마왕의 여동생과 싸워 이겨서 그녀를 왕비로 삼았다. 그리고 여러 사람들의 도움을 받아 마왕의 생명줄을 파괴하고 그의 급소를 쏘아서 죽였다. 이 이야기에 나오는 베이디는 바로 짱베이藏北 고원 아리阿里 지역으로 그곳에는 아직도 많은 유적지와 함께 전설이 전해지고 있다.

귀얼왕霍爾王은 거싸얼이 북지에 가서 마왕을 항복시키는 틈을 타서 링국嶺國을 침범하여 주무珠牡왕후를 붙잡아갔다. 전투 과정에서 숙부 차오퉁이 거싸얼을 배신했고, 큰형 자차甲察 대장 등이 모두 전사했다. 주무가 선학仙鶴, 까치, 여우에게 세 번이나 부탁해서 거싸얼에게 소식을 전하고 나서야 거싸얼은 온정이 넘치는 매살을 벗어나 영국으로 돌아왔다.

주무왕후가 화장을 하고 있는데, 귀얼왕을 위하여 미인을 찾는 까마귀가 날아왔다.

당시 차오퉁이 정무를 관장하고 있었기 때문에 거싸얼은 동냥하는 늙은이로 가장하여 성안에 들어가서 차오퉁을 생포하고 다시 왕후를 구하러 갔다. 그는 변화무쌍한 신력으로 여러 고비를 넘기고 마침내 귀얼왕의 왕궁에 도착했다. 그는 거지로 가장하고 왕궁 앞에서 원숭이 놀이를 하다가 기회를 틈타 입궁했다. 그리고 왕후를 만나서 짱족 말로 그녀와 몇 마디를 나누었다. 또 설산 뒤에서 귀얼왕의 생명줄을 파괴한 다음 마침내 그를 죽였다. 이것이 바로 서사시 가운데서 사람

거싸얼은 거지로 위장하고 성안에 들어가 배신자 차오퉁을 생포했다.

《거싸얼》은 민간 예능인들에 의하여 오늘날까지 전승되고 있다.

들에게 가장 인기 있는 〈곽령대전藿嶺大戰〉 부분이다.

그 후 거싸얼은 여러 차례 전쟁을 치르며 가는 곳마다 마왕들을 물리치고 백성들을 구출해서 나라를 나날이 부강하게 했다. 마지막으로 거싸얼은 지옥에 가서 모친과 아내를 구하고 18억이나 되는 억울한 혼들을 풀어줌으로써 삼계三界를 안정시키는 임무를 완수하고 천상으로 되돌아갔다.

【 서사시 《거싸얼》의 전파 】

서사시 《거싸얼》의 저자는 누구일까? 바로 역대의 민간 예능인들이다. 그들은 대개 낫 놓고 기역자도 모르는 목축인들로서 어릴 때부터 익숙하게 들어온 이 서사시를 자연스레 기억했다. 심지어 어떤 사람은 꿈에 거싸얼 대왕이 자신의 배 속에 서사시를 넣어주면서 영웅의 사적을 널리 전파할 것을 당부했다고도 한다. 이런 경우 그는 한 번 크게 앓고 나서는 《거싸얼》을 노래하는 전문 예능인이 되었다. 그들은 이것을 신성한 일로 여기고 전심전력을 다하다가 종종 광적인 경지에 들어가기도 했다.

적지 않은 예능인들이 서사시 중의 몇십 부를 노래할 수 있다. 자바扎巴 노인은 홀로 30여 부를 읊을 수 있고, 젊은 여자 예능인 위메이玉梅는 70

여 부를 부를 수 있으며, 칭하이성의 궈러果洛에 사는 목동 구루젠짠古如堅贊은 129부까지 노래할 수 있다. 사람들은 자세한 편과 목차까지 작성하여 이미 몇 부를 기록했는데, 매 부마다 10만 자 이상 되었다. 탕구라唐古拉의 예능인 차이랑왕두이才讓旺堆는 148부를 노래할 수 있는데, 녹음한 것을 들어보면 보통 한 부에 50여 시간이 걸리고 어떤 것은 100여 시간이 소요되기도 한다.

【 자차와 〈갑령〉 】

서사시 《거싸얼》에는 중요한 인물이 한 명 나온다. 바로 거싸얼의 이복 맏형 자차이다. 자차는 무예가 출중할 뿐 아니라 거싸얼에게 가장 충실했던 대장으로서 두 사람의 사이도 아주 좋았다.

귀얼이 침입했을 때 주무왕후의 처지가 매우 위험했다. 자차는 그 소식을 듣고는 즉시 대군을 거느리고 용감하게 싸워서 귀얼의 수하 대장 몇을 죽였지만, 결국 적군의 간사한 꾀에 넘어가 전사하고 말았다.

자차는 자신을 소개할 때 항상 '한족의 큰 외조카'라고 했으며, 그의 말과 칼 역시 모

자차는 거싸얼의 이복 형으로서 무예가 출중할 뿐 아니라 거싸얼에게 가장 충실한 대장이었다.

두 한족 땅에서 가져온 것이었다. 자차의 이미지에는 한족과 짱족 두 민족 간의 두터운 우정을 상징하는 깊은 역사적 의미가 담겨 있으며, 문성공주와 금성공주가 티베트 왕에게 시집간 것에 대한 예술적 개괄이기도 하다.

서사시 《거싸얼》 중에는 〈자링甲嶺〉이 있는데, '갑'은 바로 한족이라는 뜻이다. 〈자링〉에서는 거싸얼이 한족 황제를 도와서 황비皇妃로 둔갑한 마귀를 제거하고, 한족과 짱족 간 우정의 통로를 열었다는 이야기를 다루고 있다. 이를 통해 두 민족 간의 우정이 얼마나 오래되었는지 알 수 있다.

【 거싸얼과 주무 】

거싸얼 대왕은 중국 문학만이 아니라 세계 문학에서도 빛을 발하는 보배이다. 짱족은 그를 민족의 위대한 영웅이자 신으로 숭배하며, 용기와 지혜의 상징으로 여기는 동시에 다가가기 쉬운 친절한 사람으로 생각하고 있다.

거싸얼이 방목放牧할 때의 깊이 잠든 모습은 짱족 목동들의 습관이다. 짱족은 양털로 짠 긴 소매 옷을 입는데, 더울 때면 한쪽을 벗어서 몸에 감고 소매는 허리띠로 삼으며, 잘 때는 긴 옷을 이불 삼아 손발을 그 안에 넣어서 얼지 않게 한다. 거싸얼의 생활은 짱족의 그것과 똑같으며, 수많은 지역에 아직도 칼, 갑옷, 말안장 등 그의 유물이 남아 있다고 한다.

서사시에 나오는 주무왕후의 모습은 생동감 넘치고 감동적이다. 그녀는 '천룡天龍의 딸'로서 총기와 아름다움의 화신이며, 부지런하고 선량하다. 많은 부호와 귀족들이 그녀에게 구혼하지만, 그녀는 전혀 흔들리지 않고 가난한 목동 거싸얼을 사랑한다. 그녀는 시종일관 그를 사랑했고, 몇 번이나 그를 도와서 마왕을 물리쳤다. 그녀는 외양과 내면이 모두 아름다운 여성의 전형으로 서사시에서는 이렇게 묘사하고 있다.

> 영특한 눈은 날아다니는 나비인가
> 까만 두 눈동자는 검은 주옥 같네.
> 휘어진 눈썹은 멀리 보이는 산과 같고
> 수정 같은 치아는 백옥처럼 희다네.
> …
> 겨울에 그녀는 태양보다 따뜻하고
> 여름에 그녀는 버드나무 그늘보다 시원하네.
> 온몸에선 연꽃처럼 향기를 발산해
> 벌과 나비가 무리를 지어 그녀 곁을 맴도네.
> 그녀가 앞으로 한 걸음 나아가면 그 값은 천 필의 말에 해당하고
> 그녀가 뒤로 한 걸음 물러서면 그 값은 만 마리의 양에 해당하네.

주무왕후는 몇 번이나 거싸얼왕을 도와 마왕을 물리쳤다.

주무왕후는 짱족 백성들이 이상화한 여성의 화신으로, 그들은 수많은 아름다운 언어로 그녀를 묘사했다. 전하는 바에 의하면, 그녀의 고향은 티베트 동북부 쒀현索縣 야라산雅拉山이라고 하며, 그곳에는 아직도 그녀가 목축을 할 때 지냈던 집과 부엌 등 유적지가 남아 있어 현지 사람들에게 자긍심을 심어준다고 한다.

《거싸얼》의 중대한 가치

호머의 서사시와 인도의 양대 서사시는 세계 문학사에서 높은 지위를 차지하고 있다. 어떤 사람은 "아쉽게도 중국에는 서사시가 없다"고 유감을 표했는데, 지금까지 살펴본 바에 의하면 그 말은 사실이 아니다. 짱족의 《거싸얼》과 같은 찬란한 영웅서사시가 있을 뿐 아니라 중국 내 다른 민족에게도 적지 않은 영웅서사시가 전해진다.

몽골족의 《장거얼江格爾》, 커얼커쯔족柯爾克孜族의 《마나쓰瑪納斯》 등은 《거싸얼》과 더불어 3대 서사시라 불릴 만한 것들이다. 이 밖에도 신화서사시로 먀오족苗族의 《먀오족고가苗族古歌》, 무라오족仫佬族의 《복희형매伏羲兄妹》, 이족의 《러어터이勒俄特依》, 투자족土家族의 《융니짜오런雍尼造人》 등이 있다.

이 위대한 서사시는 200여 년 전부터 외국 학자들의 주목을 받았다. 그들은 짱족 자치구에 들어가 조사 및 연구한 뒤에 《거싸얼》 번역본과 관련 책을 다수 펴냈다. 지금 이 서사시는 독일어, 러시아어, 프랑스어, 영어, 몽골어, 일본어, 터키어, 라틴어 등 번역본과 선집으로 소개되고 있다. 프랑스의 한 학자는 "《거싸얼》 이야기는 서사시의 모든 특징을 두루 갖추고 있다"고 평가했다. 독일의 서사시 연구가는 "점점 더 많은 사람들이 《거싸얼》이 세계의 위대한 서사시 중 하나라는 것을 인식하고 있다"고 지적했다.

結　서사시 《거싸얼》은 짱족 거주 지역에서 그 영향력이 지대하여 민간의 풍속과 예술이 이 서사시와 밀접한 연관성이 있다. 명절 때나 휴식을 취할 때 짱족 사람들은 예능인들의 설창說唱을 즐겨 들었으며, 그때마다 예능인들은 거싸얼 대왕의 모자를 쓰고 기도했다.

사람들은 이 서사시를 초록하여 신단에 모셔두고 가문의 보배로 삼았다. 벽화나 민간의 조각에서도 거싸얼 대왕의 형상을 발견할 수 있는데, 이는 여러 민족이 모두 《거싸얼》을 열정적으로 노래하고 있음을 말해준다. 근래에 《거싸얼》은 대형 가무와 희곡으로 각색되기도 했다.

짱족의 5대 거주 구역 외에도 서사시 《거싸얼》은 몽골족, 투족土族, 푸미족普米族, 위구족, 싸라족撒拉族, 나시족納西族 사이에서도 전해지고 있다. 특히 몽골족에게 전해진 후에는 그 음이 《거쓰얼格斯爾》로 바뀌어 내몽골, 신장 및 몽골공화국과 시베리아의 브랴트 등지에서도 널리 불리고 있다. 그 밖에 중국과 인접한 부탄, 파키스탄, 인도 등의 일부 지역에도 《거싸얼》이 전해지고 있다.

【 당나라의 전기소설 】

● 당 왕조의 많은 전기들이 수록된 《태평광기》

신선과 귀신을 매개로 현실을 반영하게 된 것은 당대 소설의 일대 발전이었다. 소설의 저자들은 자각적인 창작의식을 갖고 사회와 인생을 주목했으며, 신선과 귀신을 소재로 삼더라도 현실생활에 대한 자신의 진실한 체험을 녹여 넣었다.

소설은 많은 사람들이 즐겨 본다. 또 많은 사람들이 즐겨 보는 영화나 드라마는 대개 소설을 각색한 것이다. 소설은 당대의 출판물 가운데 상당한 비중을 차지하고 있으며 가장 오래된 문학 양식이다.

　소설은 선진先秦시대의 신화나 전설에서 기원했으며, 그 발전 과정에서 우화나 역사, 전기 문학의 영향을 많이 받았다.《한서漢書》〈예문지藝文志〉에서는 소설을 9류流10가家의 하나로 꼽으면서 이렇게 말하고 있다.

　"소설가의 흐름은 대개 패관稗官에서 나왔다. 길거리의 한담이나 주위 들은 이야기들을 가지고 만든 것이다."

　〈예문지〉에서는 소설가 열다섯 명을 언급하고 있지만 거기서 말하는 '소설'과 지금의 소설은 그 개념이 아주 다르다. 당시의 소설은 국가나 정치, 종교의 큰 도리에 관한 사소한 언론에 불과했고 일정한 서사의 성격을 띠지도 않았다.

　한나라와 위진남북조 시기에 이르러 비로소 사회 인물이나 신선, 귀신 등에 관한 작품이 나타났다. 오늘날 우리는 그런 작품들을 '지인志人' 또는 '지괴志怪' 소설이라고 하지만, 그 내용이 아주 간단하고 분량도 짧으며 예술적으로 볼 때도 조잡해서 굳이 말하자면 소설의 원형이라고 할 수 있다.

당나라 때에 이르러 비로소 다채로운 소설이 나타났다. 이 시기의 소설은 육조시대 지괴소설의 장점을 계승하면서도 내용, 규모, 기법 면에서는 이전 시대를 훨씬 능가했다.

'전기傳奇'는 본래 작품의 이름이지 문체의 한 종류가 아니었다. 원진元稹의 명저《앵앵전鶯鶯傳》을 일

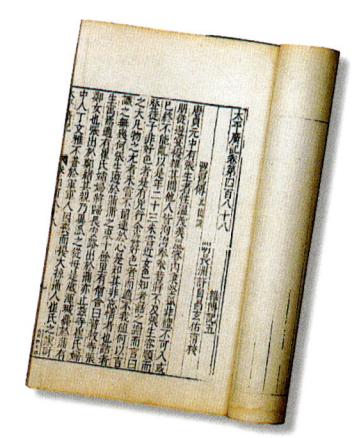

'전기'는 본래 작품의 이름이다.
원진의 명저《앵앵전》은 일명《전기》라고도 한다.

명《전기傳記》라고 했으며, 당나라 말엽 배형裵鉶이 창작한 소설집도《전기》라고 불렸다. 당나라 사람들이 쓴 문언文言으로 된 단편소설을 '전기'라고 부르기 시작한 것은 송나라 사람들이다. 당나라 때의 전기는 대부분 송대의 이방李昉이 편찬한《태평광기太平廣記》에 수록되어 있다.

【 전기의 탄생 배경 】

당나라는 오랜 분열과 불안한 시대를 거친 후 탄생한 통일 왕조로서 경제가 번영하고 국력이 강성했는데, 이는 문화가 발전하는 데 훌륭한 사회적 토대가 되었다. 당나라의 통치자들은 정치적으로 개방되었고 사상과 문화면에서도 관용적이었으므로 문화가 꽃필 수 있었다. 당시唐詩와 전기는 바로 이런 배경에서 피어난 아름다운 꽃이다.

당나라 때 소설이 발전하게 된 직접적인 원인이 두 가지 더 있다.

첫째, 도시의 확대와 상업의 번영은 전기가 나올 수 있는 광범위한 소재의 영역을 열어주는 한편, 시민 계층의 출현으로 문화에 대한 수요가 늘어나며 전기의 창작을 자극했다. 예컨대 당시 예능인들은 찻집이나 절에서 '설화說話'와 '변문變文'을 시작했는데, 그들은 이 같은 허구의 이야기로 청중을 끌어들였다.

원진은 〈한림 백학사의 대서 일백운에 수창하여酬翰林白學士代書一百韻〉

에서 '청화聽話'라는 말을 썼다. 여기서 '청화'란 바로 예능인들의 이야기를 가리킨다. 예능인들의 '설화'는 문인들의 소설 창작에 깊은 영향을 미친 한편, 소설은 '설화'를 통해 그 영향력을 확대했다.

둘째, 고문운동의 흥기는 전기문학에 일종의 언어 형식을 제공했다. 초당初唐과 성당盛唐 시기를 거치면서 시가는 이미 황금시대를 자랑했지만, 소설 작품은 그리 많지 않았다. 이는 정형화된 언어 형식을 가진 변려문騈儷文과도 일정한 관련이 있다. 즉 한유가 이끈 고문운동은 육조의 변문을 맹렬히 공격하면서 문구가 활발한 산문을 자유롭게 집필했기 때문에 소설 창작에서 언어의 구속을 탈피할 수 있었으며, 이로 인해 당나라의 소설은 진정한 발전기에 들어설 수 있었다.

문학사가 정전둬鄭振鐸는 이렇게 말했다.

"수나라와 당나라 때의 전기문학은 단지 맹아에 지나지 않는다. 대력大歷과 원화元和 연간에 비로소 꽃을 피우고 열매를 맺었으며, 그 성장을 촉진한 것은 바로 고문운동이다."

루쉰이 편찬한 《당송전기집》과 왕벽강汪辟疆이 편찬한 《당인소설唐人小說》

루쉰의 《중국소설사략中國小說史略》에는 이러한 내용이 있다.

"소설도 시와 마찬가지로 당나라 때에 이르러 새로운 모습을 보였다. 비록 기이함과 일탈에 대한 기록이라는 지적을 면치 못할지라도 서술이 비교적 완곡하고 문장이 화려하다는 점에서 대략적인 내용에 그친 육조의 작품에 비해 한 걸음 진보한 것이 확연하다. 그중에서 특히 눈에 띄는 변화는 바로 소설 창작에서 의도가 나타난 것이다."

이처럼 '의도'를 갖고 창작한 소설을 후세 사람들은 '전기傳奇'라고 불렀다. 이른바 전기란 기이한 일에 대해 보고 들은 것을 기록한 것이다. 하지만 전기에는 귀신에 관한 황당한 이야기뿐 아니라 현실에서 흔히 볼 수 있는 일상적인 일들을 다룬 것도 적지 않았다.

신선과 귀신을 매개로 현실을 반영하게 된 것은 당대 소설의 일대 발전이었다. 소설의 저자들은 자각적인 창작의식을 갖고 사회와 인생을 주목했으며, 신선과 귀신을 소재로 삼더라도 현실생활에 대한 자신의 진실한 체험을 녹여 넣었다. 그리하여 소재의 범위가 확대되었고, 구성도 다양해졌으며, 이야기에 곡절이 있고 인물의 형상이 생동감 있는 데다 언어도 더욱 풍부해졌다. 이러한 면모는 정전둬의 말을 통해 확인할 수 있다.

"일부 전기는 이미 근대의 성숙한 단편소설의 특징을 지니고 있었다. 당나라 때 전기의 출현은 고대 소설이 진정한 성숙 단계로 진입했음을 보여주는 것이며, 아울러 중국 문학사에서 작가들이 의식적으로 소설 창작에 임하기 시작한 것도 이때부터다."

【 전기의 발전 과정 】

앞에서 말했듯이, 당나라 초기의 경제 발전과 고문운동이 전기문학의 출현을 이끌었다면, 당나라 중기 덕종德宗 건중建中 연간(780~783)에는 소설 창작이 전성기에 들어섰다. 소설의 양식은 이 시기에 성숙해서 많은 작품이 출현했다. 더구나 원진, 백거이, 백행간白行簡, 진홍陳鴻 등 유명 문인들이 창작에 뛰어들면서 전통적인 지괴소설 외에도 세상을 풍자하는 풍세소설, 애정소설 등이 선을 보였다.

예를 들면 심기제沈旣濟의 《침중기枕中記》는 "밥을 지을 동안 꿈을 꾼" 이야기이고, 이공좌李公佐의 《남가태수전南柯太守傳》은 '남가일몽南柯一夢'에 관한 이야기이다. 이 작품들은 신괴神怪나 꿈에 관한 소설이지만 모두 현실을 반영한 것으로 세태를 풍자하는 성격을 띠고 있다. 원진의 《앵앵전》, 장방蔣防의 《곽소옥전郭小玉傳》, 진현우陳玄祐의 《이혼기離婚記》, 백행간의 《이왜전李娃傳》 등은 모두 인간세상의 사랑 이야기를 다룬 것이다. 이러한 전기의 출현은 당나라의 문학에 풍성함을 더했고, 후대의 언정言情소설에도 깊은 영향을 미쳤다.

당나라 말엽에 이르러 전기소설은 여전히 왕성한 추세를 보였지만 단일 작품보다는 작품집으로 묶는 것이 유행이었다. 예컨대 설용약薛用弱의 《집이기集異記》, 이복언李復言의 《속현괴록續玄怪錄》, 이매李玫의 《찬이기纂異記》, 배형의 《전기》 등이 모두 그러한 단편소설집이다. 소재면에서도 애정소설은 황보매皇甫玫의 《비연전非煙傳》과 우업于鄴의 《양주몽揚州夢》 등을 제외하곤 훌륭한 작품을 찾아보기 어려웠고, 그 대신에 호걸이 등장하는 무협소설이 흥기하게 되었다. 예컨대 원교袁郊의 《홍선전紅線傳》, 배형의 《곤륜노崑崙奴》와 《섭은랑聶隱娘》, 설조薛調의 《무쌍전無雙傳》, 두광정杜光庭의 《규염객전虯髥客傳》과 《신선감우전神仙感遇傳》 등 호걸에 관한 이야기가 크게 환영을 받았다.

【 신괴소설 】

　당나라의 전기 중에서 왕도王度의 《고경기古鏡記》, 무명씨의 《보강총백원전補江總白猿傳》, 이조위李朝威의 《유의전柳毅傳》, 심기제의 《침중기》, 이공좌의 《남가태수전》, 심아지沈亞之의 《진몽기秦夢記》 등은 모두 육조시대 지괴의 유풍을 계승한 것이다. 하지만 이때의 지괴는 기이한 일을 단순하게 기술하는 것이 아니라 예술적으로 더 성숙하고 내용도 더 현실적이었다.
　가령 《남가태수전》에서 순우분淳于棼이 술을 마신 뒤 꿈속에서 대괴안국大槐安國에 들어간 이야기를 살펴보자. 꿈속에서 순우분은 부마가 된 후 남가태수를 거쳐 재상에까지 올랐고, 아들 다섯과 딸 둘을 두었으며 세력이 매우 컸다. 그러나 나중에 단라국檀蘿國과의 전쟁에 패하면서 공주도 사망하고, 결국 파직을 당하여 고향으로 돌아가게 된다. 순우분은 여기서 문득 깨어나 비로소 그것이 한바탕 꿈이었음을 깨닫는다. 꿈속에서 본 대괴안국은 바로 문 앞 늙은 홰나무 아래로 뚫린 개미구멍이었다. 그날 저녁 비바람이 불자 이튿날 홰나무 아래 개미들은 어디론가 자취를 감춘다. 결국 인생이 꿈과 같다는 생각을 한 순우분은 주색을 끊고 도사가 된다.
　《유의전》에서 낙방한 서생 유의柳毅는 귀향길에 양을 방목하는 여자를 만나서 이야기를 나누다가 그녀가 둥팅호 용왕의 딸이란 것을 알게 된다. 그녀는 멀리 경천涇川 용왕의 아들에게 시집가라는 아버지의 명령을 따랐으나, 출가 후 온갖 구박을 받자 부모님께 편지로 그 일을 알리고자 했다. 그 이야기를 듣고 분노한 유의는 그녀를 위해 편지를 전하겠다고 약속한다. 마침내 그녀의 숙부 전당군錢塘君이 그녀를 구하러 떠나고, 유의는 용궁에서 며칠간 체류하면서 환대를 받는다. 전당군이 그녀와 유의의 혼인을 성사시키려 했으나 유의는 한사코 거절한다. 그녀는 유의를 사모하여 이별할 때 매우 슬퍼했으며, 그 후에도 한결같은 마음으로 유의가 돌아오기만을 기다린다. 그리고 우여곡절 끝에 마침내 유의와 혼인을 하고 행복하게 살아간다. 이 이야기는 소재가 기이하고 신화적 색채가 농후하지만, 육조시대 지괴소설과는 전혀 다르게 인간미가 넘친다.

요컨대 소설 속에는 개미 왕이나 용왕의 딸 등이 등장하고 있지만, 그들은 이미 세속화·인격화되었고, 작가는 그들을 통해 세태와 인정을 표현했던 것이다.

신괴소설《유의전》에 수록된 삽화

【 애정소설 】

당나라의 소설 가운데 애정에 관한 주제를 가장 많이 다룬 것은 아마 장작張鷟의 《유선굴游仙窟》일 것이다. 모두 1만여 자字에 달하며 문체는 변체騈體이다. 1인칭 화자인 '나'가 하원봉사河源奉使로 있을 때 '선굴仙窟'에 투숙하여 두 여자와 술을 먹고 즐긴 이야기로서 염정艶情의 색채가 짙다.

이 소설은 일본에 전해진 후 실전되었지만,

《유의전》에서 소재를 얻은 동경의 장식

나중에 일본에서 다시 중국으로 전해졌다. 일본에서는 젊은 시절 잘생기고 다정한 호색한이 무측천을 사모하다가 도저히 그 사랑이 이루어질 수 없음을 깨닫고 이 소설을 지었다는 설도 있다. 작가는 무측천과 동시대 사람이므로 이 이야기가 전혀 근거 없다고 할 수는 없다.

《유선굴》은 지괴의 분위기를 띠고 있지만 귀신이나 괴이한 일과는 전혀 상관이 없다.

순수하게 남녀 간의 사랑을 다룬 소설은 원진의 《앵앵전》이다. 이야기는 장생張生이 기거하고 있는 포주蒲州의 보제사普濟寺에 우연히 이종사촌 정鄭씨가 딸 최앵앵崔鶯鶯을 데리고 들어가면서 시작된다. 당시는 도처에 군대가 날뛰고 있어서 두 모녀는 장생의 보호를 받지 않을 수 없었다. 정씨가 감사의 뜻으로 베푼 술자리에서 장생은 최앵앵에게 첫눈에 반한다. 그는 시녀 홍랑紅娘을 통해 시를 전함으로써 자신의 마음을 알린다. 처음에 앵앵은 단호히 거절하다가 끝내 그의 정성에 감동해서 몸을 허락하고 몇 달간 관계를 유지한다. 하지만 후에 장생은 수도로 과거를 보러 가면서 그녀를 버린다. 장생의 배신은 남존여비 사상을 반영하고 있으며, 앵앵이 예교禮敎의 속박을 벗어나 대담하게 사랑을 추구한 것은 반시대적인 의미가 있다.

사랑을 다룬 소설 가운데 장방의 《곽소옥전》은 아주 아름다운 이야기를 들려주고 있다. 소설은 곽왕霍王의 작은 딸 곽소옥이 창녀가 된 후 진사에 급제한 서생 이익李益과 사랑하게 된다는 줄거리이다. 소옥은 평생을 함께 지내지 못할까봐 두려워하고, 이익은 늘 함께하겠다고 누차 약속하지만 결국 그녀를 버리고 만다. 절망에 빠진 소옥은 죽은 후에 귀신이 되어 자신을 배신한 이익을 응징한다. 줄거리는 단순하지만 인물의 성격이 선명하고 곽소옥의 강렬한 애증도 충격적이다. 아울러 애정 문제에서 신분제도가 여성에게 심각한 피해를 끼쳤음을 보여준다.

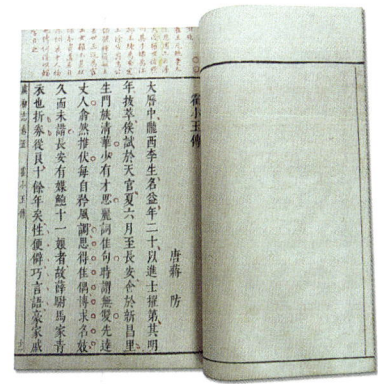
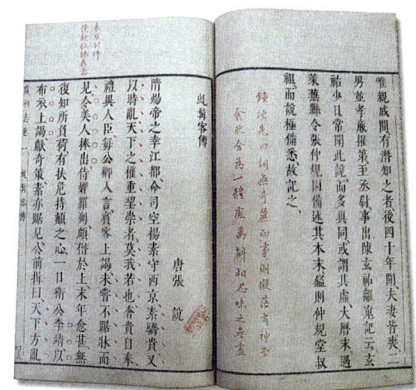

애정소설 《곽소옥전》과 협객소설 《규염객전》

【 협객소설 】

당나라 말기의 전기소설 가운데 협객소설은 주목을 끌 만한 장르였다. 당시에는 번진藩鎭이 한 지역을 강점하고 천자의 명령을 거역한 채 많은 협객을 육성해 암살이나 공격을 일삼았다. 백성들은 난관에 봉착했을 때 무예가 뛰어난 협객이 나타나서 정의를 수호하고 사악한 자들을 제거해주길 염원했다. 그 결과 원교의 《홍선전》, 배형의 《곤륜노》와 《섭은랑》 등 협객소설이 시대의 요구에 부응하여 출현했다.

사실 협객이란 캐릭터는 일찍이 다른 소설에서도 나타난 적이 있다. 예를 들면 《곽소옥전》에 나오는 노란 옷의 협객이 바로 그러한 인물이다. 하지만 협객이 주인공으로 각광을 받은 것은 당나라 말엽의 일로 두광정의 《규염객전》이 가장 유명하다. 이 소설에 나오는 이정李靖, 홍불녀紅拂女, 규염객은 후세에 '풍진삼협風塵三俠'으로 불릴 정도로 개성이 뚜렷하다.

이야기는 수 왕조 말엽, 천하가 대혼란에 빠져 있던 때를 배경으로 한다. 평민 신분인 이정이 권력자인 양소楊素를 알현하는데, 양소가 총애하던 기생 홍불이 이정에게 반한 나머지 그날 저녁 남장을 하고 이정을 찾아가서, 그와 지기知己가 되어 감동적인 이야기를 엮어간다. 구성이 치밀하고 예술성이 뛰어날 뿐 아니라 세 인물 모두 생동감 있고 개성이 강하다.

홍불녀는 비록 출신이 비천하지만 영웅을 알아보는 혜안과 비범한 용기를 보여준다. 이정 역시 평민 출신이지만 세상을 쥐고 흔드는 권력자 양소를 찾아가서 감히 그 공과를 평가함으로써 보통 사람과는 다른 담대함을 보여준다. 규염객은 천하를 통치하겠다는 꿈을 가졌지만 이세민이 대단한 인물임을 알고 그 꿈을 버렸으며, 아울러 이세민의 부하가 되기 싫은 나머지 다른 나라로 떠나버림으로써 호걸의 오기를 보여준다. 전체적으로 영웅들의 호방한 성격이 드러나는 가운데 남녀 간의 사랑 이야기를 삽입해서 흥미로운 읽을거리로 손색이 없다.

후의 장봉익張鳳翼의 《홍불기紅拂記》, 능몽초凌濛初의 《규염객》 등 무협소설이 이 작품을 바탕으로 했다. 이런 전기는 오늘날 유행하는 무협소설의 토대가 되었다.

이 세 부류 외에 당나라의 전기에는 역사 이야기도 있다. 예컨대 진홍거陳鴻拒가 백거이의 〈장한가〉와 동시에 쓴 《장한가전》이 바로 그것이다. 이러한 전기는 그리 많지 않아서 그 영향력도 앞의 것들만큼 크지 않았다. 전기는 당나라의 문학에서 당시唐詩와 대등한 위치에 놓이는 문학 형식으로서, 송홍매宋紅梅의 《당인설회唐人說薈》가 그것을 말해주고 있다.

"당대 사람들의 소설은 보고 또 보지 않을 수 없다. 사랑 이야기이지만 처량하고 애절해서 나도 모르게 눈물을 흘리게 된다. 가히 시율詩律과 더불어 한 시대의 기이한 일이라고 할 수 있다."

結 전기소설의 출현은 중국 고전 소설의 발전이 성숙 단계에 들어섰음을 말해주는 한편, 중국 현실주의 소설의 서막이기도 하다. 이때부터 소설은 점차 그 특성을 형성해가면서 독립적인 문학 형식으로 발전해갔다. 루쉰은 《중국소설사략》에서 당나라의 전기가 이룩한 성취를 문체와 상상력 두 방면으로 정리했다.

당나라의 전기는 그 시대의 사회상을 널리 수용했으며, 예술적으로 완벽한 구성 및 드라마틱한 이야기와 함께 문장이 우아하고 아름답다. 그리고 생생한 인물들을 많이 창조했는데, 특히 곽소옥, 앵앵, 홍불, 이왜 등의 여성이 이채를 띤다.

당나라의 전기는 후세의 문학에 중대한 영향을 미쳤다. 원나라 말기 도종의陶宗儀는 《남촌철경록南村輟耕錄》에서 이렇게 말했다.

"패관稗官이 폐기되자 전기가 창작되었고, 전기가 창작되자 희곡이 뒤를 이었다."

원나라와 명나라의 희곡 가운데 적지 않은 인물 이야기가 바로 당나라의 전기에서 이식된 것이다. 왕실보王實甫의 《서상기西廂記》는 《앵앵전》에서, 정덕휘鄭德輝의 《천녀이혼倩女離魂》은 《이혼기》에서 소재를 얻었으며, 탕현조湯顯祖의 《남가기南柯記》는 《남가태수전》을 각색한 것이다. 이 밖에 이공수李公垂의 시가 〈앵앵가〉, 조령기趙令畤의 고자사鼓子詞 〈상조접련화商調蝶戀花〉 등도 《앵앵전》을 바탕으로 했다.

근대의 경극 연출자들도 당나라의 전기를 각색한 경극을 수차례 공연했다. 메이란팡梅蘭芳의 〈홍선도합紅線盜盒〉, 장쥔추張君秋의 〈서상기〉 등이 바로 그것으로 당나라 전기의 깊은 영향을 엿볼 수 있다.

【 육우와 《다경》 】

● 차의 성인으로 추앙받는 육우

중국의 문인들은 차를 무척 좋아한다. 차문화의 형성에 크게 공헌하고 차문화의 확산에 가장 큰 역할을 한 사람들이 바로 문인이다. 차문화는 남북조시대에 발생하여 당나라와 송나라 때 번성했다고 해도 과언이 아니다.

차를 마시는 풍습은 중국의 오랜 전통으로, 전하는 바에 의하면 고대 신농씨로부터 시작되었다고 한다. 《화양국지華陽國志》에는 서주西周시대 쓰촨四川의 제후 파왕巴王이 주나라 무왕武王에게 찻잎을 공물로 바쳤다는 내용이 있다.

그 후 차를 마시는 풍습은 점차 보편화되면서 하나의 문화로 자리 잡았다. 차문화를 주도한 사람으로 당나라의 육우(733~804)를 꼽아야 할 것이다. 3권 10장, 7,000여 자로 된 그의 저서 《다경茶經》은 1,000여 년 동안 국내외에 널리 전해져서 세계 최초의 차 전문서로 공인받고 있으며, 이로 인해 육우는 후세 사람들에게 '다성茶聖'으로 추앙을 받았다.

육우는 자가 홍점鴻漸이며 복주復州 경릉竟陵(지금의 후베이성湖北省 톈먼天門) 사람이다. 《신당서新唐書》 등 문헌에 의하면, 육우는 세 살 때 호숫가에 버려졌는데 경릉 용개사龍蓋寺의 주지인 지적智積선사가 그를 거두었다. 지적선사가 《주역》에 입각해 아이의 이름을 지으려고 점을 치자 "장차 크면 관리가 되리라"는 괘가 나왔다고 한다.

지적선사는 차를 아주 좋아했는데 육우는 그 영향으로 어릴 때부터 차 끓이는 법을 익혔다. 나중에 지적선사는 점아漸兒(육우를 말함)가 끓인 차가 아니면 마시지 않을 정도였다. 천보 연간(742~755)에는 예부낭중禮部郎中 최국보崔國輔가 경릉의 사마司馬로 부임해서 육우와 자주 만나 차를 마시며 교분을 쌓았다.

2년 후 육우는 파산巴山의 여러 지역을 답사하면서 차에 관한 각종 자료를 수집했다. 또 승주昇州(지금의 난징南京)로 가서 서하사栖霞寺에 기거하며 차에 관해 연구했다.

상원上元 원년(760), 육우는 서하산 기슭에 있는 소계苕溪(지금의 저장성浙江省 후저우湖州)의 산림에 은거한 채 사람들과 교류를 끊고 《다경》을 저술했다. 이 기간 동안 그는 늘 편한 차림으로 홀로 산과 들을 다니고 농가를 방문하면서 직접 차를 채집했고, 샘물을 찾아다니며 찻물을 평가했다. 그 결과 4년 후 《다경》이 완성되어 세상 사람들에게 널리 전해졌다.

【《다경》의 내용】

《신당서》〈육우전〉에는 《다경》이 세상에 나오자 "세상 사람들이 모두 차의 좋은 점을 알게 되었다"는 기록이 있다. 세계 최초의 차 전문서인 《다경》은 전 10장, 7,000여 자로 이루어져 있다(1장 원源, 2장 구具, 3장 조造, 4장 기器, 5장 자煮, 6장 음飮, 7장 사事, 8장 출出, 9장 약略, 10장 도圖).

〈차의 기원茶之源〉에서 육우는, 차의 성질은 지극히 차므로 음료로 이용하는 것이 가장 적합하다고 한다. 가령 열이 나거나 목이 마르거나 두통이 있거나 눈이 껄끄럽거나 사지에 힘이 없을 때 차를 마시면 마치 감로수를 마신 듯한 느낌을 얻을 수 있다는 것이다. 그리고 차의 기원지는 중국의 쓰촨 지방이라고 밝힌다.

〈차의 도구茶之具〉에서는 당시 전문적으로 생산되던 차병茶餅에 대해 이야기한다. 이 장에서 육우는 차를 채집하고 끓이고 틀을 만들어 건조시키는 도구를 소개한다.

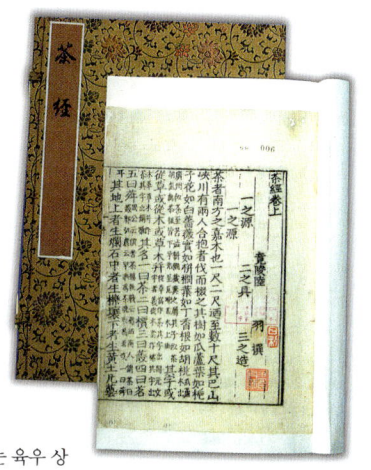 

《다경》과 《다경》을 받쳐들고 있는 육우 상

〈차의 제조茶之造〉는 차의 채집 및 제조에 관한 내용이다. 일반적으로 차는 음력 2~4월에 채집한다. 옛날에는 '삼전적취三前摘翠'라는 말이 있었는데, 그 뜻은 사전社前(춘분 이전), 명전明前(청명 이전), 우전雨前(곡우 이전)에 차를 채집한다는 것이다.

〈차의 그릇茶之器〉은 다기에 관한 내용이다. 청나라 때부터 사람들은 이싱宜興의 자사호紫砂壺에 차를 담아 마시기 시작했으며, 육우가 살던 시대에도 전문적인 용기가 있었다.

〈차 달이기茶之煮〉에서 육우는 찻물에 대해 특별히 논하면서 "산물이 첫째이고, 강물이 둘째이며, 우물물이 그다음"이라고 했다.

〈차 마시기茶之飮〉와 〈차의 내력茶之事〉에서는 차를 마시는 풍습과 차에 관한 역사적 자료를 보여준다. 〈차의 생산지茶之出〉에서는 남방의 명산에서는 모두 차가 생산된다고 전한다. 〈차의 대략茶之略〉은 앞에서 설명한 것 가운데 누락된 내용을 보완한 것이고, 〈차의 그림茶之圖〉은 《다경》의 전문을 흰 비단에다 일목요연하게 기록하여 실내에 걸어놓는 것을 말한다.

【 남령수를 가려내다 】

육우는 '다성'이라고 불리는 만큼 《다경》만이 아니라 차와 관련된 적지 않은 일화를 남겼다.

당나라 말기에 취저우衢州 자사는 자신의 외조부와 육우가 아주 가까운 사이라고 했는데, 그는 《인화록因話錄》에 육우가 "차를 지극히 좋아해서 처음으로 차 달이는 법을 고안했다"고 기록했다. 육우는 차를 달일 때 특히 물을 중시했는데, 그와 관련해 이런 이야기가 전해진다.

당나라 대종代宗 때 후저우湖州 자사 이계경李季卿이 양저우揚州를 지나다가 우연히 육우를 만나서 함께 역참에서 식사를 하게 되었다. 식사 중에 이계경이 말했다.

"그대는 차의 달인으로 천하에 이름이 높소. 양쯔강의 남령수南零水가 천하 제일의 물이라고 하는데, 오늘 묘한 만남이 이루어졌으니 어찌 헛되이 보내겠소?"

말을 마친 그는 심부름하는 사람에게 배를 타고 가서 남령수를 떠오라고 했다. 얼마 후 심부름꾼이 물을 떠왔다. 육우는 그 물을 한 국자 떠서 보더니 이렇게 말했다.

"이것은 강가의 물이지 남령수가 아닙니다."

그러자 심부름꾼이 반발했다.

"이 물은 제가 배를 타고 가서 직접 떠온 것입니다. 증인이 100여 명이나 있는데 어찌 거짓말을 하겠습니까?"

육우는 그 말에 아무 대답도 하지 않고 천천히 병에 든 물을 쏟았다. 그리고 반쯤 쏟아낸 뒤에 이렇게 말했다.

"이제 남은 것이 남령수요!"

깜짝 놀란 심부름꾼은 물을 떠오다가 배가 흔들리는 바람에 물이 쏟아져 강물을 조금 채워왔다고 고백했다. 이계경과 그 자리에 있던 사람들은 육우의 신통한 감별력에 경탄을 금치 못했다.

중국의 문인과 차

중국의 문인들은 차를 무척 좋아한다. 차문화의 형성에 크게 공헌하고 차문화의 확산에 가장 큰 역할을 한 사람들이 바로 문인이다. 차문화는 남북조시대에 발생하여 당나라와 송나라 때 번성했다고 해도 과언이 아니다.

중국의 차는 파촉巴蜀 지역에서 처음 발생하여 삼국시대와 양진兩晉 때부터 점차 양쯔강 중·하류 지역으로 보급되기 시작했다. 차문화의 중심이 동쪽으로 옮겨가는 과정에서 차는 청렴하고 담백한 의미를 지닌 것으로 표현되었다.

춘추시대에 안영晏嬰은 자신의 청렴함을 차에 비유했는데, 이것이 바로 다도茶道정신의 선구라 할 수 있을 것이다. 차는 특히 중국 문인들의 담백하고 차분한 성격과 맞았기 때문에 이른바 "담백함으로 뜻을 밝히고, 차분함으로 멀리까지 이른다"고 했다. 그래서 후세의 문인과 사대부들이 자신의 정취를 차에 기탁하며 "군자는 하루라도 차가 없을 수 없다"고 말한 것이다.

송나라의 〈투다도鬪茶圖〉

당나라 때 차는 온 나라가 즐기는 음료가 되었다. '차茶'라는 글자와 '다도茶道'라는 단어도 이때부터 쓰이기 시작했다. 당나라 이전에는 '차茶'를 '도荼'라고 썼다.

당·송대의 문인들, 예컨대 백거이, 소동파, 왕안석, 이청조李淸照, 육유 등은 모두 다도에 열중했던 문인들이다. 백거이는 "처마 앞의 신록이 남은 꽃을 덮으니, 탁자에 앉아 남은 잔으로 햇차를 마시네"라고 했고, 저녁이 되면 "가을 소나무 그늘 아래 야밤의 종소리 들리는데, 맑은 음영陰影에 잠이 오지 않아 차 한 잔으로 술을 대신하네"라고 했다. 소식은 글을 지을 때 차를 마시는 습관이 있었으며, 고시원에서 시험지를 채점할 때에도 찻잔이 손에서 떠나지 않았다고 한다. 술 마실 때 주령酒令(여럿이 술을 마실 때 마시는 방식에 관한 규칙 : 옮긴이)이 있듯이 차를 마실 때도 다령茶令이 있다. 다령은 송나라 때 처음 등장했으며 그 창시자는 이청조이다. 또 육유는 차와 관련된 시를 많이 남겼는데 후세 사람들은 그에 대해 "다시茶詩 300수를 지어 《다경》을 이어가네"라고 칭송했다.

문인들이 차를 즐기는 풍습은 당나라와 송나라를 거쳐 명나라까지 이어졌다. 하지만 명나라 말기에 정치와 사회가 혼란해지면서 이러한 풍속은 점차 지리멸렬해졌다.

【 중국의 명차 】

차는 녹차, 홍차, 백차白茶, 꽃차花茶, 우롱차 등 종류가 매우 많다. 그중에서 녹차의 역사가 가장 유구하고, 홍차는 현재 전 세계적으로 생산량과 소비량이 가장 많다. 백차는 푸젠성福建省의 특산품이고, 우롱차도 푸젠성의 우이산武夷山이 생산지로서, 그 특이한 향과 빛깔과 맛은 가장 음미할 만한 것으로 평가되고 있다. 꽃차는 특별한 명차로서 일반적으로 북방 사람들이 즐긴다.

중국의 차는 자연 상태의 품질이 좋다. 특히 여린 잎을 따서 정성껏 제조하기 때문에 당·송대 이래로 온갖 뛰어난 차가 등장해서 사람들의 칭송을 받으며 전통적인 명차를 형성했다.

문헌에 의하면, 당나라 때 황제에게 바치는 차가 14종에 달했으며, 송

건륭제가 지정한
열여덟 그루의 '어차御茶'

나라 때에는 그 종류가 41종으로 늘어났다. 오늘날 중국 차의 종류는 300여 종이 넘는데, 여기서는 대표적인 몇 가지만 소개한다.

먼저 시후룽징西湖龍井은 항저우杭州의 시후에서 생산되는 차로서 유구한 역사를 갖고 있다. 룽징차龍井茶란 이름은 원나라 '사대가四大家'의 한 사람인 우집虞集이 명명한 것이다. 청나라 때 룽징차의 명성이 널리 퍼졌고, 특히 강희제와 건륭제가 즐겨 마심으로써 룽징차는 공물의 반열에 들었는데, 건륭제는 열여덟 그루의 '어차御茶'를 지정했다. 룽징차는 녹색에 향이 그윽한 데다 맛이 달고 모양이 아름다워서 '사절四絶'이란 명성을 얻었다.

비뤄춘碧螺春은 타이후太湖 둥팅산洞庭山이 생산지이다. 원래 명칭은 사람을 놀라게 하여 죽이는 향이라는 뜻에서 '혁살인향嚇煞人香'이었는데 강희제가 지금의 이름으로 고쳤다고 한다. 이 차는 잎이 아주 가늘고 소라처럼 말려 있으며, 흰색에 나긋나긋하고 말쑥하다.

우이옌차武夷岩茶는 당·송대 이래로 공물의 반열에 올랐던 우이산의 차에서 유래했다. 그 종류는 룽퇀龍團, 톄관인鐵觀音 등이 있다. 우이옌차는 우롱차의 시조라고 할 수 있다.

멍딩차蒙頂茶는 차의 발원지인 쓰촨 지방에서도 진품으로 유명한 멍산蒙山이 생산지이다. 백거이가 이 멍딩차를 아주 좋아했다고 한다. 멍딩차는 예부터 '신선의 차'라는 이름을 얻었다.

푸얼차普洱茶는 윈난성 서남부 시솽판나에서 생산되며 약효가 있는 것이 특징이다. 여러 품종이 있으며 국외에서는 특히 비만에 좋은 '다이어트차減肥茶'로 널리 알려져 있다.

【 차와 다도 】

차 전문가들이 많이 배출되자 찻물의 종류, 차의 종류, 다구茶具, 달이는 기술 등에 대한 요구가 점차 높아지면서 이것들을 더 완벽하고 우아하고 절묘한 경지로 끌어올려 다도가 형성되었다. 다도는 일련의 과정으로 이어지기 때문에 각 단계마다 주의할 점이 있고, 시대마다 약간의 차이가 있다.

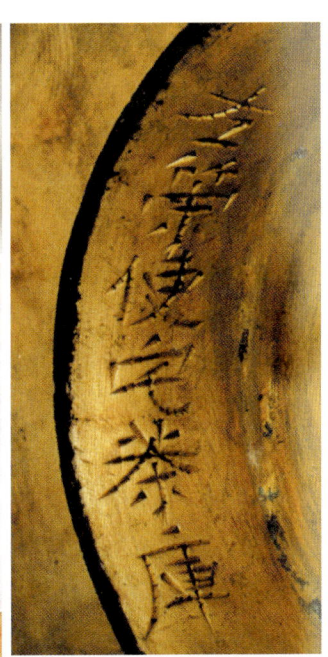

차를 달일 때 사용한 청나라 때의 동호銅壺

유금련판은다탁鎏金蓮瓣銀茶托. 아래 받침대에 "좌책사택다고左策使宅茶庫"라는 글이 새겨져 있다.

오대 시기 차를 달이던 다복茶 鍑과 풍로

당나라와 송나라 때의 차는 둥근 떡 모양으로 압축한 것으로 표면에 고유膏油라는 기름을 발랐다. 그래서 마시기 전에 먼저 겉에 바른 기름을 불로 태워야 했는데, 이 과정을 '구다炙茶'라고 했다. '구다'는 차가 향기를 풍길 때까지 약한 불에서 천천히 균일하게 굽는 것이다.

그다음 과정은 '연다碾茶', 즉 둥근 떡 모양의 차를 얇게 펼치는 것이다. 은이나 구리로 된 도구가 필요하며 이는 연조碾槽와 연륜碾輪 두 부분으로 나뉜다. 그다음은 '나다羅茶(체를 치는 것)'라고 하는데 그물이 가늘수록 좋다. 산시성陝西省 법문사法門寺에서 출토된 도구는 은으로 만들어졌는데, 외형이 마치 작은 널관과 비슷하고 뚜껑이 있다. 또 뚜껑 안에는 아주 가는 은필자銀篳子가 있고 그 아래 작은 서랍 모양의 그릇이 있어서 떨어지는 차를 받게 되어 있다.

'나다'를 거친 후는 물을 끓이는 '전수煎水' 단계로서, 여기에는 '삼비지탕三沸之湯'이라는 말이 있다. 즉 찻물로 가장 적합한 것은 두 번 끓고 세 번째 끓을까 말까 할 때의 물이라고 하는데, 물 끓는 소리를 직접 귀로 듣고 판단해야 한다.

이렇게 끓인 물을 차에 따를 때 거품이 일어나는 것을 '탕화湯花'라고 하며, 이때 찻잔에 차를 나누는 '분다分茶'를 한다. '분다' 역시 기술의 정도에 따라서 다른데, 고수의 '분다'는 마치 예술 공연을 보는 것과 같다. 그래서 차를 마시는 일은 마치 차를 갖고 즐기는 놀이처럼 되었다. 이 때문에 육유는 〈임안의 봄비가 막 개어臨安春雨初霽〉에서 "창밖의 날씨 화창한데 분다를 즐기네"라고 했다.

당·송대부터 원·명대에 이르기까지 문인들은 차를 음미하며 일종의 '투차鬪茶(차 싸움 : 옮긴이)'를 즐겼다. 이는 푸젠성에서 가장 심해 "푸젠성 사람들은 투차를 차의 전쟁으로 여겼다"고 할 정도였다. '투차'는 각자가 차를 준비하여 '연다', '나다', '전수' 등의 과정으로 그 기예를 겨루는 것이다.

오늘날 다도는 옛날과는 많이 다르지만 일종의 예술적 표현 형식이란 점에서는 일치한다.

結 중국인들이 차를 즐기게 된 까닭은 차에 자신의 정취를 맡기고 나아가 깊고 넓은 차문화를 형성할 수 있었기 때문이다. 특히 중국인이 말하는 '군자의 기풍'과 일치했기 때문에 더욱 선호했는데, 이는 차가 정신의 영역에까지 영향을 끼칠 수 있음을 말해준다.

차문화의 발달 과정에서 1,200여 년 전의 인물인 육우와 그가 집필한 《다경》은 특히 칭송받을 만하다. 육우 이후에도 대대로 차를 소개하는 책이 있었으며, 지금도 그러한 서적이 100여 종이 넘는다. 온정균의 《채다록采茶錄》, 채양蔡襄의 《다록茶錄》, 조길趙佶의 《대관다론大觀茶論》, 허차서許次紓의 《다소茶疏》 등이 바로 그러한 책이다. 이 밖에 차를 주제로 한 시나 사詞는 더욱 많아서 1,000여 가지도 넘는다. 당나라의 시인 노동盧仝의 《다가茶歌》 중에서도 특히 〈칠완다七碗茶〉는 아직까지 널리 애송되고 있다. 중국의 차문화는 이렇게 나날이 발전하면서 한국과 일본 그리고 동남아 각국에 깊은 영향을 미쳤다.

【 팔선에 관한 전설 】

● 영락궁에 있는 원나라 때의 벽화〈팔선과해도八仙過海圖〉

일반적으로 여동빈은 남성을 대표하고 하선고는 여성을 대표한다. 또 장과로는 노인, 한상자는 젊음과 문文, 한종리는 귀貴와 무武, 조국구는 부富, 철괴리는 가난과 병, 남채화는 비천함을 대표한다.

팔선八仙은 여덟 도교 신선을 말하며 전설에서는 통상 집단의 형상으로 나타난다. 그 여덟 명은 한종리漢鍾離, 여동빈呂洞賓, 장과로張果老, 조국구曹國舅, 한상자韓湘子, 남채화藍采和, 철괴리鐵拐李, 하선고何仙姑이다.

팔선의 생애를 보면, 먼저 한종리는 성이 '종리'이고 이름이 '권權'이다. 이름으로 인해 그는 스스로 "천하에 한종리의 권력을 골고루 분산시킨다"고 했는데, 이 때문에 그를 초나라에서 한나라로 넘어온 대장 종리매鍾離昧로 착각하는 사람까지 있었다. 또 한나라의 대장이었는데 오랑캐와의 싸움에서 패하는 바람에 홀로 산골짜기에 도피했다가 신선의 가르침을 받고 수련을 해서 신선이 되었다는 설도 있었다. 후에 그는 여동빈과 유명한 신선 유해섬劉海蟾에게 도를 전수했다. 그는 생김새가 매우 우스꽝스러우며 손에는 큰 파초 부채를 들고 머리는 쪽을 짓고 있다.

여동빈은 이름이 암嵒이고 호는 순양자純陽子로 당나라의 재사才士이다. 하지만 과거시험에 여러 번 낙방하고 64세에 다시 시험을 치러 갔다가 장안의 술집에서 술을 마시던 중 종리권을 만났다. 종리권은 도술을 부려 여동빈으로 하여금 꿈을 꾸게 해서 전설에 나오는 황량몽黃粱夢(밥을 짓는 동안 꾼 꿈 : 옮긴이)을 통해 명예와 이익에 집착하는 마음을 무너뜨렸으며,

나중에 다시 여동빈을 열 번 시험해서 끝내 그를 신선의 길로 이끌었다. 여동빈은 늘 검을 메고 있는 형상으로 나타난다.

  장과로는 흰 박쥐의 정精이 변했다고 하거나 당나라의 도사라고도 한다. 그는 늘 당나귀를 거꾸로 타고 다니는데, 때로는 그 당나귀를 종이처럼 접을 수도 있다.

  이씨 성을 가진 철괴리는 이름이 현玄이다. 탕산동碭山洞에서 수행하다가 혼이 빠져나가서 화산華山을 유람하고 돌아왔는데, 제자가 이미 자신의 몸을 화장해버려서 어쩔 수 없이 어떤 절름발이 시체의 몸을 빌렸기 때문에 언제나 쇠지팡이를 짚고 다닌다.

  조국구는 송나라 인종仁宗 조曹황후의 큰동생이라고 한다. 이름은 경휴景休이며 늘 옥판玉板을 가지고 다닌다.

  한상자는 한유의 조카라고 전해지며 늘 자색 퉁소를 불면서 다닌다.

  남채화는 남당南唐의 배우로 기화요초琪花瑤草가 담긴 꽃바구니를 들고 다닌다.

  하선고는 무당 출신으로 팔선 가운데 유일한 여성이다.

【 팔선에 관한 전설이 형성되기까지 】

'팔선'이란 단어는 후한시대 모자牟子의 《이혹론理惑論》에서 맨 먼저 보이는데, 이때의 팔선은 모든 신선을 통틀어 지칭한 것이다. 진晉나라의 갈홍葛洪은 《신선전神仙傳》 제6권 〈회남왕淮南王〉에서 비교적 완벽한 팔선의 이야기를 들려준다. 그 내용은 회남왕 유안劉安이 신선을 좋아해서 방사들이 자주 왕래했다는 것, 어느 날 여덟 명의 볼품없는 늙은이들이 찾아왔는데 문지기가 회남왕은 장생불사의 방법을 전수해줄 사람을 찾으니 당신네 같은 늙은이들은 들어갈 수 없다고 하자 그 늙은이들이 홀연히 동자로 변했다는 것, 후에 유안이 죄를 범하게 되자 여덟 신선이 유안에게 승천하도록 권해서 닭과 개까지 모두 승천하게 되었다는 등의 이야기로 되어 있다. "한 사람이 도를 얻으면 개와 닭도 같이 승천한다"는 것은 원래 팔선에 관한 이야기이다. 하지만 여기서 팔선은 오늘날 얘기하는 그 팔선이 아니다.

남송 때의
〈군선공수도群仙拱壽圖〉(왼쪽)
명나라 때의
〈요지선극도瑤池仙劇圖〉(오른쪽)

　당나라 때 단성식段成式의 《유양잡조酉陽雜俎》, 북송 때 이방의 《태평광기》 등에는 장과로, 여동빈, 종리권, 한상자 등에 대한 기록이 있지만, 그들을 한 그룹으로 묶지는 않았다.
　송나라와 원나라 때 비로소 팔선이 한 그룹으로 나타나기 시작했는데 여전히 그 구성원은 고정되어 있지 않았다. 가령 원나라의 잡극雜劇에 나오는 팔선은 때로 서신옹徐神翁과 장사랑張四郞 등을 포함했고, 조국구는 나타나지 않았다. 명나라 때 오원태吳元泰의 《팔선출처동유기八仙出處東遊記》가 나오고 나서야 비로소 오늘날 말하는 팔선이 고정되었다. 하지만 팔선의 형상과 복식은 대체로 청나라 전기와 중기에 맞추어졌다.
　팔선은 백성들의 사랑을 받았는데 사람들은 그들이 나타나면 반드시 좋은 일, 기쁜 일, 즐거운 일이 생긴다고 믿었다.

【 팔선에 관한 이야기 】

팔선에 관한 이야기 중에서 가장 영향력 있는 것은 팔선이 바다를 건너는 이야기와 축수祝壽하는 이야기이다.

기록에 의하면, 남송 때의 수도 임안臨安(지금의 항저우)에서 축하 공연을 한 행렬 가운데 '팔선도인八仙道人'의 분장이 있었다. 오늘날에도 사화社火, 앙가秧歌 등 민속놀이에서 팔선이 바다를 건너는 장면을 재현하는 것을 볼 수 있다.

팔선이 바다를 건너는 이야기는 《팔선출처동유기》에서 가장 먼저 나왔다. 전설에 의하면, 어느 해 3월 3일 팔선이 서왕모西王母의 반도회蟠桃會에 참석하고 돌아오는 길에 동해를 지나게 되었다. 이때 여동빈이 어느 누구도 구름을 타지 않고 각자 자기만의 방법으로 바다를 건너자고 제안했다. 그래서 팔선이 각자 보배를 꺼냈는데, 철괴리는 지팡이를 용주龍舟로 삼았고, 한종리는 부채에 올라앉는 등 저마다 갖가지 수단으로 물결을 가르

유방濰坊의 연화
〈한상자출가韓湘子出家〉

면서 바다를 건넜다. 후에 동해 용왕의 세 태자가 남채화의 박판拍板을 탐내서 군사를 보내 남채화를 용궁으로 잡아갔다. 이리하여 용왕과 팔선 간에 싸움이 벌어졌는데, 팔선은 끝내 용궁을 불사르고 박판을 되찾았다.

팔선이 축수하는 이야기도 비교적 일찍 출현해서 금나라와 원나라 때 이것을 소재로 한 희곡이 있었다. 나중에는 그 모습을 그림으로 표현한 〈팔선축수도八仙祝壽圖〉까지 나왔다.

팔선에 관한 개별적인 이야기도 적지 않다. 그중에는 여동빈에 관한 이야기가 가장 많은데, 사실상 여동빈은 팔선을 대표하는 인물이다. 가령 '백모란을 세 번 희롱하다', '복숭아나무와 버드나무 정령을 항복시키다', '황룡을 비검飛劍으로 두 동강 내다' 등의 이야기에서 알 수 있듯이, 그는 인간세상을 넘나들면서 많은 사람을 구하는 선행을 함으로써 가장 환영받는 신선이 되었다. 사람들은 그의 호탕하고 소탈한 유생의 모습 아래 숨겨진 협객의 기질을 높이 샀으며, 이 때문에 도교의 전진파全眞派는 그를 '오조五祖'의 하나로 간주해서 '여조呂祖'라고 높여 불렀다.

【 팔선에 함축된 의미와 그 파장 】

팔선은 하나의 그룹이면서도 각각의 특징이 아주 뚜렷하다. 일반적으로 여동빈은 남성을 대표하고 하선고는 여성을 대표한다. 또 장과로는 노인, 한상자는 젊음과 문文, 한종리는 귀貴와 무武, 조국구는 부富, 철괴리는 가난과 병, 남채화는 비천함을 대표한다.

상상력이 풍부한 사람들은 팔선에게 여러 가지 현실적 의미를 부여했다. 위대한 시인 두보는 〈음중팔선가飮中八仙歌〉에서 그 단초를 열었다.

청나라 때의 차주전자에 팔선을 포함한 선관도仙官圖가 그려져 있다.

그는 시인 하지장賀知章, 당 황실의 여양왕汝陽王 이초李璡, 원原 땅의 재상 이적지李適之, 장안의 미소년 최종지崔宗之, 불교 신자 소진蘇晉, 시선詩仙 이백, 광초狂草의 대가 장욱張旭, 웅변가 초수焦遂 등을 가리켜 술을 마시는 팔선이라 하고, 이들이 술을 마신 뒤의 모습과 광적인 성격을 사실적으로 표현했다. 이 밖에 당나라의 범전정范傳正은 이백의 묘를 이장하며 세운 묘비에서 이렇게 말했다.

"요즘 사람들은 당신과 하감賀監, 여양왕, 최종지, 배주남裵周南 등을 가리켜 음중팔선酒中八仙이라 합니다."

여기서는 두보의 시에 없는 배주남이란 사람이 보태졌다. 이는 '음중팔선'이 결코 두보가 만든 것이 아니라는 인상을 주며, "요즘 사람들"이라고 한 것을 보아도 당시 이미 팔선의 이야기가 널리 전해졌던 것으로 여겨진다. 따라서 팔선의 구성원도 반드시 고정되지 않았음을 알 수 있다.

송나라 때 청두成都 사람 경환景煥은《야인한화野人閑話》에서, 곽약허郭若虛는《도화견문지圖畵見聞志》에서 이른바 '촉중팔선蜀中八仙'을 언급했다. 이 팔선은 이아李阿, 용성容成, 동중서董仲舒, 장도릉張道陵, 엄군평嚴君平, 이팔백李八百, 장수선張壽仙, 갈영괴葛永槐 등이다. 이들은 대체로 쓰촨 지

팔선의 형상이 그려진 명나라 때의 청화호로병青花葫蘆瓶

방과 관련이 있었기 때문에 작가에 의해 한 그룹으로 묶였다.

청나라 전기와 중기에 팔선은 도자기, 비단, 자수 등 여덟 가지 보배로 정형화되어 '암팔선暗八仙'이라고 불렸다.

【 여동빈 시의 진위 】

여동빈은 팔선 가운데 전기적 색채가 가장 짙은 인물이다. 청나라 때 편찬된 《전당시全唐詩》에는 그의 작품이 네 권이나 수록되었는데, 그중 적지 않은 작품이 심신을 수양하고 인간세상을 유희하는 내용이다. 가령 〈한제閑題〉에서 "홀로 행하고 홀로 앉아 있으니, 한이 없는 세상 사람도 나를 몰라보는구나. 유독 성 남쪽에 있는 늙은 나무의 정령만이 신선이 지나감을 분명히 아네"라는 시와 같은 것들이다. 그는 성품이 호탕해 세속을 초탈했으며 술집에서 늘 취하도록 마셨다.

어느 날 여동빈은 악양루岳陽樓에서 술을 마시며 이런 시를 썼다.

아침에 남해에서 노닐고 저녁에 창오蒼梧를 돌아보니
소매에 든 청사靑蛇의 담기膽氣가 거칠어지네.
세 번이나 악양에 들어가도 아는 자 없으니
낭랑하게 읊는 소리 둥팅호를 날아 넘어가네.

여동빈이 후저우湖州의 동림심산東林沈山에 있는 석류나무의 껍질에 썼다고 하는 다음과 같은 시구도 오늘날 널리 알려져 있다.

술을 빚는 것은 좋은 손님과 인연을 맺기 위함이요,
황금을 뿌리는 것은 좋은 책을 몽땅 사기 위함이라.

〈순양노조도純陽老祖圖〉
순양노조는 여동빈을 가리킨다.

원나라 때 북방 유목민족의 호방하고 소탈한 기질은 중원의 전통 사상, 즉 중원민족이 강조하는 예교禮敎에 많든 적든 영향을 끼침으로써 사람의 성향을 개방적으로 바꾸었으며, 그에 따라 호방하고 자유로운 성격을 가진 인물이 적잖이 나타났다. 유명한 유생 우집은 젊은 시절 출세길을 찾기 위해 수도로 가서 매일 친구 사귀기에 여념이 없었다. 어느 날 그가 주루에서 술을 마시다 붓을 들어 벽에다

시를 썼다.

눈도 밝고 귀도 밝은 사내대장부가
팔극을 날아다니다 천하에서 막혔네.
검으로 흰 눈을 날리니 요괴와 사마邪魔가 사라지고
소매로 봄바람을 일으키니 고목이 소생하네.
기세는 술을 마시고도 두 명의 국사國士를 당해내고
정情은 수많은 꽃같은 여인들도 품을 듯하네.
이제 떠나면 소식 듣기 어려울 테니
다만 중천에 있는 달 그림자 외로워라.

작품에 나타난 신선의 기백이 널리 전해진 여동빈의 행실과 아주 비슷해 다음 날 여동빈이 주루에서 이 시를 지었다는 소문이 퍼졌다. 우집은 시를 지을 때 여동빈을 가장하고 싶은 마음이 결코 없었겠지만, 그가 여동빈의 어투를 빌려서 쓴 것은 분명한 사실이다.

結 팔선은 일반적인 신선이어서 그들만을 모시는 사당은 아주 적다. 비교적 유명한 사당으로 송나라 때 지은 시안西安의 팔선궁八仙宮이 있는데 이는 팔선의 이름을 쓴 유일한 도관이다. 하지만 여동빈을 모신 사당은 아주 많아서 중국 전역에서 찾아볼 수 있다.

팔선은 갖가지 직종의 조사祖師로 추앙받고 있다. 가령 장과로는 도道의 정情을 노래하는 조사로, 여동빈은 이발사의 조사로 받들어지고 있다. 또 철괴리는 약선藥仙으로 추대되었는데 구피狗皮라는 고약을 그가 전수했다고 한다.

중국에서는 많은 것들이 팔선과 관련되어 있다. 예컨대 팔선탁八仙桌, 팔선교八仙橋, 팔선동八仙洞 등이 그것이다. 옛날에는 세뱃돈으로 동전 여덟 개를 주었는데, 팔선이 동전으로 변하여 그믐날에 아이들을 해치는 귀신을 쫓아준다고 믿었기 때문이다.

【 청렴한 관리 포증 】

● 포증

포공은 권력자들의 '은밀한 거래'를 막기 위해 고위직에 있는 관리 및 친구들과의 서신 왕래까지 단절했다. 당시 "청탁을 하지 못하는 것은 염라 포공이 있기 때문"이라는 말이 돌 정도로 추호도 사정을 봐주지 않고 염라대왕처럼 엄격하게 법을 집행했다.

포증包拯(992~1062)은 자가 희인希仁이고 안후이성安徽省 허페이슴肥 사람으로, 하급 관리의 집안에서 태어났다. 어릴 때부터 훌륭한 교육을 받고 성현들을 흠모하면서 "충성을 다하고 목숨 바쳐 정의를 지키겠다"는 뜻을 세웠다.

관리가 되기 전에 포증은 효자로 이름이 났다. 29세 때 일갑진사一甲進士에 급제했지만 연로한 부모를 모시기 위해 관직을 사양하고 고향에 돌아가 10년간 봉양했다. 그리고 부모가 세상을 떠나자 상을 치른 후 비로소 관직에 부임했다.

포증은 39세에 관리가 되어 재임 중에 사망하기까지 30여 년간 관직에 몸담았다. 그동안 권지개봉부權知開封府, 어사중승御史中丞, 삼사사三司使, 추밀부사樞密副使 그리고 천장각天章閣 대제待制, 용도각龍圖閣 직학사直學士 등을 거쳤다. 이로 인해 사람들은 그를 '포대제包待制' 혹은 '포룡도包龍圖'라 불렀다.

지방 관리로 있는 동안 그는 강직하고 청렴하게 맡은 바 소임을 다함으로써 가는 곳마다 훌륭한 업적을 쌓았다. 감찰어사로 있을 때 정사에 성실히 임하면서 내정과 외교에 관해 혁신적 방안을 제시했다. 악을 원수처럼 여겨 권력자의 불법 행위를 절대로 용서하지 않았고, 심지어 황제에게 직언하는 일도 서슴지 않았다. 특히 개봉부의 지부知府로 있을 당시 법을 집행할 때 사사로움이 일절 없었다. 《양조국사兩朝國史》〈포증전包拯傳〉에는 이러한 기록이 남아 있다.

"포효숙공包孝肅公은 조정의 공무에서 강직하고 의연했기 때문에 그를 두려워하지 않는 자가 없었다."

송나라 가우嘉祐 4년(1059), 포증은 중앙의 재정을 관리하는 삼사사에 부임했고, 가우 7년에는 전국의 군사를 관장하는 추밀부사에 올랐으나 그해 5월 25일 카이펑開封에서 70세를 일기로 병사했다. 인종仁宗은 친히 그의 집에 가서 고별식을 가졌으며, 포증은 세상을 떠난 뒤에 '효숙孝肅'이란 시호를 받았다.

【 사정을 봐주지 않고 엄격히 법을 집행하다 】

포증은 인물됨이 강직하고 권세를 두려워하지 않았으며, 사사로운 정에 얽매이지 않고 백성들의 억울함을 해결해주었다.

지여주知廬州로 있을 때 외삼촌뻘 되는 사람이 죄를 짓자, 포공은 조금도 사정을 봐주지 않고 법에 따라 태형을 가했다. 그곳에는 아직도 "외조카도 이치에 맞을 때는 외삼촌을 때릴 수 있다"는 말이 전해지고 있는데, 바로 포공의 그 일화에서 생겨난 말이다.

포공은 또 개봉부의 지부로 있을 때 권력자들의 '은밀한 거래'를 막기 위해 고위직에 있는 관리 및 친구들과의 서신 왕래까지 단절했다. 당시 "청탁을 하지 못하는 것은 염라 포공이 있기 때문"이라는 말이 돌 정도로, 추호도 사정을 봐주지 않고 염라대왕처럼 엄격하게 법을 집행했다.

그는 간언관諫言官으로 있는 동안 황제의 친척일지라도 과오가 있으면 서슴지 않고 탄핵했다. 그 예로 인종이 총애하는 장귀비張貴妃의 백부와

황제가 포공에게 하사한 삼구작도三口鍘刀 먼저 참수하고 나중에 보고할 수 있다는 권한을 부여했다.

황제의 장인인 장요좌張堯佐를 연이어 일곱 차례나 탄핵하고, 인종에게 "사사로이 후궁을 감싸주는 잘못이 있다"고 지적했다. 한번은 포증이 예닐곱 명의 간언관들과 함께 인종과 논쟁을 벌였는데, 그 언사가 어찌나 격렬했던지 침이 인종의 용안에까지 튀었다. 인종은 풀이 죽은 얼굴로 그 일을 장귀비에게 말했다.

"그대는 그저 선휘사宣徽使 타령만 하지만, 포증이 지금 어사중승의 직책을 수행하고 있는 것을 모른단 말이오?"

인종은 포증이 일편단심 충성한다는 것을 알고 있었기에 결국 장요좌를 선휘사 관직에서 파면하는 데 동의할 수밖에 없었다.

【 청렴함과 강직함으로 백성을 보살피다 】

포증은 "나라의 근본은 백성"이라고 말했다. 그래서 관리로 임직할 때

카이펑에 있는 포공사包公祠(위) '정대광명正大光明'이란 편액 아래 근엄하게 앉아 있는 포공의 동상(아래)

언제나 백성들을 생각해서 해악을 없애고 이로움을 주려고 노력했다.
 지단주知端州로 있을 때 백성들이 강물을 마시고 질환에 시달리는 것을 보고는 백성들을 동원하여 성안에 일곱 개의 우물을 파도록 했다. 또 허베이성河北省에 있을 때에는 방목할 예정이던 땅을 농민들에게 나눠주고 농사를 짓게 했으며, 산시성陝西省에서는 소금에 관한 세법을 고쳐 식염의 유

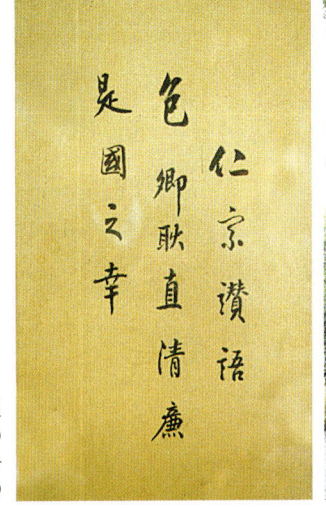

인종이 포공에게 내린
칭찬의 말(왼쪽)
안후이성 허페이 포공사에 있는
염천정廉泉亭(오른쪽)

통을 원활하게 함으로써 백성과 나라에 두루 이익이 되도록 했다.

당시 그는 '지이절변支移折變'이라는 정책을 시행했다. 원래 세금으로 정해진 물건의 종류를 임시로 바꾸어 값에 따라 현금이나 다른 물품으로 대신해서 징수하는 법이 있었는데, "값에 따른다"고 했지만 실제로는 시장 가격과 많은 차이가 있었다. 예컨대 경력慶曆 4년(1044) 진주陳州 지역의 밀 한 말을 시장 가격으로 환산하면 140문文의 세금을 징수할 수 있었지만, 당시 밀의 시장 가격은 한 말에 겨우 50문이었다. 따라서 이러한 징수 방식은 백성들의 세금 부담을 가중시켜 수확보다 거의 두 배에 달하는 세금을 내도록 하는 문제가 있었다. 진주에 가서 실태를 조사한 포증은 즉시 상황을 보고한 뒤 이 정책의 중단을 건의했다. 이후 그의 제안이 받아들여지자 진주의 백성들은 재해가 들었을 때도 전처럼 세금 문제로 시달림을 받지 않게 되었다. 원나라 때의 희곡《진주조미陳州糶米》와 그 후의《포룡도진주방량包龍圖陳州放糧》이 이 사건을 소재로 한 것이다.

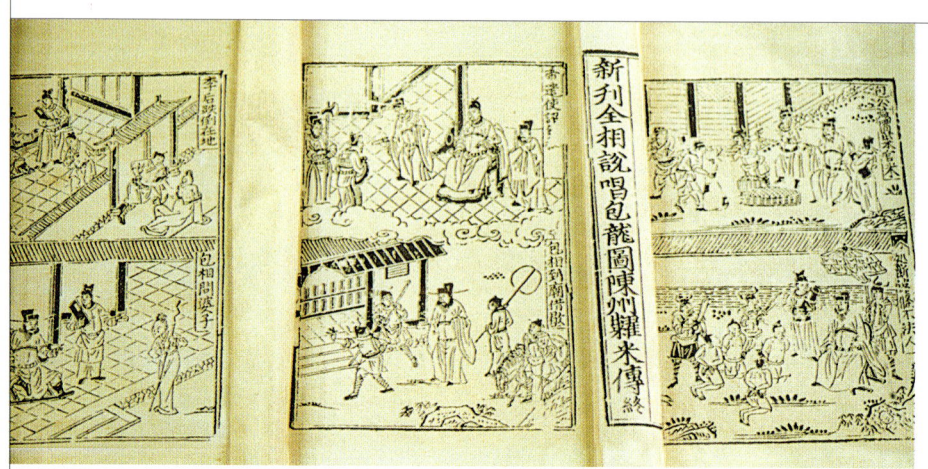
포증의 일화를 소재로 한 《진주조미전》

또 다른 사례가 있다. 개봉성 내에 혜민하惠民河라는 강이 있는데, 어느 날 호우가 쏟아져 강물이 범람하는 바람에 모든 길이 물에 잠기면서 백성들이 길을 못 찾고 헤매게 되었다. 포증은 강물의 흐름이 원활하지 못한 것은 관리들이 강가에 누각을 지으면서 물길이 좁아졌기 때문이라고 지적했다. 그는 누각을 몽땅 허물어야만 강물이 범람하지 않는다고 판단하고는 망설임 없이 실행에 옮겼다. 이로 인해 그가 재직할 당시에는 "귀족이나 황실, 그리고 환관들도 함부로 어찌지 못하고 그의 이름만 들어도 전전긍긍할" 정도였다.

포증은 자신에 대해서도 엄격해서 매우 검소한 생활을 했다. 추밀부사로 재직할 때에도 입고 먹는 것이 지현知縣으로 있을 때와 별다른 차이가 없었다. 그의 청렴하고 올곧은 행실은 당시 조정과 재야 모두에서 호평을 받았다.

【 포공사의 지부비 】

카이펑시開封市 소서문小西門 내에 자리 잡은 포공사包公祠는 오늘날 카이펑시의 명승지 중 하나가 되었다. 그 포공사 안에 자리한 비석에 북송 때 개봉부의 지부知府를 지낸 관리들의 이름이 새겨져 있는데, 이 때문에 그 비석을 '지부비知府碑'라고 부른다. 그런데 이상한 것은 지부비에 새겨진 그 많은 관리들의 이름 중에서 유독 포증의 이름만은 찾아볼 수 없다는 점이다. 어떤 의미에서 개봉부는 포증과 떼려야 뗄 수 없는 관계이다. 포증으로 인해 개봉부는 평민들의 마음속 성전聖殿으로 격상될 수 있었고, "청렴하고 정직해서 법을 신중히 집행했다"는 명성을 얻을 수 있었으며, 따라서 탐관오리들을 막는 부적과도 같은 역할을 할 수 있었다. 그런데 어째서 유독 포공의 이름만 빠졌을까?

사실 지부비에 원래부터 포공의 이름이 없었던 것은 아니다. 오랜 세월을 거치면서 포공을 우러러본 사람들이 너도나도 그의 이름자를 만지는 바람에 닳아서 지워졌기 때문이다. 그래서 그의 이름이 있던 자리는 오늘날 깊이 팬 흔적만 남아 있다. 일찍이 남송시대의 주밀周密은 이렇게 기록했다.

"개봉부 부윤府尹의 이름을 적어놓은 비석에서 유독 포효숙공의 이름만을 사람들이 너무 만져서 깊이 패여 있다."

이 사실은 사람들로 하여금 숙연한 마음을 갖게 한다. 도대체 얼마나 많은 사람들이 쓰다듬었기에 단단한 돌이 그렇게 깊이 패였을까. 부드러운 손길로 스쳤을 텐데도 그런 기적과 같은 흔적을 만들어냈다. 한 번씩 어루만질 때마다 깊은 존경심과 감탄이 그 손길을 통해 전해졌을 것이다. 거기에는 공정함과 청렴함 그리고 탐관오리에 대한 징벌을 옹호하는 마음이

포공사에 있는 지부비
93번째에 부윤 포증의 이름자가
있었으나 사람들의 손길에 닳아
깊이 팬 흔적만 남아 있다.

담겨 있다.

금나라 말엽과 원나라 초기의 문학가 왕운王惲은 〈숙개봉부서宿開封府署〉라는 시에서 이런 구절을 남겼다.

남아 있는 비석을 닦아내면서 공덕의 찬란함을 보나니
천 년에 길이 남을 포공의 이름자 보이네.
새도 놀라서 정원의 측백나무를 빙빙 돌며
추상같은 위엄에 감히 앉지를 못하네.

【 청백리에 관한 이야기 】

유명한 청백리로서 포증의 청렴함은 모든 사람들이 지켜보았던 바다. 그는 3년간 지단주知端州로 재직하다 물러날 때도 그 유명한 단주의 벼루

하나 가져가지 않았다. 아울러 가훈을 남겨서 후손들을 일깨웠다.

"자손들 가운데 관리로서 탐욕을 부린 자가 있다면 본가에 들이지 못한다. 내가 죽은 후에 큰 무덤을 만들지 말라. 내 뜻을 따르지 않으면 내 자손이 아니다."

소설이나 희곡에 등장하는 포청천包靑天은 대개 법을 엄정하게 집행해서 백성들의 억울함을 풀어주고 탐관오리를 벌하는 등 강직하고 덕망 높은 주인공으로 묘사되고 있다. 실제로 이는 역사적 인물인 포공의 가장 중요한 면이지만, 이것만으로는 그의 진정한 모습을 제대로 그려낼 수 없고, 또한 엄격한 의미에서 청렴한 관리라는 면모도 완벽하게 드러내지 못한다.

그렇다면 어떤 조건을 갖추어야 청렴한 관리의 모습을 제대로 반영할 수 있을까?

남송 때 후난湖南의 전운사轉運使와 지담주知潭州를 지낸 진덕수眞德秀는 일찍이 동료들에게 네 가지를 충고했다.

"청렴함을 법도로 삼고, 인자함으로 백성을 어루만지고, 공적인 마음가짐을 갖고, 일에 임해서는 근면하라."

또 송나라 때 여본중呂本中은 이런 말을 남겼다.

송릉宋陵의 포공묘비(왼쪽)
허페이의 포공사에 있는 포공묘원包公墓園(오른쪽)

포공에 관한 연극《타룡포打龍袍》의 한 장면

"관리로서 지켜야 할 법도는 오직 세 가지이다. 바로 청렴, 근신, 근면이다."

청나라의 강희제는 친필로 "청淸, 신愼, 근勤"이란 글을 써서 여러 대신들에게 나눠주고 관직생활의 준칙으로 삼게 했다.

이른바 청백리라면 청렴하고 인자하고 공평하고 부지런해야 하는데, 포공은 바로 이 네 가지가 아주 출중했기 때문에 청백리의 모범이 되었다.

結 중국의 고대 역사책에서 포공에 대한 기록은 실로 적지 않다. 현존하는 것으로 송나라 때 편찬한 《양조국사》〈포증전〉, 원나라 때 편찬한 《송사》〈포증전〉 그리고 포공의 문하인 장전張田이 편찬한 《효숙포공주의집孝肅包公奏議集》 등이 있다.

1973년 안후이성 허페이 동쪽 교외에서 포공과 그 가족의 육방묘지명六方墓地銘이 발굴되었다. 포증은 생전에 이미 명성이 자자해서 구양수와 사마광 같은 유명한 사대부에서 삼척동자와 노복들까지 그를 칭찬하지 않는 자가 없었다. 심지어 소수민족도 그를 숭배했다. 신종 때 송나라에 귀순한 서강西羌의 유용가兪龍珂는 포공을 너무 숭배한 나머지 신종에게 포씨 성을 하사해줄 것을 청했고, 황제는 그의 소원대로 이름을 포순包順이라고 지어주었다. 포공이 세상을 떠난 후에는 그의 사당을 짓는 사람이 있었고, 그의 묘지도 여러 차례 보수했다.

원나라 때부터는 포공의 모습이 무대에 오르기 시작했다. 지금까지도 갖가지 지방 연극 가운데 포공에 관한 내용이 100편이 넘을 정도다. 그중 가장 유명한 것이 《진주방량陳州放糧》과 《찰미안鍘美案》이다. 명나라와 청나라 때는 포공을 소재로 한 공안公案소설이 있었는데, 《삼협오의三俠五義》가 그 대표작이다.

【 범중엄과 〈악양루기〉 】

●범중엄

범중엄은 〈악양루기〉를 통해 자신의 사상을 표현했을 뿐 아니라 관직생활에서도 "천하의 근심은 먼저 걱정하고, 천하의 즐거움은 나중에 즐긴다"는 말을 행동으로 보였다.

범중엄范仲淹(989~1052)은 자가 희문希文으로 북송의 유명한 정치인이자 탁월한 문학가이며 교육자였다. 기록에 의하면, 범중엄은 쑤저우蘇州의 한 관리 집안에서 태어났으며, 두 살 때 부친을 여의고 모친이 개가해서 소년 시절 아주 가난하게 살았다. 그는 늘 근처 절에 가서 승려들의 방에 기숙하며 여가를 이용하여 시를 읊었는데, 이렇게 노력하는 모습이 승려들에게 깊은 인상을 주었다. 범중엄은 매일 죽을 끓여 식으면 그것을 네 몫으로 나누어 아침저녁으로 먹으면서 공부를 게을리 하지 않았다. 이 고난의 세월 속에서 범중엄은 나라와 백성을 구하겠다는 큰 뜻을 세웠다.

　23세 때 범중엄은 수양睢陽의 응천부應天府 서원으로 유학을 갔다. 그곳에서 범중엄은 지식에 굶주린 듯 밤낮을 잊은 채 공부에만 전념했다. 한 번은 진종이 그곳을 지나는데, 동료들은 황제의 행차를 구경하기 위해 서로 밀고 당겼지만 범중엄은 평소와 마찬가지로 단정히 앉아 한눈 팔지 않고 열심히 책을 읽었다.

　대중상부大中祥符 8년(1015), 범중엄은 단번에 진사에 급제했고 곧 40년 가까운 벼슬살이를 시작했다.

범중엄은 사리참군司理參軍, 염창감관鹽倉監官 등 하급 관리를 지냈다. "광기가 있으면서도 순박한 나그네 있으니, 아직 어린 나이인데도 공명功名을 좋아하네", "세상을 36년이나 살았지만, 아직도 만인의 영걸英傑은 되지 못했네"라는 시는 그가 36세 때 지은 것이다. 그는 34세 때 결혼했으며 바로 그해에 수도로 전근되었다. 그 후 감옥을 관리하는 대리시승大理寺丞, 내각의 간관諫官, 개봉부의 지부知府를 역임했다. 또 서하西夏와 대치할 때는 산시陝西 지방의 전선에 나가 경략안무초토부사經略按撫招討副使로서 전공을 세웠다. 인종 때에는 부상副相으로 승진해서 정치의 폐단을 없애는 경력慶歷 혁신운동을 주도했는데, 이 운동은 후에 왕안석王安石이 주도한 변법의 전주곡이 되었다. 하지만 이 혁신운동은 결국 실패했고 범중엄도 이로 인해 관직이 강등되었다.

황우皇佑 4년, 범중엄은 63세를 일기로 세상을 떠났다. 평생을 청렴하게 살다 간 그는 집안에 유품 하나 남기지 않았으며, 가족들은 관사를 전전하며 비바람을 피했을 뿐이다.

【 경력신정 】

　경력慶歷 3년(1043) 9월, 송나라 인종은 천장각天章閣에서 재보宰輔를 불러 국정에 대한 의견을 말해보라고 했다. 인종은 그 자리에서 붓과 벼루를 내놓으며 의견을 써내라고 했는데, 그때 범중엄이 유명한 〈답수조조십사答手詔條十事〉를 써서 개혁에 관한 조치를 제시했다. 그가 제안한 열 가지 조치의 핵심은 인재를 선발하고, 교육을 중시하며, 백성의 부담을 줄이고, 군사 장비를 개선하는 일 등이었다. 경력 3년에서 4년까지 이 열 가지 제안이 조정의 검토를 거쳐 집행되었으니, 이 중요한 개혁을 '경력신정慶歷新政'이라고 한다.

　신정에서 가장 핵심적인 조치는 주州와 현縣의 관리를 선발, 임용하는 일이었다. 관리들이 전심전력으로 백성들을 위해 일하게끔 조정은 그들의 봉록을 대폭 인상했고, 그로 인해 송나라 관리의 봉록은 역사상 가장 높았다.

신정은 특히 교육 방면에서 그 효과가 두드러졌다. 이는 범중엄이 인재의 양성과 교육의 확대를 중시한 것과 밀접한 관련이 있다. 그는 쑤저우에 관리로 있을 때 부학府學을 설립하는 등 적극적으로 학교를 세웠다. 신정은 또 관립학교가 없는 주와 학생이 200명이 넘는 현에도 학교를 설립해야 한다고 규정했다. 그 결과 각지에서 앞다투어 학교를 세워 교육의 번영을 꾀했다.

하지만 신정은 많은 관료들의 기득권을 침해했고 그로 인해 시작부터 반대하는 사람들이 있었다. 반대파는 범중엄을 탄핵할 것을 주장하며 개혁파를 '붕당朋黨'으로 내몰았다. 경력 5년 초에 범중엄은 군정軍政의 요직에서 파면당했고, 다른 개혁파도 직책이 강등된 채 수도를 떠날 수밖에 없었다. 결국 범중엄의 고심에 찬 노력은 물거품이 되고 말았다.

【 〈악양루기〉의 탄생 】

전하는 바에 의하면, 악양루岳陽樓는 삼국시대 동오東吳의 대장 노숙魯肅이 수군을 훈련시키던 열병대였다고 한다. 당나라 개원開元 4년(716)에 장열張說이 그곳에 성루를 짓고 '악양루'라 명명했다. 200년이란 세월이 지난 북송 때에 이 누각은 보수하지 않으면 안 될 정도로 훼손되어 있었다.

신정이 실패로 돌아간 후 범중엄의 친구인 진사 등종량藤宗諒이 공금을 유용했다는 모함을 받고 파릉巴陵군수로 강등되었다. 경력 5년, 등종량은 악양루를 보수한 후에 범중엄에게 글을 한 편 써달라고 부탁했다. 범중엄은 친구를 위로하는 한편 나라와 백성을 사랑하는 자신의 마음을 토로할 수 있어서 이에 흔쾌히 응했고, 그 결과 오늘날까지 널리 전해지

후난성 웨양岳陽 둥팅호에 있는 악양루

는 〈악양루기岳陽樓記〉가 탄생했다.

　범중엄은 소년 시절 부친의 임지가 바뀔 때 웨양을 지나면서 깊은 인상을 받았는데, 이는 〈악양루기〉를 집필하는 데 토대가 되었다. 〈악양루기〉는 풍경의 묘사가 세밀하고 생생할 뿐 아니라 둥팅호洞庭湖의 밝음과 어둠, 흐림과 맑음이 주인공의 심정 변화와 대비되면서 사람들에게 마치 그곳에 가 있는 듯한 느낌을 준다. 작가는 비애와 즐거움 같은 감상적인 회포로부터 출발해 "천하의 근심은 먼저 걱정하고, 천하의 즐거움은 나중에 즐긴다"는 사상을 표현했다.

　그가 〈악양루기〉에서 표현한 사상은 맹자의 사상을 더욱 발전시킨 것이다. 맹자는 제나라 선왕宣王에게 백성의 즐거움을 자신의 즐거움으로 여기는 통치자라면 백성도 통치자의 즐거움을 함께 기뻐하고, 백성의 근심을 자신의 근심으로 여기는 통치자라면 백성도 통치자의 근심을 함께 걱정한다고 말했다.

〈악양루기〉를 받아본 등종량은 크게 감동해서 그것을 돌에 새기게 했다. 글에서 유명한 두 구절, 즉 "천하의 근심은 먼저 걱정하고, 천하의 즐거움은 나중에 즐긴다"는 구절은 즉시 널리 전해졌다. 인종 역시 이 구절을 듣고는 칭찬을 아끼지 않았다고 한다.

악양루에 높이 걸려 있는 〈악양루기〉

【 백성을 위해 근심하고, 백성을 위해 즐거워하다 】

범중엄은 〈악양루기〉를 통해 자신의 사상을 표현했을 뿐 아니라, 관직 생활에서도 "천하의 근심은 먼저 걱정하고, 천하의 즐거움은 나중에 즐긴다"는 말을 행동으로 보였다. 말단 관리로 있을 때는 수입이 아주 적었음에도 가난한 선비들을 도와주는 데 인색하지 않았고, 포상을 받으면 부하들에게 나눠주거나 친구들에게 보내주었다.

천희天禧 5년(1021), 범중엄은 타이저우泰州 하이링海陵의 염창감관鹽倉監官으로 임명되었다. 그는 부임한 후 그곳의 제방이 거의 허물어져 염전은 물론 전답과 가옥까지도 파도에 무방비 상태로 노출되어 있는 것을 보고는 제방을 새로 쌓아야 한다고 건의했다.

"천하의 근심은 먼저 걱정하고, 천하의 즐거움은 나중에 즐긴다."

천성天聖 2년(1024), 수만 명의 공인工人이 범중엄의 인솔하에 제방 쌓는 일을 시작했다. 그런데 공사가 시작된 지 얼마 되지 않아 갑작스레 들어온 밀물로 인해 100여 명의 공인이 변을 당했다. 사람들은 하늘의 뜻이니 공사를 중단해야 한다고 말했다. 하지만 범중엄은 아랑곳하지 않고 황해의 여울목에 수백 리에 달하는 긴 제방을 쌓았다. 그 결과 염전과 전답에서 지속적인 생산활동이 가능해졌다. 사람들은 그의 업적에 감격해서 그 제방을 '범공제范公堤'라 명명했고, 재해를 입었던 많은 사람이 그의 성을 따라 범씨로 고쳤다.

1033년, 화이난淮南과 강남 지방에 큰 가뭄이 들었다. 당시 수도에 있던 범중엄은 직접 재해 상황을 조사하러 가겠다고 자청했다. 재해 지역에 도착한 그는 창고를 열어 이재민들에게 양식을 나눠주고, 이재민들이 먹던 '오매초烏昧草'를 조정에 보내 궁정에서도 검소한 생활을 할 것을 촉구했다.

【 범씨의장 】

범중엄의 부친 범용范墉은 진陳씨를 아내로 맞았다가 후에 사謝씨를 후처로 들였다. 범중엄은 셋째 아들로서 그가 태어난 이듬해에 부친이 사망했다. 가난한 데다 의지할 곳 없었던 사씨는 강보에 싸인 범중엄을 데리고 주朱씨에게 개가했다. 그 후 범중엄은 그 성을 따라 주열朱說이란 이름을 얻었다.

성인이 된 범중엄은 우연한 기회에 자신의 출생에 관한 비밀을 알게 되었고, 비로소 자신이 쑤저우 범씨 가문의 후손이라는 사실을 확인했다. 그는 분연히 집을 나와 독립한 뒤에 기회가 되면 모친을 모셔가겠다고 결심했다.

1015년, 주열은 진사에 급제했고 2년 후에는 범씨 성을 회복시켜 달라고 요청했다. 당시 쑤저우의 범씨 가문에서는 그가 재산 분배에 참여하지 못하도록 반대하는 사람이 있었다. 범중엄이 자신은 단지 성씨의 회복을 원할 뿐이지 다른 요구사항은 없다고 하고서야 겨우 집안의 동의를 얻을 수 있었다.

실제로 범중엄은 집안 사람들을 배려하고 사랑했다. 만년에 지항주知杭州로 있을 때 가문의 번영과 안정을 위해, 그리고 가문의 가난한 사람들을 위해 자신의 봉록에서 일부를 떼어 땅 1,000여 무畝를 사서 '의장義庄'을 세우자고 제안했다. 아울러 그 땅에서 나는 수입은 모두 의장의 공금으로 비축하도록 했다. 그가 제정한 규정에 입각해 범씨의 후손들은 누구라도 의창義倉에서 매달 식량을 배급받을 수 있으며, 혼례나 장례를 치르는 집과 가난한 집에는 별도의 지원을 할 수 있도록 했다.

범씨의장의 설립은 각지에 빠르게 영향을 끼쳤고, 누구나 범중엄을 최대의 자선가로 평가했다. 남송 이후에 범씨의장은 더 큰 영향을 미쳐 후세의 많은 사람들이 범씨의장을 모델로 삼아 실천했다. 그 결과 범씨의장은 일종의 문화 현상이자 사회 현상으로 자리 잡게 되었다.

【 문무를 겸비하다 】

범중엄은 위대한 문인이자 사대부이며 또 전쟁의 지휘관이었다. 그는 전장에서 공을 세워 그 위엄을 널리 떨쳤다.

1038년, 탕구트족 이원호가 송나라를 배반하고 서하국을 건립해 연주延州 등지를 침범했다. 송나라 조정에서는 무능한 장수 범옹范雍 대신 범중엄과 한기韓琦를 파견해서 변방을 지키게 했다. 범중엄은 연주에 부임하자 군사를 조련하고 전쟁에 능한 인재를 모집하는 한편 성벽을 견고히 쌓았다. 서하의 병사들은 그를 '소범로자小范老子'라 부르면서 뛰어난 지휘관이라고 평가했다.

범중엄은 군량미와 함께 말에게 먹일 풀이 부족한 사정을 감안해서, 변방의 수비와 농사를 병행하는 영전제營田制를 실시했다. 한편 변방의 소수민족을 다독이는 것도 잊지 않았다. 그의 이러한 노력 덕분에 강인羌人을 우두머리로 하는 부족이 마침내 북송과 우호관계를 수립했

산둥성 칭저우靑州 삼현사三賢祠에 있는 범공사范公祠(위)
범중엄을 기념하는 범공사의 비정碑亭(아래)

뤄양 교외에 있는
범중엄의 묘

다. 범중엄은 그들에게 '용도노자龍圖老子'로 불렸다(당시 범중엄은 용도각龍圖閣 직학사直學士를 겸했고, 후에 포증도 이 관직에 오른 적이 있다). 범중엄과 한기는 공동으로 변방의 방어를 주관했는데, 당시에 만들어진 다음과 같은 노래가 전해진다.

군중軍中에 일한一韓이 있으니 서쪽의 도적 무리들 이름만 들어도 뼛속까지 얼어붙고,
군중에 일범一范이 있으니 서쪽의 도적 무리들 이름만 들어도 간담이 서늘해진다네.

54세의 범중엄은 변경을 지키다 등불 아래서 유명한 사詞〈어가오漁家傲〉를 지었다.

범중엄과〈악양루기〉◆ 135

변방에 가을이 오니 그 풍경 특이하고
형양衡陽의 기러기 날아가니 머물 뜻이 없는 듯하네.
사방에서 연이어 호각 소리 울리니
천 리의 마을에 연기 솟고 해 저무는데 외로운 성문 닫혀 있네.
탁주 한 잔에 만 리 밖 고향을 그려보지만
변방이 안정되지 않으니 돌아갈 기약이 없네.
강족의 피리 소리 유장하고 서리는 땅에 가득하네.
사람들은 잠을 이루지 못하고,
장군은 머리가 하얗게 물들어 군졸들을 눈물로 보내더라.

　이 작품은 고향을 떠나 변방을 지키는 장수와 병사들의 비장한 심정을 토로하고 있다.

結 1052년, 범중엄이 세상을 떠났다는 소문이 퍼지자 온 나라가 비탄에 잠겼다. 산시성陝西省과 간쑤성 일대 소수민족들도 수천 또는 수백 명씩 모여서 애도를 표하고 연일 재계齋戒를 했다. 범중엄의 유언에 따라 그의 시신은 고향 쑤저우가 아닌 그의 모친이 묻혀 있는 뤄양 남쪽 교외의 완안산萬安山 밑에 안치되었다.

 남송 때부터 범중엄은 줄곧 명신名臣으로 꼽혀왔다. 유명한 성리학자 주희는 그를 세상에 첫째가는 인물이자 송나라 이래 으뜸가는 신하라고 칭송했다. 범중엄이 주도한 '경력신정'은 훗날 왕안석이 실시한 변법의 전주곡이 되었으며, 군사 제도와 관련한 일부 개혁은 오랫동안 서쪽 변방의 안정을 유지하는 데 기여했다. 그리고 그가 추천한 학자들은 송대 학문의 발전에 튼튼한 토대를 마련했으며, "천하의 근심은 먼저 걱정하고, 천하의 즐거움은 나중에 즐긴다"는 그의 사상과 절개는 소중한 정신적 자산이 되었다.

【 구양수 】

● 구양수의 초상

구양수는 분명하고 유창한 문장, 즉 '문종자순文從字順'을 주장하면서 기이하고 이상한 것을 추구하거나 알아보기 어려운 문자의 사용을 반대했다. 또한 글은 간결하고 함축적이면서도 생생하고 구체적이어야 한다고 주장했다.

송나라 때 '통재通才'라고 칭하는 문인이 있었다. 그는 조정의 중신이자 문단의 리더였고, 역사학의 거장일 뿐 아니라 경학, 목록학, 금석학 등에서도 큰 업적을 세웠다. 그가 바로 북송의 명신 구양수歐陽修(1007~ 1072) 이다.

구양수는 자가 영숙永叔, 호는 취옹醉翁인데 만년에는 호를 육일거사六一居士로 고쳤다. 그는 여릉廬陵 영풍永豊(지금의 장시성 융평永豐) 사람으로 말단 관리의 집안에서 태어났다. 4세 때 부친을 잃었고, 집안이 가난하여 모친 정씨가 갈대를 붓 삼고 모래를 종이 삼아 직접 그에게 글을 가르쳤다. 구양수는 24세 때 진사에 급제하여 서경西京인 뤄양洛陽의 유수추관留守推官이 된 후 윤수尹洙, 매요신梅堯臣 등 문인들과 교류하면서 시를 읊조리고 시사時事를 논했으며, 아울러 고문을 주장하는 등 널리 명성을 떨쳤다.

구양수가 관직생활을 시작할 당시 마침 범중엄이 '경력신정'을 단행했다. 그는 범중엄의 혁신을 적극적으로 지지하면서 수구 관료들과 대담하게 논쟁을 벌였으며, 그로 인해 조정에서 두 번이나 쫓겨났다. 그는 또 문학의 혁신을 주장하여 한유의 고문운동과 글은 도를 실어야 한다는 '문이재도文以載道'의 정신을 이어받아 소박하고 평범하고 실제적인 문풍文風을 제창해 서곤파西崑派의 화려하고 부패한 문풍에 맞섰다.

구양수는 활달한 성품의 소유자로 비록 몇 번이나 좌절을 맛보았지만 의연히 그러한 현실을 받아들였다. 그는 48세 때 한림학사가 되었으며, 그 후로는 관직생활이 비교적 순조로웠다. 55세에 참지정사參知政事(부재상)라는 고위직에 올라서도 후진을 챙기고 인재를 천거하는 것을 잊지 않았다. 여공저呂公著, 사마광, 왕안석, 삼소三蘇 부자(소순, 소식, 소철蘇轍) 등이 모두 그가 끌어주고 추천한 인물들이다.

구양수는 64세에 은퇴해서 그 이듬해에 영주潁州에서 일생을 마쳤다. '문충文忠'이라는 시호를 얻어, 후세 사람들은 그를 '구양문충공'이라고도 불렀다.

【 북송 문단의 대가 】

구양수는 북송 때 시문詩文의 혁신운동을 주도했다. 시문에 관한 그의 혁신 이론은 한유의 고문운동과 일맥상통한다. 그가 열두 살 되던 해에 있었던 일이다. 이웃집에 갔다가 헌책을 담아놓은 광주리에서 한유의 문집 여섯 권을 발견한 그는 그 책을 빌려다 읽은 뒤 학문에 진전이 있었고, 그것을 계기로 고문의 창작과 혁신에 뜻을 두게 되었다. 정치를 하면서도 그는 문학적 주장을 선명히 펼쳤으며, 개혁에 뜻이 있는 사람들을 모아 고문운동을 전개했다.

구양수는 분명하고 유창한 문장, 즉 '문종자순文從字順(문장은 글자를 따라 순조로워야 한다 : 옮긴이)'을 주장하면서 기이하고 이상한 것을 추구하거나 알아보기 어려운 문자의 사용을 반대했다. 또한 글은 간결하고 함축적이면서도 생생하고 구체적이어야 한다고 주장했다. 가우嘉祐 2년(1057), 예부禮部의 공거貢擧를 관장했던 구양수는 응시한 선비들 중에서 글이 이상

장시성 융펑에 있는
구양수 기념관

하거나 이해하기 어려운 답안을 쓰는 자는 모조리 낙방시켰다. 당시 급제한 진사들 중에는 소식, 소철蘇轍, 증공曾鞏 등도 있었다. 구양수는 또 행정적인 수단을 이용하여 고문운동의 기세를 드높였다.

구양수는 이치나 정치를 논하는 글이든, 풍경이나 사물을 묘사한 글이든, 서사적으로 회포를 토로하는 글이든 가리지 않고 아주 유창하게 지었

융펑에 있는 시양궁西陽宮과
농강천표비瀧江阡表碑

다. 또 당나라 말엽과 오대 이래로 문장의 대구만 맞추는 풍조를 고치고, 자연스럽고 평이한 기풍을 수립했다. 이는 북송의 문풍을 바꾸는 데 주도적인 역할을 했다. 그의 문장 〈취옹정기醉翁亭記〉와 〈추성부秋聲賦〉 등은 한때 낙양의 종이값을 올린 명작이다.

【 겸손한 도덕군자 】

유가는 개인적인 수양을 강조해서 선비라면 모름지기 '군자'의 기준으로 처세할 것을 요구했다. 구양수는 군자로 손색이 없는 사람이었다. 천성이 강직한 그는 불의를 보면 참지 못했다. 범중엄의 진보적인 주장을 지지하다가 여러 차례 수구파의 모함과 배척을 받았지만, "과감한 용기와 강직한 절개는 나이가 들어서도 쇠퇴하지 않았다." 비록 여러 차례 시련이 있었지만, 그는 시종일관 태연하고 활달하면서도 낙관적인 태도를 유지했다.

구양수는 사람됨이 독실하고 너그러운 데다 겸손해서 헛된 명성을 좇지 않았다. 그는 송기宋祁와 함께 《신당서》의 수정과 편찬을 주관했는데, 구양수는 〈본기本紀〉, 〈지志〉, 〈표表〉 등을 책임지고 송기는 〈열전〉을 맡아서 진행했다. 조정에서는 문장의 기풍이 통일되지 않았다는 이유로 구양수에게 송기가 맡은 〈열전〉 부분을 삭제 및 수정하라고 명했다. 하지만 구양수는 결연히

돌에 새긴 '취옹정'

이렇게 말하고, 원고를 조금도 수정하지 않았다.

"송공은 저의 선배십니다. 그리고 각자의 관점이 다른데 어떻게 모든 것을 자신의 뜻에만 따르겠습니까?"

관례에 따르면 책이 나온 후, 모든 책에는 관직이 가장 높은 한 사람의 이름만 서명하게 되어 있었다. 하지만 구양수는 〈본기〉, 〈지〉, 〈표〉에만 자신의 이름을 서명하고 〈열전〉에는 송기의 이름을 서명케 했다.

구양수는 문단의 태두로서 덕망이 높았지만, 후배나 인재들을 추천하고 양성하는 데도 소홀하지 않았다. 소순이 두 아들, 즉 22세의 소식과 19세의 소철을 쓰촨에서 수도로 데려와 시험을 볼 때 어느 누구도 '삼소'에 대해서 알지 못하던 상황이었다. 하지만 구양수는 소식의 문장을 보고 연신 "통쾌하다, 통쾌해! 기필코 이 사람을 끌어내 두각을 나타내게 하리라"라고 했다. 구양수가 적극 추천한 덕분에 '삼소'는 일거에 명성을 떨칠 수 있었다.

무엇보다도 구양수는 도량이 아주 넓어서 개인적인 감정으로 인재의 진퇴를 결정하지 않았다. 조정의 관리로 있으면서 여공저, 사마광, 왕안석을 천거한 것도 그들의 재능이 그의 마음을 움직였기 때문이다. 사실 여공저는 그의 정치적 라이벌의 아들이었고 사마광은 구양수에 대해 "간사하다"고까지 했던, 말하자면 물과 불의 관계였다. 또 왕안석은 학술적인 면에서 구양수와 다른 주장을 펼친 사람이었다. 하지만 구양수는 그런 점들을 전혀 개의치 않고, 그들의 능력을 믿고 추천했다. 바로 이러한 대범하고 너그러운 기질로 인해 구양수는 학문이 꽃을 피운 북송의 문단에서 리더의 자리를 지킬 수 있었다.

【 천하에 이름을 날린 〈취옹정기〉 】

"술 취한 늙은이의 뜻은 술에 있지 않다"는 유명한 말이 있다. 바로 구양수의 명문 〈취옹정기〉에서 나온 것이다.

경력慶歷 5년(1045), 구양수는 권력자들의 배척을 받아 안후이성 추저우滁州로 가게 되었다. 그는 여가가 생기면 늘 서남쪽 교외의 낭야산琅琊山으로 유람을 갔는데, 그 산의 낭야사에 지선智仙이라는 승려가 있었다. 지선은 특별히 산 중턱에 자그마한 정자를 지어서 구양수에게 휴식처를 제공했고, 구양수는 직접 그 정자에 부치는 글을 지었다. 그것이 바로 세상 사람들에게 회자되고 있는 〈취옹정기〉이다.

이 산문은 즐거움을 논하는 가운데 우수를 담고 있으며, 취한 상태를 통해 깨어 있는 상태를 말하며, 산수를 통해 시사를 논하고 있다. 전편에선 취옹정이라는 명칭의 유래, 건축 과정, 아름다운 경치, 탁 트인 심경, 백성과 즐거움을 같이하고픈 심정을 담고 있다. 그중에서도 "술 취한 늙은이의 뜻은 술에 있지 않다"는 마음속의 진실을 울리는 문장이다. 〈취옹정기〉는 처음부터 끝까지 '즐거움樂'이란 글자가 떠나지 않는다. 마지막에 그러한 즐거움을 누리고 있는 사람이 태수인데, 그 태수가 바로 자신이라는 것을 밝히는 대목이 해학적이다.

〈취옹정기〉는 그 언어

취옹정은 〈취옹정기〉로 인해 천하에 이름을 날리게 되었다.

도 대단히 독특하다. 산문인가 하면 산문도 아니고 배구俳句인가 하면 배구도 아니다. 또 전체 400자 되는 글에서 '야也'자의 결구를 스물한 번이나 사용하고 있다. 이처럼 감탄사를 사용한 글은 매끄럽고 유려해서 끝없는 맛이 나오므로 후세 사람들에게 "문단의 으뜸가는 작품"이라고 극찬을 받았다. 훗날 위대한 문인이자 서예가인 소동파는 친히〈취옹정기〉비문을 썼는데, 이 비각은 후에 '구문소자歐文蘇字(구양수의 문장, 소동파의 글자 : 옮긴이)'라는 소문이 널리 퍼져서 그것을 보러 사람들이 구름처럼 몰려왔다고 한다. 그리고 취옹정도 이름이 널리 알려져 지금은 중국의 4대 정자 중 으뜸으로서 '천하제일정天下第一亭'이란 찬사를 받고 있다.

【 육일거사의 면모 】

구양수는 만년에 채주蔡州의 지사로 있을 때 호를 육일거사로 고쳤다. 그는 이 호의 유래에 대하여 이렇게 설명했다.

"우리 집에는 장서가 1만 권 있고, 3대가 수집한 금석유문金石遺文이 1,000권 있고, 거문고가 하나 있고, 바둑판이 하나 있고, 늘 술병 하나가 놓여 있다."

"나 같은 늙은이가 이 다섯 가지에 낀다면 어찌 육일六一이 아니겠는가?"

"나는 이 이름을 가지고 즐거움을 지향할 뿐이다."

이러한 말에서 구양수가 품은 뜻을 짐작할 수 있다.

그는 대개 공무를 보고 나서 여가시간을 이용해 글을 지었다. 그는 이 점에 관해 이러한 말을 남겼다.

장쑤성 양저우 대명사大明寺에 있는 '육일종풍六一宗風' 편액

"내가 평생 지은 글들은 대부분 '삼상三上'에서 지은 것이다. 그 세 가지는 '마상馬上', '침상枕上', '측상厠上'이다. 이 시간에만 생각할 겨를이 있었기 때문이다."

그는 또 자신의 글에는 세 가지가 많다고 했다. 즉 "많이 보고 많이 일하며 많이 상의한다"는 것이다. 많이 읽고 많이 쓰는 것 외에 "많이 상의한다"는 것도 강조했으니, 말하자면 여러 가지 의견을 청취해서 반복적으로 고쳐나간다는 뜻이다. 그는 인내심을 갖고 문장을 수정해야 한다고 주장했으며 실제로 그렇게 했다. 만년에도 밤늦게까지 옛날에 써놓았던 글을 수정하자 그의 부인이 이렇게 말했다.

"어째서 자신을 그렇게 괴롭히세요? 스승의 꾸지람이라도 들을까봐 걱정이세요?"

구양수가 웃으면서 대답했다.

"나는 스승의 꾸지람이 두려운 것이 아니라 후생後生의 비웃음이 걱정이오."

이처럼 글에 대해 엄격했기 때문에 방대한 명문과 아름다운 작품을 후세에 전하며 중국 문학사에 불후의 업적을 남길 수 있었다.

【 구양수의 시와 사 】

　구양수의 시가는 그 명성이 산문에는 미치지 못했지만 송나라 시풍의 형성과 발전에 중요한 밑거름이 되었다. 그는 송나라 초기에 유행한 화려한 시풍을 바로잡아서 송시宋詩에 청신한 바람을 일으켰다. 그의 시는 현재 860여 수가 전해지고 있는데, 그 품격과 문체에서 다양한 양상과 특징을 보여주고 예술성도 비교적 높다.

　구양수는 풍자와 교훈의 기능을 매우 중시해서 시가는 아름다운 사물에 대해서는 찬양하고 사악한 현상에 대해서는 비판해야 한다고 주장했다. 〈지게미를 먹는 백성食糟民〉에서 그는 백성이 헌납한 양곡으로 술을 빚어 향락에 취하는 관리들을 고발하는 동시에 "솥에 죽도 없이 겨울과 봄을 나야 하기" 때문에 "다시 관아를 찾아서 지게미를 사는" 백성의 현실을 반영했다. 이처럼 사회의 부조리에 대해 깊이 고뇌한 시인은 "나는 술을 마시고 너는 지게미를 먹으니, 네가 나를 책망하지 않더라도 내 책임을 어찌 면하겠는가"라고 하여 백성을 동정하고 배려했다.

　구양수는 또 유명한 사詞 작품을 남긴 작가로서 북송 문단에서 중요한 위치를 차지했으며, 역시 사로 유명한 안수晏殊와 함께 '안구晏歐'로 불리고 있다. 지금까지 구양수의 사는 모두 240여 수가 전해지고 있다. 대체로 당나라 말기의 완곡하고 함축적

구양수의 《집고록集古錄》 중 발미跋尾

인 기풍을 따르고 있지만 일부 작품은 화려한 수식에서 벗어난 내용이다. 다음에 인용하는 〈조중조朝中措〉가 바로 그러한 작품이다.

> 평산平山의 난간 푸른 하늘에 기대니 산색이 있는 듯 없는 듯
> 손수 뜰에다 버드나무를 심으니 봄바람 벌써 몇 번이나 왔던가.
> 문장의 태수太守라서 1만 자를 쓰고 1천 종鍾의 술을 마셨네.
> 행락行樂은 젊은 시절의 일일 뿐, 이제는 늙은이의 행색이 보이네.

이 작품에서 서정적이고 호탕한 주인공의 모습은 〈취옹정기〉의 태수와 여러모로 닮아 있다. 그렇다면 이 작품 역시 작자의 호방한 인생관을 반영한 것으로 볼 수 있다.

자연 풍경을 묘사한 사 가운데도 훌륭한 작품이 많다. 그는 모두 13수의 〈채상자采桑子〉라는 사를 지어서 시후西湖의 아름다운 풍경을 노래했는데, 그중에 다음과 같은 작품이 있다.

> 짧은 노를 저어 가볍게 배를 달리니 서호가 아름답구나.
> 푸른 물 끝없이 이어지고 긴 둑에는 방초가 덮였는데
> 은은한 생황의 노랫소리 곳곳마다 따르네.
> 바람이 없어 수면은 유리처럼 매끄럽고
> 배의 움직임도 깨닫지 못한 채 약간의 출렁임만 느끼는데
> 깜짝 놀라 일어난 모래톱의 새들은 저쪽 기슭으로 날아가네.

이 작품은 풍경을 자세히 묘사하고 있다. 움직임과 정지의 화면을 조화롭게 묘사함으로써 대자연을 사랑하는 초탈의 정서를 잘 표현하여 산수

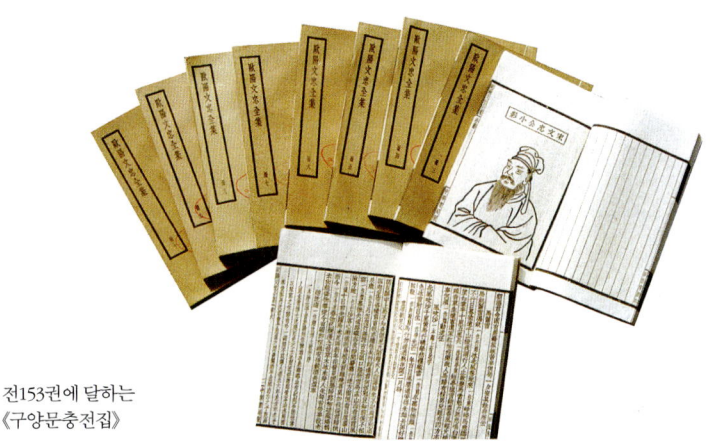

전153권에 달하는
《구양문충전집》

에 관한 사 중에서도 명편에 속한다.

　구양수의 사는 후세에도 깊은 영향을 미쳤다. 일찍이 어떤 이는 그의 사에 대해 "넓은 도량과 뛰어난 재주는 자첨子瞻(소식蘇軾)의 모범이 되었고, 깊고 완곡함은 소유少游(진관秦觀)의 모범이 되었다"고 평가했다.

結 구양수는 산문의 최고봉에 도달함으로써 '당송팔대가'의 반열에 들었다. 소철은 그의 신도비神道碑에 지은 제사題辭에서 "문장으로는 천하 으뜸이다"라고 칭송했으며, 주희는 구양수의 글이 "초연히 홀로 뛰어나서 무리들이 미칠 수 없었다", "사람들이 다투어 모범으로 삼았다"고 평했다. 이로써 구양수가 후세에 미친 영향을 엿볼 수 있다.

앞에서 언급한 〈취옹정기〉, 〈추성부〉 외에도, 구양수는 〈붕당론朋黨論〉, 〈오대사령관전서五代史伶官傳序〉, 〈풍락정기風樂亭記〉, 〈제석만경문祭石曼卿文〉, 〈상주주금당기相州晝錦堂記〉 등과 같은 유명한 작품을 남겼다.

구양수의 저작 《구양문충전집歐陽文忠全集》은 모두 153권에 달하며, 이 밖에도 《신당서》, 《신오대사新五代史》, 《모시본의毛詩本義》 등의 저작이 있다. 소동파는 그에 대해 진심에서 우러난 마음으로 "대도大道를 논할 때는 한유와 같고, 일을 논할 때는 육지陸贄와 같으며, 사실을 기록할 때는 사마천과 같고, 시부詩賦를 지을 때는 이백과도 같다"고 했다.

구양수는 한 시대의 학문을 개척한 대가라고 해도 조금도 손색이 없다. 중국 역사에서 구양수처럼 정치만이 아니라 학술과 문화면에서도 비범한 성취를 이룬 사람은 그리 흔치 않다.

【 왕안석과 희령변법 】

● 왕안석의 초상

보수파의 대표들은 감히 신종을 겨냥하지 못하고 왕안석에게 비난의 화살을 돌렸다. 그리하여 너도나도 변법을 공격하고 왕안석을 모욕하는 데 몰두했으며, 심지어 지진이나 산사태 같은 재난도 왕안석의 변법이 하늘의 노여움을 산 때문이라고 우겼다.

왕안석(1021~1086)은 중국 역사상 걸출한 정치인이자 유명한 문학가이다. 그는 북송 중엽에 한 차례 유명한 정치 개혁을 주도했는데 그것이 바로 희령변법熙寧變法이다.

왕안석의 자는 개보介甫이고 만년에는 호를 반산半山이라고 했다. 장시성 린촨臨川 사람으로 형국공荊國公에 봉해졌기 때문에 왕형공王荊公으로도 불린다.

왕안석은 지방 관리의 집안에서 태어났으며, 젊은 시절 천하의 일을 자기 책임으로 여기고 원대한 포부를 가졌다. 22세 때 진사에 급제한 후 10여 년간 여러 지방의 관리를 지내면서 백성들과 접촉할 기회를 가졌고, 그로 인해 당시 사회의 갖가지 폐단과 통치자가 직면한 위기에 대해 깊이 인식할 수 있었다. 가우嘉祐 연간에 1만 자에 달하는 〈상인종황제언사서上

仁宗皇帝言事書〉를 올려서 변혁과 개혁을 주장했는데, 이것이 바로 후세 사람들이 말하는 '만언서萬言書'이다.

희령 2년, 신종이 그를 참지정사參知政事(부재상)로 발탁하고 이듬해 다시 중서문하평장사中書門下平章事(재상급)로 승진시키자, 이때부터 적극적으로 신법新法의 실행을 추진했다. 하지만 보수파의 끊임없는 반대에 부닥쳐 두 차례나 재상의 직위에서 파면당한 끝에 결국 금릉金陵(지금의 난징)에서 은퇴했다.

원풍元豊 8년, 신종이 사망하자 보수파는 사마광을 재상으로 임명하고 신법을 전부 폐지하는 조치를 취했다. 왕안석은 울분을 참고 지내다 병을 얻어 이듬해 65세를 일기로 눈을 감았다. 저서로는 《임천집臨川集》 100권이 있다.

【 왕안석의 변법 】

송나라 신종은 즉위 후 이민족의 압박, 국력의 쇠퇴, 재정의 빈곤으로 인해 새로운 출로를 모색했다. 그 결과 희령 2년(1069)에 왕안석을 등용해 정사에 참여시키고 이듬해에 정식으로 재상에 임명함으로써 역사적으로 유명한 희령변법을 시행한다. 이 변법은 후에 왕안석 변법으로 불리기도 했다.

왕안석 변법의 최종 목표는 부국강병이었다. 따라서 변법의 주요 내용은 재정의 관리와 군사력의 정비에 관한 것이었다.

재정의 관리를 위해서 시행한 정책은 다음과 같다.

청묘법靑苗法은 식량 수급이 가장 어려운 봄과 가을에 관아에서 긴급 융자를 해주고 비교적 낮은 이자를 받음으로써, 고리대금업자에게 타격을 입히고자 한 제도이다.

면역법免役法은 집안의 수입에 따라 부역을 면제해주는 대신 돈을 받아

장시성 푸저우撫州에 있는
왕안석 기념관의 왕안석 입상과 좌상

국가가 그 돈으로 사람을 고용해 부역을 충원하는 제도이다. 원래 부역을 하지 않는 관리들도 부역 면제비를 부담하게 한다.

방전균세법方田均稅法을 실시해 토지를 다시 측량해서 탈세를 해온 농토를 조사한다.

농전수리법을 실시해 황무지를 개간해서 농지로 만들고 수로를 건설하는 등의 사업을 벌인다.

이 밖에도 균수법均輸法, 시역법市易法 등을 함께 실시했다.

군사력의 정비를 위해 시행한 정책은 다음과 같다.

장병법將兵法은 조정에서 작전 경험과 지휘 능력이 있는 장수를 파견하여 모 지역에 주둔한 금군禁軍의 훈련을 책임지고 군대를 강화하여 전투력을 향상시키기 위한 조치이다.

보갑법保甲法은 매 5호의 농민을 1보保로 조직해서 훈련을 시켜 치안을 맡기고, 그것을 토대로 점차 징병제를 모병제로 대체하려는 계획이다.

이 밖에도 왕안석은 학교를 설립하는 한편, 인재를 배양하는 기지를 확보하기 위해 중앙과 지방의 관학官學들에 대해 중대한 개혁을 단행했다. 그는 《삼경신의三經新義》의 편찬을 주관하고 《자설字說》을 지어 각 학교에 배포했는데, 이러한 '형공荊公의 신학新學'은 당시 학술계와 사상계에 큰 충격을 주었다.

10여 년에 걸쳐 왕안석은 신종의 지지하에 일련의 엄격한 개혁 법령을 반포했고, 조정과 재야를 두렵게 한 변법운동을 신속하게 전개해나갔다.

【 흔들림 없이 개혁을 추진하다 】

왕안석의 변법은 광범위하게 적용되며 고위 관료와 지방 부호들의 기득권을 침해했다. 이 때문에 그의 개혁 정책과 조치들은 보수파의 격렬한 반대에 직면할 수밖에 없었다. 보수파의 대표들은 감히 신종을 겨냥하지 못하고 왕안석에게 비난의 화살을 돌렸다. 그리하여 너도나도 변법을 공격하고 왕안석을 모욕하는 데 몰두했으며, 심지어 지진이나 산사태 같은 재난도 왕안석의 변법이 하늘의 노여움을 산 때문이라고 우겼다. 하지만 위대한 개혁가 왕안석은 흔들림 없이 지혜와 용기를 갖고 대처해 나갔다.

그리고 재해는 자연현상이므로 인위적으로 조작할 수 없고, 올바른 길로만 가면 다른 사람의 쑥덕공론을 두려워할 필요가 없으며, 조상이 만든 법일지라도 수정하고 개혁할 필요가 있으면 고수하지 말아야 한다는 논리를 폈다. 어떤 사람이 왕안석의 이러한 주장을 다음과 같이 요약했다.

"천재지변도 두려워할 필요가 없고, 조상의 법도 본받기엔 부족하며, 사람들의 쑥덕공론도 두려워할 필요가 없다."

이 말은 변법을 고수한 왕안석의 단호한 태도를 보여준다. 보수파의 강력한 반대를 무시하고 그들의 격렬한 언사에 과감히 맞서 싸우면서 신법을 일관되게 추진했기 때문에 그는 '고집불통 재상'이라는 별명을 얻었다.

두 차례의 파면과 변법의 승패

왕안석은 변법을 추진하는 과정에 재상의 자리에서 물러나겠다고 몇 차례나 청했지만, 번번이 신종의 간절한 만류로 뜻을 이루지 못했다.

희령 7년 4월, 반년 동안 비가 내리지 않고 큰 가뭄이 들자, 보수파는 이를 기회로 더욱 기세등등하게 압박했다. 태후는 심지어 눈물을 흘려가며 "왕안석이 천하를 이토록 혼란스럽게 만드니 어쩌면 좋습니까?"라고 신종을 압박했다. 또 정협鄭俠이란 관리는 이재민들이 고향을 떠나 수도로 몰려드는 상황을 담은 〈유민도流民圖〉한 폭을 보내면서 "왕안석이 가뭄을 불러들였으니 그가 사라지면 하늘이 비를 내릴 것입니다"라고 고했다. 상황이 이렇게 되자 신종은 어쩔 수 없이 왕안석을 파면하라는 건의를 받아들였다. 그러나 이듬해 2월 다시 왕안석을 불러들여 재상의 직위를 회복시키고 신법을 계속 추진케 했다.

희령 9년 6월, 변법파 내부에 갈등이 일어나면서 왕안석과 함께 변법을 주장하던 여혜경呂慧卿이 왕안석에게 "현명한 자를 배척하고 간사한 무리와 붕당을 지으며, 개인적인 분노를 권력으로 해결하고, 거듭 명령을 고쳐 임금을 모독한다"는 누명을 씌웠다. 같은 달에 아들이 병으로 죽자,

왕안석은 "상심을 감당할 수 없으니 해직시켜달라"고 청했다. 그해 10월, 왕안석은 두 번째로 재상에서 물러났고 금릉으로 돌아가 시인과 학자로서 한가로운 나날을 보냈다.

원풍元豊 8년(1085)에 신종이 사망하자, 보수파의 사마광이 재상이 되면서 신법은 전부 폐지되고 말았다. 왕안석은 그 소식을 듣고 병세가 더 심해졌으며, 결국 원우元祐 원년(1086)에 비분을 품고 세상을 떠났다.

신법의 추진이 어려워지자,
왕안석은 재상직을 사직할 수밖에 없었다.

16년간에 걸친 변법은 시종 보수파의 반대에 부닥쳤지만 부국강병이란 목표는 어느 정도 달성했다. 농전수리법의 시행으로 관민 공동의 수리공사가 전국적으로 확대됨으로써 수많은 황무지가 개간되었다. 이에 따라 카이펑開封의 관할구역 안에서 개간된 황무지에서만 곡물을 수백만 짐이나 더 거둘 수 있었다. 면역법의 시행은 부역에 대한 부담을 줄여 농민들이 생산에 종사할 수 있게 했고, 여러 성城에서 시행한 시역법市易法은 화물의 원활한 유통을 도왔다.

군사 부문에서도 개혁을 시행한 결과, 왕안석의 지지를 받은 왕소王韶가 서북 변경에 흩어진 토번족을 끌어들여 서하의 힘을 약화시킴으로써 북송의 강토를 2,000여 리

변법이 실패한 후 왕안석은 금릉의 반산원半山園에 은거했다.

나 확장하는 데 성공했다. 그리하여 북송은 10국이 할거하던 국면을 끝내고 군사력을 강화할 수 있었다.

보수파의 수뇌 사마광은 재상이 되자 북송의 재정 상태를 점검했다. 그때 어떤 사람이 "국고가 가득 차지 않은 곳이 없다"고 말했는데, 이는 바로 왕안석의 변법이 거둔 성과였다.

【 문학적 성취 】

왕안석은 문학에서도 특히 산문과 시가에 뛰어났다. 이로 인해 그는 유명한 '당송팔대가'의 한 사람이 되었다. 구양수가 북송 문단을 대표할 당시 가장 좋아한 두 사람이 바로 왕안석과 소식이었다. 구양수는 왕안석의 시문을 이렇게 칭찬했다.

"한림翰林의 풍월은 3,000수이고, 이부吏部의 문장은 200년이네. 스스로 늙음을 한탄하지만 마음은 그렇지 않으니 후세에 누가 그대와 더불어 앞을 다투겠는가?"

왕안석의 산문은 아주 기발하다. 특히 시대의 폐단을 겨냥한 정론政論의 산문은 깊이 있는 분석을 토대로 명확한 주장을 함으로써 변법의 추진에 대해 강한 설득력을 지녔다. 예컨대 〈상인종황제언사서〉, 〈답사마간의서答司馬諫議書〉 등이 그런 유에 속한다. 그 특징은 구조가 엄밀하고, 이치가 분명하며, 언어가 간단하고 명확할 뿐 아니라 개연성과 논리를 갖추어 실로 일가를 이루고 있다. 그 밖에 〈상중영傷仲永〉, 〈독맹상군전讀孟嘗君傳〉, 〈유포선산기游褒禪山記〉 등도 역시 공인받은 고문의 명편이다.

그의 시가는 대부분 백성들의 고난을 반영하고 있으며 현실의 첨예한 문제를 제기한다. 예를 들면 〈하북민河北民〉, 〈겸병兼併〉 등이 그것이다. 그는 또 〈박선과주泊船瓜洲〉와 같이 정교하고 함축적인 서정시도 지었다.

경구京口의 과주에 한 줄기 강물이 흐르니
종산鍾山과 단지 몇 개의 산을 사이에 두고 있을 뿐이네.
봄바람이 다시 강남의 기슭을 푸르게 물들이는데
밝은 달은 언제쯤 나의 귀환을 비추려나.

왕안석의 넓은 학식, 원숙한 언어 기교, 자연스런 함축과 정교하고 응집된 기풍은 송나라 시단에서 한 유파를 이루었다. 훗날 황정견黃庭堅을 대표로 하는 강서시파江西詩派가 그의 영향을 적잖이 받았다.

【 소탈하고 고상한 인품 】

왕안석의 변법에 대해서는 찬반 논의가 분분했지만, 명예를 탐하지 않는 그의 정신과 소탈하고 활달한 인품은 누구나 진심으로 존경했다. 송대의 황정견은 왕안석의 인품에 대해 이렇게 극찬했다.

"왕안석은 부귀를 뜬구름처럼 여겨 재물의 이익이나 주색에 빠지지 않네."

한편 육구연陸九淵은 왕안석의 지조를 이렇게 칭송했다.

"왕안석은 영특해서 앞으로 매진하나니 세속적인 쾌락과 이익과 명예에는 관심이 없고 … 청렴결백한 지조는 서리나 얼음보다 더하더라."

왕안석이 재상에서 물러나 금릉에 은거하자 늘 찾아오는 사람들이 있었다. 하지만 그는 손님과 가볍게 정사를 논하거나 지난날을 원망하지도 않고 진심으로 잘 대접함으로써 흉금이 넓은 정치인의 도량을 보였다. 금릉에 있는 동안 왕안석은 소식과 가장 많이 교류했고, 이는 대대로 미담으로 전해지고 있다.

왕안석과 소식은 구양수의 뒤를 이은 북송 문단의 명망가로서 두 사람 모두 구양수가 주도한 고문 부흥운동에 크게 공헌했다. 하지만 변법에 대한 생각이 달랐던 두 사람은 결국 정치적 적수가 되고 말았다. 소식은 신법을 반대하다가 여러 차례 배척당했다. 소식보다 열다섯 살 많았던 왕안석은 정치적 견해가 다르다는 이유로 소식에게 복수하지 않았으며, 늘 그의 문학적 재능에 감탄을 금치 못했다.

왕안석은 소식이 지은 시가를 즐겨 읽었고, 소식이 황저우黃州에서 지은 〈승상원장경기勝相院藏經記〉를 읽고 매우 기뻐하면서 "자첨子瞻은 과연 인간세상의 용이야"라며 칭찬을 아끼지 않았다고 한다.

훗날 누군가 소식이 후저우湖州에서 지은 시가 "황제를 빗대어 비난한 것"이라고 밀고했지만 왕안석은 그 말을 무시했다. 나중에 누군가 또 소식을 모함하여 원풍 2년(1079)에 결국 투옥되고 말았는데, 역사에서는 이를 '오대시안烏臺詩案'이라고 한다. 당시 왕안석은 이미 재상에서 물러나 수도를 떠난 뒤여서 소식이 투옥되었다는 사실을 전혀 모르고 있었다. 이 소문을 들은 그는 깜짝 놀라며 "성군이 다스리는 시대에 어찌 유능한 인재를 죽인단 말인가"라고 하면서 즉시 소식을 구하기 위한 방안을 강구했다고 한다.

원풍 3년(1080) 가을, 소식은 황저우黃州에서 루저우汝州로 가다가 금릉에 잠시 들렀다. 10여 년간 왕래가 없었던 왕안석과 소식은 유쾌하지 못한 정치적 다툼은 다 잊은 채 친분을 다졌다. 두 사람은 한 달 남짓 함께 다니면서 시를 읊고 불법佛法에 대해 이야기했다. 소식은 벼슬에 연연하지 않고 기꺼이 담박하고 고요한 생활을 즐기는 왕안석을 진심으로 우러

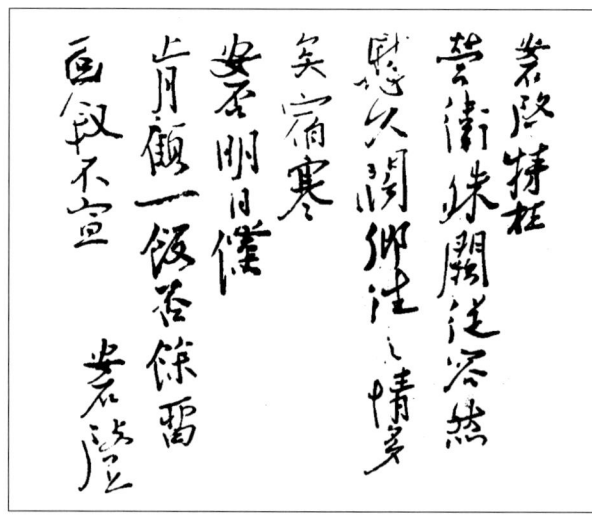

왕안석의 글씨

러보았다.

　금릉에서 만난 후 소식은 왕안석을 더욱 존경하게 되었다. 그는 왕안석에게 이러한 편지를 보냈다.

　"오래전부터 왕공의 문하에 있기를 원했지만 이런 기회가 오리라고는 생각지도 못했습니다. 아침저녁으로 예전에 들어보지 못한 이야기를 들을 수 있어서 그야말로 기쁘기 그지없었습니다."

　후에 소식은 왕안석을 이렇게 칭찬했다.

　"도대체 몇백 년 만에 이런 인물이 나올지 모르겠구나!"

　소식의 태도를 통해 왕안석의 단정한 인품을 확인할 수 있다.

結 왕안석의 변법은 갖가지 우여곡절을 겪으면서 부침을 거듭했다. 그가 죽은 후 비록 수구파가 집권해서 신법을 폐지했지만, 불과 몇 년 후 철종哲宗이 즉위한 원부元符 연간(1098~1100)에는 다시 신법의 대부분을 시행했다. 하지만 휘종徽宗이 즉위하며 재상으로 임명된 채경蔡京이 신법의 이름으로 나라와 백성에게 해를 끼치는 온갖 악행을 자행하자 정치는 극도로 부패했고 국력은 쇠퇴했으며 백성은 생활이 어려워졌다. 이때 북송의 조정과 지방 관리들은 자신들의 이익을 지키기 위하여 그 모든 책임을 30~40년 전에 신법을 시행한 왕안석에게 돌렸다. 그들의 주장이 우세하자, 송나라가 남쪽으로 도읍을 옮긴 후에도 통치자들은 북송 멸망의 책임을 왕안석에게 전가함으로써 1,000년 이래로 누명을 쉽게 벗기 힘든 최대의 억울한 역사적 사건을 만들었다.

　변법의 성공 여부에 대해서는 갖가지 논의가 있을 수 있지만, 왕안석의 역사적 지위는 모두가 인정한다. 왕안석은 중국 역사에서 손꼽을 수 있는 위대한 개혁가 중 한 사람이고, 걸출한 사상가이자 탁월한 문학가이며 교육 개혁가이다.

【 사마광과 《자치통감》 】

● 사마광의 초상

사마광은 '무실'을 강조해서 쓸데없는 말을 하지 말고 실제의 일에 힘써야 한다고 했다. 즉 모든 일은 실제에서 출발하고, 실제의 일에서 올바름을 구해야 한다고 강조하며 스스로 앞장서서 묵묵히 실천했다.

사마광(1019~1086)은 산시성山西省 섬주陝州(지금의 시샤현西夏縣) 사람이다. 허난성 광주光州(지금의 광산현光山縣)에서 태어났기 때문에 이름을 광光이라 했으며 자는 군실君實이다. 그의 고향에는 속수涑水라고 부르는 작은 강이 있었다. 그가 이름을 날리자 사람들이 그를 '속수 선생'이라 불렀으나, 그 자신은 스스로를 '우수迂叟', 즉 세상일에 어두운 늙은이라고 했다.

　사마광의 부친 사마지司馬池는 관직이 4품에까지 이르렀던 사람이다. 소년 시절 사마광은 부친을 따라서 남북으로 많이 떠돌아다녔다. 20세에 진사에 급제한 뒤 화주華州와 쑤저우蘇州 등지에서 말단 관리를 지냈으며, 27세 때 재상 방적龐籍에게 발탁되어 수도로 전근했다. 이는 조정의 상황을 파악할 수 있는 좋은 기회였지만 얼마 지나지 않아 방적이 면직되자 수도를 떠나게 되었다. 사마광은 방적의 은혜에 보답하기 위해 결연히 그를 따라 운주鄆州와 병주幷州 등지에서 말단 관리를 지냈다.

가우嘉祐 2년(1057), 사마광은 재차 수도로 전근되고 4년 후에는 간관諫官이 되었다. 그는 강인한 데다 아첨을 모르는 성격이어서 내정과 외교 및 사회도덕의 영역에서 적지 않은 비판과 제안을 했다.

치평治平 4년(1067), 황제로 등극한 신종이 왕안석과 사마광을 등용하여 큰일을 도모하려 했다. 하지만 사마광과 왕안석은 개혁의 대상과 방법 등에서 심각한 의견 충돌을 일으켰으며, 결국 신종이 왕안석을 지지하자 사마광은 또 한 차례 조정을 떠나야만 했다.

사마광은 뤄양洛陽에서 15년간 한가로운 나날을 보내면서 그 유명한 《자치통감資治通鑒》을 편찬했다.

신종이 죽은 후 고高태후는 반드시 사마광을 재상에 임명해야 한다고 주장했다. 원풍 8년(1085), 66세의 사마광은 모두의 기대를 한 몸에 안고 재상직에 올랐다. 그는 강인한 의지로 불철주야 정사를 돌보았지만, 노인의 아집으로 왕안석의 신법을 무조건 폐지했고, 이듬해에 세상을 떠났다.

【 변법에 관한 논쟁 】

사마광은 전형적인 유가의 선비이다. 그는 인仁, 의義, 예禮, 신信으로 나라를 다스리고 백성에게 인정仁政을 베풀 것을 주장했다. '인정'이란 "백성을 교화하고 정치를 제대로 하며 만물을 이롭게 하는 것"이다. 그는 보수적인 입장 때문에 왕안석의 변법을 반대한 것이 아니었다. 실제로 간관으로 있을 때 그 역시 정치 개혁을 위해 적지 않은 의견을 제시했다. 특히 왕안석의 변법이 시행되기 전에는 그와 견해가 일치했으며, 심지어 두 사람은 '가우사우嘉祐四友'로 불리기도 했다.

그렇다면 사마광은 왜 갑자기 왕안석의 변법을 격렬하게 반대하고 나섰을까? 그 이유는 신법이 "백성에게 불리하다"고 판단했기 때문이다. 왕안석은 변법을 시행하기 전에는 생산력의 향상을 제안했지만, 변법 시행 후에는 생산력의 향상보다는 재정의 부족 문제를 시급하게 해결하려 했다. 사마광은 그것이 백성들의 이익을 해쳐서 나라를 부유하게 만드는 것이라고 비판했으며, 이로 인해 두 사람은 적대적인 관계로 발전하게 되었다.

객관적으로 평가한다면 신법은 장점도 있고 폐단도 있었다. 하지만 사마광이 본 것은 모두 백성에게 불리한 면이었다. 백성을 사랑하고 관용을 베풀며 농업을 중시한 사마광은 '급진적인' 왕안석의 정책에 이의를 제기하면서 서둘지 말 것을 권유하는 장문의 편지를 보냈다. 하지만 왕안석은 그의 제안을 수용하지 않고 자신의 계획대로 신법을 추진했다.

물론 신법에 대한 사마광의 치우친 관점도 문제가 아닐 수 없다. 이후 신법을 반대하는 목소리가 높아지면서 그는 더욱더 편파적이 되었으며, 신법의 모든 면을 부정하기까지 했다.

《자치통감》의 편찬

사마광의 업적은 정치보다는 학술 방면에서 찾는 것이 더 바람직하다. 그가 남긴 《사마문정공집司馬文正公集》, 《계고록稽古錄》 등에 《자치통감》까지 합친다면 사마광의 저술은 전무후무할 정도로 풍부하다.

《자치통감》은 중국 최고의 편년체 통사이다. 사마광은 19년에 걸쳐 294권에 달하는 거작을 완성했는데, 그중 15년간은 뤄양의 독락원獨樂園에서 내용을 수정했다. 당시 사마광은 왕안석과 정치적 견해가 달랐던 탓에 재야에서 한적하게 지내고 있었다. 《자치통감》은 주나라 위열왕威烈王 23년(기원전 403)에 한韓·조趙·위魏가 진晉을 분할할 때부터 시작하여 후주後周의 세종世宗 현덕顯德 6년(959)까지, 말하자면 전국시대부터 오대에 이르는 1,362년간의 역사를 기록하고 있다.

중국 최고의 편년체 통사인
《자치통감》

사마광은 일찍부터 간명하고 체계적인 통사를 편찬하겠다는 계획을 갖고 있었다. 그는 간관으로 있을 때《주기周紀》와《진기秦紀》를 편찬하여 영종英宗에게 보인 적이 있었다. 역사를 유난히 좋아한 영종은 아주 흡족해하면서 1066년에 사마광을 불러 계속 편찬케 하고, 아울러 그를 위하여 서국書局을 세워주고 조수를 배정해주었다. 이 책을 편찬하기 위하여 사마광은 종종 외부와의 접촉을 끊고 "낮시간이 부족하면 밤에도 작업을 했고", 그 결과 그의 집에는 초고만 두 방에 가득했다고 한다.

사마광은 통사를 편찬해서 "나라의 흥망성쇠와 백성들의 생활에 이로운 것은 법으로 채택하고 나쁜 것은 경계하는" 자료로 삼고자 했다.《자치통감》은 수집한 자료가 풍부하고 고증이 자세한 데다 사료가 진실하다는 점에서 수많은 정사正史보다 훨씬 훌륭했다. 이 책의 대부분이 역대의 흥망성쇠, 성공과 실패, 안정과 위기의 역사적 사건들을 기술했기 때문에 그 이름을《자치통감》이라고 지었다.

사마광은 이 책을 편찬한 후 스스로 흡족해서 "구천에 갈지라도 염원하던 뜻을 이루었다"고 했다. 오늘날에는 이 책을 연구하는 '통감학'이란 새로운 학문이 일어나고 있다.

【 소년 시절의 아름다운 이야기 】

사마광의 소년 시절에 관한 이야기가 많이 전해지고 있는데, 그중에서 가장 유명한 것이 항아리를 깬 일화이다. 그 이야기는 이렇다.

사마광이 이웃의 아이들과 놀고 있을 때 불행하게도 한 아이가 커다란 항아리 안에 빠졌다. 다른 아이들이 당황해할 때 사마광이 잽싸게 나서서 커다란 돌로 항아리를 깨서 아이를 구했다.

사실 사마광은 총기를 타고난 아이는 아니었다. 그는 신동도 아니었고 천재도 아니었으며, 왕안석만큼 기억력이 뛰어나지도 않았다. 그의 박학다식은 오로지 놀라운 의지로 열심히 공부한 결과였다.

사마광은 여섯 살 때부터 부친의 지도 아래 문학과 역사서를 섭렵했다. 잠을 잘 때도 둥근 나무를 베고 잤는데, 그것을 '경침

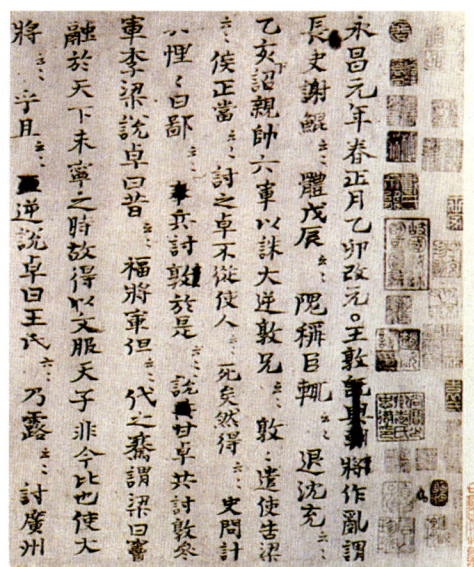

《자치통감》 수고手稿

사마광이 항아리를 깨뜨려
그 안에 빠진 아이를 구하다.

警枕'이라고 불렀다. 둥근 목침은 쉽게 움직여서 깊이 잠들기가 어렵다. 사마광은 잠이 깨면 즉시 일어나 불을 켜고 책을 읽었다. 바로 이러한 정신이 그의 학문을 나날이 발전시켰으며 《자치통감》을 편찬하는 데 기초가 되었다.

부친 사마지는 아들을 엄격하게 가르쳤다. 사마광이 어릴 때 호두 까는 법을 몰라서 남에게 물은 적이 있었다. 그때 부친이 그에게 호두를 스스로 깠느냐고 물었는데 그는 자기 힘으로 깠다고 거짓말을 했다. 그 사실이 발각되자 사마광은 부친에게 크게 야단을 맞았다. 충격을 받은 사마광은 다시는 거짓말을 하지 않겠다고 굳게 다짐했고, 그 결심대로 평생을 살았다.

【 군자의 삶을 실천하다 】

사마광의 자는 '군실君實'이다. 그는 그 이름처럼 평생을 성실하게 살면서 언행이 일치하지 않는 일은 결코 하지 않았다.

사마광의 선조는 평범한 농사꾼이었다. 그의 말에 의하면, 조상의 시신을 매장할 때 관도 마련할 수 없는 형편이었다. 사마지는 아들에게 성실하고 소박하게 살 것을 가르쳤고, 이러한 가풍은 사마광에게 큰 영향을 미쳤다. 그는 일생 동안 거짓 없는 청빈한 삶을 살았으며 결코 사치스러운 생활을 바라지 않았고, 훗날 자신의 아들 사마강司馬康에게도 똑같은 가르침을 남겼다.

사마광의 성실함이 어느 정도였을까?

사마광이 다른 사람을 시켜서 말을 판 적이 있는데, 그는 그 사람에게 말을 팔 때 반드시 "이 말은 폐에 병이 있다"는 사실을 알려야 한다고 신신당부했다. 또 왕안석이 정무를 볼 당시 서하와 전쟁을 벌인 것이 정의롭지 못하다고 주장했으며, 이 때문에 자신이 재상이 되자 변법 시기에 점령한 서하의 영토를 도로 돌려주었다. 이를 매국 행위라고 비난하는 사람도 있었지만, 오직 사마광만이 그런 일을 할 수 있다는 데는 그들도 동감했다. 사마광은 그렇게 하는 것이 군자의 도리라고 믿었던 것이다.

사마광은 '무실務實'을 강조해서 쓸데없는 말을 하지 말고 실제의 일에 힘써야 한다고 했다. 즉 모든 일은 실제에서 출발하고, 실제의 일에서 올바름을 구해야 한다고 강조하며 스스로 앞장서서 묵묵히 실천했다. 이 점 역시 북송의 모든 사람들이 인정했고, 태후까지 그를 신임하게 된 이유이기도 하다.

【 만년의 편파적인 관점 】

　만년에 조정에 복귀했을 때 사마광은 이미 66세의 병 많은 노인이었다. 힘에 부쳤지만 그는 놀라운 의지로 많은 일을 처리했다. 그러나 그는 그때까지 남아 있던 신법인 청묘법, 면역법, 보갑법을 폐지하는 등 왕안석의 변법을 전면 부정하다가 만년의 비극을 맞았다. 그의 동기는 훌륭했지만 만족스런 결과를 낳지는 못했던 것이다.

　사마광은 왕안석에게 서두르지 말라고 권고했다. 그러나 신법을 폐지하는 과정에서 그 자신도 성급하게 서두르는 과오를 범했다. 물론 그의 처지를 이해할 수는 있다. 살날이 얼마 남지 않은 그로서는 서둘러 마무리하고 싶었겠지만 결과는 바라던 바와는 정반대였다. 소동파가 "서로 의지하면 일을 쉽게 도모할 수 있고, 점진적으로 추진해야 백성이 놀라지 않는다"고 조언했지만, 고집스러운 사마광은 누구의 말도 듣지 않았다. 심지어 소동파가 신법에 대해 "그 득실을 따져서 좋은 점은 이용해야 한다"고 주장하자 수도 밖으로 쫓아내기까지 했다.

　사마광은 왕안석의 실패가 사람을 잘못 썼기 때문임을 잘 알고 있었다. 왕안석은 여혜경처럼 덕이 부족한 '소인'을 썼던 것이다. 하지만 사마광 자신도 똑같은 과오를 범하고 말았다. 나중에 그는 유명한 간신 채경을 등용했는데, 채경은 사마광의 급한 성격을 이용하여 닷새 만에 신법을 모두 폐지했다. 사마광은 채경의 이중성을 간파하지 못하고 오히려 그를 부추겼다.

　사마광이 신법을 폐지한 일은 어린 시절 그가 항아리를 깬 일화에 비유할 수 있다. 말하자면 항아리 속 아이는 구했지만 그 항아리는 깨어져 못쓰게 되고 만 것이다.

結 원우 1년(1086) 가을, 중국 역사상 유명한 정치인이자 사상가이자 역사가인 사마광이 끝내 세상을 떠나고 말았다. 당시 장례식에 참석한 사람들로 거리가 꽉 찰 정도였고, 다투어 그의 초상화를 사갔다고 한다.

그는 선산이 있는 샨시성 샤현夏縣에 안장되었다. 오늘날 그의 무덤은 깨끗하게 단장된 채 많은 참배객들을 맞이하고 있다.

사마광의 인품은 어떤 흠결도 찾을 수 없을 정도로 완벽했으며, 이 때문에 유가의 정인군자正人君子 중에서도 가장 완벽한 사람으로 추앙을 받았다. 오늘날의 관점에서 보더라도 그의 충성스럽고 청렴하고 실용적인 성품은 우리가 배워야 할 점이다.

특히 치열하게 학문에 매진하는 정신, 대업을 완성하려는 노력 그리고 자신의 이상을 실현하기 위하여 죽을 때까지 노력을 아끼지 않은 모습은 후세의 학자들에게 모범이 되고 있다.

그가 남긴 《자치통감》은 중국 역사의 보고로서 사마천의 《사기》와 쌍벽을 이루는 대작으로 손꼽힌다. 《자치통감》은 기전체의 장점을 갖췄을 뿐 아니라 편년체에 새로운 생명력을 부여하여 후세에 깊은 영향을 미쳤다.

【 송사 】

● 《전송사全宋詞》

송사의 작가는 수적으로 시 작가와 견줄 수 없고, 작품의 내용도 송시만큼 풍부하지는 않다. 하지만 예술적으로 더 많은 특징과 독창성을 내포하여, 문학사에서는 송사를 당시, 원곡과 어깨를 나란히 하는 송나라의 가장 특색 있는 문학으로 평가한다.

중국 고대 문학에서 송사宋詞는 아름답게 꽃을 피운 화단이라 할 수 있다. 송사는 그 자체의 미려함과 품격으로 당시唐詩와 기이함을 다투고 원곡元曲과 아름다움을 다투었다. 송사는 멀리 《시경》과 《초사楚辭》 및 한나라와 위진남북조의 시가에서 자양분을 섭취하고, 훗날 명·청대의 시사詩詞 및 희곡과 소설에 무시할 수 없는 영향을 미쳤다. 참다운 서정성과 함께 사회와 인생에 대해 주목한 송사의 높은 예술적 성취는 오늘날에도 여전히 카타르시스를 안겨주며 예술적 아름다움을 느끼게 해준다.

　전문가들에 의하면 사詞의 기원은 수나라 때라고 한다. 사는 일종의 음악적인 문학으로서 그 탄생은 음악과 깊은 관련이 있다. 하지만 곡조와 결합되면 그것은 고대의 아악도 아니고 한나라와 위진남북조의 '청악淸樂'도 아닌, 한족의 민간 음악에 소수민족의 음악과 외래 음악을 합성한

'연악燕樂('연燕'은 '안宴'과 같다. 늘 연회석상에서 연주되었기 때문에 연악이라 한다)'이었다.

사의 본래 명칭은 '곡자사曲子詞'이다. 여기서 '곡자'는 일정한 곡조가 있음을 가리키고 '사'는 창사唱辭를 가리킨다. 송사는 악보가 거의 전해지지 않아서 지금은 이 '곡자'의 창법을 거의 찾아볼 수 없으며, 우리가 볼 수 있는 것은 단지 문사文辭뿐이다.

송사의 작가는 수적으로 시 작가와 견줄 수 없고, 작품의 내용도 송시만큼 풍부하지는 않다. 하지만 예술적으로 더 많은 특징과 독창성을 내포하여, 문학사에서는 송사를 당시, 원곡과 어깨를 나란히 하는 송나라의 가장 특색 있는 문학으로 평가한다.

【 송사의 특징 】

사는 음악에 맞추어 노래하는 시가이기 때문에 의성倚聲, 악부樂府 등 별칭을 가지고 있다. 또한 그 구절의 형식도 대체로 장단이 일정치 않기 때문에 장단구長短句라 불리기도 한다. 문학의 표현 형식으로서 기본적인 특징은 음조가 조화롭고 억양이 단박에 꺾여서 풍부한 음악적 아름다움을 지니고 있다.

형식적으로 사는 네 가지 특징이 있다. 첫째, 음조에 일정한 격식이 있다. 둘째, 구절에서 일정한 글자를 채워야 한다. 셋째, 글자에는 일정한 성조가 있어야 한다. 넷째, 구성에서 부분을 나누어야 한다.

사에는 수많은 사조詞調가 있고 사조마다 특정한 이름이 있어서 사패詞牌라고 부르는데, 예를 들면 〈서강월西江月〉, 〈만강홍滿江紅〉 등이다. 사패의 명칭은 처음에는 사의 내용과 일정한 관련이 있었지만, 후대로 오면서 점차 내용과 관계가 없어졌다. 같은 〈만강홍〉이라도 악비岳飛는 외적에 항거하는 웅대한 포부를 담았고, 소식은 친구들에 대한 그리운 정을 담았다. 하지만 어떤 사조는 함부로 사용해서는 안 되는 금기가 있었다.

사패가 다르면 양식도 달라져서 매 양식마다 구절 수, 글자 수에 대한 규정이 있었다. 예컨대 〈보살만菩薩蠻〉은 44글자여야 하고 〈여몽령如夢令〉은 33자여야 한다. 글자의 많고 적음에 따라 사를 소령小令, 중조中調, 장조長調로 나누기도 한다. 그래서 58자 이내를 소령이라 하고, 59~90자 사이를 중조, 91자 이상을 장조라 한다. 하지만 이 구분이 그리 정확한 것은 아니다.

사조가 다르면 그 구절의 양식도 달라진다. 구절의 양식이 다르면 또한 서로 다른 평측平仄과 음운이 따르게 된다. 사를 쓸 때는 반드시 평측과 각운의 규정에 따라야 한다.

사는 구조적으로 대부분 단락을 나누는데, 한 단락을 일결一闋 혹은 일편一片이라 부른다. 편수片數에 근거했을 때 사는 또 단조單調, 쌍조雙調, 삼첩三疊, 사첩四疊으로 구분된다. 단조는 편수를 나누지 않고 대부분 소령에 속하는데 〈16자령字令〉을 예로 들 수 있다. 쌍조는 상하 두 편으로 나뉘며, 〈서강월〉과 〈완계사浣溪沙〉 등을 예로 들 수 있다. 삼첩, 사첩으로 된 것은 사실 삼편, 사편이다. 예컨대 〈난릉왕蘭陵王〉은 삼첩이고, 〈앵제서鶯啼序〉는 가장 긴 사조로서 240자인데 사첩으로 구분된다.

【 송사의 유파 】

북송 초기의 대표적인 사인詞人으로 안수와 구양수를 들 수 있다. 그들은 남당南唐 사인들의 완곡하고 우아한 특징을 따랐으며, 대체로 남녀의 사랑과 이별의 정서를 토로했다. 동시대의 유영柳永은 수많은 만사慢詞, 즉 장조를 짓기 시작했는데, 이는 완곡하고 우아한 특징을 지니며, 동시에 시민계층의 의식을 담아내 후세의 통속문학 발생에 깊은 영향을 미쳤다.

소식을 기점으로 남녀의 부드러운 정을 담던 곡자사는 갖가지 정서와 뜻을 표현할 수 있는 신시체新詩體로 바뀌어 호방한 송사의 기풍을 형성했다. 남송의 신기질은 소식의 혁신적인 정신과 호방한 기개를 이어받아 작품에 애국의 열정을 담았으며, 신기질의 영향 아래 남송의 애국사파가 형성되면서 송사의 예술적 수준은 최고 경지로 올라섰다.

하지만 "사는 별개의 일가一家"라고 하듯이, 시가와는 다르다. 즉 당나라 말기와 오대 때 이미 어느 정도 완곡하고 애절한 기풍이 형성되었고, 사람들은 습관적으로 사에다 염정과 이별의 정서를 담았다. 사는 당나라 말기와 오대, 북송 초기에 이르기까지 비교적 짙은 지분脂粉 냄새와 감상적인 정조를 표현했다. 소씨 가문의 제자인 진관秦觀과 유명한 여류사인 이청조가 이러한 유파에 속하는데, 그들의 작품은 함축적이고 완곡한 표현으로 섬세한 서정을 담아내는 데 뛰어났다는 평을 받았다.

사의 완곡한 전통은 새로운 역사적 조건에서 발전을 거쳤다. 그리하여 북송 말기에는 주방언周邦彦을 대표로 하는 대성大晟(송 왕조가 설립한 중앙의 음악 기구)의 사인이 있었고, 남송 중기 이후에는 강기姜夔와 오문영吳文英 등이 격률사파格律詞派를 형성했다.

예술적 표현에서 본다면, 북송 전기의 사는 대개 경물에 대한 서정을 노래한 것으로 정情과 사辭가 잘 어우러져 혼연일체를 이룬다. 북송 후기와 남송 때의 사는 뚜렷하게 두 유파로 나뉜다. 하나는 깨끗하고 초월적이고 호방한 일파로 소식과 신기질 등이 있고, 다른 하나는 우아함과 아름다움을 추구한 주방언과 강기 같은 사람들이다. 사람들은 훗날 전자를 호방파豪放派라 하고 다른 사인들의 작품은 완약파婉約派로 구분했다.

시정의 사인, 유영

유영柳永(대략 987~1053년경)은 본명이 삼변三變이고 자는 기경耆卿으로서 푸젠성 충안崇安 사람이다. 젊은 시절 변경汴京에 가서 과거에 응시했던 그는 사곡詞曲에 능해 노래하는 기녀들을 많이 알고 있었다. 그는 기녀들을 위해 사곡을 쓰면서 방랑자의 기풍을 표현했다.

당시 어떤 사람이 인종의 면전에서 그를 천거했지만, 황제는 "가사나 쓰게 놔두어라"라고 했다. 유영은 그 후 다른 출구가 없음을 깨닫고는 "어명을 받들어 가사나 쓰는 유삼변입니다"라고 자조했다. 그는 변경을 비롯해 쑤저우와 항저우 등지를 떠돌면서 유랑생활을 했다. 중년 이후 이름을 유영으로 고친 후에야 진사에 급제했고, 저장성의 퉁두桐廬와 딩하이定海 등지에서 말단 관리를 지내다가 만년에 윤주潤州(지금의 장쑤성 전장鎭江)에서 사망했다.

유영은 북송 때 전적으로 사만 창작했던 작가로 그의 《악장집樂章集》에는 200여 수의 사가 전해진다. 그중의 일부 가사는 북송 때 도시의 번성한 모습과 강호를 방랑하던 작가의 감수성을 표현하고 있다. 그가 항저우

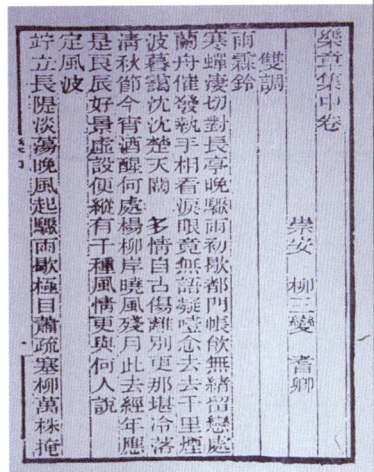

유영의 《악장집》에 있는 〈우림령〉

에서 쓴 〈망해조望海潮〉는 특히 유명한데 다음은 그 일부이다.

> 동남쪽은 지형이 뛰어나서 삼오三吳의 도회지와
> 전당錢塘이 예부터 번화했네.
> 안개 낀 버드나무에 그림 같은 다리
> 바람이 푸른 장막을 서서히 걷어내니
> 들쭉날쭉 십만 인가가 드러나네.
> ……
> 삼추三秋의 계수나무가 있는가 하면
> 십 리에 달하는 연꽃 또한 장관이라.

금나라의 황제 완안량完顔亮은 이 사를 읽고 "채찍을 휘둘러 양쯔강을 건너겠다는 뜻을 굳혔다"고 한다. 이 이야기를 통해 그의 사가 당시 사회에 얼마나 큰 영향을 미쳤는지를 알 수 있다.

유영의 수많은 명작, 예컨대 〈우림령雨霖鈴〉, 〈팔성감주八聲甘州〉, 〈야반락夜半樂〉 등은 송나라 때 시정 사람들뿐 아니라 아인雅人과 속인을 가리지 않고 모두가 즐겼던 작품이다. 이 때문에 유영의 사는 송·원대에 가장 널리 전파되었다. 《피서녹화避暑錄話》에 의하면, 당시 서하에서는 "물을 마시는 샘터마다 유영의 사를 노래하는 소리를 들을 수 있었다"고 한다.

유영의 사는 대부분 도시생활에서 소재를 취한 것이다. 아인과 속인이 모두 공감할 수 있는 방식으로 도시적 감수성을 표현했기 때문에 그의 작품은 후세의 작가들에게도 깊은 영향을 미쳤다.

완약파 사인의 대표, 진관

　진관秦觀(1049~1100)은 자가 소유少游이고 장쑤성 가오유高郵 사람이다. 신종 원풍 8년(1085), 진사에 급제한 후 철종 때 소식의 추천을 받아 태학 박사 및 국사원 편수관을 지냈다. 후에 신당新黨이 집정하자 소식과 마찬가지로 배척을 당하여 결국 텅저우藤州에서 객사하고 말았다.
　진관은 소식의 문하이지만 사의 기풍은 소식과 완전히 달랐다. 그의 초기 작품을 보면 분명히 유영의 영향을 받았는데, 작품의 품격과 수준에서는 오히려 유영을 뛰어넘는다. 대표작의 하나인 〈작교선鵲橋仙〉을 보면 이 점이 좀더 명확해진다.

　　가녀린 구름은 솜씨를 희롱하고
　　흐르는 별은 한을 전하는 듯
　　아득한 은하수를 몰래 넘어가네.
　　금풍金風과 옥로玉露의 한 번 만남이
　　인간세상의 무수한 만남을 무색케 하네.
　　부드러운 정은 물처럼 흐르고
　　아름다운 세월은 꿈과 같지만
　　어찌 오작교에서 돌아갈 길을 돌아보랴.
　　두 사람의 정이 오래간다면
　　어찌 아침저녁으로만 한정하겠는가.

　이 작품은 견우와 직녀가 1년에 한 번 만났다가 이별하는 것을 소재로 하고 있지만, 실제로는 인간세상의 남녀가 대담하게 사랑을 추구하는 것

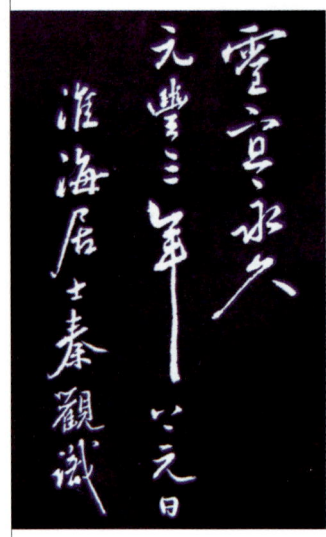

진관의 글씨와
원나라 조맹부의
〈서원아집도西園雅集圖〉

을 긍정적으로 묘사하고 있다. 엄격한 봉건사회의 현실을 감안할 때 의심할 바 없는 이상주의적인 호소이며, 유영의 작품에서 표현된 인물들과 비교할 때 품격이나 수준면에서도 훨씬 높다. 특히 "두 사람의 정이 오래간다면 어찌 아침저녁으로만 한정하겠는가"라는 구절은 문학사에서도 천고의 절창으로 꼽히고 있다.

진관의 〈작교선〉에서는 이욱李煜의 담백함과 완곡함, 안기도晏幾道의 미려함과 빼어남을 동시에 발견할 수 있다. 이 점에서 볼 때 진관의 사는 남당 이래 서정적인 사의 새로운 단계를 나타내는 지표라고 할 수 있다.

진관은 청아하고 빼어난 기풍과 "교묘한 언어로 율격에 맞는" 예술적 성취를 이룩하여 송사 완약파의 대표 작가로 인정을 받았다. 그의 사는 훗날 주방언과 이청조뿐 아니라 청대의 납란용약納蘭容若 등에게도 깊은 영향을 끼쳤다.

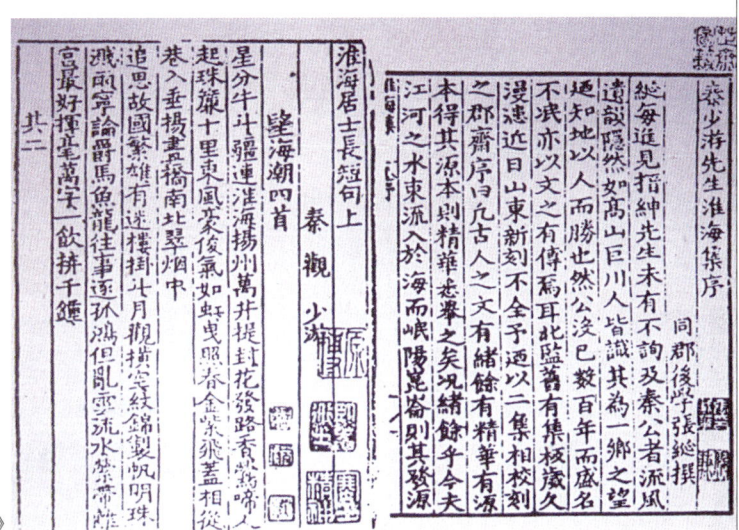

진관의 《회해집淮海集》

【 격률파 사인의 대표, 강기 】

강기(대략 1155~1221년경)는 자가 요장堯章이고 별호는 백석도인白石道人으로 장시성 포양鄱陽 사람이다. 고아로 가난하게 자랐고 양쯔강 중하류와 장화이江淮 지역에서 힘든 생활을 했다.

금나라가 몇 차례 남침해서 장화이에 남긴 참혹한 모습은 그에게 '서리黍離(나라와 집안이 망했다는 뜻)의 비애'를 불러일으켰으며, 마침내 심각한 현실을 다룬 〈양주만揚州慢〉을 쓰게 했다. 비분강개한 그는 사의 첫머리에서 "이십사교는 그대로지만 파도는 마음을 울리고 차가운 달은 소리가 없네"라고 노래했다. 또한 〈만강홍〉에서는 옛날을 통해 현재를 풍자하는 방식으로 난세를 개탄했다.

강기는 평생 관직에 나간 적이 없었으며, 오직 강호로만 떠돌았다. 그는 범성대范成大의 문객으로 있었지만, 강호의 시인들이 세도가에 의지하는 것과는 달리 항상 맑고 고아한 선비의 자세를 지켰다. 강기는 시, 사, 음악, 서예에 탁월한 재능을 보이며 보편적으로 호평을 받았다.

강기의 사가 거둔 예술적 성취는 주로 맑고 그윽한 정취에 자신의 불우함을 실은 것, 단행單行과 산구散句를 많이 써서 청신한 느낌을 주는 것 등으로 귀결된다. 그의 〈염노교念奴嬌〉를 보자.

붉은 등에 소란스런 쪽배 한 척
늘 원앙새 같은 사람들이 노닐던 게 아닌가 하노라.
36파坡의 사람들 아직 도착하지 않았는데
바람에 날리는 물결에 옷만 적시네.
푸른 잎은 추위를 타는 듯
연꽃을 바라보며 술잔을 기울이는데

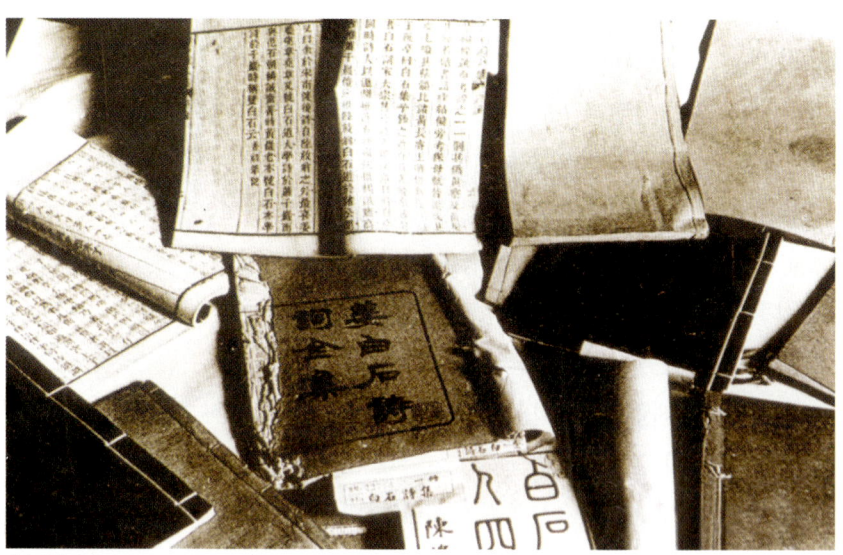

《강백석시사전집姜白石詩詞全集》

외로운 빗줄기 쏟아지누나.
연꽃이 흔들리니
그 향기가 시구를 만들어가네.
저녁 무렵 푸른 잎이 솟은 가운데
애인은 보이지 않으니
어찌 참고 파도를 가르랴.
춤을 추던 옷은 추위를 견디지 못하리니
우수는 서풍에 남포南浦까지 사라지지 않네.
높은 버드나무 가지 응달을 지으니
솟구치는 파도에 나 홀로 꽃 속에 남아 있네.
가진 땅이 얼마냐고 물으니
몇 번이나 사막 한 끝에서 맴돈 적이 있다네.

이 작품에서 "저녁 무렵 푸른 잎이 솟은 가운데日暮, 靑盖亭亭"는 사의 작가들이 연꽃을 노래할 때 일상적으로 사용하는 관용어로 자리 잡았다.
 강기의 사는 음률과 장법章法을 중시하고 사구辭句의 엄선에 주력해서 아주 순후하고 고풍스럽다. 따라서 그가 후세에 끼친 영향은 이안二晏(안수와 안기도)과 진관, 주방언을 훨씬 능가한다. 신기질에서 청나라 초기의 절서사파浙西詞派에 이르기까지 모두 강기의 "장단長短 구절에 깊이 탄복했다"고 한다.

結 사는 수나라와 당나라 때 시작되어 송나라 때 절정에 달했으며, 유영·소식·진관·이청조·신기질·강기와 같은 걸출한 사인들이 배출되었다.

송사는 당나라 말기와 오대의 완곡하고 수려한 기풍을 계승, 발전시켰다. 하지만 소식에 이르러 기이하고 표일한 기풍을 보이면서 점차 완약파와는 다른 호방한 유파를 형성하여, 남송 때의 신기질과 같은 애국사가愛國詞家가 등장하게 되는 토대를 마련했다. 특히 신기질의 작품은 비분강개하고 고양된 기세로 사람들을 고무시켜, 사상과 예술적인 면에서 양송兩宋 사가들의 호방파 중 가장 높은 수준에 도달했다.

문화가 발전하면서 여성 식자층이 늘어나고, 사의 전통적인 기풍도 '규방의 정서'를 토로하는 데 유리하게 발전함에 따라 송대에 여성 사인들이 출현하게 되었다. 특히 여류사인을 대표하는 이청조는 규방의 고독한 생활과 함께 나라와 가문이 모두 몰락한 데 따른 고통스러운 심정을 토로했다.

원나라 이후 사의 형식은 점차 쇠퇴의 길을 걸었으며, 명나라에 이르러서는 사의 악곡마저 실전되었다. 그리하여 사 역시 음악을 벗어나 문인들의 창작으로만 존재할 뿐, 음악에 맞춰서 읊는 경우는 거의 없었다. 하지만 청나라에 이르러 부흥기를 맞으면서 여러 유파가 출현했다. 이 시기의 사는 대부분 송사를 원류로 했기 때문에 일부 문학사가들은 이 시기를 '송사의 부흥기'라고 불렀다.

【 소식 】

● 명나라 때 손극홍孫克弘이 그린
〈동파소상東坡小像〉

소식의 일생을 보면, 시에서는 명성이 나날이 높아갔지만 관직생활은 점차 추락하는 모양새였다. 하지만 좌절을 겪으면서도 그는 시종일관 태연하고 낙관적이며 활달한 정신으로 창작에 임했다. 그리하여 수많은 명편과 대작을 남김으로써 후세에 칭송을 받았다.

양쯔강을 거슬러 싼샤三峽와 충칭重慶을 지나 수이위안水源에 이르면 대형 석불을 볼 수 있다. 높이 71미터에 달하는 이 불상이 바로 유명한 러산대불樂山大佛이다. 러산에서 북쪽으로 64킬로미터쯤 가면 쓰촨성의 메이산성眉山城이 나오는데, 중국 문학사에서 유명한 문학세가文學世家가 바로 이곳에 있다. 그것은 바로 소씨 가문으로 부친 소순, 장남 소식, 차남 소철을 일컬어 '삼소三蘇'라고 하며, 삼부자 모두 당송팔대가에 이름을 올렸다. 그중에서 소식은 유파나 문장의 기풍에서 창조력을 갖춘 문단의 대가였다.

  소식(1036~1101)은 자가 자첨子瞻이고 호는 동파거사東坡居士이다. 그는 젊었을 때 부친을 따라 아우와 함께 수도인 변경汴京(지금의 카이펑開封)에 갔다가 구양수와 매요신 등의 적극적인 추천을 받고 일약 명성을 날렸다. 소식과 소철은 진사에 급제하여 곧 관직생활을 시작하게 되었다. 당시 인종은 소씨 형제가 지은 문장을 보고 후손에게 도움이 될 재상 감을 얻었다고 좋아했다.

  소식의 관직생활은 초기에는 순탄했지만, 왕안석의 변법을 반대하면서

《소동파전집》

복잡한 당파싸움에 휘말려 오랫동안 배척을 받았다. 그는 정치생활 40년 중 30여 년간을 지방 관리로 지냈으며, 백성의 고통에 관심을 기울여 수리 사업을 벌이고 농업 기술을 개량하여 가는 곳마다 빛나는 업적을 쌓았다. 특히 문학적 성공으로 인해 명성이 점차 널리 퍼졌으며, 마침내 북송의 유명한 정치인, 문학가, 시인, 화가 그리고 서예가라는 이름을 얻게 되었다.

【 벼슬살이의 부침 】

소식이 성장한 시기는 북송 왕조에 안팎으로 위기가 조성되고 있을 때였다. 그는 어릴 때부터 사회의 인정과 풍속 그리고 북송 왕조의 정치적 조치를 연구하면서 범중엄과 구양수 등의 업적을 계승하리라 마음먹었다.

신종 희령熙寧 2년(1069), 조정과 재야에 큰 충격을 던진 엄청난 개혁이 시작되었으니 바로 유명한 왕안석의 변법이다. 소식은 그와 같은 정세에 불안한 마음을 감출 수 없었다. 그는 인종 말년에 개혁을 제안한 적이 있었지만 그것은 인재의 등용을 강조한 것일 뿐 법의 개정에는 부정적이었으며, 특히 급진적인 조치는 더더욱 반대했다. 그리하여 그는 사마광, 구양수 등과 함께 변법에 반대하는 대열에 서게 되었다.

희령 4년, 소식은 변법을 반대하는 글을 올렸다는 이유로 항저우抗州의 통판通判으로 강등되었다. 임기가 끝난 후에는 또 밀주密州(지금의 산둥성

주청현諸城縣), 쉬저우徐州, 후저우湖州 등의 지주知州로 부임해서 평생 불우한 관직 생활을 이어갔다.

당시 소식은 수도를 멀리 떠나 있었지만, 중앙의 정치적 적수들은 그를 가만히 내버려두지 않았다. 원풍元豊 2년, 소식의 나이 43세에 문학사에서 유명한 '오대시안'이 일어났다.

하이난성海南省 단현儋縣에 있는 동파서원

그해 6월, 한 어사가 소식이 올린 글 중에서 네 구절을 찾아내 조정을 비난한 증거라고 주장했다. 이후 또 어떤 사람들은 소식의 풍자시를 몇 수 들춰내 조정을 비방했다는 죄명을 씌워 후저우의 태수로 있던 그를 체포하여 수도의 어사대御史臺(오대烏臺) 감옥에다 근 3개월 동안 감금했다. 그들은 소식을 제거하지 않고서는 마음을 놓을 수 없었다.

소식은 목숨을 부지하기 어렵다 생각하고 친족들에게 보내는 이별시 두 수를 써서 옥졸에게 전해달라고 부탁했다. 나중에 이 시는 신종의 손에 들어가 큰 감동을 불러일으켰다. 아울러 태후와 대신들에게도 적극적인 탄원이 들어가자 소식은 마침내 감옥에서 풀려나 다시 황저우黃州의 단련부사團練副使라는 말단 관직으로 부임하게 되었다.

원풍 8년에 신종이 죽고 태황태후 고씨가 권력을 장악하면서 사마광을 대표로 하는 변법의 반대파가 등용되었다. 소식은 이때 수도로 불려가면서 관직이 높아졌다. 하지만 반대파 내부에 분파가 있는 데 회의를 느꼈고, 변법을 모두 폐지하는 데는 반대했기 때문에 다시 배척을 받아 항저우의 지주로 가게 되었다.

　1085년에 즉위한 철종은 할머니인 태황태후와 구당파가 정권을 잡은 것에 반감을 갖고 있었기 때문에 친정親政을 하면서부터 구당파를 공격했다. 그 여파로 또다시 재앙을 만난 소식은 광둥의 후이저우惠州로 밀려났다가 나중에는 멀리 하이난海南의 충저우瓊州까지 가게 되어 "하늘 끝과 바다 끝"으로 떨어졌다.

　소식의 일생을 보면, 시에서는 명성이 나날이 높아갔지만 관직생활은 점차 추락하는 모양새였다. 하지만 좌절을 겪으면서도 그는 시종일관 태연하고 낙관적이며 활달한 정신으로 창작에 임했다. 그리하여 수많은 명편과 대작을 남김으로써 후세에 칭송을 받았다.

【 문학적 성취 】

　소식의 시, 사, 산문에는 웅대한 기상이 드러나 있다. 북송 문학을 대표하는 풍부한 내용과 독특한 예술적 기풍은 구양수 등이 이끈 시문 혁신운동의 진일보한 결과이다.

　소식은 평생 2,700여 수의 시를 지었다. 그의 시는 청신하고 자연스러운 데다 장엄한 면과 해학적인 면, 고졸하면서도 탁월한 솜씨가 한데 어울려 송시宋詩가 성숙한 단계로 나아간 증거가 되었다. 그는 역사와 현실, 천상과 인간세상, 만물과 인간을 교묘하게 결합시킴으로써 놀랄 만한 예술적 효과를 창조했으며, 철학적 이치를 시에 담음으로써 무슨 일이든 시로 표현할 수 있는 경지에 이르러 송시의 발전에 새로운 장을 열었다. 예컨대 "가로로 보면 고갯마루 옆으로 보면 봉우리, 멀리서 가까이서 높은 데서

낮은 데서 보는 곳에 따라 각기 다르다네. 루산廬山의 진면목을 알아채기 어려운 것은 바로 그 산속에 이 몸이 있기 때문이네"(〈제서림벽題西林壁〉)이라는 너무도 유명한 시를 남겼다.

소식의 사는 송사宋詞의 발전에 크게

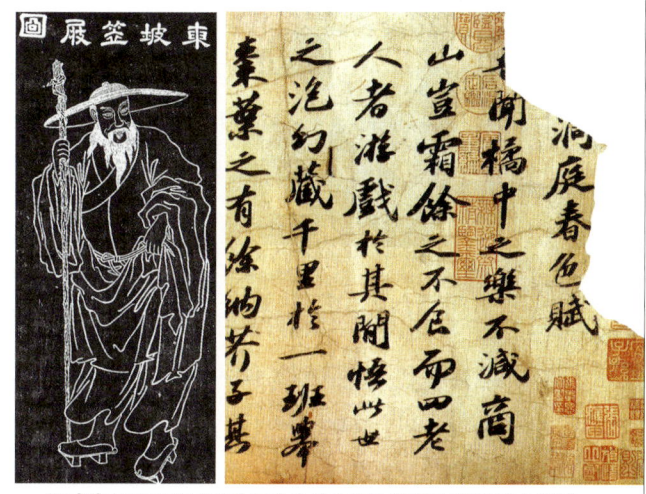

〈동파입극도東坡笠屐圖〉와 동파의 친필 작품 〈동정춘색부洞庭春色賦〉

기여했으며, 그의 사는 지금까지 340여 수가 전해지고 있다. 그는 사에서 경물의 서정을 묘사할 뿐 아니라 감회와 추억 등을 표현하고 이치를 설명하고 선禪을 이야기했다. 나아가 당나라 말기와 오대 이래로 남녀 간의 사랑이나 이별의 슬픔만을 노래해오던 기존의 틀을 깨뜨리고 사의 소재를 확대하여 그 수준을 높이면서 시문의 혁신운동을 사의 영역으로까지 넓혔다. 소식의 사는 당나라 말기와 오대의 완곡하고 함축적인 기풍을 벗어나 호방사파豪放辭派를 형성하면서 후세에 깊은 영향을 끼쳤다. 특히 남송의 애국사인 신기질은 그에게서 직접적인 영향을 받았다. 소식의 시사에 담긴 낭만주의와 호방한 기풍은 후세 사람들의 칭송을 받았다. 현대의 학자 첸중수錢鐘書는 《송시선주宋詩選注》에서 이렇게 말했다.

"고대에 이백 이후로는 소식의 '호방함'을 따를 자가 없었다."

소식은 평생을 구양수가 주도한 고문의 혁신운동에 주력했으며, 육조 이래로 화려함만 추구하는 문풍文風을 청산하기 위하여 끊임없이 노력했다. 그는 자연스럽고 실용적인 문장을 강조했고, 글의 내용이 실제적이어야 한다고 주장했으며, "소박하고 가식이 없는" 문풍을 견지했다. 동시에 수많은 모범적인 문장으로 자신의 주장을 실천함으로써 구양수를 이은 송나라 고문운동의 리더가 되어 확고한 입지를 구축했다.

소식이 평생 써낸 정론政論, 상서上書, 사론史論 가운데에서는 25편의 〈진책進策〉, 〈사치론思治論〉, 〈상신종황제서上神宗皇帝書〉와 훗날 《지림志林》에 수록된 일부 사론이 가장 유명하다. 이 문장들은 이치가 분명하고 기세가 웅혼할 뿐 아니라 도도하고 소탈해서 종횡으로 거침이 없으며 설득력이 강하다. 북송 중기 이래로 소식의 문장은 과거 응시자들에게 모범이 되어 널리 애송되었으며, 심지어 다음과 같은 말이 민간에 떠돌 정도였다.

"소식의 문장에 익숙하면 양고기를 먹을 수 있고, 소식의 문장에 생소하면 나물국밖에 못 먹는다."

훗날 명·청대의 문인들도 송나라 산문의 특색을 이어받았는데, 소식의 문장이야말로 그들의 전범이 되었다.

【 항저우의 통판 】

아름답고 번화한 강남의 도시 항저우는 소식과 인연이 깊은 곳이다. 희령 4년(1071) 7월, 소식은 수도에서 밀려나 항저우의 통판通判으로 3년간 재임하게 되었다.

항저우에 도착한 소식은 산 좋고 물 맑은 이 고장이 대뜸 마음에 들었다. 그는 다음과 같은 천고의 절창을 남겼다.

소식에게 창작의 영감을
제공한 항저우의 시후西湖호

반짝이며 넘실거리는 물빛 맑아서 더욱 좋고
뽀얀 이슬비 속에 잠긴 산빛 또한 기이하네.
시후西湖호를 서시에 견주어보고 싶나니
화장이 엷든 진하든 잘 어울리기 때문일세.

그는 또 항저우에 깊은 애정을 갖고 이렇게 읊었다.

소은小隱도 이루지 못했는데 중은中隱을 즐기다니
오랜 한가로움이 잠깐의 한가로움보다 나으리라.
내 본래 집이 없거늘 다시 어디에 머물겠는가.
고향도 이 호수와 산보다 좋을 것 같지 않네.

심지어 그는 전생에 항저우에서 살았던 게 아닐까 생각할 정도였다. 소식은 항저우의 아름다운 산수를 구경하는 동안 여러 명사 및 고승들과 교류하면서 재미있는 일화를 많이 남겼다.

'소제춘효蘇堤春曉'는 유명한 시후십경 중 으뜸이다.

원우元祐 4년(1089), 소식은 용도각龍圖閣 학사의 신분으로 항저우의 지주로 부임했다. 항저우 백성들은 길 양 옆에다 향안香案(향로를 받치는 상 : 옮긴이)을 놓고 그를 환영했다. 소식은 항저우에서 시후를 준설하고 남북을 관통하는 2.8킬로미터 길이의 제방을 쌓았다. 세상 사람들은 이를 '소공제蘇公堤'라고 부른다. 제방에는 모두 여섯 개의 아치형 다리가 있고, 제방 양 옆에는 갖가지 화초와 나무가 심어져 있다. 봄이 오면 붉은 복사꽃과 푸른 버들이 어우러져 경치가 더욱 아름답다. 특히 아침 안개가 자욱할 때 호수가 깨어나면서 버들은 연기와 같고, 봄바람 불고 새들이 합창하는 광경은 사람의 마음을 감동시킨다. 이 때문에 사람들은 여기에 '소제춘효蘇堤春曉'란 이름을 붙여서 시후호십경西湖十景 중 으뜸으로 친다.

【 적벽삼창 】

신종 원풍 2년(1079), 소식은 '오대시안'으로 모함을 당해 투옥되었다가 출옥한 후 황저우黃州(지금의 후베이성 황강黃岡)의 단련부사團練副使로 강등되었다. 사실 말이 부임이지 귀양이나 다름없었기 때문에 생활의 어려움은 물론 행동에도 제약이 따랐다. 그럼에도 그는 결코 좌절하지 않았다.

황저우는 양쯔강 중류에 위치한 험난한 요충지로서 우한삼진武漢三鎭이 바로 그 서쪽에 있었다. 이러한 지리적 위치 때문에 예부터 많은 영웅이 나타나서 격렬한 다툼을 벌였던 곳이다. 이 웅장한 강산과 역사적 인물에 고무된 소식은 심금을 울리는 산문과 사詞를 많이 지었는데, 그중에서 가장 유명한 것이 적벽을 유람한 후에 지은 한 편의 사와 두 편의 부이다.

황저우의 적벽은 삼국시대 동오의 명장 주유周瑜가 조조를 대파했던 곳이다. 적벽을 유람하면서 감회에 젖은 소식은 유명한 사詞 〈적벽회고赤壁懷古〉를 남겼다. 이 작품은 적벽의 기이한 경관과 주유, 제갈량 등 영웅들을 묘사했다. 심각한 고민을 안고 인생은 꿈과 같다고 말하지만, 기본적인 내용은 장대한 강산과 역사적 인물에 대한 칭송이다. 기백이 웅장한 이 작품은 소식의 대표적인 사이자 북송 3대파의 하나인 호방파의 대표작이다.

〈전적벽부前赤壁賦〉와 〈후적벽부後赤壁賦〉는 각각 신종 원풍 5년(1082) 가을과 겨울에 지은 것이다. 적벽의 곳곳을 돌아본 뒤 활달함에서 고민으로 접어드는 과정과 다시 고민에서 벗어나는 과정을 담고 있으며, 역경에 처해서도 삶을 사랑하는 적극적이고 낙관적인 태도를 표현했다. 이 두 편의 글은

황저우의 적벽

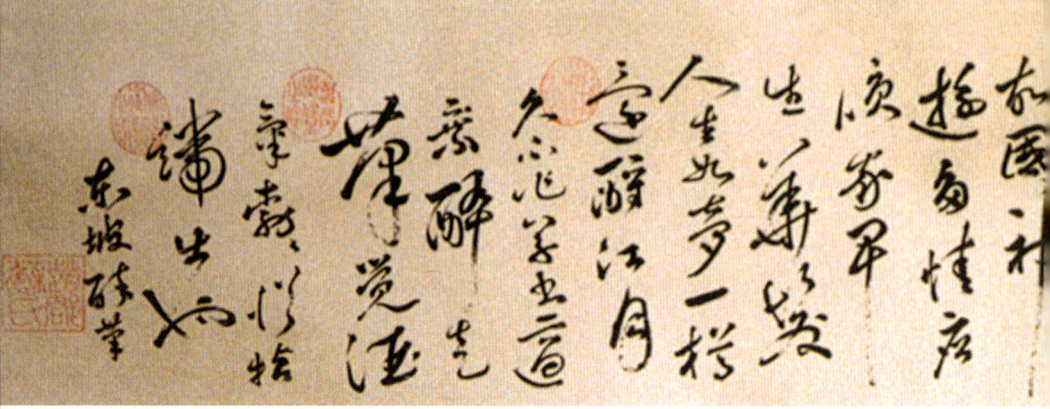
소동파의 〈적벽회고〉

변구骿句와 산구散句를 교차 사용하고, 음운을 성글면서도 엄밀하게 사용함으로써 풍부한 변화 속에 평이함과 자연스러움을 담아 문부文賦의 전범으로 꼽힌다.

【 문단의 '삼소' 】

   소순과 소식, 소철 삼부자는 유명한 문학가로서 당송팔대가의 반열에 들었다. 이런 일은 문학사에서도 극히 드문 일이다.
   소순(1009~1066)은 자가 명윤明允이고 호는 노천老泉으로 쓰촨성 메이산眉山 사람이다. 기록에 의하면, 27세 때부터 열심히 공부해서 여러 차례 과거에 응시했지만 번번이 낙방하는 바람에 예전에 지은 글을 모조리 불살라버리고 다시 새롭게 시작했으며, 소식과 소철 두 아들의 교육을 게을리 하지 않았다. 1056년, 47세의 소순은 두 아들을 수도에 보내 과거에 응시하게 하는 한편, 자신도 20여 편에 달하는 작품을 가지고 문단의 대표인 구양수를 찾아갔다. 구양수는 그를 높이 평가하며 즉시 조정에 천거했다.

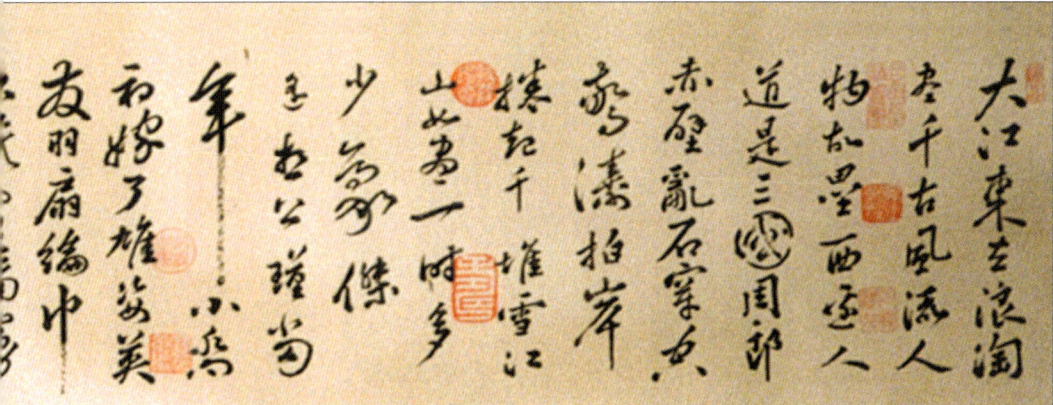

더욱이 소식, 소철 형제가 동시에 진사에 급제하자 세 사람의 이름이 일시에 수도를 뒤흔들었고 미담으로 널리 전해졌다. 그리하여 나중에 수도로 오는 학자들도 "그들을 현명한 이로 존중하고 그들의 글을 배우는 것을 법도로 삼을" 정도였다.

소순은 후에 비서성秘書省 교서랑校書郎, 패주霸州 문안현文安縣 주부主簿 등을 지내다가 57세에 세상을 떠났다. 소순의 문학적 성취는 주로 산문 분야에서 두드러졌으며, 특히 책론策論에 능했다. 그의 글은 활달한 데다 언어가 간결하고 힘이 넘쳤다. 이러한 기풍은 소식을 포함해 후세의 산문에 큰 영향을 끼쳤다. 〈육국론六國論〉은 후세에 널리 전해진 명편이다.

소철(1039~1112)은 자가 자유子由이고 호는 영빈潁濱이다. 그는 부친과 형의 영향을 받아 어릴 때부터 책을 많이 읽고 웅대한 포부를 세웠다. 19세에 형과 함께 진사에 급제했으나 왕안석과 정치적 견해가 달라 줄곧 배척을 받았다. 철종 때 조정에 불려갔지만 7년 동안 관직

쓰촨성 메이산에 있는 소식의 집 정원의 우물터

쓰촨성 메이산에 있는
삼소사三蘇祠

이 여덟 번이나 바뀌는 등 부침이 심했다. 그러다 작은 현의 부재상 직무를 맡아 마침내 정치적 포부를 펼칠 기회를 잡았다.

많은 저술을 남긴 그는 문학적 성취는 비록 아버지나 형에 못 미치지만 독자적으로 하나의 유파를 형성했다. 소식은 아우의 문장이 광대하고 담박한 데다 "일창삼탄一唱三嘆의 소리가 있다"며 그의 시가 자기를 훨씬 능가한다고 칭찬했다. 명·청대의 문인들은 그러한 소철의 문장을 모범으로 삼았다.

소순, 소식, 소철 삼부자는 문학에 조예가 깊었다. 그들은 출발점은 같았지만 각자 자기만의 색깔을 지녀 사람들에게 "응집되어 있는 노천, 호방한 동파, 우아한 영빈"이라는 평가를 받았다. 이 세 사람은 북송의 고문 혁신운동에 크게 기여했다. 아울러 평생 나라의 안녕과 백성의 생활에 관심을 기울이고 훌륭한 업적을 남김으로써 후세에 길이 존경받는 인물이 되었다.

 1101년 7월 28일, 하이난에서 막 사면되어 창저우常州에 돌아온 위대한 시인 소식이 거처에서 세상을 떠났다. 그의 제자 이방숙李方叔은 다음과 같은 추도문을 썼다.

하늘과 땅의 신이시여, 평생의 충성스럽고 의로운 마음을 비춰보시라.
명산과 대천이시여, 천고의 영령의 기운을 돌려주시라.

소식은 비록 세상을 떠났지만 그의 시는 길이 전해져서 중국 문화의 소중한 유산이 되었다.

11세기 말엽, 북송의 문학은 점차 번영의 단계에 들어섰다. 소식은 바로 이 시기의 대표적인 인물로, 문학사상 가장 뛰어난 천재로 손꼽힌다. 그는 평생 시, 사, 산문, 서예 그리고 문인화 등의 장르에서 탁월한 업적을 남겼다.

서예 분야에서 그는 행서와 해서에 가장 능했다. 안진경을 본받아서 독창적인 기풍을 수립했으며, 채양·황정견·미불米芾과 함께 북송의 '4대 서예가'로 불린다. 아울러 그는 독특한 품격을 지닌 화가로 고목, 대나무, 인물, 꽃, 새 그림에 아주 뛰어났다. 최초로 '사인화士人畵'라는 명칭을 제기함으로써 문인화의 이론적인 토대를 닦았다.

이 비범한 천재는 한편으로 고상한 인품의 소유자였으며, 취향이 고아하고 성정이 활달해서 당시는 물론 후세의 문인들에게도 존경을 받았다. 그는 후진 양성에도 힘썼다. 북송의 유명한 문인 황정견, 진관, 장뢰張耒, 조무구晁無咎 등은 그의 문하생으로, 나중에 '소씨 문하의 4학사'로 불렸다.

소식의 사적은 민간에 널리 전해지고 있다. 항저우의 유명한 요리 '동파육東坡肉'은 소동파가 항저우의 태수로 있을 때 개발한 것이라고 한다.

【 이청조 】

● 이청조의 초상

이청조는 자연스러운 개성을 추구했고 여성을 억압하는 봉건 제도에 반대했다. 그래서 그녀의 사는 당시 일부 학자들에게 부정적인 평가를 받았지만, 오늘날의 관점에서 볼 때 바로 그 점에 이청조 작품의 가치가 있다.

제齊와 노魯 땅을 지나는 황허의 남쪽 기슭에 풍경이 아름다운 역사적인 명승지가 있으니 바로 지난濟南이다. 이곳의 '천하제일천天下第一泉'이라 불리는 박돌천趵突泉에서 솟구치는 샘물이 송사宋詞의 완약파와 호방파의 두 중추적 인물을 길렀다. 그들은 바로 '지난이안濟南二安'이라 불리는 이청조李淸照와 그녀보다 50년 뒤에 등장한 신기질(자는 유안幼安)이다.

이청조(1084~1155년경)의 호는 이안거사易安居士이다. 부친 이격비李格非는 문장으로 소동파와 교류했으며, 모친 왕씨도 글에 능했고 특히 사에 뛰어났다. 이청조는 소녀 시절부터 시로 이름을 떨쳤다. 그녀는 "사방이 연꽃이고 삼면이 버드나무이며, 온 성이 산색山色이고 절반은 호수"인 아름다운 환경에서 자랐다. 훗날 자연을 사랑하는 마음과 그것을 묘사하는 능력이 모두 고향의 아름다운 산과 호수에서 비롯되었다.

18세 때 그녀는 자기보다 세 살 위인 재상의 아들 조명성趙明誠과 결혼했다. 두 사람은 함께 옛 서적을 교열하고 시사詩詞를 짓거나 서예, 그림 등을 감상하면서 화목하게 살았다.

그러나 이청조의 일생은 송나라의 흥망성쇠와 밀접하게 관련되어 있다.

정강靖康 2년(1127), 금나라 군대가 남침하자 그녀와 조명성은 강남으로 피난을 가면서 소중히 간직했던 대부분의 금석金石과 서화書畵를 분실하고 말았다. 후에 조명성은 건강建康(지금의 난징)에서 병사하고, 홀로 남은 그녀는 나라가 망하고 집안

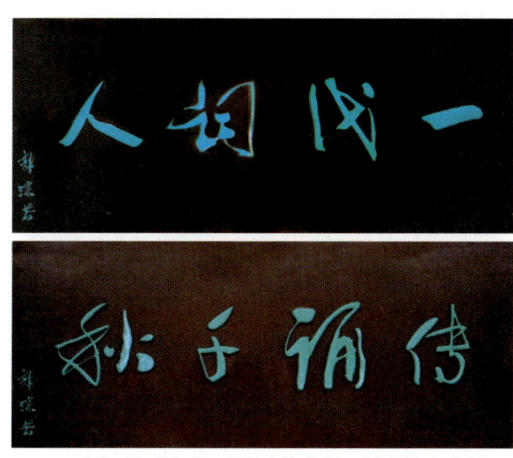

이청조를 칭송하는 근대의 학자 궈모뤄郭沫若의 제사題詞

이 파산하는 이중고를 겪었다. 이때 그녀의 나이 46세였다.

이청조는 항저우, 웨저우越州, 진화金華 일대를 떠돌다가 재혼을 했지만, 상대가 그다지 좋은 사람이 아니어서 곧 갈라서고 말았다. 만년의 행적은 고증하기 어려우나 대체로 소흥紹興 25년(1155)에 71세를 일기로 생애를 마쳤을 것으로 추정된다.

【 이안체와 완약사 】

이청조의 사詞는 송나라 때 이미 간행되었다. 《수옥사漱玉詞》가 바로 그 작품집이지만 현재는 유실되었고, 지금까지 전해지는 이청조의 작품은 모두 70여 수이다.

사의 창작에서 이청조가 이룩한 성취는 누구나 공인하는 바로서 "완약婉約은 이안易安을 중심으로 하고, 호방豪放은 유안(신기질)을 으뜸으로 친다"는 말이 있다. 신기질 역시 이 고향 선배를 존경해서 '박산도중효이안체博山道中效易安體'라는 제목으로 명편 〈추노아근醜奴兒近〉을 썼다.

이안체라는 말의 출현은 이청조가 사망한 후에 그녀의 사가 남송의 문단에서 독립적인 일파를 이루었음을 공인했다는 것을 의미한다.

이청조의 작품은 그녀의 생애에 따라 전후 두 단계로 나눌 수 있다. 전기의 작품에서는 소녀 시절과 젊은 부인 시절의 삶을 묘사하면서 애정의 추구, 대자연에 대한 사랑, 청신하고 생기발랄한 정서를 토로했다. 그녀

이청조의 초상과 그녀의 작품집《수옥사》

의 표현 기법은 세련된 언어로 평이한 가운데 기묘함을 나타내며, 음률이 조화롭고 유창하다는 특징을 지니고 있다.

다음에 〈여몽령如夢令〉을 소개한다.

간밤 세찬 비바람에 잠은 들지 않고 술잔만 남겼네.
주렴을 거두는 사람에게 물었더니 해당화는 그대로 남았다 하네.
알고 있는가, 알고 있는가,
푸른 잎이 무성하면 붉은 낙엽이 질 때가 되었다는 것을?

그야말로 "큰 구슬, 작은 구슬이 옥 쟁반에 구르는" 것 같은 구절이다.
후기의 사는 함축적이고 완곡한 동시에 남쪽으로 이주한 초기 고향을 떠나 가족과 헤어진 사람들의 공통적인 느낌을 표현했다. 아울러 호방파의 장점을 살려 남송과 북송의 사단詞壇에서 독특한 일파를 형성했다.

이청조는 자연스러운 개성을 추구했고 여성을 억압하는 봉건 제도에 반대했다. 그래서 그녀의 사는 당시 일부 학자들에게 부정적인 평가를 받았지만, 오늘날의 관점에서 보면 바로 그 점에 이청조 작품의 가치가 있다.

【 이청조 부부의 깊은 정 】

조명성은 유명한 금석학자이다. 이청조와 조명성의 결혼과 관련해 사사詞史에는 아름다운 이야기가 전해지고 있다.

조명성이 어릴 때 꿈을 꾸었는데 깨어난 후에 단 세 마디밖에 기억하지 못했다. 즉 "언言과 사司가 합쳐지고, 안安의 윗부분이 탈락하고, 지부芝芙의 초草 변이 뽑힌다"는 것이었다. 부친은 그 말을 듣고 기뻐하면서 "그 말을 합치면 '사녀지부詞女之夫(사를 쓰는 여인의 남편 : 옮긴이)'가 된다"고 했다. 과연 훗날 조명성은 중국 역사상 가장 유명한 여류사인 이청조를 아내로 맞아들이게 되었다.

결혼 후 두 사람은 매달 초하루나 보름에는 상국사相國寺에 가서 축제를 구경했다. 그들은 마음에 드는 비문이나 서예 작품을 사면 "마주 앉아 감상하다가" 침식을 잊기도 했다. 이청조는 남편을 도와 유물을 수집하느라 매우 검소하게 생활했다. 그래서 "음식에서는 고기를 빼고, 의복에

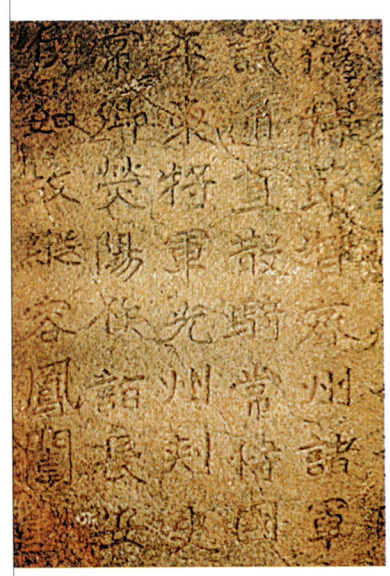

《금석록金石錄》에 수록된 북위北魏의 정희비鄭羲碑

서는 화려함을 피했으며, 명주나 비취 같은 장식품이 없고, 방 안에도 도금을 하거나 자수를 놓은 가구가 없었다"고 한다.

2년 후 조명성이 관리가 되면서 두 사람은 아침저녁으로 함께 지낼 수 없게 되었다. 어느 해 추석, 이청조는 홀로 규방에 앉아서 남편을 생각하다가 〈취화음醉花陰〉이라는 사를 한 수 지어서 조명성에게 보냈다. 〈취화음〉을 받아본 조명성은 자신의 재능이 부인보다 못함을 한탄하면서도 그것을 인정하기 싫어 3일 밤낮으로 문을 닫아걸고 〈취화음〉을 50수나 썼다. 그리고 이청조가 지은 것을 함께 넣어서 친구에게 평가를 부탁했다. 친구는 "그중에서 세 구절만 아주 빼어나다"고 평했는데, 그 세 구절은 바로 이청조가 지은 "혼백은 녹지 않는다 말하지 마오. 주렴을 걷자 서풍이 부는데, 사람이 국화보다 여위었네"라는 구절이었다.

대관大觀 원년(1107)에 조명성의 부친이 파직을 당하자, 조명성도 관직을 버리고 부인과 함께 고향인 칭저우靑州로 돌아갔다. 이곳에서 그들은 얼마 동안 근심없는 세월을 보낼 수 있었다. 훗날 이청조는 〈금석록후서金石錄後序〉에서 그 시절의 잊기 어려운 한 가지 일을 이렇게 기록했다.

나는 가끔 기억력이 좋을 때가 있다. 식후에 앉아서 차를 마실 때면 쌓아놓은 책들을 가리키며 어떤 사건이 어느 책 몇 권, 몇 쪽, 몇 행에 있는가를 두고 내기를 해서 차 마시는 순서를 정했다. 제대로 맞힐 때는 크게 웃으면서 차를 마셨는데, 너무 흥분한 나머지 차를 옷에 쏟아서 마시지 못할 때도 있었다. 그래도 고향에서 지낸 그 시절이 가장 달콤했던 것 같다.

이청조는 자신의 초상화도 그렸는데, 조명성이 그 그림에 제사題詞를 써주었다.

【 검무를 추는 공손대랑 】

이청조의 작품은 완곡하고 구성지게 남녀의 정을 노래한 것 외에 비장한 영웅의 음성을 담은 것도 있다. 남쪽으로 피난할 때 그녀는 유명한 〈하일절구夏日絶句〉를 썼다.

    살아서는 인간세상의 호걸이 되고
    죽어서도 귀신의 영웅이 되어야 하리.
    지금까지 항우를 기리는 것은
    강동으로 건너려 하지 않았기 때문일세.

이 글은 한순간의 안일을 탐닉하는 조정에 대해 강한 어조로 꾸짖고 풍자한다.

오늘날 이청조를 완약파의 대표라고 하면서도 그녀의 강인한 면은 종종 잊곤 한다. 가령 "사람이 국화보다 여위었네"와 같은 낮고 부드러운 선율 속에서도 "구만 리 바람을 타고 대붕이 솟구치나니, 바람이 잠시 쉬면 돛배를 타고 삼산三山으로 들어가리라"처럼 마치 '소신파蘇辛派(소동파와 신기질)'와도 같은 고양된 음조를 읽을 수 있다. 청대에 심증식沈曾植은 이것을 간파하고《인각쇄담茵閣瑣談》에서 이렇게 말했다.

"뜻이 크고 기개가 있는 이안은 대장부의 기질을 갖추었다. 그야말로 규방의 소신蘇辛이지 진류秦柳(진관과 유영)가 아니다."

실제로 이청조는 절개가 굳고 영웅의 기개를 가진 인물을 숭배했다. 그리하여 "강동으로 건너려 하지 않았"던 항우를 추앙했으며, 충심으로 진晉 왕실을 보좌했던 왕도王導, 유곤劉琨과 "웃고 이야기하면서 변경의 모래를 잠재운" 사안謝安을 칭송했다. 특히 〈타마부打馬賦〉에서는 남장을 하고 부친을 따라 정벌에 나선 화목란花木蘭을 기리며, "목란은 무기를 비껴들고 나선 훌륭한 여인"이라고 마음으로부터 우러난 찬탄을 보냈다. 이처럼 완곡함과 호방함을 겸비함으로써 그녀는 뛰어난 작가들이 구름같이 많았던 사단詞壇에서 "검무劍舞를 추는 공손대랑"이란 극찬을 받을 수 있었다.

사람들의 이목을 끄는 〈사론〉

이청조는 걸출한 사인詞人일 뿐 아니라 사학詞學 이론에 대해서도 독특한 견해를 펼쳤다. 그녀가 집필한 〈사론詞論〉은 송나라 사람 호자胡仔의 《초계어은총화苕溪漁隱叢話》에 수록되어 그 창조성, 진지성, 체계성에서 사학의 평론사상 전에 없던 것이라는 평가를 받았다.

이청조의 〈사론〉은 사를 짓는 여섯 가지 기준을 제시한다. 그것은 바로 고아高雅, 혼성渾成, 협률協律, 전중典重, 포서鋪敍, 고실故實이다. 그녀는 이 여섯 가지 기준으로 북송 사단의 작가들을 평가했다. 아울러 사는 일종의 음악이므로 반드시 음률에 맞아야 한다고 주장했으며, 또 이를 출발점으로 "사는 별개의 일가一家"라는 관점을 제기하여 시와 사를 명백히 구분할 것을 주장했다.

〈사론〉에서 가장 이목을 끄는 것은 당시 사단의 작가들에 대한 솔직한 평가이다. 그녀는 유영의 사에 대해 "사어詞語가 비속하다"고 했고, 안수·구양수·소식의 사는 "전편이 시 같은 모양이 없고 음률도 조화를 이루지 못한다"고 했다. 왕안석과 증공의 사는 읽을거리가 없고, 안기도의 사는 포서鋪敍(상세히 나열하고 서술함 : 옮긴이)가 없으며, 하주賀鑄의 사는

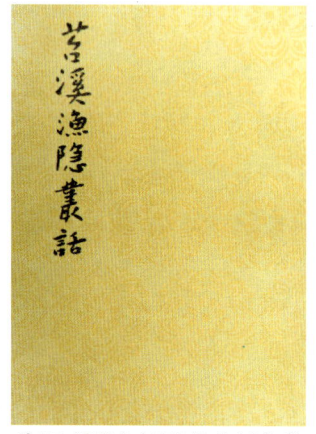

최초로 〈사론〉을 수록한 《초계어은총화》

전중典重(전아하고 중후함 : 옮긴이)이 적다고 했다. 또 진관의 사는 고실故實(근거 있는 사실 : 옮긴이)이 적고, 황정견의 사는 문제가 많다고 평가했다. 당시 북송 사단을 휩쓸었던 위인이라면 누구 하나 그녀의 평가에 걸리지 않은 사람이 없었다.

그녀의 〈사론〉은 이 때문에 많은 사람들로부터 공격을 받았다. 어떤 이는 이청조의 〈사론〉을 수록하기는 했지만, "왕개미가 큰 나무를 흔들다니, 가소롭게도 자신의 힘을 모르는구나"라는 한유의 시구를 빌려서 이청조를 비난했다. 청대에 배창裴暢도 《사원췌편詞苑萃編》에서 이렇게 말했다.

"이안은 자신의 재능을 믿고 모두를 무시했는데, 그 말은 담아둘 만한 것이 못 된다. 일개 부인으로서 그렇게 거창한 말을 하다니 망령될 뿐 아니라 광적狂的이라 해도 과언이 아니다."

오늘날의 관점에서 볼 때 이청조의 평가가 모두 옳다고 할 수는 없지만, 그녀의 담대함과 기백은 실로 경탄을 불러일으킨다. 이청조에 대한 옛사람들의 지적은 다른 면에서 보자면 그녀가 여느 여자들처럼 자기를 비하하지 않는 강인한 인격의 소유자임을 증명하고 있다.

【 천양지차인 소녀 시절과 만년 】

이청조의 인생은 실로 파란만장해서 기쁨과 우환이 그야말로 하늘과 땅

차이로 들이닥쳤다. 소녀 시절 그녀는 근심걱정 없는 나날을 보냈지만 만년의 비참한 처지는 보통 사람으로서는 상상도 할 수 없을 정도였다. 그녀의 전기와 후기 작품을 비교해보면 그 점을 알 수 있다.

산둥성 지난에 있는 이청조 기념관

늘 가던 계곡의 정자에서 해 저물도록 깊이 취하여 돌아갈 길을 잊었네.
흥이 끝나고 저녁에 배로 돌아가다 연꽃 깊은 곳에 잘못 들어갔네.
허우적거리자 여울목에서 갈매기와 백로가 놀라서 날아가네.

위의 인용은 〈여몽령如夢令〉에서 묘사한 지난濟南의 뱃놀이 광경이다. 그녀와 자매들이 연꽃이 핀 늪에서 뱃놀이하던 일을 쓴 것인데, 꽃 같은 사람이 꽃 속에서 노니는 광경이 마치 "부용꽃이 얼굴을 향하여 양쪽에서 피어 있네"라고 할 정도이다. 사람과 자연이 조화를 이루며 마치 한 폭의 그림을 연상시킨다.

다음에 소개하는 〈무릉춘武陵春〉 역시 호수에서 뱃놀이하는 광경을 묘사한 것이다.

바람은 멎고 꽃향기도 이미 다하니 날은 저물어서 피곤만 더하네.
사물은 옛날 그대로여도 사람은 바뀌어 이젠 모든 일을 쉬어야 하지만,

산둥성 칭저우靑州에 있는
이청조의 사당

말을 하고 싶어도 눈물부터 앞서네.
쌍계雙溪의 봄이 좋다 하니 뱃놀이 가고 싶건만
쌍계의 거룻배도 그 많은 우수를 싣다가 움직이지 못할까 두렵네.

　이때는 남편이 죽은 지 6년 후이고 그녀도 나이 쉰이 넘어 홀로 진화金華까지 흘러들었을 때이다. 진화에는 아름다운 쌍계의 봄빛이 너무나 좋지만 그녀는 비애에 잠겨서 아무것도 하고 싶지 않다. 우수에 잠긴 그 마음이 그토록 침중하니, "이때를 어찌 '수愁' 자 하나로 달랠 수 있으랴!"
　만년의 불우함과 고통 속에서도 그녀는 천고의 명편 〈성성만聲聲慢〉과 〈영우락永遇樂〉을 남겼다.

結 청대에 이조원李調元은 《우촌사화雨村詞話》에서 이청조에 대해 "여성들만 내려다본 것이 아니라 남성들까지 압도하려 했다"고 평가했다.

고대 시가에서 사詞는 가장 여성미 넘치는 문체이다. 이청조의 《수옥사》는 그 청신하고 완곡한 품격이 작가의 여성미를 충분히 보여준다. 하지만 별처럼 많은 고대의 사인들 가운데서도 이청조는 사의 아름다움을 극치까지 보여준 수준 높은 작가이다. 그녀는 사단詞壇의 기녀奇女일 뿐 아니라 규중의 대장부임이 틀림없다. 그녀는 계수나무 꽃을 노래한 〈자고천鷓鴣天〉에서 이렇게 읊었다.

옅은 검정과 연한 노랑에 성품은 부드럽고,
정情은 소원하고 흔적은 먼데 향기만 남기네.
어찌 옅은 푸른색과 짙은 붉은색이 필요하겠는가?
스스로 꽃 중에 가장 으뜸이더라.
매화는 질투할 것이고 국화는 부끄러워할 것이니,
그림 속에서는 가을빛을 무색케 하네.
시인은 너무도 정이 없구나,
어찌하여 그 당시에 거두지를 못했던고.

이는 계수나무 꽃에 빗대어 자화자찬한 작품이다. 옛날의 수많은 천재 사인과 그들이 지은 유명한 사詞를 백화가 만발한 정원에 비유한다면, 이청조와 그녀의 사는 꽃 중에 으뜸이라 하기에 전혀 손색이 없다.

【 악비 】

● 인간에서 신으로 승격한 명장 악비

악비는 솔선수범을 보이면서 한 푼도 사사로이 챙기지 않았고, 군사들과 함께 노숙을 했지 절대로 민가에 들어가지 않았다. 또한 군사들이 부상을 입거나 아플 때면 직접 약을 지었고 전투에서도 언제나 선두에 섰다.

악비岳飛(1103~1142)는 자가 붕거鵬擧로서 허난성 탕인현湯陰縣 사람이다. 그는 남송 때 금나라에 맞서 싸운 명장이다.

악비가 살았던 시대는 북송이 멸망할 즈음이다. 1125년과 1126년 겨울, 금나라는 두 번이나 남침을 감행하여 송나라의 도읍인 카이펑開封을 공략하고 휘종과 흠종欽宗 두 황제와 황실, 종친, 문무대신 등 3,000여 명을 잡아갔다. 북송은 이로써 멸망하고 말았는데 이해의 연호가 '정강靖康'이었기 때문에 사람들은 이 망국의 한을 '정강의 치욕'이라고 했다.

나라가 망해가는 위기의 순간에 악비는 전장에 나가서 여러 차례 공을 세웠다. 소흥紹興(남송 고종의 연호) 2~3년 사이에 악비가 거느린 군대는 군사의 수가 무려 2만 4,000여 명에 달했다. 그의 군대는 군기가 엄격하기로 소문이 나서 '악가군岳家軍'으로 불렸다. 1133년, 악비는 수도 임안臨安(지금의 항저우)에 가서 고종을 알현했다. 고종은 친히 '정충악비精忠岳飛'라는 네 글자가 새겨진 큰 깃발을 악비에게 하사했다.

악가군은 연이어 승전함으로써 많은 땅을 수복했다. 중원과 하북, 하동 등지에서 금나라와 싸우겠다는 장사들이 분분히 악가군에 참여했다. 악비

역시 절도사, 검교소보 檢校少保로 승진해서 유광세劉光世, 장준張俊, 한세충韓世忠 등과 함께 '중흥中興 4대 장군'으로 불렸다.

큰 뜻을 품은 악비가 북상해서 중원을 수복하려 할 때 남송 왕조는 연이어 금패金牌를 보내 그의 귀환을 재촉함으로써 금나라를 격

금나라 군대를 연이어 격파한 악가군의 모습

파할 절호의 기회를 놓치게 된다. 간사한 재상 진회秦檜는 악비가 모반을 꾀한다고 모함했으며, 마침내 고종의 지지하에 누명을 씌워서 악비와 그의 아들 악운岳云, 부장 장헌張憲을 살해하고 말았다.

【 나라를 위해 충성을 다하다 】

악비의 정신은 '진충보국盡忠報國(나라를 위해 충성을 다하다 : 옮긴이)'으로 요약할 수 있다.

악비는 농부의 아들로 태어났다. 그가 태어날 때 큰 새 한 마리가 울면서 뜰의 상공을 날아갔는데, 이로 인해 '비飛'라는 이름이 붙여졌고 부모도 그에게 큰 기대를 걸었다고 한다. 소년 시절 그는 농사일을 하면서도 공부를 게을리 하지 않았으며, 주동周侗 등을 모시고 무예도 열심히 닦았다.

북송이 금나라에 멸망하고 1127년에 흠종의 아홉째 동생 강왕康王 조구趙構가 응천부應天府에서 즉위식을 가졌으니 그가 바로 고종이다. 악비는 잃어버린 국토를 수복하려는 뜻을 품고 군대에 투신했다. 악비의 등에는 '진충보국'이라는 글자가 새겨져 있었는데, 악비의 모친 요씨가 한 땀 한 땀 새긴 것이었다. 이 네 글자는 악비의 마음속 깊이 새겨져서 훗날 이 엄

'진충보국'이라 쓴
악비의 친필

숙한 목표를 위하여 백절불굴의 정신으로 전투에 임하도록 했다.

악비는 군대에 투신한 후 장소張所, 종택宗澤 등의 마음에 들면서 이내 통제統制로 승진했다. 1128년, 금나라 군사가 또다시 남침을 개시했다. 남송의 여러 군대가 번번이 패하고 있을 때 유독 악비의 군사만은 필승의 신념과 강인한 의지로 승승장구하면서 북쪽으로 도주하는 적군을 뒤쫓아 건강健康 등지를 수복했다.

금나라와 싸운 10여 년 동안 악비의 악가군은 금나라 군사를 수도 없이 격파했다. 1140년에 순창대첩順昌大捷에서 승리를 거둔 후, 악가군은 다시 금나라의 올술兀術 부족과 언성鄢城에서 대규모 전투를 벌였다. 이 전투에

무예를 배우는 악비(왼쪽) 아들의 등에 글자를 새기는 악비의 모친(오른쪽)

악비 ◆ 227

서 악가군은 올술의 철갑 기병인 '철부도鐵浮圖'와 좌우 날개 역할을 하는 기병인 '괴자마拐子馬'를 격파했다. 이에 금나라 사람들은 "산을 흔들기는 쉬워도 악가군을 흔들기는 어렵다"며 감탄했다.

【 10년 쌓은 공을 하루아침에 버리다 】

언성대첩 후 악가군의 선봉은 북송의 수도였던 변경汴京까지 접근했으며, 금나라 군사는 강을 건너 철수할 준비를 마친 상태였다. 바로 이때 남송 왕조는 연이어 금패를 보내 악비에게 즉시 귀환하라고 재촉했다. 악비는 전에 없던 통분과 회한, 절망을 느꼈다. 그는 침통하게 "10년 쌓은 공을 하루아침에 버리는구나. 그동안 애써 수복한 땅을 전부 버리다니, 이 나라의 강산과 사직을 중흥하기 어렵게 되었도다"라고 탄식했다.

악비의 군대가 철수하자 금나라 군사들은 다시 하남을 점령했다.

남송 왕조는 과연 무엇 때문에 악비를 불러들였을까? 여기에는 두 가지 요인이 작용했다.

송나라 개국 당시 태조는 "술잔을 권하여 병권兵權을 박탈하는" 방식으로 장수들이 갑옷을 벗고 고향으로 돌아가게 했다. 이는 이전 왕조에서 장수들이 각기 한 지

항저우에 있는 악비와 그 아들 악운의 묘

역을 할거하면서 내란을 일으켰던 일을 사전에 방지하기 위함이었다. 하지만 그로 인해 군대의 전투력이 현저히 떨어지면서 외환이 끝이 없었다.

고종 역시 조씨의 후손으로서 장수들이 병권을 틀어쥐고 발호하면 통제할 수 없을까봐 두려워했다. 그와 재보대신宰輔大臣은 마음속 깊이 우려를 품고 있었으며, 이 때문에 전쟁이 끝나기 전에 악비를 불러들여 병권을 회수한 것이다.

다른 한편 고종과 측근들은 금나라를 철저히 멸망시킬 생각이 전혀 없었다. 악비의 뜻은 중원을 회복하고 두 황제를 맞아오는 데 있었지만, 그렇게 될 경우 고종은 황제의 자리를 보전할 수 없었다. 고종은 자신의 사사로운 이익을 위하여 금나라 군대가 악가군에 무너지는 것을 가만히 지켜보고 있을 수 없었다. 그가 금나라에서 일했던 진회를 재상으로 임명한 목적은 바로 금나라와 화해를 하기 위함이었다. 따라서 고종은 금나라에 항복하더라도 악비를 불러들여야 할 처지였고, 결국 금나라 군대의 압력을 이기지 못하고 악비를 살해했다.

"문신은 돈을 탐하지 않고, 무신은 죽음을 두려워하지 않는다"는 뜻의 비문

【 무신은 죽음을 두려워하지 않는다 】

어떤 사람이 악비에게 "언제쯤이면 천하가 태평해지겠습니까?"라고 묻자, 악비는 준엄한 표정으로 이렇게 대답했다.

"문신이 돈을 탐하지 않고 무신이 죽음을 두려워하지 않는다면 천하가 태평할 것이오!"

이 말은 곧바로 사방에 전해졌다.

"돈을 탐하지 않고 죽음을 두려워하지 않는" 것은 악비 인생의 이상이었다. 그는 군사를 다스릴 때도 이 원칙을 확실히 지켰다. 악가군은 군기가 매우 엄격했는데, 악비는 가는 곳마다 직접 순찰을 하며 군의 기강을 살폈다. 군대가 향촌에 이르면 대체로 민가 밖에서 노숙하도록 했고, 아침에 일어난 후에는 간밤에 깔고 잤던 민가의 건초 등을 원래대로 잘 쌓아놓게 했다. 이른바 "얼어죽어도 집을 헐지 않고, 굶어죽을지언정 노략질을 하지 않는다"는 원칙을 고수했다. 악비는 이렇게 솔선수범을 보이

면서 한 푼도 사사로이 챙기지 않았고, 군사들과 함께 노숙을 했지 절대로 민가에 들어가지 않았다. 또한 군사들이 부상을 입거나 아플 때면 직접 약을 지었고 전투에서도 언제나 선두에 섰다.

악비는 부하들의 "선한 일은 아무리 사소할지라도 포상하고, 과오는 아무리 작을지라도 벌했다." 한번은 어

허난성 탕인현에 있는 송악충무왕묘宋岳忠武王廟(위)
악왕묘 내의 의문儀門(아래)

떤 사람이 악비의 외삼촌 요씨가 소란을 피웠다고 고발했다. 악비는 모친 앞에서 외삼촌을 호되게 꾸짖었고, 불만을 품은 외삼촌은 행군 도중에 악비를 활로 쏴 죽이려고 했다. 이에 악비는 가차없이 자신의 외삼촌을 사형에 처했다.

"문신은 돈을 탐하지 않고 무신은 죽음을 두려워하지 않는다"는 정신은 악가군을 하나로 단합시켜 항상 승리하는 군대로 만들었다. 오늘날에도 그의 정신은 정말로 귀중하다.

【 기백이 넘치는 〈만강홍〉 】

악비는 찬란한 전공을 세웠을 뿐 아니라 마음을 후련하게 하는 사詞〈만강홍滿江紅〉을 남겼다.

분노가 머리끝까지 치밀어 난간에 서서 멎어가는 소슬한 비를 대하네.
눈 들어 앞을 보고 하늘을 우러러 길게 외치니 장한 뜻이 뜨겁구나.
30년 쌓은 공명은 티끌과 흙이요, 8천 리 길의 구름과 달일세.
기다리지 말라, 소년의 머리가 백발이 될 때. 부질없이 슬픔만 깊어질 테니.
정강靖康의 치욕 아직 씻지 못했으니 신하의 한은 또 언제나 풀리오?

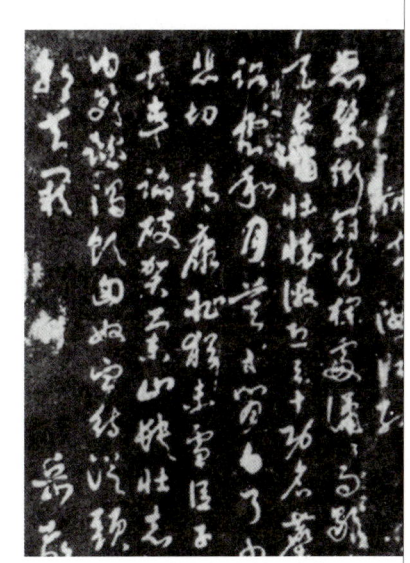

악비의 〈만강홍〉 석각

항저우에 있는 악왕묘

　기나긴 전차의 행렬을 몰아서 하란산賀蘭山을 답파하니
　장한 뜻으로 오랑캐의 고기를 씹고, 웃고 얘기하며 흉노의 피를 마시리라.
　다시 옛 산천을 찾는 날 하늘에 제를 지내리.

　고금의 사 중에서 이 작품이 가장 널리 전해졌고 그 영향력도 으뜸이라 말할 수 있다. 악비의 이 사는 웅장한 기백으로 사람들의 마음을 감동시킨다.

結 악비의 억울한 죽음은 효종이 즉위한 후에야 비로소 밝혀졌다. 그때서야 "예를 갖추어 장지를 옮길" 수 있었으니, 악비의 주검은 항저우 시샤령栖霞嶺 기슭에 안치되었고 그에게는 무목왕武穆王이라는 시호가 내려졌다. 효종은 악비의 셋째 아들 악림岳霖을 접견한 자리에서 "악씨 가문의 억울한 사연을 짐이 알고 천하가 다 알고 있다"고 말했다.

사람들은 악비의 충성심에 감탄하고 그의 처지를 동정해 민간에서 자발적으로 그를 기리는 행사를 거행했다. 남송 말기부터는 악비의 사적이 설화로 구전되면서 예능인들에게 새로운 소재를 제공했다. 원나라와 명나라 때에도 악비에 관한 갖가지 희곡이 선을 보였다. 예컨대 김인걸金仁杰의 《진태사동창사범秦太師同窓事犯》, 진충맥陳衷脈의 《금패기金牌記》, 탕자수湯子垂의 《속정충續精忠》 등이 그것이다. 청나라 때 전채錢彩, 김풍金豊이 저술한 소설 《설악전전說岳全傳》 역시 악비의 영웅담을 담고 있으며, 이 작품은 아직까지 전해지고 있다.

【 육유 】

● 육유의 초상

남정에서 종군할 당시 육유는 일생에서 가장 긍지를 느꼈으며, 그의 비장한 시풍은 바로 이때 형성되었다. 이 시기를 기리기 위하여 그는 자신의 시집을 《검남시고劍南詩稿》라고 이름 지었다.

1125년 11월 13일, 회하淮河에 큰 비가 내리고 파도가 몹시 쳤다. 새벽녘 그 풍랑 속에 정박해 있던 배에서 한 생명이 탄생했으니, 그 아이가 바로 남송의 위대한 애국시인 육유陸游(1125~1210)이다.

육유는 자가 무관務觀이고 호는 방옹放翁으로 웨저우越州 산음山陰(저장성 사오싱紹興) 사람이다. 그의 유년 시절은 마침 금나라가 남침하여 북송이 멸망해가던 때였다. 그는 식구들을 따라 중원에서 산음으로 피난했다. "나는 태어나 걸음마를 배울 때부터 전란을 만났고", "어릴 때 구사일생으로 오랑캐 병사들을 피했다"고 말했듯이 그는 여러 차례 죽을 고비를 넘겼다. 그의 부친 육재陸宰는 애국심 넘치는 사대부였으며 교제하던 친구들도 모두 애국지사였다. 유년기의 비참한 환경은 어린 육유의 마음에 애국심을 심어주었다. 그리하여 그는 "어릴 때 전란을 겪으면서 감히 백성들을 걱정하게 되었고", 아울러 "말을 타면 미친 오랑캐를 공격하고, 말에서 내리면 군서軍書를 쓰겠다는" 장한 뜻을 세웠다.

25세 즈음에 그는 증기曾幾에게 시를 배우면서 자신의 시가에 애국의 기조를 확립했다. 원대한 이상을 실현하기 위하여 그는 늘 밤늦도록 병서를 공부하고 검술을 익혔다. 소흥紹興 23년(1153), 육유는 28세 때 진사시험에 응시해서 1등으로 합격했다. 하지만 진회의 손자 진훈秦塤보다 앞섰다는 이유로 진회의 노여움을 사게 되었고, 그로 인해 낙방하고 말았다.

육유는 효종이 즉위한 후 황제를 알현하고서야 비로소 진사가 되었다. 그는 적극적으로 금나라에 저항할 것을 주장하는 장준張浚의 북벌을 지지했지만, 북벌이 실패하면서 화해를 주장하는 파벌이 득세하자 파면을 당했다. 그 후에도 여러 곳을 떠돌며 금나라에 저항했지만 평생의 큰 뜻은 이루지 못했다.

1210년 1월 26일, 85세의 이 시인은 "죽기 전에 중원을 보지 못하는 것이 한이로다"라는 유언을 남기고 세상을 떠났다. 임종 당시 그는 〈시아示兒〉란 제목의 시를 남겼다.

> 죽으면 만사가 공하다는 걸 원래 알았지만
> 그래도 슬프구나, 구주九州의 통일을 보지 못하다니.
> 임금의 군대가 북쪽을 평정해서 중원을 수복하는 날이 오면
> 집에 제상 차리고 나에게 알리는 것을 잊지 말라.

【 종군해서 금나라에 적극 항거하다 】

육유는 평생 동안 금나라에 적극적으로 항거했다. 48세 되던 해에 그는 쓰촨성 선무사宣撫使 왕염王炎의 요청으로 남정南鄭(지금의 한중漢中)의 참찬 군무參贊軍務가 되었다. 남정은 남송의 서쪽 변경의 군사 요충지로서 그 북쪽에 있는 대산관大散關이 금나라와 대치한 최전방이었다. 이는 육유의 일생에서 유일하게 종군할 수 있는 기회였다. 적을 무찔러 나라에 충성하겠다고 벼르던 육유는 흥분하지 않을 수 없었다.

그는 출병해서 중원을 수복하겠다는 계획을 세웠고 군중의 여러 활동에 적극적으로 참여했다. 때로는 군중의 문건을 처리하고, 때로는 엄동설한에 완전무장하고 순찰에 나서서 군사들과 함께 변방의 관문을 굳게 지켰다. "갑옷을 깔고 창을 베개 삼아 선잠을 자는데 몸에는 서리가 가득하네"와 같은 생활을 한 시기였다. 그는 또 군사들과 함께 깊은 산으로 사냥을 갔다가 돌아오는 길에 사나운 호랑이를 직접 사살했으며, 대산관 머

《육방옹전집陸放翁全集》

리에서 다음과 같은 호방한 시구를 남겼다.

> 대산관 머리에 서서 북쪽 진秦 땅을 바라보며
> 오랑캐를 물리친 후 웃으며 얘기하겠다고 스스로 기약하네.

남정에서 종군할 당시 육유는 일생에서 가장 긍지를 느꼈으며, 그의 비장한 시풍은 바로 이때 형성되었다. 이 시기를 기리기 위하여 그는 자신의 시집을 《검남시고劍南詩稿》라고 이름 지었다.

그러나 육유의 열정적이고 호방한 군중생활은 오래 지속되지 못했다. 그는 남정을 거점으로 북벌하겠다는 열의를 품었지만, 북벌에 전혀 관심이 없었던 남송 왕조는 왕염을 전선에서 철수시키고 육유 또한 청두成都로 보내버렸다. 그 결과 육유는 "나라를 위해 목숨을 바치려 해도 전장에

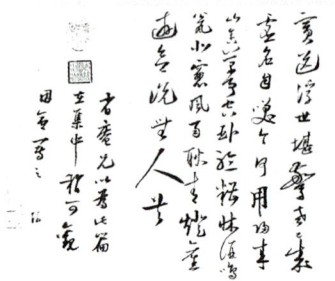

육유의 〈자서시권自書詩卷〉 원고

나갈 수 없는" 신세가 되고 말았다. 검문관劍門關을 지날 때 시인은 감회에 젖어서 유명한 시 〈검문관을 지나는 길에 가랑비를 만나다劍門道中遇微雨〉를 지었다.

> 의복에 행군의 먼지와 술 냄새 섞였는데,
> 아득히 먼 곳조차 혼이 떠돌지 않는 곳 없네.
> 이 몸이 바로 시인의 종말일까,
> 가랑비 속에 나귀를 타고 검문에 들어가는 것이.

【 60년 동안 1만여 수의 시를 짓다 】

육유는 다방면에서 창조적 재능을 발휘했다. 그의 작품으로 시를 비롯하여 사詞와 산문도 있지만 그중에서도 시에서 가장 뚜렷한 성취를 거두었다. 특히 다작多作으로는 중국에서 첫 손가락에 꼽히는 작가로 전해지는 시만 9,300여 수에 달한다. 그의 말에 따르면 "60년 동안 지은 시가 1만여 수이다."

육유는 18세 때 당시 가장 명망 높았던 59세의 증기를 스승으로 모셨다. 12~13세 때부터 시를 썼지만, 육유 자신은 "18세가 되어서야 시를 배웠다"고 말했다. 이는 증기를 스승으로 모신 후부터 진정한 시 창작을 배웠다는 것을 의미한다. 육유는 훗날 "다산茶山에서 시를 배울 때 야밤에 그 현기玄機를 터득한 것으로 기억한다"고 고백했다. 그 '현기'란 바로 "율령律令이 어울릴 때 비로소 타당하고, 공부가 깊어지면 오히려 평이하게 된다"는 것이다.

남정의 종군 시기에 얻은 풍부한 경험과 격앙된 정서는 육유를 감화시켰으며, 이는 그의 시에 일대 비약을 가져다준다. "시인의 삼매三昧는 홀연히 나타난다"고 했듯이, 그는 시의 진수를 체득하면서 시가 창작의 자유로운 세계로 들어갔다.

육유가 품은 뜻은 단순히 시인이 되는 것만은 아니었다. "어찌 말 위에서 적군만 무찌르랴, 시를 읊는 것도 적군의 간담을 서늘케 하리라"고 했듯이, 그의 시는 그야말로 "철기鐵騎를 탄 채 창을 비껴들고", "기세는 적군을 삼킬 듯" 영웅의 기개가 넘치며, 또 "한 몸을 나라에 바쳐 만 번이라도 기꺼이 죽는" 희생정신이 뚜렷이 드러난다. 동시에 그의 시에서는 뜻을 이루지 못한 장부의 분노와 우울한 색채도 엿볼 수 있다.

그는 만년에 산음에서 한가롭게 지냈다. 비바람이 부는 깊은 밤, 병상에 누운 노시인은 여전히 변경을 걱정하면서 〈11월 4일 비바람 크게 불고 十一月四日風雨大作〉라는 칠언절구를 지었다.

외로운 시골, 병상에 누워서도 슬퍼하지 않고
나라를 걱정하며 변경을 지키겠다는 생각뿐이네.
조용한 밤, 누워서 비바람 소리 들으며

철기鐵騎를 타고 차가운 강을 건너는 꿈을 꾸네.

【 심원에서 헤어진 아내를 만나다 】

육유는 청년 시절 가슴 저리는 사랑을 한 적이 있다.

소흥 14년(1144), 19세의 육유는 당唐씨 성을 가진 처녀와 결혼했다. 두 사람은 결혼 후 오순도순 살았지만, 무슨 영문인지 2~3년 후 육유의 모친이 며느리가 마음에 들지 않는다는 이유로 억지로 당씨와 이혼을 시켰다. 당시는 봉건 예법의 구속이 심했기 때문에 육유는 당씨와 헤어질 수밖에 없었다.

훗날 당씨는 육유와 같은 군대에 있는 조사정趙士程과 결혼했고, 육유 역시 다른 여자와 결혼했다. 하지만 그 일은 육유의 가슴에 깊은 상처를 남겼다.

소흥 21년 봄, 육유의 일가친척이 우적사禹迹寺 남쪽에 있는 심원沈園에

사오싱에 있는 심원과 그 안에 모셔진 육유의 조각상

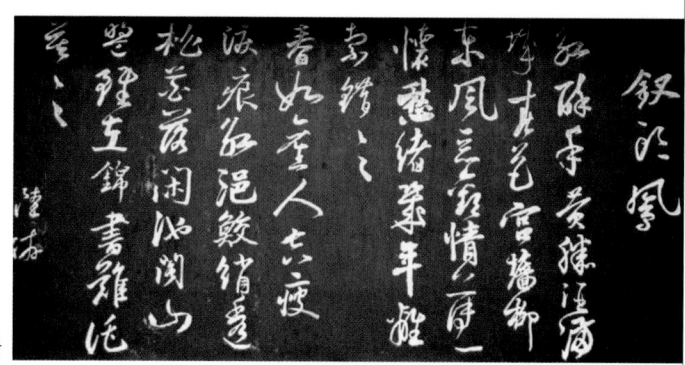

육유의 〈채두봉釵頭鳳〉 초서 석각

놀러갔는데, 당씨와 그녀의 남편 조사정도 그 자리에 있었다. 당씨와 몇 년을 떨어져 살았지만 육유는 그녀에 대한 미련을 버리지 못하고 있었다. 이때 두 사람은 만나서도 회포를 풀 수 없었기에 더없이 고통스러웠다. 육유는 붓을 들어 심원의 벽에다 침통하고 슬픈 사詞를 썼다.

붉은 연지의 손으로 만든 황등주黃藤酒를 마시니
온 성에 봄빛이 한창이고 궁궐 담에는 버들가지 늘어졌네.
동풍이 미워라, 부부의 정이 엷어졌네.
가슴 가득 수심을 품고 몇 년을 떨어져 찾았던가.
잘못이야, 잘못이야, 잘못이야.

봄은 예전 같건만 사람은 부질없이 여위었구나.
붉게 단장한 얼굴엔 눈물자국, 손수건을 흠뻑 적시는구나.
복숭아꽃 떨어지는 한가로운 연못의 누각에
굳게 다진 맹세 남아 있지만 글로는 기탁하기 어렵구나.
그만두자, 그만두자, 그만두자.

【 역사에 남을 남아대장부 】

육유는 남정에서 청두로 부임한 후 계속 촉주蜀州, 가주嘉州, 영주榮州 등지의 관리로 옮겨다녔다. 그는 금나라를 치겠다는 포부를 실현할 수 없게 되자 초조해졌다.

순희淳熙 2년(1175), 유명한 시인 범성대가 쓰촨의 제치사制置使로 부임하면서 육유를 참의관參議官으로 기용했다. 이들 옛 친구는 공무 외에 만날 때는 술잔을 기울이고 시를 읊으며 즐겁게 지냈다. 두 사람 모두 예법에 얽매이지 않았고, "술을 마시니 미칠 수 있어서, 모자를 벗어 남에게 큰소리 칠 줄 누가 알았으랴"라며 즐거움을 만끽했다. 그들의 자유로운 행동은 투항파의 불만을 샀으며, 결국 육유는 "술을 빙자하여 방자하고 퇴폐적이다"는 죄명을 쓰고 탄핵을 당했다. 이 죄명에 조소를 보내기 위해 육유는 아예 자신의 별호를 방자한 늙은이라는 뜻에서 '방옹放翁'이라 지었다. 그해가 순희 3년, 육유의 나이 51세였다.

이처럼 구속받기 싫어한 육유의 행동은 바로 내면의 우울함과 번뇌를 표현한 것이다. 뜻을 이루지 못한 영웅이 꽃을 보면 감상에 젖고 술을 마시면 우수에 빠지는 것과 마찬가지다. 그는 관직생활에 회의를 느꼈다. 그래서 엄주嚴州로 부임하기 전에 임안臨安(지금의 항저우)에서 그 유명한 시를 지었다. "작은 누각에 밤새 봄비 소리 들리니, 내일 아침 깊은 골목에서 살구꽃을 팔리라"는 시는 바로 관직생활에 대한 환멸을 드러내고 있다.

육유는 여러 곳에 부임하면서 백성을 위해 좋은 일을 많이 했지만, 조정에 올린 글 때문에 권력자들에게는 눈엣가시 같은 존재였다. 결국 순희 16년에 "풍월을 빙자해 조정을 비난했다"는 누명을 쓰고 파면되었다. 육유는 권력자에 대한 멸시를 드러내기 위해 귀향 후에는 아예 자신의 서재를 '풍월헌風月軒'이라고 이름 지었다.

우리는 〈복산자卜算子·영매詠梅〉에서 그의 고고한 모습과 불굴의 정신을 엿볼 수 있다.

역참 밖 끊어진 다리 옆
적막 속에 피었지만 주인은 없네.
황혼녘 홀로 우수에 젖는데
바람 불고 비마저 내리는구나.
봄을 다툴 뜻은 없으니
온갖 꽃들의 질투도 개의치 않네.
떨어져 티끌이 될지라도
그 향기만은 여전하리라.

【 농민과 함께한 전원생활 】

산음은 예부터 산수가 빼어나기로 유명했다. 진晉나라의 서예가 왕헌지王獻之는 "산음의 길을 따라 위로 올라가자, 산천이 저마다 서로 비추어 사람이 끼어들 틈이 없네"라는 구절을 남겼다.

산음 경내의 우적사, 심원, 난정蘭亭, 경호鏡湖 등은 역대의 문인과 묵객들이 즐겨 찾던 곳이다. 육유의 집은 바로 경호의 삼산三山에 있었다. 삼산의 한가산韓家山과 행궁산行宮山 사이에 육가지陸家池라고 하는 작은 연못이 있다. 육유의 집은 바로 그 연못의 서쪽에 있었다는데, 지금은 비석

역사에 남을 대장부 방옹

에 '육유고리陸游故里(육유의 고향 : 옮긴이)'라는 글자가 새겨져 있다.

　61세에 관직에서 물러나 고향으로 돌아간 시인은 아름다운 산천을 벗하며 마음을 달랬다. "농사일에 몸을 던지는" 전원생활을 하면서 그는 백성들의 순박함을 깊이 체험했으며, 농민들과 왕래하며 친분을 쌓았다. 그의 애국심은 백성들에게 깊은 공감을 불러일으켰다.

結 육유의 시는 유창하고 세련되고 자연스러운 것이 특징이며 당대는 물론이고 후세에도 깊은 영향을 미쳤다.

남송 후기의 시단은 육유의 영향 아래 발전했다고 할 수 있다. 얼마 후에 나온 강호파江湖派 시인의 대표인 대복고戴復古는 "삼산에 올라가 육방옹의 문에 들어서면서 시의 수준이 날로 높아갔다"고 털어놓았다. 또 남송 후기의 유명 시인 유극장劉克莊은 직접 육유에게 시를 배우지는 못했지만 그에게서 깊은 영향을 받았다. 그는 〈각저집자서刻楮集自敍〉에서 "나는 방옹의 시를 통해 입문했다"고 고백했다.

육유는 명나라 때는 시단에 별로 영향을 미치지 못하다가 청나라 때에 이르러 송완宋琬, 사신행査愼行, 정판교鄭板橋 등으로 인해 두보와 같은 지위를 누릴 수 있었다. 청나라 말기에 량치차오梁啓超는 육유를 이렇게 극찬했다.

시계詩界는 천 년 동안 풍조가 미미해서
병사의 혼은 사라지고 나라의 혼도 없다네.
열아홉 살 때부터 기꺼이 종군한 자 있으니
바로 역사에 남을 남아대장부 방옹이더라.

【 신기질 】

● 신기질

신기질은 비분강개한 마음으로 송나라와 금나라의 대립 상황과 전황을 구체적으로 분석해서 열 편의 논문을 쓰고는 그 이름을 〈어융십론御戎十論〉 또는 〈미근십론美芹十論〉이라 했다. 그리고 이듬해에 그것을 효종에게 올려 항금抗金 의지를 고취시키려 했다.

신기질辛棄疾(1140~1207)은 자가 유안幼安으로 금나라에게 점령당한 지난濟南에서 태어났다. 부친 신문욱辛文旭이 일찍 사망했기 때문에 조부가 그를 키웠다. 신기질은 금나라를 세운 여진족의 차별과 억압을 받으며 어릴 때부터 통한을 품었다.

  1161년, 금나라의 왕 완안량이 남하해서 송나라를 침범하자, 지난의 농민 경경耿京이 20여 만의 백성을 모아서 봉기했다. 신기질도 2,000여 명을 조직하여 저항군에 가담하면서 군중의 서기書記로 추대되었다. 신기질은 경경에게 건의하여 남쪽 건강建康으로 내려가 저항군 대표로 고종을 알현했다. 그가 다시 북쪽으로 돌아왔을 때 경경은 저항군 내의 반역자 장안국張安國에게 살해되었고, 일부 저항군도 금나라에 투항한 뒤였다. 신기질은 부하 50명을 이끌고 5만 명이 집결해 있는 장안국의 병영을 습격해서 그를 체포했다. 그리고 1만여 명의 군사들에게 바른길을 갈 것을 호소해서 마침내 그들을 인솔하여 남송으로 갔다.

남송에 도착한 지 얼마 되지 않아 송나라와 금나라의 대치 국면이 다소 완화되자 화해를 주장하는 파벌이 조정의 권력을 장악하게 되었다. 그들은 신기질을 지방 관리로 등용해서 그의 정치적·군사적 재능을 단순히 지방에서 일어난 소요나 농민 봉기를 진압하는 데 이용했다. 중원을 수복하려던 그의 뜻은 전혀 고려하지 않았다.

　신기질은 20년 동안 관직생활을 하면서 투항파와 결코 타협하지 않는 정치적 입장을 고수했다. 또한 '귀정인歸正人'의 신분이었기 때문에 남송의 통치 집단에서 고립되어 정치적 타격을 많이 받았다. 1181년부터 그는 20여 년에 달하는 은거생활을 시작했다.

　1206년에 권력자 한차주韓侂冑가 무모하게 북벌을 감행했다가 크게 패한 일이 있었다. 이때 신기질이 한차주를 선동하여 출병을 부추겼다는 모함을 받았다. 이런 공격을 받으며 신기질은 끝내 실현할 수 없었던 정치적 포부를 가슴에 안은 채 세상을 하직했다.

〈미근십론〉을 지어 조정에 올리다

 남송의 조정에서는 금나라와의 화해를 주장하는 주화파主和派와 계속 싸울 것을 주장하는 주전파主戰派가 논쟁을 벌였지만 항상 주화파가 우세했다. 신기질은 남쪽으로 내려간 후에도 시종일관 항전해야 한다는 태도를 바꾸지 않았다.

 그가 남송으로 내려간 지 1년이 지났을 때 고종이 왕위를 효종에게 넘겨주었다. 효종은 즉위 초 중원 수복의 대업을 이루고자 주전파의 장준張浚을 파견하여 북벌을 감행했다. 그러나 내부의 장수들이 단합하지 못했던 탓에 북벌군은 부리符離(지금의 안후이성 쑤현宿縣 북쪽)에서 크게 패했다. 이 기회를 틈타 주화파는 장준을 배척하고 완전 철수할 것을 종용했으며, 융흥隆興 2년(1164)에는 금나라와 굴욕적인 '융흥화의隆興和議'를 체결하기에 이르렀다.

 신기질은 비분강개한 마음으로 송나라와 금나라의 대립 상황과 전황을 구체적으로 분석해서 열 편의 논문을 쓰고는 그 이름을 〈어융십론御戎十論〉 또는 〈미근십론美芹十論〉이라 했다. 그리고 이듬해에 그것을 효종에게 올려 항금抗金 의지를 고취시키려 했다.

하지만 애석하게도 남송의 투항파는 두려움이 많았고, 효종도 이때는 이미 투항파에게 조종당하고 있던 터라 과감한 조치를 담은 〈어융십론〉은 전혀 주목받지 못했다. 〈어융십론〉은 중원 수복의 전략적 사상을 담고 있었지만, 신기질의 그 절박한 심정이 담긴 글은 끝내 공허한 주장이 되고 말았다. 그는 이렇게 한탄했다.

〈미근십론〉이 남송 조정의 주목을 끌지 못하자 신기질은 비통함을 견딜 수 없었다.

> 강남의 떠돌이 신세
> 오구吳構도 돌아보고
> 난간도 디뎌보았지만
> 어느 누구도 만나는 이 없어
> 임의臨意에 올라갈 뿐이더라.

【 호방파의 애국사인 】

　신기질은 남송 호방파의 대표적인 사인詞人이다. 그의《가헌사稼軒辭》는 600여 수의 사를 수록하고 있는데, 이는 양적으로도 선배 작가와 동시대의 작가를 능가할 뿐 아니라 사상과 예술적 성취에서도 참신한 면을 보이고 있다.

　신기질은 남하 후 20년간 관직생활에서 이런저런 쓴맛을 보다가 41세 때 은둔을 결심했다. 그는 장시江西의 요성饒城 밖에 땅을 사서 장원을 짓고 '대호신거帶湖新居'라는 이름을 붙인 뒤 주변의 땅을 개간했다. 또 높은 곳에다 방을 한 칸 만들어서 '가헌稼軒'이라 이름 짓고는 그것을 자신의 별호로 삼았다. 여기에는 "인생은 근면해야 하나니, 마땅히 농사에 힘쓰는 것부터 시작해야 한다"는 뜻이 담겨 있다. 이 때문에 후세 사람들이 엮은 그의 작품집 이름이《가헌사》가 되었다.

　남송의 통치자들은 나라와 백성의 운명에 대해서 관심이 없었지만, 그 시대를 살아간 신기질은 의연하고 생기 있는 인물들을 주목했고, 또한 '원룡元龍의 호기豪氣'와 '유랑劉郞의 재기才氣'에 자신을 비유하면서 비장한 애국의 기조를 형성했다. 예컨대〈영우락永遇樂·경구북고정회고京口北固亭懷古〉에서는 북쪽 양저우陽州를 바라보며 지난날을 회고하는데 글에 생기가 넘친다.

　　천고의 강산은 그대로인데
　　영웅은 찾을 길 없네.
　　손권이 천하를 도모하던 곳
　　그 춤추고 노래하던 무대에

풍류가 흘러넘쳤건만
비바람에 쓸려 사라졌구나.
석양은 초목을 물들이고,
일상의 평범한 거리는
남조의 송나라 무제가 머문 적 있지.
창을 들고 말을 달릴 때
만 리를 삼키던 그 기세 호랑이와 같았네.

신기질의 사는 특히 옛일을 회상하는 데서 훌륭한 작품이 많이 나왔다. 호방파의 사인 가운데 신기질과 북송의 소동파가 거의 쌍벽을 이루는데, 여기서 신기질의 문학사적 위치를 가늠할 수 있다.

【 비호군을 조직하다 】

신기질은 금나라에 맞서 싸울 것을 강하게 호소하는 한편, 중원을 수복하기 위하여 실질적인 준비를 많이 했다. 순희 6년(1179), 그는 호남 전운사轉運使에서 담주潭州의 지주로 부임했고 형호남로荊湖南路 안무사를 겸임했다. 그는 먼저 지주地主를 무장시킨 향사鄕社를 정비한 후 그것을 토대로 후난湖南에서 비호군飛虎軍을 조직하자고 남송 조정에 건의했다.

이후 황제의 비준을 거친 신기질은 군영을 새로 세우고 방대한 규모의 보병과 기병을 조직했다. 군영의 막사를 세울 때 마침 가을비가 쉬지 않고 내려서 20만 장의 기와를 만들기가 어려웠다. 그는 즉시 창사성長沙城 안팎의 주민들을 동원해서 한 집에 기와를 20장씩 가져오게 하고는 100

문文을 지급했다. 그리하여 이틀 사이에 필요한 기와를 확보하고 막사의 건축 비용도 마련했다.

후에 추밀원 대신이 그 소문을 듣고는 그에게 백성들의 재물을 협잡했다는 누명을 씌우고 황제에게 보고했다. 효종은 노발대발하여 당장 공사를 중단시켰다. 그러나 신기질은 아랑곳하지 않고 오히려 공사를 재촉하는 한편 군영의 조감도를 황제에게 보냈다. 효종은 비호군을 조직하는 것이 강남의 안정에 유리하다고 생각해서 더 이상 막지 않았다.

이에 대한 후세의 기록은 다음과 같다.

"후난의 비호군은 신기질이 황제의 허락을 받아 조직한 것이다. 40년 동안 북쪽 오랑캐들은 그 이름만 들어도 두려워하며 '호아군虎兒軍'이라 불렀다."

이후 개희開禧 2년(1206)에 한타주가 금나라를 토벌할 때 비호군을 동원한 바 있다. 여기서 우리는 신기질의 군사적 재능과 전략적 안목을 확인할 수 있다.

【 아호에서 진량을 만나다 】

신기질은 상라오上饒에 은거한 후 오랑캐를 물리칠 계책을 세우는 대신 농업에 관한 저서를 집필하기로 하고 농촌의 풍경과 농민들의 생활에 관한 사를 많이 지었다.

신기질의 '대호신거'에서 그리 멀지 않은 곳에 100여 리나 이어진 명산이 있었다. 주봉主峰의 이름은 아호鵝湖로, 그 산기슭에 아호사鵝湖寺라는 절이 있었다. 절 앞에는 소나무가 우거져서 해를 가릴 정도였다. 남송

장시성 옌산鉛山 아호서원

의 유명한 학자 주희朱熹, 여조겸呂祖謙, 육구령陸九齡, 육구연 형제 등이 여기서 성리학에 대해 논쟁을 벌인 바 있는 역사적인 명승지로 꼽히는 곳이었다.

신기질과 그의 친구들도 아호사에서 노닐곤 했다. 순희 15년(1188) 겨울, 신기질은 친구 진량陳亮과 함께 10여 일 동안 이곳에서 머물렀다. 진량은 자가 동보同甫로서 저장성 융캉永康 사람이다. 절동학파浙東學派의 주요 인물인 그는 금나라의 침입을 막고 중원을 회복해야 한다고 적극적으로 주장했다. 학문과 정치에서 신기질과 뜻이 같았기 때문에 둘은 사이가 아주 좋았다. 진량이 방문했을 때 건강이 별로 좋지 않았던 신기질은 그를 보고 매우 기뻐했고, 며칠을 함께 보내며 세상사에 관해 의견을 나누었다.

진량은 10여 일 후 작별을 고했다. 신기질은 아쉬운 마음에 멀리까지 따라나섰지만 눈이 내린 뒤라 길이 미끄러워 결국 혼자 돌아왔다. 밤에 옆집에서 피리 소리가 들려오자 신기질은 감상에 젖어 〈하신랑賀新郎〉이란 시를 지었다. 그리고 그것을 진량에게 보내 자신의 고독한 마음을 전했다.

【 북벌을 위해 치밀하게 준비하다 】

가태嘉泰 3년(1203) 6월, 조정에서 신기질을 저장동로浙江東路 안무사로 임명했다. 이때 몽골족이 궐기하여 금나라를 심각하게 위협했지만, 북방의 한족에 대한 금나라의 박해와 약탈은 더욱 심해지고 있었다. 그리하여 타이항산太行山의 동쪽과 서쪽, 허베이, 허난, 산둥 등지에서 연이어 한족의 봉기가 일어났다.

가태 4년, 영종寧宗이 직접 신기질을 불러 대책을 물었다. 이때는 신기질이 〈미근십론〉을 올린 지 40여 년이 지난 뒤였지만, 그의 항금 의지는 조금도 쇠퇴하지 않았다. 그는 단호히 북벌을 주장하는 한편, 치밀하게 대비할 것을 강조하면서 군사 행동에 따른 책임을 원로 대신들에게 맡길 것을 제안했다. 하지만 당시의 권력자들은 한타주를 우두머리로 한 실속 없는 인물들로서, 그들이 신기질을 임용한 것은 단지 그의 명성을 빌리기 위함이었다. 그해 3월, 신기질은 전장鎭江의 지부知府로 등용되었다.

그가 1만 벌의 군복을 짓고 1만 명의 군사를 모집해서 훈련에 박차를 가하고 있을 때 한타주 일당이 그를 다른 곳으로 전근시켰다.

신기질은 아호에서 진량을 만나 그와 깊이 교류했다.

개희開禧 2년(1206) 5월, 남송이 금나라에 공식적으로 선전포고를 했지만 한타주의 서투른 지휘로 인해 패하고 말았다. 신기질이 사에서 "원가元嘉 때 허둥지둥하던 무리들이 급히 책임을 맡고, 당황한 가운데 북벌에 나섰다"고 말한 것과 같았다. 그 해 12월에 남송은 또다시 금나라에 화해를 구걸하지 않을 수 없었다. 그와 동시에 남송 조정은 다시 신기질을 불러들여 시국에 대한 의견을 물었다. 그러나 조정에 실망한 신기질은 다시 출두하려고 하지 않았다.

이듬해 3월, 재차 금나라 토벌을 준비하던 한타주는 신기질을 불러들여 자신을 지원하게 할 작정이었다. 하지만 신기질은 병이 아주 위중한 상태였다. 결국 그해 9월 10일, 이 애국자는 울분을 품은 채 세상을 떠나고 말았다.

산둥성 지난의 다밍大明 호숫가에 있는 신기질의 사당

結 정치 전략가로서 신기질은 탁월한 재능을 보였지만 때를 만나지 못해서 불우했다. 하지만 이 불우했던 기간이 그에게는 가장 왕성한 창작의 시기였다. 신기질의 사는 늘 원고를 수정하기도 전에 친구들이 가져가서 소장하는 경우가 많았다. 신기질의 사는 문학사에서 소동파의 사와 대등한 위치에 놓인다.

순희淳熙 15년(1188) 정월, 범개范開가 《가헌사갑집稼軒詞甲集》을 편찬하며 그 서문에 이렇게 썼다.

　　세상 사람들은 가헌거사의 사가 동파와 닮았다고 하지만 의도적으로 동파를 흉내 낸 것은 아니다. 내면에 쌓인 것이 스스로 발휘된 언어라면 동파와 같지 않을 수가 없다.

　　신기질은 600여 수에 달하는 사를 통해 남송의 문단에서 입지를 굳혔다. 소년 시절 그의 스승 채광蔡光이 이렇게 말했다고 한다.
"너는 시에선 아직 부족하다. 훗날 반드시 사로써 일가를 이룰 것이다."
　그의 사는 강력한 감화력으로 정평이 나 있으며, 사상적으로 볼 때도 송사宋詞에서 그를 따를 자가 없다고 할 수 있다. 현실을 직시하며 투쟁을 멈추지 않은 작가들 중에 그의 영향을 받지 않은 사람이 없다. 그와 동시대를 살았던 진량과 유과劉過 그리고 후배인 유극장, 유신옹劉辰翁뿐 아니라 청대의 진유숭陳維崧, 문정식文廷式 등이 모두 그러한 문인들이다.

【 중국의 서원 】

● 송나라 초기 4대 서원의 하나인 악록서원

남송 시기 성리학자들은 가장 존경받는 사람들로서 대체로 주요 관직을 차지했다. 지방 관리들은 성리학자 출신 관리들에게 아부하기 위해 서원을 적극 지원하며 성리학을 전파하는 데 열정을 보였다. 이 때문에 서원은 남송 시기에 전성기를 이루었다.

'서원書院'이란 이름은 당나라 때 처음 나타났다. 청나라 때 원매袁枚가 지은 《수원수필隨園隨筆》에 의하면, 723년 당나라 현종이 여정서원麗正書院을 세우고 2년 뒤 집현전서원集賢殿書院으로 개칭한 후 궁정의 장서를 소장하고 책을 편찬하는 장소로 삼았다고 한다. 또 《전당시》에도 서원에 대한 언급이 여러 차례 나온다. 그러나 이때의 서원들은 주로 장서를 소장하거나 개인의 독서 공간으로 이용되었다.

교육사적 측면에서 본다면 송나라 때 서원의 체제가 확립되었으며, 사적으로 강의하고 문화를 전파하는 기풍도 이때 형성되었다. 당시의 서원은 학생들을 모집하여 강의를 하는 현대적 의미에서 '학교'라는 개념을 갖고 있었다.

5대10국의 전란을 거치면서 교육이 심각한 위기에 직면했지만, 송나라 초기의 일부 뜻 있는 선비들이 사원 등의 유적지나 옛사람들이 독서하던 곳에 학사를 세우고 학생을 모집해서 강의함으로써 새로운 의미의 민간 교육 체제를 확립했다.

　서원은 송나라 때 급속하게 발전했다. 통계에 의하면 북송과 남송 시기에 모두 203개의 서원이 세워졌고, 주로 양쯔강 유역과 주장珠江강 유역에 분포했다고 한다. 특히 장시성, 저장성, 후난성에 가장 많았으며, 백록동서원白鹿洞書院, 악록서원岳麓書院, 수양서원睢陽書院, 석고서원石鼓書院이 4대 서원으로 유명했다.

【 송대의 서원 교육 】

송나라의 서원은 장서루藏書樓의 의미를 갖는 '서원'과 불교 수행처의 의미를 갖는 '정사精舍'로 세워진 것이 있다. 그래서 서원이 가진 독서 교류의 기능을 흡수하는 한편 종교 수행처로서 경건한 환경이라는 장점을 아울러 흡수할 수 있었다. 이 때문에 송나라의 서원은 기본적으로 명산대천에 세워졌고, 어떤 건물은 그 원형이 불교의 사원 아니면 도교의 도관이었다.

서원은 대체로 강당과 숙소로 구성되었는데, 이는 오늘날의 강의실 및 기숙사와 비슷하여, 강당에서는 학문을 전수하고 기숙사에서는 자습을 하도록 했다. 서원은 대체로 학생이 수십 명에서 수백 명에 이르는 등 규모가 일정치 않았지만 일반적으로 배우러 오는 자는 거절하지 않았다. 강의의 주요 담당자를 동왕洞王 혹은 산장山長이라 칭했고, 어떤 곳에서는 부강副講, 관간管干, 전갈典謁 등과 같은 조수를 두었다. 수많은 서원이 운

영자나 강의하는 학자의 명망에 힘입어 유명세를 탔다. 예를 들면 남송의 대유학자 주희가 악록서원에서 강의를 하자, 악록의 명성이 일시에 널리 퍼졌다. 원나라의 성리학자 오징吳澄은 〈중건악록서원기重建岳麓書院記〉에서 "지역은 사람에 의해서 소문이 난다"는 말을 남겼다.

서원의 교육은 과거시험을 치르기 위한 공부가 아니라 품행이 뛰어난 인재를 육성하는 데 그 목적을 두어, 특히 '수신修身과 양성養性'을 강조했다. 서원이 채택한 교재는 자연히 유가의 경전이었다. 그러나 일부 과목은 학생의 수준에 따라 가르치고 결코 엄격한 과정이나 시험 규정을 두지 않았다. 공부하는 방식도 자습과 토론을 위주로 했다. 또 각각의 서원마다 학규와 학칙을 마련했다. 예컨대 주희는 백록동서원을 맡은 동안에 유명한 '백록동서원게시'를 제정했는데, 그 내용은 "널리 배우고, 자세히 묻고, 신중히 사고하고, 분명히 밝히고, 독실히 실천한다"는 것이었다.

서원에는 비교적 자유로운 학문적 분위기가 형성되었으며, 서원 간에도 활발히 교류하고 학술적으로 논쟁했다. 예컨대 1175년 주희와 육구연, 육구령 형제 간에 있었던 '아호鵝湖의 만남'은 당시의 유명한 토론회였다. 이러한 제도를 '강회講會'라고 불렀는데 그 창시자는 여조겸이다.

【 송나라의 4대 서원 】

서원을 말할 때 흔히 송나라의 유명한 4대 서원을 떠올린다. 사실 북송 초기에는 유명한 서원이 모두 여섯 개에 달했다. 장시의 루산廬山에 있는 백록동서원, 후난의 창사長沙에 있는 악록서원, 허난의 상추商丘에 있는

루산의 백록동서원

악록서원의 어서루御書樓

후난성 헝양의 석고서원

허난성 덩펑에 있는 숭양서원 유적과 편액

수양서원, 후난의 헝양衡陽에 있는 석고서원, 허난의 덩펑登封에 있는 숭양서원嵩陽書院, 장쑤의 장닝江寧에 있는 모산서원茅山書院이 그것이다. 뒤의 두 서원은 세운 지 얼마 되지 않아서 황폐해졌기 때문에 대체로 앞의 네 서원만 언급한다.

먼저 백록동서원의 유래부터 살펴보자. 당나라의 이발李渤, 이섭李涉 형제가 루산의 오로봉五老峰 동남쪽에 있는 하곡분지에 은거하며 독서로 세월을 보낼 때 이발이 하얀 사슴 한 마리를 길렀다고 한다. 그 사슴은 매우 온순해서 마을 사람들에게 신록神鹿이라 불렸고, 이발은 그로 인해 백록선생이라는 별칭을 얻었다. 백록동도 그렇게 해서 붙여진 이름이다. 얼마 후 이곳에 백록국양白鹿國痒이 세워졌고 30년 후에는 관민이 옛 터를 보수하여 서원을 세웠다.

이후 전란으로 화재를 당했지만 남송의 주희가 보수한 뒤 스스로 동주洞主를 겸하고 강의를 시작하면서부터 이름을 떨치게 되었다. 훗날 이몽양·왕수인 등이 이곳에서 강의를 했고, 황종희黃宗羲·왕사정王士禎·홍량길洪亮吉·리훙장李鴻章 등이 이곳을 참배한 바 있다.

악록서원은 송나라 개보開寶 9년에 담주潭州 태수 주동朱洞이 창건했다. 송나라 진종은 주인인 주식周式을 불러 '악록서원'이란 편액을 하사했으며, 이로 말미암아 이 서원은 송나라 초기 '천하대서원' 중 으뜸으로 불렸다. 주희도 이곳에서 강의한 적이 있어서 악록서원은 상호학파湘湖學派의 근거지가 되었다.

남송 말기에 많은 유생들이 성城을 지키며 원나라 군사에 저항했지만, 열에 여덟아홉 명이 전사하고 성이 파괴되었으며 서원도 훼손되고 말았다. 이후 재건된 서원은 명나라 때 양명학陽明學을 가르치는 곳으로 유명했다. 청나라 말기 증국번, 호림익胡林翼, 좌종당左宗棠 등이 모두 이 서원의 학생이었다.

　수양서원과 석고서원은 훗날 관학官學으로 사용되다가 나중에 문을 닫았다.

【 중국의 민간 교육 】

　송나라의 서원은 민간 교육의 한 유형이었다. 중국에는 이런 사학이 꽤 오랜 역사를 갖고 있다.

　공자로부터 시작된 사학은 교육과 학술의 발전에 중요한 역할을 담당하면서 계속 이어져왔다. 엄격한 의미에서 사학의 성격을 띤 서원은 당나라 말기에 비로소 선을 보이기 시작했다. 하지만 당시는 교육이 내리막길을 걷고 있을 때였고, 그 뒤를 이은 5대10국 시기 역시 전란이 끊이지 않던 때라서 교육도 자연히 발전할 기회가 없었다.

　이후 송나라에 접어들어 상대적으로 안정을 찾았을 때 뜻 있는 선비들이 교육의 진흥을 꾀하게 되었다. 하지만 송 왕조는 아직 교육을 일으킬 만한 힘이 없는 상황이어서 먼저 사학으로서 서원이 잉태되었던 것이다.

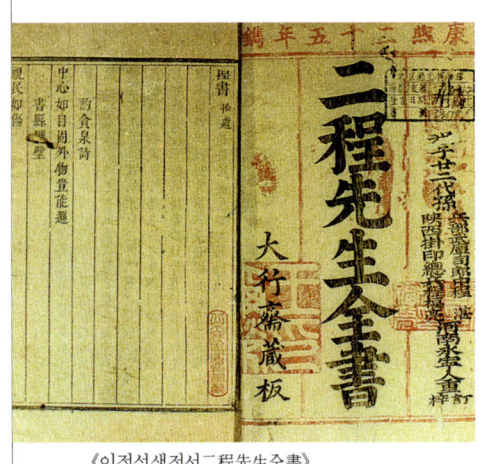

《이정선생전서二程先生全書》

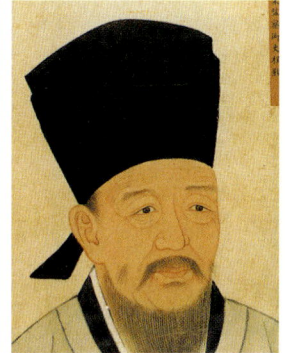

왼쪽부터 송나라의 성리학자 정호程顥, 정이程頤, 육구연

【 이학과 서원 】

송나라의 서원과 사상의 발전은 아주 밀접한 관계가 있었다. 서원은 탄생하는 그날부터 바로 사상을 전파하는 장소가 되었고, 강의를 담당하는 사람의 사상이 교육의 주된 내용이었다. 주희, 여조겸, 육구연 등의 노력으로 당시 서원에서 가르친 내용은 주로 이학理學(성리학)이었고, 이것은 마침내 관에서 공인하는 사상으로 자리잡아갔다.

남송 시기 성리학자들은 가장 존경받는 사람들로서 대체로 주요 관직을 차지했다. 지방 관리들은 성리학자 출신 관리들에게 아부하기 위해 서원을 적극 지원하며 성리학을 전파하는 데 열정을 보였다. 이 때문에 서원은 남송 시기에 전성기를 이루었다. 수적으로도 많은 데다 대규모의 엄밀한 조직, 완벽한 제도 등으로 전에 없이 성황을 이루며 관학을 대체할 정도였다. 그러나 유가의 충효를 중심으로 한 서원의 윤리 교육은 점차 봉건사회의 의식을 공고히 했다.

한편 서원은 정치와도 밀접한 관계가 있었다. 일부 유명 서원은 관아나 조정에서 하사한 편액을 확보함으로써 명성을 널리 떨쳤다. 심지어 어떤 서원은 관아에다 부동산을 요청하거나 운영비와 도서 구입비를 요구했다. 나아가 성리학자 출신의 지방관들은 서원을 정치활동의 중요한 터전으로 삼기도 했다.

서원을 학문의 전당으로 삼은 위대한 성리학자로 송나라의 정호程顥, 정이程頤, 주희, 육구연, 여조겸을 비롯해 명나라의 왕양명王陽明, 담감천湛甘泉, 고헌성顧憲成, 고반룡高攀龍, 청나라의 황종희, 캉유웨이康有爲 등이 있다.

【 송대 이후의 서원 】

남송이 멸망한 후 원나라의 통치자들도 교육을 중시하고 서원의 건립을 적극 장려하여 북방에서도 문화가 크게 부흥했다. 하지만 이 시기에는 서원의 관리와 강의의 수준이 그다지 높지는 않았다.

명나라에 이르러 서원은 재차 부흥기를 맞았다. 정부가 관학에 중점을 두고 과거를 제창한 탓에 송나라 때처럼 서원을 중시하지 않았지만, 왕양명과 같은 위대한 성리학자의 영향으로 서원이 민간에서 큰 영향력을 행사했다. 명나라 말엽, 장쑤성 우시無錫의 유명한 동림서원東林書院이 바로 그 예이다.

동림서원은 구산서원龜山書院이라고도 한다. 송나라의 학자 양시楊時가 이곳에서 제자를 모아 강의한 적이 있고, 원나라 때 폐쇄된 뒤에는 동림암東林庵으로 변신했다. 명나라 성화成化 연간에 사도司徒인 소보邵寶와 그의 문하인 화운華雲이 이곳에서 강의를 했지만 그 후 폐쇄되었다.

명나라 만력萬曆 32년(1604)에 고헌성, 고윤성顧允成 형제가 성 동쪽의 옛터에 서원을 재건했고, 남방의 학생들이 모여들기 시작하면서 성황을 이루었다. 스승 고헌성

명나라 말기 영향력이 가장 컸던 동림서원

이 병으로 죽은 뒤 고반룡이 뒤를 이어서 실학을 중시한 교육을 했는데 이들을 동림학파라고 한다. 동림학파는 학문과 정치를 결합시켜 조정의 득실을 논했고, "바람 소리, 빗소리, 책 읽는 소리, 소리마다 귀를 기울이고 집안일, 나랏일, 천하의 일, 일마다 관심을 두어라"는 고헌성의 유훈을 받들어 환관의 무리들을 비판했다.

훗날 위충현魏忠賢이 동림당 사람들을 박해했는데, 연루된 사람이 300여 명에 달했고 서원은 흔적도 없이 파괴되었다. 숭정崇禎 2년, 위충현의 무리가 타도되면서 동림서원은 제 모습을 되찾았고, 지금은 장쑤성의 문화재로 지정되었다.

結 서원은 중국 역사에서 중요한 교육 형식의 하나이다.
서원은 송나라 때 가장 번성해서 문호의 개방과 백가쟁명의 형세를 이루었고 교학과 연구를 결합시켰다. 또 경서 외에 문학과 역사 교육을 중시하고 의義와 이理의 해석을 중시하는 송학宋學의 전통을 확립해 훗날의 학술계에 큰 영향을 미쳤다. 아울러 서원은 역사 및 학술 자료의 보전에도 크게 기여했다. 중국의 서원은 한국과 동남아 일부 국가의 교육과 문화의 발전에도 중요한 영향을 끼쳤다.

주희와 이학

● 주희의 초상

주희 사상의 기본적인 범주는 '이理'이다. 그는 '이'는 만물의 근원이고, '기氣'는 만물을 구성하는 재료라고 생각했다. 그리하여 당시 사회의 윤리인 삼강오륜은 '이'의 표현이며, 인간의 욕심은 모든 죄악의 근원이므로, 천리로 욕심을 억제하고 도심道心으로 인심을 다스려야 한다고 주장했다.

1200년, 수양이 깊었던 한 노인이 젠양建陽의 고정考亭에 있는 거처에서 비참하게 세상을 하직했다. 그는 죽기 전 '위학역당적僞學逆黨籍(거짓 학문을 일삼는 역당의 명단 : 옮긴이)'에 들어가 심한 박해를 받았으며 제자들도 모두 떠나는 불행을 겪었다. 하지만 그가 죽은 후 수백 년간 이어진 봉건시대에 공자와 맹자의 뒤를 이은 또 한 사람의 성인으로 추대되었으니, 그가 바로 송나라 때 이학理學(성리학)을 집대성한 주희朱熹(1130~1200)이다.

　주희는 자가 원회元晦이고 호는 회암晦庵 또는 회옹晦翁이라 했다. 본적은 장시성 무원婺源이지만, 북송 선화宣和 말년에 부친이 푸젠성의 관리로 부임하여 그곳 우계尤溪에서 출생했다. 주희는 13세 되던 해에 부친을 여의고 오랫동안 푸젠성 충안崇安에서 살다가 만년에야 젠양으로 이주했다. 그는 우이산의 우취五曲에다 무이정사無夷精舍란 초가를 짓고 그곳에서 강의했으며, 젠양의 고정에 창주정사滄州精舍를 짓고 학문을 가르쳤다. 일생에서 푸젠성을 떠난 기간이 아주 짧았기 때문에 학술활동도 거의 푸젠성에서 이루어졌으며, 이 때문에 그가 창립한 학파를 '민학閩學'이라 부른다.

　주희는 소년 시절 정호와 정이를 스승으로 모시고 유자휘劉子翬, 호원중

胡原仲 등과 함께 유가의 사상을 깊이 연구했다. 18세에 급제했을 때 시험관으로부터 "훗날 비범한 사람이 될 것"이라는 칭찬을 들었다. 이듬해에는 진사에 급제했고 24세 때 동안현同安縣의 주부主簿가 되었다. 하지만 관직에는 별 관심을 두지 않았고, 제자들을 모아 강의하고 책을 편찬하면서 학술적 주장을 펴는 데 주력했다. 조정에서 몇 차례 그를 등용하려 했지만 일절 관심을 보이지 않았다.

그는 남강군南康軍(지금의 주장九江 싱쯔현星子縣)의 지사로 부임해 2년 1개월 동안 있으면서 교화를 강조하고 풍속을 바로잡았으며, 백록동서원을 보수하는 등 많은 업적을 쌓았다. 또 담주의 지사와 형호남로荊湖南路 안무사로 있는 동안에는 유명한 악록서원을 보수했다.

얼마 동안 벼슬살이를 한 후에는 다시 푸젠성으로 돌아가서 제자들을 가르치는 데 열중했다. 그의 사회적 영향력이 대단하자 정치적 라이벌이었던 한타주 등이 경원慶元 3년(1197)에 주희 등 59명을 '위학역당적'으로 몰아 박해를 가했다. 결국 주희는 억울한 누명을 쓰고 눈을 감았는데, 임종 직전까지도 《대학장구大學章句》를 수정했다고 한다.

【 송나라의 이학 】

북송과 남송 시기 지배적 위치에 있었던 사상은 이학理學이다. 도학道學이라고도 하는 이학은 불교와 도교의 사상이 유가의 철학과 결합한 신유가新儒家로서, 우여곡절 끝에 중국 봉건사회 후기에 공식적인 철학으로 받아들여졌다.

성리학의 선구자이자 창시자는 후난성 도주道州의 주돈이周敦頤이다. 오늘날 사람들은 〈애련설愛蓮說〉의 저자로 그를 기억한다. 이 위대한 철학자는 〈태극도설太極圖說〉에서 우주 만물의 기원에 관한 학설을 폈는데, 우주의 본원은 태극이며 태극이 음양을 낳고 음양이 천지를 만들었다고 주장했다. 동시에 '성誠'을 인간 심성의 최고 경지로 간주하고 '주정主靜'이라는 수양 방법을 제시했다.

성리학의 발전에서 가장 중요한 역할을 한 사람은 북송 시기 뤄양洛陽 사람인 정호와 정이 형제이다. 두 사람이 주장한 철학 체계의 핵심은 '이

理(천리天理)'이다. 이것은 '태극설'을 계승, 발전시킨 것으로 천리가 만물을 창조하고 일물一物에는 일리一理가 균등하게 있다고 보았다. 아울러 "사리사욕을 멸하고 천리를 밝히자"는 명제를 제시했다.

주희가 주지로 있을 때 보수한 백록동서원

주희는 바로 이 성리학을 집대성한 사람이다.

주희 사상의 핵심

주희 사상의 기본적인 범주는 '이理'이다. 그는 '이'는 만물의 근원이고, '기氣'는 만물을 구성하는 재료라고 생각했다. 그리하여 당시 사회의 윤리인 삼강오륜은 '이'의 표현이며, 인간의 욕심은 모든 죄악의 근원이므로, 천리로 욕심을 억제하고 도심道心으로 인심을 다스려야 한다고 주장했다. 주희 사상의 핵심은 《대학大學》에서 말한 "격물치지格物致知, 정심성의正心誠意"이다. 《대학》은 고대 유가의 문헌 중 하나로 그 내용은 "세 가지 강령과 여덟 가지 조목"이다.

세 가지 강령은 밝은 덕을 밝히는 '명명덕明明德'과 백성을 가까이 하

주희가 태어난 푸젠성 우계의 남계서원

주희는 백록동서원의 학칙을 제정하고 강의를 진행했다.

는 '친민親民'과 지극한 선善에 머무는 '지어지선 止於至善'을 말한다. 여덟 가지 조목은 격물格物, 치지致知, 성의誠意, 정심正心, 수신修身, 제가齊家, 치국治國, 평천하平天下이다. 이 중에서 주희가 가장 중시한 것이 바로 '격물'이다. 그는 격물을 '즉물궁리卽物窮理', 즉 "사물에 접해서 이치를 궁구한다"로 해석했다. 말하자면 격물이 곧 궁리로 사물을 이해하는 도리이고, 또 궁리는 반드시 사물의 궁구窮究여서 결코 사물을 벗어날 수 없다고 했다.

이성理性과 인욕人慾에 관한 주희의 이론은 "도심道心이 미약하면 인심이 위태로워진다"는 고대의 사상을 천명한 것이다. 즉 인심은 타고나는 것이라서 억지로 생기지 못하게 할 수도 없애버릴 수도 없지만, "주재하는 바가 없어서 그대로 흘러가기만 하고 회귀하는 걸 잊는다면" 사회가 위태롭게 된다는 것이다. 그러므로 사회를 위태롭게 하지 않으려면 응당 '도심'으로 '인심'을 주재해야 한다. 도심의 특징은 바로 공公, 즉 사회의 공공 도덕을 반영하는 것이다. 물론 시대마다 사회의 도덕은 다를 수밖에 없다. 주희가 제시한 구체적 기준은 봉건사회의 도덕적 규범이지만, 그가 제시한 문제 자체는 보편적 의의를 갖추고 있다.

【 아호사에서 토론하다 】

우리는 지금 주희의 사상 체계를 객관유심론이라고 부르지만, 남송 때 유행한 것은 주관유심론과 직각주의直覺主義 사조였다. 당시 주관유심론을 대표한 학자는 심학心學의 창시자인 육구연이다. 육구연은 장시성 금계金溪 태생으로 남송 중엽의 인물이며 주희와 명성이 대등했다. 그는 맹자의 '본심本心' 사상을 발전시켜 "마음이 곧 이理"라는 명제를 주장했으며, "우주가 곧 나의 마음이고 나의 마음이 곧 우주"라는 말을 남겼다.

1176년, 37세의 육구연은 46세의 주희와 장시성 상라오上饒의 아호사鵝湖寺에서 토론을 벌였는데 이를 '아호의 만남'이라 한다. 여기서 주희는 삼강오륜 같은 봉건 윤리를 객관적인 천리라 주장했다. 반면에 육구연은 그것이 사람에게 고유한 '본심'이며 도덕적 수양은 다만 심성을 기르는 것이므로 간단하고 쉬운 일이라고 주장했다. 하지만 주희는 도덕적 수양은 격물과 치지의 공부가 필요하다고 강조했고, 육구연은 그것이 너무 번거로운 일이라고 반박했다. 주희는 책을 많이 읽을 것을 강조했지만, 육구연은 내면의 반성을 많이 해야 한다고 했다. 두 사람은 끝내 상대를 설득하지 못하고 토론을 접었다.

【 효종에게 글을 올리다 】

주희는 관직에는 전혀 관심이 없었고 다만 '제왕의 스승'이 되는 데 뜻을 두었다. 그래서 늘 황제에게 글을 보내서 이런저런 비판을 하고 건의사항을 제시했다. 그는 황제부터 선비에 이르기까지 격물, 치지, 정심, 성의를 보편적으로 공부해야 한다고 주장했다. 주희가《대학》의 격물에 관해 최초로 언급한 것은 효종에게 올린 두 편의 글을 통해서이다. 효종은 즉위 초에 직언을 널리 받아들인다는 조서를 내렸고, 당시 33세의 주희는 즉시 다음과 같은 글을 올렸다.

제왕의 학문은 먼저 격물치지에서 시작해야만 사물의 변화를 철저히 이해하고 의리義理와 시비를 정밀히 분석할 수 있습니다. 이렇게 해야만 뜻이 성실해지고 마음이 바르게 되어 자연스럽게 천하의 모든 일에 대처할 수 있습니다.

이듬해 효종이 주희를 불렀는데 그 자리에서 주희는 이렇게 말했다.
"《대학》의 도는 '격물치지'에 있습니다. 폐하께서는 지금 일에 따라 이理를 살피지 못하고 이理에 입각해서 일을 처리하지 않기 때문에 '치국'과 '평천하'의 효과를 보지 못하는 것입니다."
주희는 이런 식으로 황제를 가르치고 비판했기 때문에 효종의 불만을 살 수밖에 없었다.
순희淳熙 7년, 50세의 주희는 다시 다음과 같은 글을 올렸다.

백성을 사랑하는 근본은 황제가 바른 마음으로 도덕과 법 기강을 확립하는 데 있습니다. 하지만 요즘 황제께서 한두 사람의 소인만 가까이 하면서 사사로운 이익에 안주하시니 부끄러움을 모르는 무리들 또한 뇌물을 받으면서 사적인 이익만을 도모하게 된 것입니다.

이 상서를 보고 효종은 노발대발했다. 순희 15년, 효종은 주희를 수도로 불렀다. 이때 누군가 주희에게, 황제는 '정심'과 '성의'란 말을 가장 싫어하므로 절대로 그 말은 하지 말라고 귀띔했다. 하지만 주희는 엄숙한 표정으로 이렇게 말했다.

"내 평생 배운 것이 그 네 글자인데, 어떻게 말하지 않겠소?"

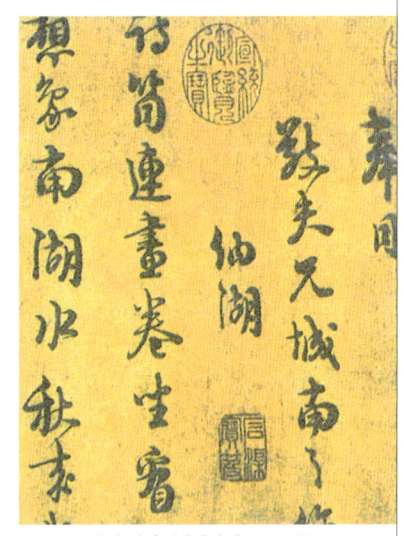

주희의 시첩 〈성남창화城南唱和〉

황제를 만난 주희는 여전히 그런 말투로 입을 열었다.

"폐하께서 즉위하신 지 벌써 30년이 다 돼가지만 아직 이렇다 할 업적이 없습니다. 이는 폐하 내면의 천리天理가 순수하지 못해서 인욕人欲이 남아 있기 때문일 것입니다. 앞으로 폐하께서는 생각을 하나하나 신중히 살피시기 바랍니다."

그해 겨울 주희는 다시 글을 올려 임금의 마음이 바르지 못하면 천하의 어떤 일도 바르게 될 수 없으니, 천리의 공심公心으로 인욕의 사사로움을 극복함으로써 예의로 돌아가고, 현명한 자를 가까이하고 간사한 무리를 물리치며 기강을 엄정하게 확립할 것을 권유했다.

【 이학의 폐단 】

오늘날 이학을 유심론적이라고 하는 이유는 '이'가 본질적으로 사물을 벗어난 것이기 때문이다. 주희는 '이'를 가리켜 "강물에 비치는 달"과 같은 본체라 했고, 성리학자들은 영원한 존재라고 주장했지만 실제로는 사물을 벗어난 추상적인 것이었다.

남송 말년에 주희의 이학은 존경을 받았다. 이종理宗이 즉위한 후에는 주희를 태사太師로 추증했고, 주돈이, 정호와 정이 형제, 장재동張載同 등과 함께 공자의 사당에 모셔두고 제사를 지냈다. 이후에 원·명·청 세 왕조는 이학을 정통적인 철학으로 추앙했다. 이학은 도학이라고도 하여 이학을 추종하는 학자들을 '도학자'라고 했다.

하지만 이학의 부정적인 영향도 나타났다. 어떤 사람들은 "천리를 보존하고 인욕을 멸한다"는 주희의 사상을 야만적으로 적용해서 끔찍한 일을 수없이 저질렀다. 예컨대 "굶어죽는 것은 사소한 일이지만 절개를 잃는 것은 큰일"이라며 수많은 과부를 굶겨죽이거나 태워죽이는 등 극단적인 행동도 서슴지 않았다. 심지어 다섯 살 난 여자아이가 남자가 주는 음식을 받았다고 해서 '남녀수수불친男女授受不親'의 원칙을 위반한 것으로 간주하여 굶겨죽이기도 했다. 이에 대해 청대의 대진戴震이 말했다.

"그들이 말하는 '이理'란 가혹한 관리들이 말하는 '법'과 조금도 다름이 없다. 가혹한 관리들은 '법'으로 사람을 죽이지만, 유학자들은 '이理'로써 사람을 죽인다."

5·4운동 당시 루쉰과 같은 인물도 "사람을 잡아먹는 예교"의 폐해를 고발하며 "공가점孔家店을 타도하자"는 구호를 내걸었다. 이것은 곧 이학의 몽매함과 반동에 대한 질타였다.

結 주희는 백과사전처럼 해박한 지식을 가진 12세기의 학자이다. 평생 저술과 강의에 힘썼으며, 그가 보수하고 강의를 했던 백록동서원과 악록서원은 각각 중국의 4대 서원 중 하나가 되었다. 그의 학술적 성과는 "광대함과 정밀함으로 백 대代까지 그 영향을 미치며" 지금도 경탄을 불러일으키는 면이 있다.

그는 《주역본의周易本義》, 《초사집주楚辭集注》, 《자치통감강목資治通鑒綱目》, 《사서집주四書集注》 등을 비롯해 500여 권의 책을 저술했다. 그중에서 《사서집주》는 원·명·청 왕조가 규정한 과거 시험의 필독서였다.

주희는 이성理性의 본체, 이성의 인성, 이성의 방법을 강조함으로써 성리학을 중국 사상의 주류로 편입시켰다. 그의 사상은 이후 700여 년 동안 정통의 권위를 자랑했으며, 후기 봉건사회와 근대사회의 철학·정치·법률·도덕·문화·경제에 깊은 영향을 미쳤다. 아울러 한국과 일본, 동남아시아에도 영향을 끼쳤다.

그가 강조한 '격물치지'의 사상은 근대 과학의 수용에 중요한 역할을 했고, 중국의 민족정신에도 큰 영향을 끼쳤다. 공자가 고대의 문화를 집대성했다면 주희는 근세의 문화를 집대성했다고 할 수 있다.

책을 집필하는 주희

中國文明 大視野

제6부

심괄과 《몽계필담》·문천상과 〈정기가〉·조판인쇄와 활자인쇄·화약과 화기·고대 화폐의 변천·송대의 설화와 화본소설·송·원대의 선본·송·원대의 도자기·송·원대의 회화·마르코 폴로가 본 중국·원대의 산곡·관한경과 원대의 잡극·왕실보와 《서상기》·《삼국연의》·《수호전》·《서유기》·《영락대전》·정화의 항해

【 심괄과 《몽계필담》 】

● 심괄

심괄은 귀국길에서도 산과 하천 그리고 험난한 요충지 등을 일일이 지도에 그려넣었고, 현지의 풍속과 물정도 자세히 조사했다. 수도로 돌아온 그는 그 자료들을 정리해서 신종에게 바쳤으며, 신종은 그 능력을 높이 사서 그를 한림학사로 임명했다.

《몽계필담夢溪筆談》은 중국 과학사상 중요한 저작의 하나이다. 저자 심괄沈括(1031~1095)은 자가 존중存中이고 전당錢塘(지금의 저장성 항저우) 태생이다. 북송의 유명한 과학자로서 그의 업적은 《몽계필담》에 수록되어 있다. 《몽계필담》이라고 이름 지은 것은 그가 만년에 윤주潤州(지금의 장쑤성 전장鎭江)의 몽계원에서 이 책을 집필했기 때문이다. 이 저서는 모두 26권으로 되어 있지만, 《보필담補筆談》3권과 《속필담續筆談》1권까지 합하면 모두 609조목이다.

《몽계필담》에서 심괄은 중국 고대, 특히 북송 시기 자연과학 분야에서 거둔 찬란한 성과를 자세히 기록하고 있다. 책의 내용은 공업기술, 지학地學, 천문학, 수학, 물리학, 화학, 생물학, 의학 등 여러 분야를 포함하고 있다.

심괄은 박식한 데다 견문이 넓어서 천문, 지리, 율력, 의약 등을 두루 연구했다. 《몽계필담》은 이처럼 다방면에 걸친 연구에서 거둔 성과를 기록한 것이다. 예컨대 그는 저장성 동쪽 옌탕산雁蕩山의 여러 봉우리를 답

사한 뒤 그 지리에 대해 과학적으로
분석했다. 타이항산太行山을 따라
북쪽으로 가던 중 바다가
육지로 변한 현상을 발
견했으며, 정주定州(지금
의 허베이성 딩현定縣)에서는
지형을 돌아본 후 나무조각과
밀랍으로 그 입체적인 모형을 만
들었다. 수도로 돌아와서는 세계
최초로 지리 모형을 만들었으며, 식
물의 화석을 조사하여 고대의 기후를 추측했다.

《몽계필담》

《몽계필담》은 중국 고대 과학기술 발전사의 중요한 이정표이다. 고대부터 지금에 이르기까지 국내외의 무수한 학자들은 과학기술사에서 《몽계필담》의 위상을 높이 평가한다.

【 《몽계필담》의 천문지리학적 성취 】

《몽계필담》에는 천문기상학에 관한 내용이 40여 조목 수록되어 있다. 자료가 풍부하고 서술이 생동감 있어서 걸출한 천문학자인 심괄의 품격을 잘 보여준다.

기록에 의하면 심괄은 〈혼의의渾儀議〉, 〈부루의浮漏儀〉, 〈경표의景表儀〉 등 천문학에 관한 세 편의 논문을 썼으며, 새로운 천문 관측 기구를 만들었다. 그는 사천감司天監으로 있을 때 해와 달 그리고 오성五星의 행도行度를 측정한 뒤 역법을 수정할 것을 주장했다. 또한 천극天極의 움직임이 없는 곳을 고찰하기 위해 직접 200여 장에 달하는 그림을 그리면서 3개월 동안 노력한 결과, 마침내 북극성의 위치를 확정했다. 이 밖에도 해수의 조류 법칙을 직접 관찰함으로써 "매달 자오子午에 이를 때 조류가 나타난다"는 정확한 결론을 얻었다.

심괄은 《몽계필담》의 여러 곳에서 지학에 관한 탁월한 논점과 풍부한

심괄은 조개껍데기 화석을 근거로 타이항산이 원래 바다였다는 것을 확인했다.

자료를 제시하고 있다. 그가 성공적으로 마친 변거汴渠의 측량 공사는 당시 북송의 경제에 직접적인 영향을 미쳤기 때문에 보수하는 일이 아주 시급했다. 심괄은 변거를 정밀히 답사한 뒤 보수를 위한 과학적 근거를 확보했다. 그는 카이펑開封과 사주泗州(지금의 장쑤성 쑤첸宿遷) 사이의 고도 차이를 촌寸과 분分 단위까지 정확하게 측정함으로써 중국 측량사에서 가장 탁월한 과학적 성취를 이룩했다.

　지도의 제작에서도 심괄은 전례 없는 업적을 남겼다. 허베이성을 시찰할 때 그는 요충지를 자세히 관찰해서 전략을 수립하는 데 사용할 지리 모형을 만들고 그것을 성목도成木圖(나무로 만든 지도 : 옮긴이)로 제작했다. 얼마 후 이 지도는 일부 지역에서 널리 사용되었다. 이것들을 바탕으로 심괄은 다시 12년간 꾸준히 노력해서 당시 가장 정확한 전국 지도인 천하주현도天下州縣圖를 만들었다.

천하주현도의 엄청난 규모와 그 자세한 내용은 이전 시대에선 볼 수 없던 것이었다. 그는 이 지도를 만드는 과정에서 옛사람들의 지도 제작 경험을 종합하여 제도칠법製圖七法을 만듦으로써 고대의 지도 제작 수준을 한 단계 끌어올렸다.

【《몽계필담》속의 물리학, 화학, 생물학, 의학 】

심괄은 물리학에서도 중대한 공헌을 했다. 그는 자석침의 편각偏角을 최초로 지적했는데, 이는 콜럼버스가 1492년에 아메리카 대륙을 항해할 때 발견한 것보다 400여 년이나 앞선 것이다.

심괄은 또 일찍부터 석유의 화학적 특성에 대해 인식하고 그것의 개발

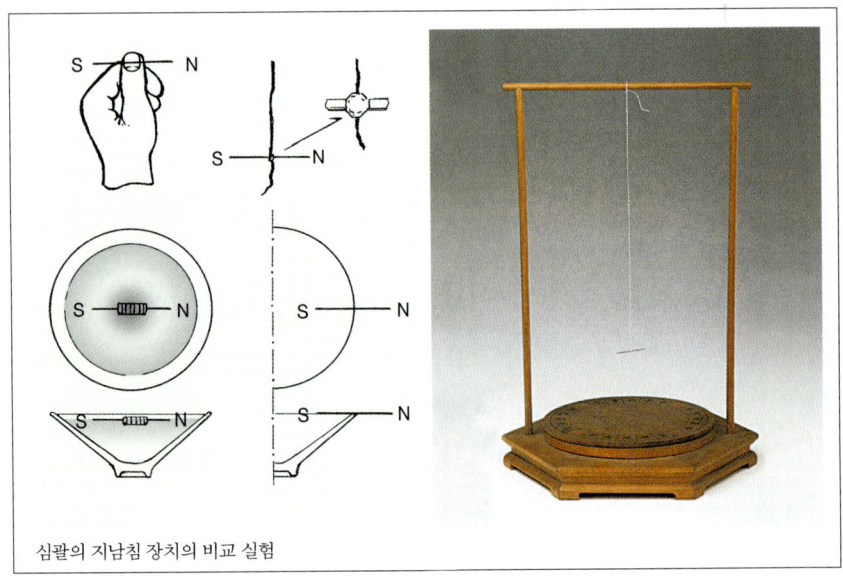

심괄의 지남침 장치의 비교 실험

과 이용을 꾀한 과학자였다. 석유의 생산과 응용에 관한 기록은 한나라 때도 있었다. 심괄 이전에 석유는 석지수石脂水, 석칠石漆, 이정유泥井油 등으로 불렸지만 그 특성에 관해서는 어떤 정보도 없었다.

심괄은 석유가 완전 연소하지 못할 때 연료가 생성되는 특성을 이용하여 소나무 땔감을 대체하는 '연천석액延川石液'의 제조 기술을 발명했다. 특히 심괄이 중국의 지하에 풍부하게 매장된 석유 자원에 유의했다는 점과 그것을 이용해서 소나무의 남벌을 막자고 제안했다는 점은 언급할 만하다. 그는 소나무 땔감을 석유 연료로 대체해야 한다고 제안했고, 앞으로 석유 제품이 "세상에 크게 유행할 것"이라고 예견했다.

그 밖에 《몽계필담》의 식물학과 의약학에 관한 90가지 조목에는 각지의 동식물과 약물의 명칭 및 기본적인 속성이 광범위하게 기록되어 있다. 심괄은 옛사람들의 주장을 무조건 수용하지 않고 사실을 바탕으로 정밀한 조사와 관찰을 거친 뒤에 고서의 갖가지 오류를 시정했다. 가령 《상서대전尙書大傳》에 "마치 거거車渠와 같은 큰 조개를 취한다"는 기록이 있는데, 여기서 '거거'는 바다에서 나는 대형 조개이다. 그런데 경학經學의 대가 정현鄭玄은 그것을 수레바퀴의 바깥쪽 고리로 여기고, "거渠는 수레의 그물"이라고 해석했다. 심괄은 그 오류를 바로잡으면서 '거거'에 대한 정확한 기록을 남겼다.

【 사신으로 나가다 】

1075년, 요나라가 대신 소희蕭禧를 카이펑에 파견해서 국경의 확정을 요구했다. 송나라 신종도 대신을 보내 소희와 담판을 짓게 했는데, 며칠간이나 계속 논의했지만 아무런 결론도 얻지 못했다. 소희가 황수산黃蒐山(지금의 산시성 위안핑原平 서남쪽) 일대의 30리가 요나라 땅이라고 주장한 것이 문제였다. 송나라 대신은 그곳의 지형을 잘 몰랐기 때문에 소희의 요구가 무리인 줄 알면서도 반박할 수가 없었다. 신종은 이때 지리학에 정통한 심괄을 보내 담판을 짓도록 했다.

심괄은 일 처리가 치밀했을 뿐 아니라 지리와 지형에 대해서도 조예가 깊었다. 그는 먼저 추밀원의 서류들을 조사해서 과거 이 지역의 국경선에 관한 자료를 일일이 확인했으며, 그 결과 이 지역이 송나라에 속한다는 근거를 확보했다. 심괄의 보고를 받은 신종은 그것을 지도로 그려 소희에게 보이도록 했으며, 결국 소희는 욕심을 포기하고 돌아갈 수밖에 없었다.

후에 신종은 심괄을 요나라의 도읍인 상경上京(지금의 내몽골자치구 바린쭤치巴林左旗 남쪽)에 파견했다. 심괄은 우선 지리에 관한 자료를 대거 수집한 뒤 수행 관리들에게 암기하라고 지시했다. 상경에 도착하자 요나라의 재상 양익계楊益戒가 나와서 심괄과 국경선에 관해 설전을 벌였다. 요나라에서 제기한 질문에 대해 심괄과 수행원들이 빈틈없이 대답하자, 양익계는 무리한 요구를 거두고 말았다.

심괄은 귀국길에서도 산과 하천 그리고 험난한 요충지 등을 일일이 지도에 그려넣었고, 현지의 풍속과 물정도 자세히 조사했다. 수도로 돌아온 그는 그 자료들을 정리해서 신종에게 바쳤으며, 신종은 그 능력을 높이 사서 그를 한림학사로 임명했다.

【 인재를 선발하다 】

1072년, 심괄은 천문역법에 통달한 능력을 인정받아 제거사천감提擧司天監으로 임용되었다. 당시 심괄은 많은 역관들이 천문과 역법에 대해 무지할 뿐 아니라 천문 현상을 관측하는 가장 기본적인 의기儀器조차 사용할 줄 모른다는 사실을 발견했다. 그는 여러 사람들의 만류에도 불구하고 과감하게 여섯 명의 역관을 교체했다. 《몽계필담》에는 평민 출신의 위박衛朴을 역관으로 임명했다는 기록도 있다.

위박은 역법에 정통해서 당나라의 유명한 천문학자인 장수張遂(승려 일행一行)를 능가했다. 《춘추春秋》에서는 일식을 36차례나 기록하고 있는데, 당시 각종 역법을 사용해서 아무리 정확하게 검증해도 26~27번까지밖에 확인할 수 없었다. 그러나 위박은 그것을 35번까지 검증해냈고, 역법을 제정하는 규칙에 정통했을 뿐 아니라 그것을 익숙하게 외웠다.

나중에 증명되었지만 심괄이 위박을 역관으로 임명한 것은 뛰어난 판단이었다. 위박의 재능이 뛰어났기에 심괄은 그와 함께 최초로 북극성의 정확한 위치를 계산해낼 수 있었고, 새로운 역법을 제정함으로써 중국의 천문학을 더 높은 수준으로 끌어올릴 수 있었다.

結 심괄은 평생에 걸쳐 많은 저서를 남겼다. 《몽계필담》 외에도 유명한 의학서인 《소침양방蘇沈良方》을 편찬했고, 또 자신의 시문과 이론 방면의 성과를 집대성한 《장흥집長興集》을 펴냈다.

심괄이 이처럼 풍부한 저작을 남길 수 있었던 데에는 근면함 외에 민간의 발명과 창조를 중시했던 것도 중요한 요인으로 작용했다.

그는 이렇게 토로했다.

"기술로 다루는 기계, 크고 작은 도량형, 검고 누렇고 푸르고 붉은 것 등이 어떻게 모두 성인에게서만 나왔겠는가! 수많은 공인工人, 직능이 있는 유사有司, 시정잡배들, 농사꾼 등 누구나 가능하다."

심괄은 가는 곳마다 의원이든 평민이든 사대부든, 혹은 "산림에 은거한 사람"이든 직접 만나서 부지런히 가르침을 구했다. 가령 필승畢昇의 활자인쇄술에 관한 진귀한 기록은 평민들의 경험에 관심을 기울인 결과 도움을 받은 것이며, 그로 인해 그 위대한 발명의 구체적인 과정을 자세히 기록할 수 있었다. 그리고 책을 한두 권 찍을 때는 어떠한 방법이 더 경제적이고, 몇십 또는 몇백, 몇천 권을 찍을 때는 어떤 방법이 더 경제적이고 편리한지에 대해서도 자세하게 기록했다.

심괄 기념 우표

이처럼 활자인쇄술에 기여한 것만 보더라도 《몽계필담》은 중국은 물론 세계의 과학기술사에서 중요한 위치를 차지한다고 할 수 있다.

【 문천상과 〈정기가〉 】

● 문천상의 초상

원나라 군사가 남송의 수도인 임안을 압박하자 조정은 황급히 각 지역의 장병들을 모아 조정을 구하라는 조서를 내렸다. 하지만 조정의 지시에 호응하는 자는 가뭄에 콩 나듯 했다. 이때 문천상은 즉시 사재를 털어 장시 지방에서 3만여 명을 모집해 임안으로 급히 달려갔다.

문천상文天祥(1236~1282)은 자가 이선履善이고 호는 문산文山으로, 길주吉州 노릉盧陵(지금의 장시성 지안吉安) 사람이다.

문천상은 사회가 급속히 분열되고 민족이 심각한 위기에 직면했던 남송 후기에 태어났다. 그는 어릴 때부터 충신과 열사들에 관한 전기를 즐겨 읽으면서 그들을 따르겠다고 마음먹었다. 20세에 수도인 임안臨安(지금의 항저우)에 가서 진사시에 응했는데, 전시殿試의 대책對策에서 '법천불식法天不息'이란 사상을 제시하며 관료사회를 혁신하고 정치를 깨끗이 하자는 주장을 펼쳐 시험관으로부터 높은 평가를 받아 장원급제했다.

덕우德祐 2년(1276), 원나라 군대가 임안성 밖에까지 쳐들어왔다. 문천상은 이 위기 국면에 우승상 겸 추밀사로 임명되어 원나라 군영에 화친을 맺으러 갔다가 사로잡혀 북방으로 압송되었다. 장쑤성 전장鎭江까지 갔다가 탈출한 그는 저장성 원저우溫州에 가서 송나라 단종端宗을 옹위했다. 그는 송나라의 강토를 수복하기 위해 동남 연해 일대에서 활동하다가 1279년에 체포되었다. 이후 4년간 옥살이를 하다가 끝내 원나라에 항복하지 않아 살해되고 말았다.

문천상은 사람을 감동시키는 시를 많이 남겼는데, 《지남록指南錄》과 《지남후록》, 《음소집吟嘯集》 등의 시집이 후세에 전해진다. 《지남록》이라는 제목은 "신하의 마음은 지남철과 같아서 남쪽을 가리키지 않고는 쉬지 않는다"는 말에서 유래했다. 송나라 땅을 수복하려는 불굴의 투지를 확인할 수 있는 대목이다.

문천상의 시가는 절개를 지키는 기개와 민족의 밝은 미래에 대한 확고한 신념을 표현하고 있다. 이는 걸작 〈정기가正氣歌〉에서 가장 선명하고 강렬하게 드러난다. 이 시는 소박하고 자연스럽게 시인의 애국심과 절개를 보여줌으로써 후세의 지사志士들을 고무해왔다.

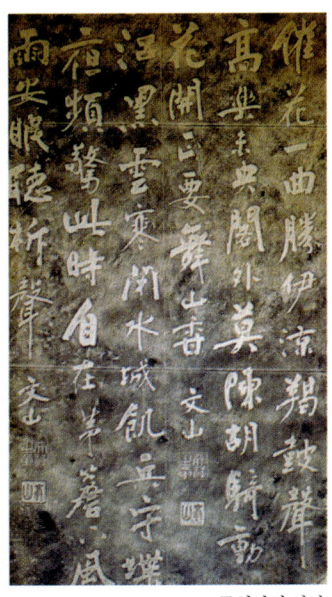

문천상의 시비

【 단심을 후세에 길이 남기리 】

　문천상이 살았던 시대는 남송 후기로 민족의 위기가 매우 심각했던 때다. 원나라의 대대적인 남침에 직면하자 그는 국난을 타개하기 위해 의병들을 모집해 푸저우福州와 팅저우汀州 등에서 용감하게 싸웠으며, 그 결과 원나라에 대항하는 남송의 상징이자 희망이 되었다.

　1278년 겨울, 적군의 공격이 임박해오자 문천상은 차오양潮陽으로 옮겨가야만 했다. 그런데 지금의 광둥성 하이펑海豊 북쪽에 있는 오파령五坡嶺에서 식사를 하던 중 불시에 닥친 원나라 군사에게 체포되었다. 이듬해 봄, 원나라 군사들에게 압송되어 주장珠江강 입구의 링딩양零丁洋을 지날 때, 원나라 장수 장홍범張弘范이 문천상을 핍박하고 회유하며, 그때까지 해상에서 원나라에 저항하고 있던 장세걸張世傑에게 투항을 권유하라고 종용했다. 문천상은 단호하게 거절하면서 이렇게 말했다.

　"나 자신이 부모를 구하지 못하는데, 어찌 다른 사람에게 부모를 배신

《여릉문승상문산선생전집廬陵文丞相文山先生全集》

하라고 할 수 있단 말인가!"

여기서 부모란 바로 조국을 가리킨다. 말을 마친 그는 새로 쓴 자신의 시〈영정양을 지나며過零丁洋〉를 꺼내서 다시 한번 늠름한 정기正氣를 보여주었다. 그 시의 내용은 이러하다.

> 한 시대에 쓰디쓴 고난과 마주치니
> 전란으로 인해 사방의 별마저 쓸쓸히 떨어지네.
> 강산이 온통 파괴되고 바람에 버들개지 날리는데
> 내 신세 부침은 마치 비를 맞는 부평초와 같구나.
> 황공한 심정의 여울목에서 황송함을 말하고
> 영정양 마을에서 몰락한 신세를 한탄하네.
> 인간의 삶, 예부터 누군들 죽지 않으랴
> 다만 단심丹心을 후세에 길이 남기리.

앞의 여섯 구절은 국토가 파괴된 데 대한 비분을 담고 있는데, 그 필치가 분노에 찬 듯 사람을 감동시킨다. 시의 마지막 두 구절은 슬픔에서 장엄함, 억눌림에서 고양됨을 표현함으로써 시를 절정으로 끌고 간다. 이는 꺾이지 않는 절개와 목숨을 바쳐서라도 의로움을 지키려는 시인의 생사관을 보여준다. 이 구절은 천고의 절창으로 700여 년 이래로 의로운 일에 용감하게 뛰어든 지사들을 격려했다. 당시 적군들도 "좋은 사람의 좋은 시"라고 찬탄하면서 문천상의 투항을 획책하려던 계획을 포기했다고 한다.

【 호연지기의 송가, 〈정기가〉 】

1279년 10월, 문천상은 원나라의 대도大都(지금의 베이징)로 압송되어 처음 며칠 동안은 역참의 빈방에 갇혀 있었다. 원나라의 통치자들은 그를 투항시키기 위해 대신뿐 아니라 이미 투항한 장수, 심지어 송나라 황제까지 동원했지만 문천상은 끄떡도 하지 않았다.

모든 노력이 수포로 돌아가자 그들은 문천상을 병마사兵馬司의 한 방에 가두었다. 어둡고 습한 방에서 그는 고통을 견디며 〈정기가〉를 썼다.

천지에는 정기가 있으니
서로 섞여서 흐름도 되고 형체도 되네.
아래에 있으면 강물과 산이 되고
위에 있으면 해와 별이 되네.
인간에게 있으면 호연지기가 되어서
성대하게 우주에 가득 찬다네.

황제의 길을 맑고 평탄하게 하려면
밝고 깨끗함만을 들이마시고 내쉬어야 하네.
시대가 궁핍해도 절개는 보여야 하니
일일이 붉은 마음, 푸른 절개를 드리우리라.

시인은 맹자가 말하는 '호연지기浩然之氣'가 천지간에 충만해서 반드시 사악함을 이길 것이라는 자신의 신념을 토로하고 있다. 특히 아무리 변화무쌍하고 어려운 시국이라도 한 사람의 절개는 얼마든지 뚜렷하게 살아 있을 수 있음을 보여준다.

문천상은 이 정기가 천지를 채울 때 개인의 생사나 안위는 전혀 문제가 되지 않는다고 했다. 즉 정기의 거대한 힘은 우주의 모든 것이 정기를 근본으로 삼도록 만들기 때문에 인간세상의 모든 것도 정기를 버팀대로 삼게 된다는 것이다.

〈정기가〉는 호연지기의 송가이자 위대한 애국심과 숭고한 절개의 송가이

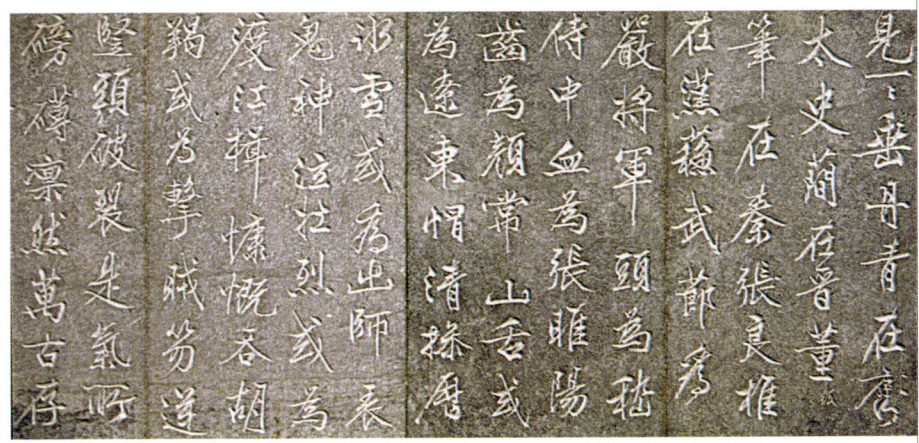

문천상의 〈정기가〉 친필 비각碑刻

며, 시인 자신의 뜨거운 피와 생명으로 쓴 시이다.

【 국난에 직면해 떨쳐 일어나다 】

　나라를 위하는 문천상의 정기는 부모의 교육에 힘입은 바 크다.
　문천상의 부친 문의文儀는 학문에 열의가 있는 활달한 성격의 사대부였다. 〈문승상서文丞相敍〉에 의하면, 그는 임종 당시 문천상에게 "너는 오로지 나라를 위해 살아야 한다"는 말을 남겼다. 문천상은 〈어머니를 곡하며 지은 시哭母詩〉에서 이렇게 말했다.
　"어머니께서 나에게 충성을 가르치셨으니 내 어찌 그 뜻을 거역하랴!"
　나라를 위해 충성해야 한다는 부모의 가르침이 문천상의 인격 형성에 깊은 영향을 끼쳤음을 알 수 있다. 그런 가르침으로 인해 문천상은 국난에 직면하자 용감하게 나설 수 있었다.
　1275년, 원나라 군사가 남송의 수도인 임안을 압박하자 조정은 황급히 각 지역의 장병들을 모아 조정을 구하라는 조서를 내렸다. 하지만 조정의 지시에 호응하는 자는 가뭄에 콩 나듯 했다. 이때 문천상은 즉시 사재를 털어 장시 지방에서 3만여 명을 모집해 임안으로 급히 달려갔다. 당시 그를 만류하는 사람이 있었다.
　"지금 원나라 군사가 파죽지세로 몰려오고 있소. 임시로 조직한 병사들을 거느리고 대항하는 것은 마치 사람들을 데리고 맹호와 싸우는 격이오. 패배할 것이 불을 보듯 뻔한데, 왜 그런 바보 같은 짓을 한단 말이오?"
　문천상이 대답했다.
　"나라고 그걸 모르겠는가? 하지만 나라가 위급한데 힘을 보태는 군졸

문천상은 군사 3만여 명을 소집해 임안을 수호하러 나섰다.

하나 없다면 얼마나 가슴 아픈 일인가! 힘이 모자라는 것을 내 모르는 바 아니지만, 나라를 위해 희생하겠다는 마음으로 나서야 한다고 생각하네. 만약 충성스런 마음을 지닌 사람들이 이 소문을 듣고 나선다면 힘이 더 커질 테니, 나라를 지킬 수 있지 않겠나?"

임안으로 가는 길에 문천상은 〈부궐赴闕〉이라는 시를 지어 "장대한 마음은 바다를 메우고자 함이요, 쓰디쓴 담력은 하늘을 걱정하는 것이네"라고 비장한 마음을 밝혔다. 이는 국난에 직면해 용감하게 떨쳐 일어난 불굴의 정신을 표현한 것이다.

【 조용히 의로움을 지키다 】

〈정기가〉를 쓴 이듬해, 문천상은 결국 죽음을 면치 못하리라는 것을 예감했다. 그래서 봄이 다가오자 유명한 〈의대찬衣帶贊〉을 썼다.

공자는 인仁을 이루어야 한다 했고
맹자는 의義를 취해야 한다 했으니
오직 의義를 다해야만
비로소 인仁에 이르는 것이다.
성현의 글을 읽으면서
무슨 일을 배우든 간에
오늘도, 또 훗날에도
부끄러움이 없기를 바라노라.

그해 겨울 원나라 세조世祖 쿠빌라이가 직접 나서서 마지막으로 회유했다. 문천상은 세조에게 길게 읍하고 큰 소리로 말했다.
"송나라가 망한다면 문천상도 죽어야 한다. 오래 살고 싶지는 않다."
그 말을 듣고 세조가 말했다.
"그와 같은 충성심으로 나를 받든다면 중서中書로 임명하겠다."
문천상은 단호하게 대답했다.
"나는 송나라에서 장원급제한 재상이니 나라가 망한 것으로 죽어 마땅하다. 죽는 것 외에는 아무것도 바라지 않는다."
1282년 12월 9일, 세조는 드디어 문천상을 처형하기로 결정했다. 문천상은 의연하게 사형장으로 나섰다. 마지막으로 집행관이 회유했다.
"지금이라도 투항한다면 죽음을 면할 수 있다."
문천상이 대답했다.
"죽으면 죽었지 더 할 말이 없다."
형장에는 구경 나온 사람들이 구름처럼 몰려 있었다.
"어느 쪽이 남쪽이오?"

사람들이 남쪽을 가리키자 문천상은 그쪽을 향해 절을 했다. 그리고 붓을 들어 칠언율시 두 수를 지었다. 시에서 그는 "남쪽을 바라보니, 구원九原은 어드메인가? 모래먼지에 캄캄하게 막혀서 길이 막막하네", "하늘과 땅이 황폐해지면서 영웅이 죽으니, 나라는 파괴되고 집은 망해서 일도 끝장이라네"라고 통탄했다.

문천상은 시를 다 쓰고 나서 붓을 바닥에 던지고는 혼연히 절개를 지키며 목숨을 버렸다. 그의 나이 46세였다.

문천상은 광둥성 하이평의 오파령에서 식사를 하던 중 원나라 군사에게 체포되었다. 훗날 사람들은 이곳에 방반정方飯亭을 세워 그를 기렸다.

후인들을 격려하다

문천상이 순국한 후 남쪽에 있던 그의 친구 왕염오王炎午가 〈망제문승상문望祭文丞相文〉(망제란 북쪽 옌징燕京을 바라보면서 제사를 지낸다는 뜻)을 지어, "명재상에다 열사의 이름까지 더해서 전해지니 3,000년이 지나도 사람들은 다시 보지 못하리"라고 그를 추모했다.

문천상이 죽은 지 8년이 지난 후 사고謝翶는 〈서대에 올라 통곡하다登西臺慟哭記〉는 글로 문천상을 애도했다. 글에 흐르는 깊은 슬픔은 처음부터 끝까지 절절하다.

장시성 지수이吉水에 있는 문천상 기념관

문인뿐 아니라 백성도 목숨 바쳐 절개를 지킨 문천상을 우러러보았다. 문천상과 동시대를 살았던 사인詞人 주밀이 쓴 《계신잡식癸辛雜識》에는 이러한 일화가 실려 있다.

어떤 상인이 하간부河間府(지금의 허베이성 남부)를 지날 때 길 옆 음식점에 들어갔다가 사방 벽에 문천상의 시와 글이 붙어 있는 것을 보았다. 그가 주인에게 물었다.

"글을 정말 잘 썼구려. 돈을 줄 테니 나에게 두 점만 파시겠소?"

그러자 주인이 대답했다.

"우리 가문의 보배라오. 아무리 많은 돈을 주어도 바꿀 수 없지요. 송씨 300년 천하에 오직 문승상만이 지난해에 이곳을 지나면서 나에게 써주신 것이오. 그런 보배를 어떻게 다른 사람에게 넘기겠소!"

結 남송의 멸망은 극히 비참한 역사의 한 장면이다. 정치인들은 자신들의 안일을 위해 금나라에 강토를 떼어주는 등 양보만 하다가 속국이 되는 것도 마다하지 않았으며, 결국에는 강산을 고스란히 원나라에 넘겨주고 말았다.

하지만 문천상은 멸망으로 치닫는 조국의 운명을 돌려놓기 위해 한 치의 양보도 없이 죽을 때까지 저항했다. 〈정기가〉는 이러한 투쟁의 기록으로서 자연스런 애국심의 표출이다. 그의 정신은 후대의 지사들을 고무했으며, 〈정기가〉는 애국주의와 영웅주의에 자양분을 제공했다.

문천상이 의롭게 죽자 옌징의 백성은 비통을 금치 못했지만, 원나라의 통치자 때문에 그를 기념조차 할 수 없었다. 그리하여 명 왕조가 들어서고 9년이 지나서야 비로소 문천상을 모신 사당을 세울 수 있었다.

명나라 영락 6년(1408)에 문천상의 사당은 공식적인 제사의 순서에 들었다. 그래서 해마다 봄과 가을이면 순천부順天府 주관하에 제사를 지내고 의식을 거행했다. 그 후 명·청대와 중화민국 시기에 사당을 여러 차례 보수했으며, 1984년에 다시 국비를 들여 문승상사文丞相祠를 보수했다.

【 조판인쇄와 활자인쇄 】

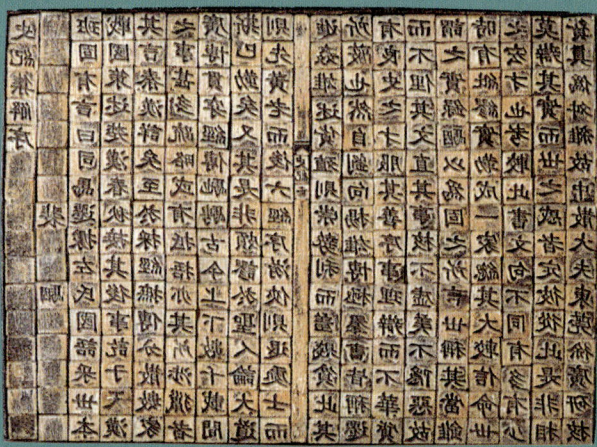

● 진흙 활자판 모형

송대 필승의 활자인쇄술은 비록 설비와 기술면에서 현대의 요판 인쇄에는 미치지 못하지만, 현대 인쇄술의 기본 원리와 방법은 거의 모두 필승의 활자인쇄술에서 비롯되었다. 따라서 필승은 활자인쇄술의 시조라고 할 수 있다.

인쇄술은 중국이 발명한 위대한 기술로서 중국 고대의 4대 발명 중 하나로 칭송되어왔다. 인쇄술의 발명과 보급은 중국 문화의 전파뿐 아니라 전 세계의 문화 발전에도 큰 영향을 미쳤다.

　일반적으로 인쇄술은 조판인쇄술과 활자인쇄술로 나뉘며 모두 중국인이 발명했다. 조판인쇄술이 좀더 일찍 출현했는데, 구체적인 시기는 아직 정확하게 밝혀지지 않았다. 학자들은 대개 당나라 초기에 이미 조판인쇄술이 있었다고 주장한다.

　현존하는 인쇄물 가운데 가장 오래되었고 명확한 연대가 기재되어 있는 것은 둔황석굴 장경동藏經洞(제17호굴)에 있는 당나라 함통咸通 9년(868)의 《금강반야바라밀경》이다. 이것은 처음부터 끝까지 완벽한 출판물이다. 글자의 조각 기술이 아주 훌륭하고 책머리의 판화 조각과 인쇄 수준도 매우 높다. 이는 당시의 조판인쇄술이 이미 성숙 단계에 들어섰음을 말해준다.

　활자인쇄술은 활판인쇄술이라고도 하는데, 중복 사용이 가능한 활자들을 판에 조합해 인쇄하는 기술을 말한다. 이는 조판 인쇄술의 성숙을 기반으로 한 인쇄술의 혁명적 진전이다. 심괄의 《몽계필담》에 의하면, 이 기술은 북송 경력慶曆 연간(1041~1048)에 필승이라는 평민이 발명했다고 한다.

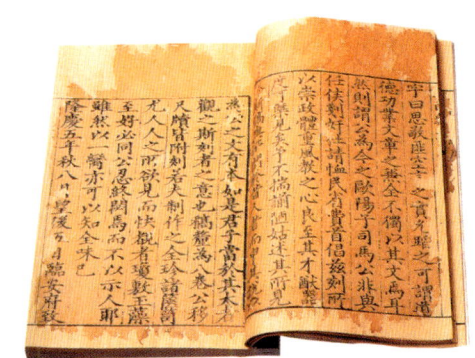

명나라의 목활자판인 《검남류편黔南類編》

　중국에 현존하는 가장 오래된 활자인쇄 서적은 대체로 15세기 후반인 명나라 중기에 동銅 활자로 인쇄된 책을 꼽는다. 당시 인쇄의 중심지는 지금의 쑤저우蘇州, 우시無錫, 난징 일대였으며, 베이징대 도서관에 소장된 《석호거사시집石湖居士詩集》, 《조자건집曹子建集》이 이 시기의 대표적인 인쇄물이다.

【 송·요·금·원대의 조판인쇄 】

송대는 중국 조판인쇄의 첫 황금기이자 활자인쇄술이 시작된 시기로서 중국은 물론 세계 인쇄술의 역사에서 중요한 의미를 갖는다. 송대에 조판인쇄술이 성행했던 증거로 관아의 판본, 서방書坊의 판본, 사가私家의 판본 등이 유행한 것을 들 수 있다. 그 내용은 경經·사史·자子·집集과 불교 등 종교 전적을 두루 포괄하고 있다. 처음에는 방대한 양으로 천 권, 수천 권을 넘기는 총서류만 취급했으나 책의 간행이 전국 각지에 보급되면서 인쇄 서적 중심지가 나타났다.

북송의 국자감은 각종 관각본官刻本(관청에서 간행한 판본 : 옮긴이)을 관리한 관청으로 간행 서적의 종류가 가장 많았고, 이전 시대의 경·사·자·집을 인쇄하는 것 외에 북송 왕조에서 새로 편찬한 책도 인쇄했다. 그중 《책부원구册府元龜》, 《태평어람太平御覽》 등은 각각 1,000권에 달했다. 베이징 도서관에 대중상부大中祥符 8년(1015)의 관각본 《책부원구》 제788권이 소장되어 있는데 가히 국보급이라 할 수 있다.

북송의 인쇄 서적은 여러 지역에 보급되었다. 조판인쇄의 중심지는 항저우, 푸젠, 쓰촨 등지였고, 동경東京(카이펑開封)은 국가 기구의 인쇄 중심지였다.

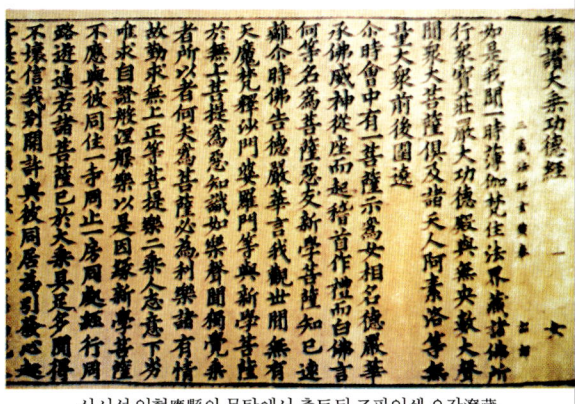

산시성 잉현應縣의 목탑에서 출토된 조판인쇄 요장遼藏

남송에서는 사가私家의 서적 인쇄가 전성기를 맞았다. 《문원영화文苑英華》와 같은 1,000권에 달하는 책이 바로 주필대周必大가 항저우의 사가에서 맨 처음 간행한 것이다. 12세기 중엽부터 항저우의 중와자가中瓦子街와 중안교衆安橋 일대에 서방이 많이 들어섰는데, 수많은 평화소설平話小說과 창본唱本 같은 통속 문예작품이 여기서 간행되었다.

푸젠성의 젠양建陽 지역은 제지업이 발달해서 인쇄업의 발전에 매우 유리한 조건을 갖추었다. 그중 마사麻沙와 숭화崇化에 서방이 많이 생겨났으며, 이곳에서 인쇄한 책을 건본建本이라 불렀다.

쓰촨성에서는 오대 때 이미 중국 최초의 조판인쇄 중심지가 나타났다. 그리고 남송 때에는 청두成都, 메이산眉山을 중심으로 조판인쇄의 중심지가 형성되었는데, 이곳에서 간행한 책을 촉각본蜀刻本이라 불렀다.

요나라, 금나라, 원나라 때에는 북방에서 조판인쇄업이 빠른 속도로 발전했다. 특히 원나라의 도읍이었던 대도大都(지금의 베이징)는 조판인쇄의 새로운 중심지로 부상했다. 원대의 대표적인 각본으로 현재 베이징대학교 도서관에 소장된 홍문서각본興文署刻本 《자치통감》과 취암정사본翠岩精

숨本《초계어은총화》 등이 있다.

【 필승과 활자인쇄 】

필승은 활자인쇄술을 발명함으로써 세계 문명사에 크게 공헌했다. 심괄의 기록에 의하면, 필승이 발명한 것은 한 글자씩 구워낸 활자로 얇기가 마치 동전의 가장자리 같았다고 한다. 말하자면 글자체가 아주 얇았다고 할 수 있다.

필승은 이러한 글자를 일정한 순서대로 송진, 밀랍, 종이 재가 깔린 평면 철판 위에 나란히 배열하고, 다시 다른 판으로 그 위를 눌러서 조판과도 흡사한 인쇄판을 만들었다. 한 번의 인쇄가 끝난 후 철판 밑을 불에 그을리면 송진 등 약물이 녹고, 활자는 손으로 약간 건드리면 떨어져서 다시 다른 인쇄판을 조합할 수 있다. 이처럼 인쇄판을 활판으로 개량했기 때문에 틀린 글자를 고칠 수 있었으며, 인쇄가 끝나면 그 글자는 또 새로운 판을 만드는 데 이용할 수 있었다. 그 결과 조판인쇄보다 인력과 물자를 상당히 절약할 수 있었고 인쇄 속도도 훨씬 빨라졌다.

필승이 활자인쇄술을 발명한 후 800~900년 동안 중국의 전통적인 활자인쇄술은 장족의 발전을 거듭했고 활자의 재료를 새롭게 발명함으로써 활

활자인쇄술을 발명한 필승

왕정이 《농서》에서 소개한 활자인쇄법. 위쪽이 전륜배자반轉輪排字盤 모형인데 아래 그림과 같이 한 사람이 원고를 읽고 다른 사람은 판을 돌리면서 목활자를 하나씩 끼워넣는다.

둔황석굴에서 발견된 원나라 때의 회골문 목활자

자인쇄술을 점차 완벽하게 발전시켰다.

원나라 성종成宗 대덕大德 연간(1297~1307)에 유명한 농학자 왕정王禎이 조판인쇄술과 목판인쇄술에서 힌트를 얻어 목활자로 책을 찍었다. 그의 저서인 《농서農書》에 부록으로 딸린 〈조활자인쇄법造活字印刷法〉은 그 과정을 기록한 것이다. 원대에는 또 회흘문回紇文 목활자가 나타났다.

송대 필승의 활자인쇄술은 비록 설비와 기술면에서 현대의 요판인쇄에는 미치지 못하지만, 현대 인쇄술의 기본 원리와 방법은 거의 모두 필승의 활자인쇄술에서 비롯되었다. 따라서 필승은 활자인쇄술의 시조라고 할 수 있다.

【 투판인쇄의 발명과 발전 】

조판인쇄한 판화는 당나라 때부터 널리 유행했다. 송·원대에는 목각화판의 종류가 더 많아져 전통적인 종교 판화 외에 백과사전류의 책 그리고 의학, 고고학 등 서적들도 도보圖譜를 사용했다. 특히 소설이나 희곡 같은 책들이 거의 대부분 삽화를 곁들였다. 그림과 글을 결부시킨 서적이 더욱 더 많아짐에 따라 예술성 높은 작품들이 적잖이 출현했다.

사람들은 이제 체제와 자획字劃으로만 이루어진 서적에 만족을 느끼지 못하게 되었다. 둔황에서 발견된 판화는 여러 가지 색채를 가미함으로써 그러한 욕구를 충족시켰다. 이는 조판인쇄술의 발전을 촉진시켰을 뿐 아니라 새로운 공예 기술을 모색케 했다.

9세기경에는 쌍색투인술雙色套印術이 나타났다. 현존하는 실물 중에서 가장 오래된 것은 1974년 산시성 잉현應縣의 목탑에서 발굴된 것으로 요나라 통화統和 연간(983~1011)에 인쇄된 석가모니 불상 판화이다. 그리고 현존하는 가장 오래된 책은 1941년에 발굴된, 원나라 지원至元 6년(1340) 중흥로中興路(지금의 후베이성 장링江陵의 자복사資福寺)에서 제본한 승려 무문無聞의 주주묵인본注朱墨印本《금강경주해金剛經註解》(현재 타이완에

산시성 잉현의 목탑에서 출토된 석가모니 불상 판화

있음)이다.

　투판套版(채색판) 인쇄술의 성숙을 말해주는 것은 다판다색多版多色 인쇄기술의 출현이다. 이것은 규격이 일정한 조판 인쇄판의 서로 다른 부분에 글자나 그림을 새긴 후 각각 색깔을 칠해서 몇 번에 나누어 한 장의 종이에 인쇄하는 것이다. 이 방법이 바로 투판套版과 투인套印이다. 흔히 볼 수 있는 것은 붉은색과 검은색으로 된 주묵본朱墨本이었고, 그 외에 삼색본, 사색본, 육색본 등 다색본이 있었다.

　투판의 토대 위에서 발전한 두정판鉫飣版(두판이라고도 함)과 공화拱花는 중국 특유의 고급 인쇄기술이다. 두정판은 활판인쇄와 정판整版인쇄 사이에 위치한 특수한 기술로서, 크고 작은 조판으로 일정한 절차에 따라서 순서대로(예컨대 연한 데에서 진한 데로) 여러 차례의 투판을 거쳐 완성한다. 이러한 방식은 채색 그림을 복제하는 데 사용되며, 인쇄에 사용한 색은 주로 중국의 전통적인 국화國畵에서 많이 보이는 색상이다.

두정판 모형

또한 안료도 먹글씨에 쓰이는 유안료油顏料와는 다르게 물로써 성질을 조절하므로, 정판이든 투판이든 두정판이든 쓰이는 안료에 입각해서 말한다면 '목판수인木板水印'이라고 통칭한다. 이러한 인쇄술은 진위를 구분하기 어려운 효과를 낼 수 있다.

【 명·청대의 인쇄술 】

명·청대, 특히 청나라 강희제 중엽부터 가경제嘉慶帝 연간은 조판인쇄와 활자인쇄의 번영기이자 투판인쇄가 꽃을 활짝 피운 시기이다. 이 시기에 베이징은 북방의 조판인쇄 중심지로 부상했고, 난징·우시·쑤저우 등은 남방의 서적 인쇄 중심지가 되었다. 관각본, 가각본家刻本, 방각본坊刻本 등이 이 시기에 앞다퉈 쏟아졌다.

관각본은 명나라와 청나라 정부에서 간행한 책들로,《십삼경十三經》과 《이십일사二十一史》(청대에《이십사사二十四史》로 증보) 및 불교 장경을 예로 들 수 있다. 청 왕조의《건륭장乾隆藏》판은 모두 8만 개의 활자가 필요했는데, 이는 세계에서 두 번째로 큰 조판 군체群體로서 현재 베이징의 운거사雲居寺에 있다.

명·청대 관료나 상인들 중에 멋과 풍류를 즐기는 자들이 늘어나면서 이들을 중심으로 아름답고 정교한 가각본이 많이 나타났다. 개인적으로 찍어낸 이 서적은 경비를 고려하지 않고 품질의 우수성을 중시했다. 예컨대 고위 관료인 서건徐乾이 주관해서 교정하고 인쇄한《통지당경해通

志堂經解》는 청나라 초기의 첫째가는 대서大書로서 그 솜씨가 아주 정교하다.

방각본은 종류와 수량이 아주 많았다. 그중에는 삽도본插圖本과 부도본附圖本이 특히 많았는데, 삽도가 한 면만 있는 것은 출상본出像本 또는 수상본繡像本이라 불렀고, 매 페이지마다 들어 있는 것은 전상본全像本(대개 위는 그림이고 아래는 글)이라고 불렀다. 이러한 서적은 대부분 희곡이나 소설 등 통속적인 읽을거리였다.

청대에는 활자인쇄술의 발전이 절정에 달했다. 갖가지 유형의 활자인쇄술이 쏟아져나왔고, 국가적인 차원에서 전문 인쇄소를 설치하여 서적 인쇄를 관장했다. 청대의 활판인쇄는 목활자가 주류를 이루었고, 인쇄 기술도 상당히 원숙한 경지에 도달했다. 또 건륭 중기의 목활자 인쇄도 매우 정교한 것으로 평가된다.

투판인쇄한
청대의 연화

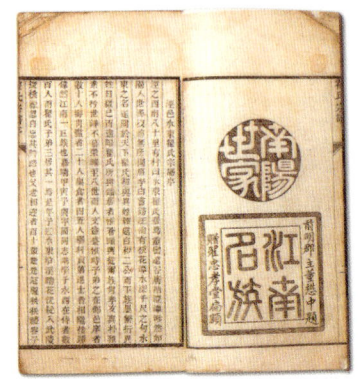

청대 적금생이 제작한 진흙 활자와
진흙 활자로 인쇄한 《적씨종보翟氏宗譜》

청나라 건륭 40년 여섯 가지 색으로 인쇄된
《두공부집杜工部集》

【 중국의 인쇄술이 세계에 미친 영향 】

전 세계에 영향을 미친 중국의 4대 발명 중 하나인 인쇄술은 중국과 가까운 이웃 나라에 먼저 전해졌다.

고대 한국은 일찍부터 중국 문명의 영향을 받았다. 그래서 인쇄술에서도 중국과 밀접한 관계가 있다. 현존하는 세계 최초의 인쇄물 중 하나가 바로 한국의 불국사 석가탑에서 출토된 《무구정광대다라니경無垢淨光大陀

羅尼經》이다.

　13세기 초에 고려인들은 판형版型만 해도 8만 개에 달하는《팔만대장경》을 간행했다(1236~1251년에 각인됨). 현재 합천 해인사에 완벽하게 보존되어 있는《팔만대장경》은 세계에서 가장 오래되었고, 가장 방대하며, 가장 온전한 대총서 조판의 원판이다.

　조선시대에도 활자법과 인쇄술이 크게 발전했다. 중국의 교니조膠泥造 활자가 조선에 전해지자 재빨리 자신들의 도활자陶活字를 발명했으며, 왕정이 목활자를 만든 지 약 80년 후에 직접 목활자를 만들어서《통감강목通鑒綱目》을 인쇄했다.

　중국과 일본은 오랜 문화 교류의 역사를 갖고 있다. 기록에 의하면, 당·송·명대에 일본 승려들은 중국의 많은 서적들을 가져갔을 뿐 아니라 인쇄술도 이전해갔다.

　당나라 함통咸通 6년(865), 일본 승려 슈에宗叡가 귀국하면서 가져간 책들 중에는 정교하게 각인한《당운唐韻》5권이 포함돼 있었다. 일본에서 발견된《다라니경주陀羅尼經咒》는 현존하는 가장 오래된 인쇄물 중 하나이다. 이 경전은 네 가지 판본이 있는데, 글자 수가 71자에서 200자로 차이가 많고, 15행에서 40행으로 행도 일정치 않으며, 글자의 크기도 균일하지 않은 등 초기 인쇄물의 거친 형태를 보여주고 있다. 이는 대략 764~770년에 인쇄한 것으로 추정된다. 이 시기는 중국의 조판인쇄술이 이미 성숙 단계에 들어선 때이지만 완벽하게 보전된 인쇄 전적이 없을 뿐이다. 일본의 전문가들도 초기의 인쇄술이 중국에서 전해졌다는 점을 인정하고 있다.

　중국의 인쇄술은 그 밖에 베트남, 필리핀 등은 물론이고 서쪽으로 실크로드를 거쳐 이란과 이집트에까지 전해졌다.

結 중국의 4대 발명 중 하나인 인쇄술은 인류 문명의 발전과 전파에 지대한 공헌을 했다. 청나라 중엽 이후 외국에서 돌과 납 등을 이용한 인쇄술이 유입되면서 중국의 전통 인쇄술은 쇠퇴의 길을 걷기 시작했지만 완전히 사라지지는 않았다. 왜냐하면 전통적인 기술로 인쇄된 서적들이 나름대로 특색을 잃지 않았기 때문이다.

중국의 선장서線裝書는 펼치기 편리하고 글자가 커서 읽기 편한 데다 손에 들고 읽을 수 있다는 장점이 있다. 또한 중국의 종이는 질이 좋고 좀이 먹지 않아서(좀이 먹는 것을 예방하는 여러 가지 방법이 있었다) 1,000년이 넘는 세월에도 원형이 잘 보존되었다. 오늘날의 신문이 몇 년만 지나도 누렇게 변색되고 갈라지는 것과는 대조적이다.

특히 조판인쇄 서적은 천재지변이나 인재를 피해서 잘만 보존하면 수백 년 동안 사용할 수 있고 수정도 가능하다. 따라서 매번 소량을 인쇄하여 장기적으로 공급해야 할 때는 조판인쇄가 유리하다. 투판, 특히 두정과 공화는 고급 수공예로서 국보급 기술에 속하므로, 지속적으로 계승 및 발전시켜야 할 것이다.

【 화약과 화기 】

● 산하이관에 있는 명나라 때의 무쇠 대포 '대장군'

단약을 제련할 때 발생하는 의외의 사고, 가령 폭발이나 화재 등의 사태가 일어나지 않도록 하려면 그런 악물을 통제할 수 있는 복화법伏火法이 필요했다. 화약의 발명은 바로 연단가들이 연구해 낸 복화법과 밀접한 관계가 있다.

화약은 중국 고대의 4대 발명품 중 하나로서 세계 문화의 발전에 중대한 역할을 했다. 고대의 화약은 초석, 유황, 목탄 등 세 가지 물질을 혼합해서 만들었다. 당시 사람들은 초석과 유황을 섞어 질병을 치료하는 약이라는 의미에서 화약火藥이란 이름을 붙였는데, 말하자면 불을 붙이는 약이라는 뜻이다. 현대에 널리 사용하는 검은 화약이 바로 중국의 고대 화약에서 발전한 것이다.

진나라와 한나라 이래로 연단가들은 유황과 초석 등으로 단약을 만들었는데, 우연히 그것이 폭발하는 것을 보고 여러 차례 실험을 거쳐서 재료의 비율을 알아내 화약을 만들었다. 삼국시대 총명한 과학자 마균馬鈞은 종이로 화약을 싸는 방법을 고안해, 오락용 폭장爆仗을 만들어서 화약을 응용하는 시대를 열었다.

당나라 말기에 이르러 화약은 군사 분야에서 널리 이용되기 시작했다.

바로 화약봉지에 불을 붙여 투척함으로써 적군을 살상했는데, 이는 가장 원시적인 화포였다. 나중에는 공 모양의 화약봉지를 화살에 매단 뒤에 불을 붙여서 쏘는 방법을 고안했다. 또 다른 방법으로 화약, 독약, 역청, 동유桐油 등을 한데 발라서 독구毒球를 만들어 불 붙인 후 화살로 쏘았는데, 이는 후에 만인적萬人敵이라고 불렸다.

송나라 때에는 화약을 대나무통에 담아서 화약이 있는 쪽에 가늘고 작은 정향봉定向棒을 장착한 다음, 초석으로 대나무통 안의 화약을 연소시킬 때 발생하는 추진력을 이용해 적군에게 날아가 터지도록 만들었다. 이는 세계 최초의 화약 미사일이라고 할 수 있다. 나중에 발명한 화창火槍과 돌화창突火槍도 대나무통으로 만든 원시적인 관형管形 화기로 근대 총포류의 선조인 셈이다.

【 화약의 발명 】

옛사람들은 초석이나 유황 등 물질의 성질에 대해 한나라 때부터 이미 인식하고 있었다. 《신농본초경神農本草經》에는 그것들의 특징과 성질에 대한 기록이 남아 있다. 그러나 초석과 유황이 불을 일으킬 수 있다는 사실을 발견하기까지는, 다시 말해 그것을 화약으로 만들어 군사 분야에 응용하기까지는 오랜 시간이 걸렸다. 이 과정에서 연단술煉丹術의 발전이 큰 역할을 했다. 그 이유는 초석과 유황 등이 단약을 만들 때 사용된 약물이기 때문이다. 단약을 제련할 때 발생하는 의외의 사고, 가령 폭발이나 화재 등의 사태가 일어나지 않도록 하려면 그런 약물을 통제할 수 있는 복화법伏火法이 필요했다. 화약의 발명은 바로 연단가들이 연구해낸 복화법과 밀접한 관계가 있다.

수나라 말에서 당나라 초에 연단가 손사막孫思邈(581~682)이 저술한 《손진인단경孫眞人丹經》에 복화에 관한 갖가지 방법이 기록되어 있다.

당나라 헌종 원화元和 3년(808)에 청허자淸虛子는 《천상성조금단비결天上聖祖金丹秘訣》〈복화공법伏火礜法〉에서 유황복화법에 대해 이렇게 기록했다.

유황 두 냥, 초석 두 냥, 마두령馬兜鈴 3.5전錢을 골고루 휘저은 후 그것을 구덩이 속 항아리에 넣는다. 그리고 지면과 평면을 이루게 한 뒤 작은 공 모양의 불덩이를 안에 넣으면 점차 연기가 일어난다. 그러면 젖은 종이를 네다섯 겹으로 덮고 벽돌 두 개로 눌러서 흙무덤을 만든 뒤에 식으면 꺼낸다.

초석과 유황, 그리고 "태워서 그 성질을 보존하는" 마두령 가루를 골고루 섞으면 타면서 폭발하는 성질이 있음을 간파한 것이다. 이것은 원시적인 화약이라고 할 수 있다. 이처럼 단약을 제련할 때는 유황의 성질을 바꾸는 방법을 써야 했다. 거기에 항아리에 담아 땅에 묻거나, 젖은 종이로 덮고 흙무덤을 만드는 등 다양한 안전 조치를 취해 폭발하거나 연소할 때 사고가 발생하는 것을 미연에 방지했다. 이는 연단

화약의 발명은 연단가들의 복화법과 밀접한 관련이 있다.

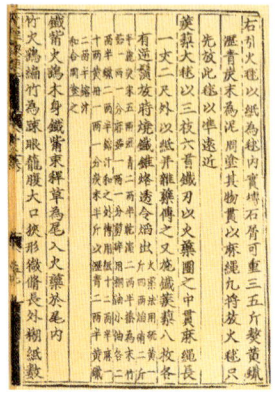

《무경총요》에는 초석, 유황, 목탄을 이용한 화약 제조법이 수록되어 있다. 오른쪽은 초석, 유황, 목탄의 표본이다.

가들이 오랜 실험을 통해 초석, 유황, 목탄 등 혼합물의 폭발 성능을 확인했음을 말해준다.

【 무기 제조에 화약을 이용하다 】

화약이 발명되고 훨씬 뒤인 10세기 무렵, 무기 제조에 화약이 이용되었다. 북송 왕조 경력慶曆 4년(1044)에 편찬한 백과전서인 《무경총요武經總要》에는 초기의 화약 무기인 독약연구毒藥烟毬, 벽력화구霹靂火毬, 질려화구蒺藜火毬, 화약 편전鞭箭과 화포 등에 대한 기록이 있다. 또한 화약이란 이름을 정식으로 사용한 독약연구와 질려화구의 화약 그리고 화포 화약의 배합법에 대한 기록도 있다. 이것으로 보아 1044년 이전에 이미 초기 형태의 화약 무기가 있었음을 알 수 있다.

영국의 유명한 과학사가 조지프 니덤은 《무경총요》에 기록된 세 가지 화약 제조법이 "모든 문명국 가운데서 가장 오래된 방식"이라고 평가했다. 기록에 의하면, 북송의 도읍지에는 군사 장비를 만드는 국영 수공업장에 화약과 맹화유猛火油 등을 제조하는 작업실이 있었다. 이런 정황은 《진사塵史》에 인용된 《동경기東京記》와 《송회요집고宋會要集稿》에도 자세히 기록되어 있다. 이 기록은 북송 때 이미 화약을 대량 생산했고 군사적으로도 응용했음을 말해주는데, 제조 기술에 대한 보안을 유지하느라 밖으로 전하지 않았을 뿐이다.

화약을 군사적인 목적으로 사용한 것은 무기의 발전사에서 새 장을 여는 것으로, 화기와 냉기冷器가 병용되는 단계의 서막을 알렸다.

【 초기의 화약과 무기 】

화약이 무기 제조에 쓰이기 시작한 초기에는 주로 전통적인 화공火攻 전술의 한 수단으로 활용되었다. 예컨대 철취화요鐵嘴火鷂, 죽화요竹火鷂 등처럼 나무 몸통, 지피紙皮, 대나무로 만든 용기 등이 모두 불을 지르는 도구에 속했다. 그러다 송나라와 금나라가 전쟁을 벌일 때 화약 무기가 새롭게 발전했다.

먼저, 화약의 성능이 날로 좋아지면서 화약의 폭발력을 이용한 무기가 대량으로 사용되기 시작했다. 정강靖康 원년(1126), 변경汴京을 지키던 송나라 군대는 위력이 비교적 강한 폭발성 화기인 벽력포를 사용했다. 후에 무쇠로 덮개를 만든 진천뢰震天雷와 철화포 같은 강력한 화기도 만들어냈다.

그리고 화약의 불타는 성질을 이용하여 군사들이 손에 들고 다닐 수 있는 화총을 제조했다. 그것은 일반적으로 긴 창에 화약을 장치한 지통紙筒

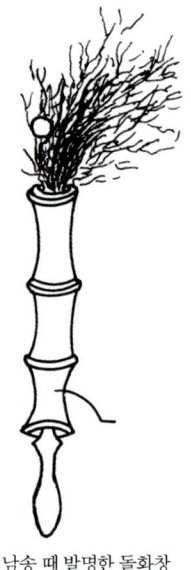

남송 때 발명한 돌화창 세계 최초로 총알을 발사할 수 있는 창이었다.

을 묶어두고 지통 안 화약에 불을 붙여 분출케 함으로써 적군에게 부상을 입히는 무기였다. 화약이 다 타면 창은 다시 전통적인 무기로 변했다.

이 시기 원시적인 관형管形 사격 화기의 맹아가 싹텄는데, 이는 후세의 무기 제조 기술에 획기적인 변화를 가져왔다. 송나라와 금나라가 전쟁을 벌일 당시 관형 사격 화기는 대체로 두 가지였다. 하나는 대나무통에 화약을 장전해서 분사하는 화창火槍이다. 이것은 긴 대나무로 만들어서 주로 적군의 성을 공격하는 대형 기계인 천교天橋를 불태우는 데 사용되었다. 다른 하나는 돌화창이다. 역시 대나무통에 화약을 장전하고 자과子窠를 넣는다. 그러면 화약이 먼저 화염을 분사하고, 곧 큰 소리와 함께 자과가 발사된다. 자과가 발사되는 원리를 보면 이는 총알의 모양을 갖추었다고 할 수 있다. 다만 이 두 가지 화기는 문헌의 기록이 비교적 간단하고, 오늘날 그 실물을 구하기도 어려운 실정이다.

【 금속관으로 된 사격 화기 】

금속으로 주조한 관형 사격 화기는 현대적인 총과 대포의 전신이다. 중국에서 이 화기가 언제 처음 나타났는지는 확실치 않다. 원나라 지순至順 3년(1332)에 만든 동화총銅火銃의 명문銘文을 살펴보면, 원나라 말기 이전, 적어도 14세기 초엽에 이미 전투에서 사용한 것으로 추정된다.

《원사元史》〈달례마식리전達禮麻識理傳〉을 보면, 원나라 지정至正 24년(1364)에 달례마식리가 발라첩목아의 군대를 공격하기 위하여 '화총십오상련火銃十伍相連'이란 대오를 갖추었다는 기록이 있다. 금속관 사격 화기를 가진 군사의 수가 상당했음을 말해준다.

오늘날 산시성陝西省 시안西安, 헤이룽장성黑龍江省 아청阿城 그리고 베이징에서 출토된 유물들로 볼 때 이 동화총은 대략 원나라 말기에 만들어진 것으로 추정된다. 원시적인 관형 사격 화기는 대나무통으로 만들어 화통火筒이라 했고, 금속으로 주조하면서부터 화총이라 불렀다.

원나라 지순 3년에 만들어진 화총 제작 연대가 가장 명확한 최초의 화총이다.

원나라 말기에서 명나라 초기에는 금속 사격 화기가 크게 발전해서 농민군도 화총을 광범위하게 사용했다. 주원장의 군대는 비교적 많은 화총을 보유했다. 특히 명나라 건립 초기인 홍무洪武(1368~1398) 연간에 대량으로 동화총을 만들면서 기술이 크게 발전했고 그 형태도 개량되었다.

명나라의 화총은 대체로 제작한 곳과 제작 날짜, 중량 및 번호가 자세히 새겨져 있고, 심지어 제조 부문의 관리와 감독관, 제작한 장인의 이름까지도 찾아볼 수 있다. 이 시기에 제작한 동총은 베이징, 허베이성, 네이멍구內蒙古, 산시성山西省, 장쑤성 등지에서 실물이 출토되었다.

【 서양 화기의 수입과 모방 】

　명나라 중엽에는 수입 화기를 모방해 화총보다 발전한 불랑기佛郞機와 홍이포紅夷炮를 제조했다. 그리고 한 명의 군사가 사용할 수 있는 조총鳥銃을 만들고, 위력이 비교적 강한 대장군大將軍이라는 대구경 화포를 제조하는 등 무기의 면모를 일신했다.

　불랑기총은 명나라 정덕正德 말년(1521)에 포르투갈에서 유입된 것으로 모총母銃과 자총子銃으로 구성되었다. 모총은 총신이 가늘고 길며 구경이 비교적 작은데, 총신에 가늠쇠와 조준 구멍이 있어 조준 사격이 가능하다. 총신 뒤에는 굵고 긴 홈통이 있어 자총을 담을 수 있다. 자총은 자그마한 화총과 흡사하다(위에 손잡이만 있고 총신 파이프는 없다). 모총 하나에는 5~9개의 자총이 있어서 사전에 탄약을 장전할 수 있으며, 전투할 때는 모총에 갈아 끼워서 사격할 수 있기 때문에 사격 속도가 빨랐다. 가정嘉靖(1522~1566) 초기에는 불랑기총을 모방해서 다양한 화기들을 대량으로 생산했다.

　서양포라고도 하는 홍이포는 네덜란드에서 들어온 대형 화포로서 유입 시기는 대체로 만력(1573~1619) 후기로 추정한다. 불랑기와 비교할 때 이 화포는 구경이 비교적 크고 포신이 두껍다. 포의 입구에서 끝으로 갈수록 두꺼워져 압력에도 견딜 수 있는, 당시 화력이 가장 큰 화포였다.

　조총은 유럽에서 유입된 화승총 혹은 수발총燧發銃을 통칭한 것으로, 가정 연간에 일본을 거쳐 중국에 들어왔다. 화총과 비교할 때 총신이 비교적 길고 구경이 작은 점, 같은 구경의 원형 총탄을 발사한다는 점 그리고 사격 거리가 비교적 멀고 투과력이 강한 점 등이 특징이다.

　불랑기, 홍이포, 조총은 모두 모방에 성공한 화기로, 이로써 명나라 군

화전火箭, 화총, 장창長槍의 기능을 갖춘 화전차火戰車

명나라의 화기 모형

화약통의 추진력으로 날아가는 신화비조神火飛鴉. 사거리가 300미터 정도이다.

도화선에 연결해 다발로 묶은 일와봉一窩蜂

화약을 동력으로 한 세계 최초의 분사噴射 화기

배 위에서 사용한 화룡출수火龍出水는 세계 최초의 2급 화전이다.

화약과 화기 ◆ 335

대는 무기를 대폭 개선하게 되었다. 특히 명나라 말기에 후금의 군사들과 동북 지역에서 전투를 벌일 때 홍이포가 큰 역할을 했다.

청 왕조 초기, 조정에서는 한때 화포의 생산을 중시하여 전국을 통일하고 삼번三藩의 반란을 진압하는 데 널리 사용하고자 했다.

結 중국은 화약의 본고장으로서 무기 제조에 최초로 화약을 사용한 나라이다. 원나라 말엽에서 명나라 초기에는 금속관 사격 화기의 제조 기술이 상당한 수준에 도달했지만 지속적으로 발전하지는 못했다.

명나라 중기부터 청나라 말기에는 화기와 냉기를 병용했다. 그러나 봉건 경제와 통치계급의 쇄국정책으로 말미암아 금속관 사격 화기의 발전도 침체의 늪에 빠지고 말았다.

화약 무기는 중국에선 혁명적 변화를 일으키지 못했지만, 유럽에 전해진 후 자본주의가 발달하면서 사회의 발전에 큰 역할을 했다. 엥겔스가 지적했듯이 "시민들의 총탄이 기사의 갑옷을 뚫으면서 귀족의 통치는 갑옷 입은 기병과 함께 사라졌다."

기록에 의하면, 1225~1248년에 중국의 화약 제조 기술이 페르시아(지금의 이란), 인도, 아랍 여러 나라에 전해졌다. 그로부터 수십 년 후에는 다시 유럽으로 전해졌고, 14세기 중엽에 영국과 프랑스 등이 전쟁에서 화약과 화기를 사용하기 시작했다. 유럽 국가들은 광물을 채굴하거나 도로와 운하를 건설할 때 화약을 사용해 산업혁명의 도래를 촉진했다.

【 고대 화폐의 변천 】

● 당나라 때 널리 통용된 개원통보

춘추시대에서 명·청대에 이르기까지 화폐의 주조와 유통은 연속성이 강했다. 통일된 왕조든 할거 상태의 지방 정권이든 모두 화폐를 주조했다. 위진시대의 나라들은 새 화폐를 주조하지 않고 이전부터 전해지던 화폐를 지속적으로 사용했다.

중국은 화폐 사용의 역사가 유구한 나라이다. 기록에 의하면, 일찍이 하나라 때 이미 거북이 등껍질이나 조개껍데기 등을 화폐로 사용했다. 상나라와 주나라 때는 조개껍데기의 많고 적음을 '붕朋(일종의 계량 단위)'으로 삼았다는 기록이 있다. 당시는 경제가 아직 발달하지 않아서 마포麻布나 동괴銅塊 등을 화폐로 사용하기도 했다.

이처럼 실물을 화폐로 사용했다는 것은 화폐가 아직까지 원시적인 형태로 존재했음을 말해준다. 하지만 고급 화폐는 반드시 금속으로 주조한 것이어야 하고 또 일정한 형태와 색깔과 액면을 갖추어야 한다.

대략 춘추시대 말기 경제가 번영했던 진晉나라와 주나라에 처음으로 산鏟(대패, 낫) 모양의 동폐銅幣가 나타났다. 동폐는 예전의 조개껍데기나 마포 같은 실물 화폐를 대체하게 되었다.

춘추시대 말기에서 명·청대까지 유통된 동폐는 그 형태로 구분할 수 있다. 즉 선진시대에는 칼 모양의 도폐刀幣를 사용했고, 진秦에서 청대까지는 네모난 구멍이 뚫린 원형 화폐를 사용했다.

진나라가 중원을 통일한 후에는 6국이 사용하던 도폐 대신 네모난 구멍이 뚫린 원형 화폐가 통용되었다. 이는 청나라 말기까지 계속 사용되면서 2,000여 년 동안 거의 변화가 없었다. 초기의 원형 화폐는 화폐에 중량을 표기했다. 예를 들면 진나라와 한나라 때의 반냥전半兩錢, 한나라 무제 시기에서 수나라 때까지 사용한 오수전五銖錢 등이 그것이다.

  당나라 때부터는 개원통보開元通寶를 주조했다. '통보'란 통행 또는 통용되는 보물이란 뜻이다. 당 왕조에서는 10전을 1냥兩으로 규정했기 때문에 사람들은 후에 습관적으로 10분의 1냥을 1전錢이라고 했다. 당 왕조의 동전은 줄곧 개원통보라고 불렸지만, 가끔은 연호로 부르기도 했다. 예컨대 건봉천보乾封泉寶와 건원중보乾元重寶가 그것이다.

  북송은 태종 때부터 화폐에 연호를 표기했고, 그것이 보급되면서 연호에 따라 화폐도 다른 이름을 갖게 되었다. 이후 요·금·원·명·청 왕조도 대체로 그 방식을 따랐다.

【 동전의 주조 기술 】

화폐의 주조는 한나라 무제 이전과 이후에 현저한 차이가 있다. 진나라와 전한 초기에 사용한 반냥전은 주조 기술이 원시적이어서 가장자리가 둥글지 않고 장식도 없으며 새겨진 글자도 자의적이었다. 무제가 오수전을 주조하기 시작하면서부터 동전은 양면에 요출凹出된 윤곽을 지니게 되었고 측면을 둥글게 다듬었으며 새겨진 글자도 비교적 규범화된 모습을 갖추었다. 이후 2,000여 년 동안 중국의 동전은 오수전에서 시작된 주조의 기준을 엄격히 따랐다.

동전의 주형鑄型은 서로 다른 발전 과정을 거쳤다. 진나라와 전한 초기에는 석범石範(돌 모형 : 옮긴이)의 주전을 사용했는데, 돈의 모형은 손으로 새긴 것으로 모형의 정면에 홈을 파서 금속 용액을 붓기에 편리하도록 했다. 무제 때에는 진흙으로 모형의 틀을 만든 후에 동범銅範(구리 모형 : 옮긴이)으로 주조했다. 왕망王莽 시기에도 대체로 이범泥範(진흙 모형 : 옮긴이)의 주전을 많이 사용했다. 이범으로 주조한 돈은 동범이나 석범으로 주조한 것보다 훨씬 정교하고 아름다웠다.

당 왕조와 그 이후의 왕조들은 번사법飜砂法으로 동전을 주조했다. 번사법은 나무상자에 고운 모래를 넣은 후 돈의 모형을 그 위에 엎어서 모형을 만드는 것이다. 사범砂範(모래 모형 : 옮긴이)은 과거의 경범

청나라 때 기계로 제조한 광서원보 光緒元寶와 대청동폐大淸銅幣

硬範, 석범, 동범 등보다 주조가 빠르고 제작 원가도 낮으며 주조한 돈이 훨씬 더 정교하다는 장점이 있다.

사범을 이용하여 동전을 대량으로 만들 수 있게 되자 당 왕조 때부터 경범 주조법은 점차 도태되었다. 사범으로 동전을 주조하는 방법에 관해서는 명나라 때 송응성宋應星이 쓴 《천공개물天工開物》〈야주冶鑄〉에 비교적 자세한 기록이 남아 있다.

청나라 광서光緖(1875~1909) 연간에는 서양의 압폐기壓幣機가 유입되었다. 압폐기로 눌러서 만든 최초의 광서통보光緖通寶는 네모난 구멍이 있는 원형 동전이다. 광서통보의 등장은 오랜 세월 경범과 사범을 이용한 화폐 주조가 역사적 사명을 다했음을 알렸다.

【 동전에 새긴 글자체 】

동전에 새긴 글자체는 진秦나라에서 청나라에 이르기까지 큰 변화가 있었다. 당나라 이전에는 기본적으로 전서 위주였고, 이후에는 예서를 채용했다. 북송 때에는 전서, 예서, 해서, 행서, 초서 등의 서체를 모두 사용했다. 그 후 송대에서 청대까지는 주로 해서체를 사용했다.

서예의 관점에서 본다면 옛날 돈에 새겨진 글자는 그 자체로 가치가 있다. 진나라의 반냥전에 새겨진 '半兩'이란 두 글자는 글자체와 글자의 크기가 다양했지만 질박하고 힘이 있었다. 양한兩漢의 오수전은 일반적으로 글자체가 규범적이고 기세가 있었으며, 왕망 시대의 돈은 글자체가 정교했다. 화포貨布, 대천大泉, 포천布泉 등은 아주 좋은 철선전鐵線篆으로서 글자체가 가늘지만 아주 힘이 있다. 그래서 옛날 동전 중에서는 보기 드문 훌륭한 작품이라는 평가를 받았다.

당 왕조에서 통용된 개원통보는 당시의 유명한 서예가 구양순의 글씨를 사용했다고 전해진다. 글자가 힘이 있고 풍요로워서 당나라의 번영과 강성함을 반영한 것으로 평가된다.

송나라 때의 동전에 새겨진 글자체는 매우 특색 있다. 특히 휘종(1101~ 1125) 시대에

진나라 때 통용된 반냥전

왕망 시대의 동전에 새겨진 글자체는 아주 정교하다는 평가를 받았다.

주조한 돈은 모두 어서御書인 수금체瘦金體를 채용했다. 숭녕崇寧, 대관大觀, 선화宣和 등의 화폐에 새겨진 글자는 선이 분명하고 정교하여 옛날 돈에서는 그와 필적할 만한 작품을 찾기 어렵다.

이처럼 옛날 돈에 새겨진 수준 높은 글자체는 한 나라의 오수전이든 왕망전이든, 아니면 개원시대의 돈이든 북송 때의 돈이든, 모두 당시 서법의 정교함과 독특한 특징을 보여준다. 장인들의 탁월한 솜씨가 없었다면 그런 글씨를 자그마한 동전에 새기기는 힘들었을 것이다.

옛날 돈은 그 형태가 정묘하고 새겨진 글자도 아주 빼어나서 하나하나가 청동 예술품이라 할 수 있다.

당 왕조의 개원통보 유명한 서예가 구양순의 필적이라고 한다.

고대 화폐의 변천 ◆ 345

【 동전과 철전 및 연전 】

옛날에는 구리로 돈을 주조했지만 때로 값싼 철이나 납을 재료로 한 적도 있다.

중국에서는 양한시대에 수량은 적지만 철전鐵錢이 출현했다. 남조 때 소蕭씨가 다스린 양梁나라에서는 일부 돈을 철로 주조했다. 남조 때부터 당·송대까지는 구리가 부족해서 동전의 주조를 억제했다. 철은 돈을 주조하기에 적합한 재료가 아니지만 부득이한 경우 구리 대신 사용되었다. 5대10국 시기 초楚와 민閩 땅에서 철전을 사용한 적이 있다. 북송 정권이 건립된 후에도 전국적으로 여전히 동전을 사용했지만, 유독 쓰촨성에서는 구리가 부족해 철전을 사용할 수밖에 없었다. 이후 산시陝西와 하동河東(지금의 산시성山西省) 남부 지역에서도 부분적으로 철전을 동전과 함께 사용했다.

남송시대에도 지금의 화이허淮河 유역 일대에서 철전을 사용한 흔적이 발견되었다. 철전은 북송 때에 사용 범위가 확대되었다. 당시 동전 한 닢은 철전 열 닢 또는 그 이상에 해당했다. 따라서 같은 물품을 사더라도 철전은 동전보다 더 많이 지불해야 했다. 철전은 이처럼 사용하기가 아주 불편해서 상업의 발전에 결코 유리한 조건을 제공해주지 못했다.

북송과 남송대는 중국 역사에서 철전을 가장 많이 사용한 시기이다. 당시 서북 지방에 있던 서하국도 송나라를 따라서 철전을 사용했다. 하지만 철은 화폐를 주조하는 데 적합치 않았기 때문에 송나라 이후로는 다시 철전을 주조하지 않았다.

납으로 주조한 돈은 5대10국 시기부터 있었다. 당시 지방 정권들의 할거와 봉쇄로 인해 구리가 부족한 지역에서는 철이나 납으로 화폐를 주조

고대의 각종 화폐
상商 왕조의 패폐貝幣
전국시대의 도폐刀幣
청대의 동폐銅幣

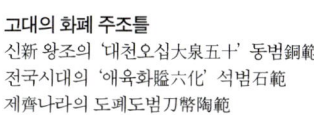

고대의 화폐 주조틀
신新 왕조의 '대천오십大泉五十' 동범銅範
전국시대의 '애육화람六化' 석범石範
제齊나라의 도폐도범刀幣陶範

고대 화폐의 변천 ◆ 347

할 수밖에 없었다. 민閩 땅이나 남한南漢에서 납으로 돈을 주조했는데, 오늘날 광둥성 일대에서 남한시대의 연전鉛錢이 대량 출토된 바 있다. 이외에 오월국吳越國에서도 연전이 통용된 적이 있다. 납은 구리보다 저렴하지만 그보다 무르기 때문에 화폐의 재료로 적합하지 않았다. 그래서 철전과 연전은 비상 시기에 동전을 대체했다.

은정의 유통

당나라의 주요 화폐는 동전이었지만 경제가 발전함에 따라 거액의 동전을 지불하기가 점차 불편해졌다. 그래서 지방 정부가 중앙에 세금을 납부할 때는 은을 사용했다. 당시에 은은 긴 막대 모양으로서 그 하나를 1정錠이라 했다. 북송 때 경제가 번성하자 은 사용량이 당 왕조 때보다 늘어났고, 남송은 또 북송보다 은 사용량이 더 많았다.

송나라의 은정銀錠은 가운데가 홀쭉하고 양쪽 끝이 밖으로 돌출한 호형弧形이다. 은정에는 일반적으로 그것을 생산한 곳과 그 용도를 새긴 명기銘記가 있다.

당나라의 은병銀餠(왼쪽)과 송나라의 은정(오른쪽)

당나라 때부터 송나라 때까지 통용된 은정은 큰 것은 무게가 50냥이고 작은 것은 20냥, 10냥 또는 그 이하도 있었다. 이 시기에 은은 유통되기는 했지만 민간에서 흔히 볼 수 있는 것이 아니었다. 금은 보석이나 전답, 가옥 등을

은銀 원보

거래할 때만 은을 사용했고 일반 상업활동에서는 별로 쓰이지 않았다. 따라서 은은 유통 수단이나 가치 척도로는 보편적이지 않았다.

원나라 때 은의 유통 상황은 송나라나 금나라 때와 비슷했다. 원나라 때는 지폐를 중시하여 은정이 오히려 사용에 제약을 받았다고 할 수 있다. 명·청 왕조에 이르러 상업이 발전하면서 은은 주요 화폐로 동전과 함께 유통되었다. 이때 고액은 은으로 계산하고 나머지는 동전으로 지불했다.

명나라의 은정은 양쪽이 돌출한 것이 마치 배 모양과 같고 바닥 부분이 안으로 꺼져 있다. 훗날 사람들의 관념 속에 자리한 원보元寶가 바로 명나라 때 은정의 모양에서 비롯된 것이다. 청대에는 지폐 대신 은과 동전을 사용했다. 무게가 50냥인 것을 원보라 통칭하고, 20냥이나 10냥은 은정이라 했다. 그 밖에 1냥 이하는 과자錁子, 복주福珠 또는 적주滴珠라고 했다.

은정은 사용할 때 반드시 그 무게와 질량을 감정해야 했기 때문에 아주 번거로웠다. 청나라 때 공고국公估局과 같은 기구가 은정의 질량을 측정하는 업무를 담당했다. 명나라 말기에서 청나라 초기에 외국의 은원銀圓(1원짜리 은화)이 대량으로 흘러들자 민간에서는 원보보다 그것을 더 많이 사용했다. 그래서 청나라 광서 15년(1889)부터 대청은원大淸銀圓을 주조하기 시작했는데, 이는 은정이 점차 쇠퇴했음을 의미한다.

【 교자와 지폐 】

북송대에는 경제가 번성하면서 화폐의 수요도 점차 증가했다. 쓰촨성에서는 구리가 모자라 동전 대신 철전을 사용했다. 하지만 철전은 무거워서 휴대가 불편했기 때문에 사람들은 상업적인 신용을 이용해 그러한 불편함에서 벗어나고자 노력했다.

북송 때 쓰촨성에서 교자交子라는 중국 최초의 지폐가 나타났다. 교자는 원래 상인들이 두 지역 간의 수입이나 지출에 관해 문자로 된 증거물로 사용한 것인데, 지금의 수표나 송금 증명과 비슷하다. 이후 관청에서 이것의 개량을 명하면서 점차 금속 화폐를 대신하는 일종의 유통 화폐가 되었다.

남송 때 지폐는 쓰촨성 외에 여러 지역에서 유통되었고, 어떤 지역에서는 회자會子 혹은 관자關子라고도 불렀다. 지금까지 전해지고 있는 당시의 전계典契(물품을 담보로 돈을 융통함을 증명하는 문서 : 옮긴이)에서 전답의 값이 회자 얼마라는 내용을 볼 수 있다.

원나라는 전국을 통일한 후 1260년에 중통원보교초中統元寶交鈔를 발행했고, 1287년에는 또 지원통행보초至元通行寶鈔를 발행했다. 원나라 때에 지폐는 송나라 때와 달리 특정 지역이 아닌 전국적인 범위에서 통용되었다. 원나라 초기 지폐가 유행한 10~20년 동안에는 관청에 황금이 충분히 비축되어 있어서 지폐를 가진 자가 수시로 관아에 가서 금이나 은으로 환전할 수 있었기 때문에 민간에서 신용도가 높았다. 하지만 원나라 말기에는 지폐의 남발로 그 가치가 떨어지면서 신용도 바닥으로 추락했다.

원나라 때의 지폐는 네이멍구, 닝샤寧夏(중국 서북 지역의 후이족 자치구), 후난성, 장쑤성 등지의 사원이나 탑의 유적지, 무덤에서 실물이 출토된 바 있다. 당시의 지폐는 거친 마지麻紙에 인쇄되었다. 그 양식은 금초金鈔와 비슷해서 가장자리에 꽃무늬가 있고 중간에는 액면, 유통 지역, 발행 연월 그리고 위조하는 자는 사형에 처한다는 경고문이 있다. 한편 원나라 때 지폐를 찍던 동판도 많이 발견되었다.

명나라 초기에는 원나라 때와 마찬가지로 지폐를 사용했으며, 지폐에

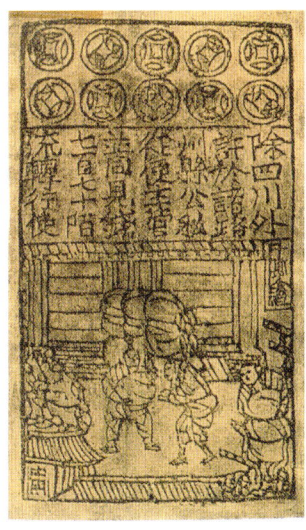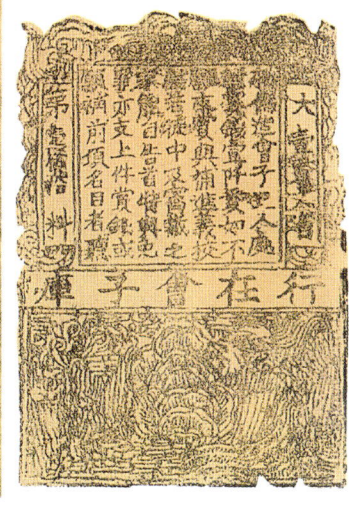

북송의 교자 초판 탁본(왼쪽)
남송의 회자(오른쪽)

고대 화폐의 변천 ◆ 351

'대명통행보초大明通行寶鈔'라는 글자를 넣었다. 명나라 때의 화폐는 실물과 초판鈔版이 모두 발견되었는데, 그 양식은 원나라 초기와 별 차이가 없다. 그러나 명나라 효종 홍치弘治(1488~1505) 연간부터는 지폐를 별로 중시하지 않았고 여전히 은과 동전이 각광을 받았다.

結 중국은 화폐 사용의 역사가 아주 유구하다. 대략 춘추시대 말기에 청동으로 주조한 화폐를 사용한 이래로 청나라 말기까지 2,000여 년의 역사를 자랑한다.

춘추시대에서 명·청대에 이르기까지 화폐의 주조와 유통은 연속성이 강했다. 통일된 왕조든 할거 상태의 지방 정권이든 모두 화폐를 주조했다. 위진시대의 나라들은 새 화폐를 주조하지 않고 이전부터 전해지던 화폐를 지속적으로 사용했다.

넓은 강토를 확보한 한나라와 당나라는 전국적인 수요를 충족시키기 위해 해마다 3억 개의 동전을 주조했다. 물론 주조량이 가장 많았던 왕조는 북송이다. 신종 희령熙寧 및 원풍元豊(1068~1085) 연간에는 한 해에 주조한 화폐가 무려 5억 개에 달했고, 그 밖에 다른 황제들도 해마다 2억 개 정도를 주조했다고 전해진다.

진나라와 한나라 때 사용한 돈은 가운데 네모난 구멍이 있고 가장자리가 둥근 형태로 이후 여러 왕조가 그 형태를 계승했다. 또 이웃 나라인 한국, 일본, 베트남, 태국 등에도 영향을 끼쳐서 네모난 구멍에 가장자리가 둥글고 한자를 새긴 돈이 동남아 화폐의 기본 양식으로 자리 잡게 되었다.

중국 고대의 동전 주조 기술은 옛날 청동기를 제작한 경험과 그 기술을 계승한 것이다. 청동의 특성을 이용해 문자가 뚜렷한 화폐를 주조함으로써 돈에 새긴 글자체의 운치를 감상했는데 시대마다 특징적인 글자체를 채용해서 비록 작은 동전이지만 하나하나가 정교한 예술품이라 할 만하다.

【 송대의 설화와 화본소설 】

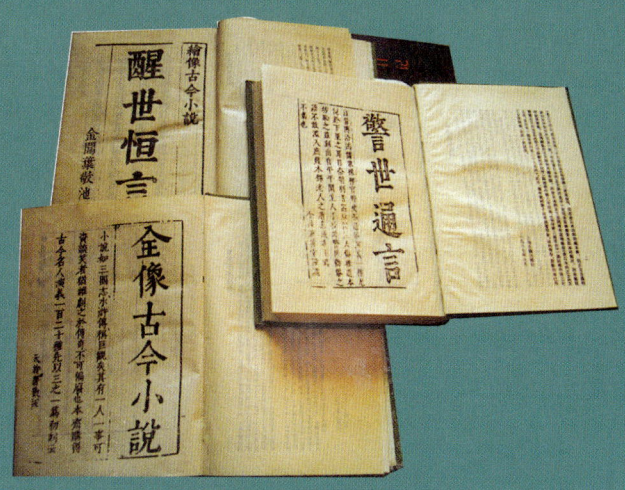

● 명나라 말기 풍몽룡이 편집한 《삼언三言》에는 송나라 화본 작품이 적잖이 수록되어 있다.

설화인들은 이야기하는 과정에서 풍부한 감정, 칭찬과 비방이 분명한 태도로 목소리, 웃음, 표정 등을 잘 이용해 청중을 감동시키고 사랑과 증오의 공감대를 형성했다. 설화인들의 예술적 매력은 자제하기 힘들 정도로 사람들의 심금을 울렸다.

설화說話는 송대 설창說唱 기예의 일종이다. 설화의 '화話'가 이야기란 뜻이므로 설화는 이야기를 한다는 뜻이다. 이야기를 하는 것과 이야기를 듣는 것은 인류의 천성이라 할 수 있다. 루쉰에 따르면, 원시인들은 노동할 때 노래를 부름으로써 피곤함을 잊고 휴식시간에 서로 이야기하는 것으로 여가를 보냈다.

일찍이 선진시대와 양한시대에 궁정에는 이미 배우와 광대, 그리고 문학의 농신弄臣(임금의 심심풀이 상대가 되는 신하 : 옮긴이)이 있었다. 농신의 중요한 임무는 제왕과 귀족들에게 이야기를 들려주거나 그들을 웃기는 것이었다. 그리고 공연을 할 때 종종 노래와 춤, 음악을 한데 결부시켰는데, 이는 중국 설화의 특성을 형성하는 데 중요한 영향을 끼쳤다.

일반적으로 설화는 당나라 때 시작되어 민간에 유행했다고 본다. 송나라의 건립으로 5대10국의 혼전 국면이 수습됨으로써 농업, 수공업 및 상업이 회복되고 급속한 발전 추세를 보이면서, 도시는 날로 번성했고 시민계층도 점차 확대되었다. 수도였던 변량汴梁(지금의 카이펑)과 임안臨安(지금의 항저우) 등은 많은 인구를 가진 번화한 대도시의 모습을 갖추었다. 곳곳에서 생겨난 상업적인 오락장은 설화를 포함한 갖가지 민간예술로 인해 전에 없는 번영을 누렸다. 송나라 때 설화는 이미 하나의 전문적인 용어가 되었다. 즉 직업적인 민간 예능인들이 공연장에서 청중을 상대로 이야기하는 것으로 책을 읽어주는 것과 비슷했다.

설화인이 이야기의 저본으로 삼은 것을 화본話本이라고 부른다. 그중에서 사랑과 공안公案을 주요 내용으로 하는 소설 일파의 영향이 가장 컸고 작품성도 높았기 때문에, 일반적으로 화본話本은 바로 화본소설을 가리킨다. 나엽羅燁의 《취옹담록醉翁談綠》에 의하면 송대에는 화본이 150여 가지가 있었다.

송대의 화본소설은 형식에서는 당대의 소설과 변문의 영향을 받았지만 구어에 가까운 백화白話를 사용했고, 인물 묘사나 배경, 대화 등에서 새로운 면모를 보였다. 말하자면 화본의 출현은 중국 문학사의 큰 사건으로서 문학이 민중에게 더 다가갔을 뿐 아니라 중국 소설사에 신기원을 열었다.

【 와자와 교만권 그리고 서회 선생 】

기록에 의하면, 송나라 때는 이미 장기 공연을 할 수 있는 와자瓦子와 구란勾欄이라는 공연장이 있었다. 와자는 와시瓦市, 와사瓦肆, 와사瓦舍라고도 했는데《몽량록夢粱錄》에는 이러한 설명이 있다.

와사란 이른바 모이면 기와가 합쳐지듯 와합瓦合하고 흩어질 때는 기와가 무너지듯 와해瓦解한다는 말로서 쉽게 모이고 쉽게 흩어진다는 뜻이다.

와자는 오락장을 일컫는 것으로 갖가지 매매와 서비스업을 포함한다. 구란은 원래 난간이란 뜻으로 난간을 둘러친 공연장을 가리키는 말이었지만, 훗날 습관적으로 구란이라 칭하게 되었다.

구란 내에는 갖가지 희극을 공연하고 설화를 포함한 설창을 연출할 수 있는 붕棚이 있었다. 송대에는 변량과 임안 등 도시에 많은 와자와 구란

《동경몽화록》과 《몽량록》에는 북송의 변량과 남송 임안의 풍속 및 설화 등이 기록되어 있다.

이 있었으며 어떤 와자는 규모가 매우 컸다. 당시 변량의 동각루항東角樓 巷에 관한 이러한 기록이 있다.

> 길 남쪽에는 상가와자桑家瓦子가 있었고, 가까운 북쪽에는 중형의 와자가 있었으며, 더 안쪽에는 또 다른 와자가 있었다. 그 속에는 크고 작은 구란이 50여 개 있었다. 그 가운데 와자연붕瓦子蓮棚, 모란붕牧丹棚, 이와자야차붕리瓦子夜叉棚, 상붕象棚이 가장 커서 1,000명을 수용할 정도였다.

고정된 공연장이 생기면서 직업적으로 책을 읽어주는 사람이 출현했다. 《동경몽화록東京夢華錄》에 의하면 북송의 변량에는 이름이 확실한 설화인만 14명이 있었다. 또 《무림구사武林舊事》와 《몽량록》에 의하면 남송의 임안에는 설화인이 100여 명이나 되었다고 하는데, 실제로는 그보다 훨씬 많았던 것으로 추정된다. 이 설화인들은 대개 예명이나 별명으로 불렸다. 예컨대 오대의 역사를 이야기하는 윤상매尹常賣(상매는 본래 행상을 가

송대의 설화와 화본소설 ◆ 359

리킴), 역사책을 강연하는 교만권喬萬卷(만권은 당시 박학다식한 사람을 일컫는 말) 등이다.

송대에는 설화가 매우 발달해서 설화 예술인들의 조직이 있었을 정도였다. 그러한 조직의 하나로 서회書會가 있었는데, 구성원은 설화를 전문으로 하는 사람 또는 화본이나 각본을 집필하는 문인이었다. 서회에서 '서회 선생' 혹은 '재사才士'라 칭하는 사람은 대체로 과거에 실패했거나 재능과 학식, 사회 경력이 있는 문사文士들이었다. 또 다른 조직은 설화인들의 자체 조직으로서 남송 임안성의 웅변사雄辯社가 그것이다. 이는 설화 예능인들이 기예를 전수하고 교류하는 직업적 성격을 띤 단체로 서회와 밀접한 관계가 있었다.

【 설화의 예술적 특색 】

《수호전전水滸全傳》제110회를 보면, 이규와 연청이 상원절上元節에 변량 상가와자桑家瓦子의 구란에서 《삼국지》중 '관운장이 뼈를 깎아 독을 제거하다'라는 설화를 듣는 대목이 있다. 이규가 흥미로운 대목에 가서 큰 소리로 "과연 호걸이데"라고 했다는 내용인데, 여기서 송대에 설화의 예술적 감화력이 매우 컸음을 짐작할 수 있다.

송대의 설화인들은 폭넓은 역사 지식과 문학적 소양을 갖춘 이들이었다. 그들이 대서생戴書生, 주진사周進士, 교만권, 장해원張解元이란 별칭으로 불렸다는 사실에서도 그 점을 엿볼 수 있다. 그들이 말로써 그토록 많은 청중을 확보한 것은 우선 그들의 설화가 생동감 있었을 뿐 아니라 그 언어도 통속적이었기 때문이다. 와시나 구란에 모여든 청중은 대체로 일반 서민이어서 생생한 묘사가 없거나 언어가 통속적이지 않고 난해했다면 좋은 반응을 얻기 힘들었을 것이다. 아울러 설화인들이 이야기할 때 목소리의 높낮이나 강약 등도 내용에 따라 어느 정도 예술적인 조화를 이루어야 했다. 그렇게 진짜인 듯한 느낌을 주어야만 청중이 공감할 수 있었다.

설화인들은 이야기하는 과정에서 풍부한 감정, 칭찬과 비방이 분명한 태도로 목소리, 웃음, 표정 등을 잘 이용해 청중을 감동시키고 사랑과 증오의 공감대를 형성했다. 《취옹담록》은 설화인의 예술적 묘사에 대해 이렇게 기록하고 있다.

매국노가 간사한 마음을 품고 무능한 자를 적국과의 싸움터에 파견했다고 하면 청중은 다같이 분노했고, 충신이 억울한 누명을 쓰고 핍박을 받으면 목석 같은 자라도 눈물을 흘렸다. 귀신이나 도깨비 이야기는 도사의 간담까지 서늘하게 했으며, 규수나 가인佳人의 억울한 이야기에는 남녀가 모두 슬퍼했다. 또 양 진영의 군사가 대치하는 이야기는 장사들의 마음을 움직였고, 사람이 귀신이 되는 이야기는 도사들의 귀를 솔깃하게 했다.

당시 설화인들의 예술적 매력은 자제하기 힘들 정도로 사람들의 심금을 울렸다.

설화인들은 대개 이야기를 첨삭하거나 부연하는 재주가 있었다. 부연한다는 것은 원래 이야기에 살을 붙임으로써 그 내용을 더욱 풍부하게 만드는 것이다. 《몽량록》에서 "설화란 바로 설변舌辯에 능한 자를 말한다"고 했는데, 설변이란 말솜씨에 능하다는 뜻이다. 《서산일굴귀西山一窟鬼》라는 화본은 6,000자에 불과한 책이지만, 설화인의 입에서 이야기로 변하면 "수십 회에 이르는 우여곡절이 심한 소설"이 되었다. 그 비결은 설화인들이 풍부한 상상력을 발휘하여 이야기를 발전시키고, 아울러 중요한 대목에서는 인물과 정경을 정교하게 묘사하고 내면을 부각함으로써 청중의 애증을 충분히 반영한 데 있다. 이는 설화인이 기본적으로 갖추어야 할 재능이었다.

이 밖에도 설화인들은 사체使砌(타체打砌 또는 점체点砌) 기법을 사용했다. 이는 해학적인 말을 삽입하는 것인데, 이러한 체화砌話는 사람들을 웃겨서 분위기를 바꾸고 유머나 해학을 통해 풍자함으로써 어려운 고비를 넘기는 설화인의 지혜를 보여준다. 화본은 노래로 표현할 수도 있기 때문에 설화인은 말솜씨가 좋아야 함은 물론 노래도 잘 불러야 했다. 노래할 때는 반주와 사설을 곁들여 청중의 흥을 돋았다.

《연옥관음》과 《착참최령》

송대의 설화 중에서 가장 중요한 것은 소설이다. 현존하는 소설 화본은 사랑과 공안을 다룬 작품이 가장 많고 작품성도 가장 높다.

사랑을 주제로 한 작품에는 당시 서민들이 이야기의 주인공으로 비교적 많이 등장했다. 화본은 대체로 그들을 봉건세력에 대항하는 인물로 표현했고, 특히 여성들의 용기 있는 투쟁을 많이 다뤘다. 《연옥관음碾玉觀音》이 바로 그런 소설 가운데 가장 수준 높은 작품이다.

《연옥관음》에서 거수수璩秀秀는 서화書畵 작품을 수선하는 거공璩公의 딸인데, 함안군왕咸安郡王의 집에 여종으로 팔려간다. 그녀는 그곳에서 연옥장碾玉匠 최령崔寧을 사랑하게 되고, 두 사람은 주인집에 화재가 난 틈을 타서 담주潭州로 달아나 가정을 이룬다. 후에 왕부王府의 곽배군郭排軍이 밀고하는 바람에 거수수는 군왕에게 붙잡혀 사형에 처해진다. 죽어서 귀신이 된 거수수는 최령과 다시 건강부建康府에서 동거하며 끝내 곽배군을 응징한다. 작품은 거수수가 사랑을 지키기 위해 단호히 투쟁하는 모습을 보여주는 한편 함안군왕의 흉악한 본성을 폭로하고 있다.

《연옥관음》의 삽화

공안을 주제로 한 작품은 복잡한 계층 간 갈등을 반영하거나 민중의 직접적인 투쟁을 표현했다. 《착참최령錯斬崔寧》은 최령(《연옥관음》의 최령과 이름이 같은 것은 우연의 일치임)과 진이저陳二姐가 15관貫이란 돈 때문에 발생한 살인 사건에 무고하게 휘말린 일을 다룬다. 주인공들은 무능한 관리들의 핍박과 고문 때문에 거짓 자백을 하고는 끝내 사형을 당한다. 작품은 인간의 생명을 하찮게 여기는 관청에 대하여 "이 억울함은 자세히 조사하면 쉽게 밝힐 수 있었지만, 무능한 관리가 그저 귀찮다고 고문만 해댔으니 무슨 일이 제대로 될 수 있으랴!"라고 비판한다. 뿐만 아니라 관리들에게 다음과 같은 경고의 메시지를 보낸다.

"관리라면 사건에 대해 함부로 결론짓지 말아야 하고 멋대로 형벌을 내리지 말아야 한다. 오직 사건을 공평하고 투명하게 처리해야 한다. 죽은 자는 다시 살아날 수 없고, 달아난 머리는 다시 붙일 수 없다는 것을 잘 알아야 한다."

《착참최령》은 후에 희곡 《15관貫》으로 만들어져 널리 알려졌다.

화본소설은 이야기의 구조, 인물의 부각 등에서 현실주의의 창작 방식을 채용하고 있는데, 이는 당나라의 전기傳奇보다 한 걸음 더 나아간 것이다. 이 때문에 화본소설을 시작으로 고전소설의 창작은 점차 성숙 단계로 접어들었다.

【 설화의 유파 】

설화는 처음에 잡희雜戱(혹은 백희百戱)의 한 종류로 존속하다가 나중에 전문적인 기예로 발전해서 독립적으로 공연되었다. 설화는 끊임없이 발전하면서 분화되어 서로 다른 유파가 나타났다. 당시 설화의 주요 유파는 네 가지로 분류할 수 있다.

첫째, 소설로서 은자아銀子兒라고도 한다. 여기서 소설은 설화의 한 유파로서 오늘날의 소설과는 다르다. 은자아라고 부르는 것은 설화인이 소설을 강연할 때 은자아라는 악기를 반주에 사용했던 것과 관련이 있는 것으로 보인다.

소설은 소재에 따라 연분煙粉(미녀와 기녀, 또는 사람과 귀신 등에 관한 이야기), 영괴靈怪(신선이나 요술에 관한 이야기), 전기傳奇(인간세상의 기쁨과 슬픔, 이별과 만남에 관한 이야기), 공안公案(사건을 처리하는 과정에 관한 이야기) 등으로 나뉜다. 소설은 단편적인 설화로서 한두 차례나 몇 차례에 걸쳐 강연할 수 있고, 역사책을 강연하는 것과 비교하면 이야기가 더 현실적이고 직접적이며 시사적인 특징이 있다.

둘째, 설철기아說鐵騎兒이다. 그 내용은 주로 이민족의 침범에 대항한 이야기나 농민 봉기의 과정에서 나타난 영웅에 관한 이야기이다.

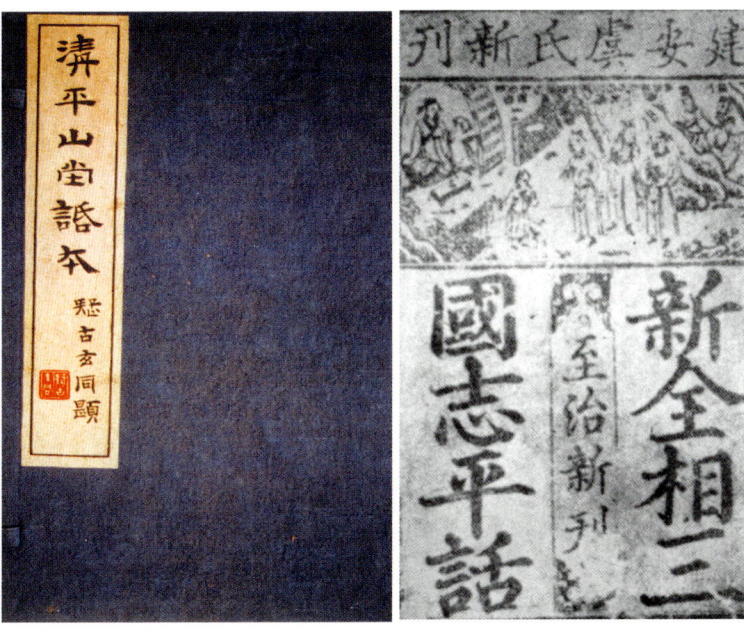

소설 화본《청평산당화본》과
강사講史 화본《신전상삼국지평화
新全相三國志平話》

셋째, 설경說經이다. 여기에서 '경'은 불경을 가리킨다. 설화인은 이야기의 형식으로 통속적인 강연을 하면서 우스운 이야기를 곁들여 청중의 마음을 사로잡았다.

넷째, 강사서講史書이다. 주로 "이전 시대의 사서史書, 문전文傳, 흥망성쇠, 전쟁에 관한 것"을 다루었으며, 역사적 사실을 바탕으로 하고 일정 부분 허구를 가미했다. 소설은 대체로 한 사람이나 하나의 사건에 관해 이야기하지만, 강사講史는 한 시대에 관한 이야기로서, 내용이 복잡하고 등장인물도 많아 여러 차례에 걸쳐 강연해야 했다.

이상 네 가지 설화 가운데서 가장 중요한 것은 소설과 강사이다. 그 두 가지가 가장 환영을 받았고, 이후 통속소설의 발전과도 밀접한 관련이 있기 때문이다.

【 화본의 체제 】

넓은 의미에서 볼 때 설화의 네 가지 저본은 모두 화본에 속한다. 설경과 설철기아에 관한 화본은 전해지는 것이 아주 적다. 《대당삼장취경시화大唐三藏取經詩話》는 현존하는 설경 화본이다. 당나라 삼장법사가 경전을 가져오는 이야기로서 시도 있고 이야기도 있기 때문에, 시화詩話라고 부른다. 강사 화본을 원나라 사람들은 평화平話라고 했다. '평'에는 평론, 평의評議의 뜻이 있기 때문에 평화評話라고도 한다. 설화는 종종 개인의 관점에서 역대의 흥망에 관한 교훈을 종합했기 때문에 역사 인물에 대한 평가도 포함된다. 현존하는 《신편오대사평화新編五代史平話》는 송대에 편집하고 원대에 증보, 간행한 화본이다. 평화는 분량이 비교적 길어서 일반적으로 권卷, 목目(소제목)으로 나뉘었으며, 훗날 장회章回소설이 여기서 비롯되었다.

일상적으로 말하는 화본은 소설 화본에 한정된 것으로서 소설 혹은 소설 화본이라고 한다. 지금까지 전해지는 송대의 화본은 《청평산당화본淸平山堂話本》, 《유세명언喩世明言》, 《경세통언警世通言》, 《성세항언醒世恒言》 등 명대에 간행한 화본소설집에 수록된 것으로 40~50편 안팎이다.

한 편의 화본소설은 일반적으로 다음과 같은 몇 부분으로 이루어진다.

첫째, 입화入話이다. 소설의 서두에 종종 한 수 또는 몇 수의 시나 사詞가 나오고 그다음 약간의 해석을 곁들이는데, 이 부분을 입화라고 한다. 주제가 무엇인지를 밝히거나 분위기를 조성하는 역할을 한다.

둘째, 두회頭回이다. 입화와 본문 사이에 항상 삽입하며, 본문과 유사하거나 상반되는 일단락의 이야기를 두회라고 부른다. 입화와 두회는 본문으로 들어가기 전에 분위기를 고조시키며, 시간을 조금 더 끌어서 청중이 더 많이 모여들게 하는 역할을 한다.

셋째, 정화正話이다. 소설의 주요 내용으로서 정전正傳이라고도 한다.

넷째, 미시尾詩이다. 이야기를 마무리하거나 청중에게 교훈을 제시하는 부분이다. 《착참최령》의 미시는 다음과 같다.

선악은 본래 정한 주인이 없지만
실없는 농담으로 화를 부르네.
권하노니, 진실과 믿음의 말을 하게.
세 치 혀야말로 예부터 화의 뿌리라네.

결 송대의 설화는 민간예술의 하나이며, 화본의 초기 작가인 설화인은 민간에서 배출되었다. 그들은 풍부한 사회 경험과 사상 및 감정이 민중과 여러모로 상통했기 때문에, 수많은 화본소설은 현실생활에서 그 소재를 취했다. 화본소설은 생생하고 활발한 언어로 사회의 모순을 진실하게 반영했으며, 일반 백성을 문학작품에 등장시켜 문화의 전당에 오르게 했다.

송대의 화본 이전에 둔황석굴에서 발견된 변문에도 속어들이 나타났지만, 그것은 어쨌든 이해하기 쉬운 고문 위주였다. 송나라의 화본소설에 이르러서야 비로소 전체 문장이 통속적이고 생생한 백화로 서술되었다. 이후 중국의 소설과 희곡은 백화를 보편적으로 사용하게 되었다. 따라서 송대에 이르러 문학 언어는 새로운 단계로 진입했다고 할 수 있다.

송대의 설화와 화본소설이 후세에 끼친 영향은 아주 대단했다. 설화 중 강사는 그 자체의 성과는 별로 뛰어나지 않지만 훗날 《삼국연의三國演義》, 《수호전》, 《봉신연의封神演義》, 《열국지전》 등과 같은 역사소설의 창작에 큰 영향을 미쳤다. 특히 소설은 사상, 창작의 방법, 언어의 운용에서 성과를 거두어 원·명·청대의 소설과 희곡에 깊은 영향을 미쳤다.

이런 의미에서 송대의 화본은 새로운 소재, 새로운 인물, 새로운 형식, 새로운 언어로 중국 소설, 나아가 문학 전반에 걸쳐 새 장을 열었다고 할 수 있다.

【 송·원대의 선본 】

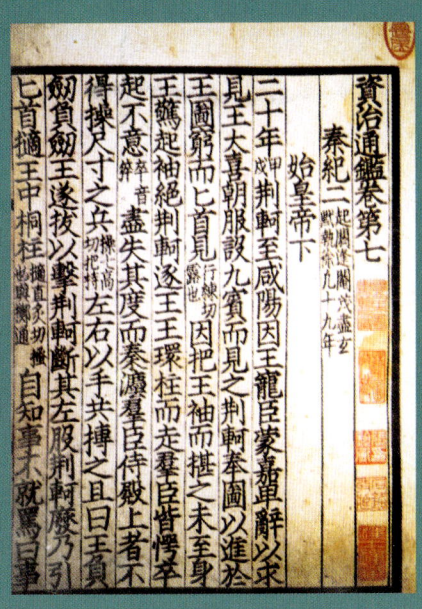

● 북송의 《자치통감》 간행본

조판인쇄 서적이 증가하면서 장서가도 점점 늘어났는데, 특히 명나라 중기 이후에는 크고 작은 장서루藏書樓를 전국 곳곳에서 찾아볼 수 있을 정도였다. 장서가들은 대개 학문을 하는 사람이면서 또한 판본 학자였다.

선본善本이란 고서古書의 판본을 일컫는 전문 용어이다. 판본학자들은 선본의 특성을 역사 문물, 학술 자료, 예술적 표본으로 요약한다. 말하자면 선본은 책으로 출간된 지 오래된 각본서刻本書(일반적으로 청나라 건륭 60년, 즉 1795년 이전까지로 한정함), 초본서抄本書, 또는 명인名人이 그린 그림, 수고手稿, 특정 시대 특정 분야를 대표하는 도서를 가리킨다. 송·원대의 선본이란 바로 송대와 원대에 인쇄했거나 초록한 도서를 말한다.

　당나라 때 조판인쇄술이 나왔지만 아직 대규모 인쇄 능력을 갖추지 못했기 때문에 서적의 간행은 민간의 서방書坊이나 개인의 소규모 인쇄소에 의존했다. 오대 때에는 민간뿐 아니라 관아에서도 유가 경전 따위를 인쇄하기 시작했다. 하지만 그 제작 방식은 주로 손으로 하는 초록 위주였다.

　20세기 초 둔황 문서의 발견으로 북송 이전에 나온 종이로 된 도서를 접할 수 있게 되었다. 이 도서들은 거의 다 손으로 초록한 것으로 두루마리 형태로 되어 있고 조판인쇄물은 극히 드물다. 이 도서들이야말로 국보가 아닐 수 없다. 그러나 조판인쇄물 위주인 송·원대의 선본도 빼놓을 수 없는 귀중한 보물이니, 둔황 문서를 제외한 최초의 도서는 지금으로부터 700~1,000년 전에 나온 선본이다.

  인쇄술의 발명으로 서적을 손쉽게 간행할 수 있게 되었으나 수백 년 동안에 걸친 전란이나 천재지변은 서적들에게 큰 재난이었고, 이로 인해 송대와 원대의 도서도 얼마 전해지지 않는다. 지금까지 전해지는 송대의 도서는 1,000여 종이고 원대의 서적은 900여 종으로 추정된다. 또한 중국 내에 보존된 북송 시기의 인쇄본은 대장경이 대부분이고, 그 외의 책은 아주 드물어서 국내외를 통틀어도 10여 종에 그칠 뿐이다.

【 정교하고 아름다운 송대의 서적 】

송대에는 조판인쇄술이 고도로 발달했다. 남송의 도읍은 강남에 있었지만 서적 인쇄업이 발전하는 데 조금도 지장을 받지 않았으며, 수도인 변경汴京을 비롯하여 저장·쓰촨·푸젠·장시 등지가 서적 인쇄의 중심지였다. 중앙과 지방 정부 그리고 크고 작은 작업소나 개인이 인쇄한 도서를 전국 곳곳에서 찾아볼 수 있었다.

북송 개보開寶 4년부터 태평흥국太平興國 8년(971~983)에 이르는 긴 세월 동안 인쇄한 5,000여 권에 달하는 《개보장開寶藏》은 송 왕조에서 파견한 사람이 청두成都에 가서 조판한 것으로, 중국에서 체계적으로 인쇄한 대장경 중에 가장 오래된 것이다. 그 일부분이 1950년대 말에 산시성 샤오이孝義의 흥복사興復寺에서 최초로 발견되었으며, 근래 들어 산시 지방에서 또다시 발굴되어 지금은 10여 권이 전해지고 있다.

항저우는 당나라와 오대 시기에 경제가 번성했고, 저장 일대는 제지업

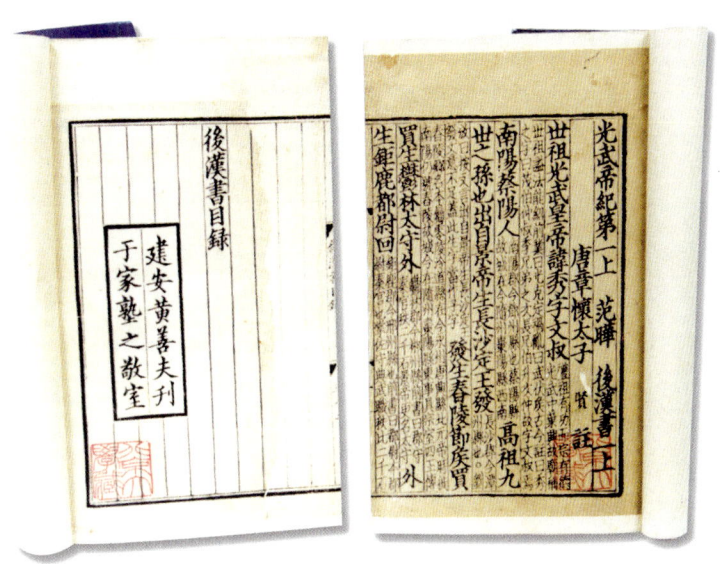

송나라 때 황선부가
각인한 《후한서》

이 발달했다. 남송 왕조는 건립 초기 항저우에 국자감을 설치한 후 지방 정부에 서판書板을 요구하는 외에 여러 서판을 각인했다. 당시 항저우에는 서방書坊이 많았던 만큼 가작佳作도 적지 않았다. 1924년 항저우의 레이펑탑雷峰塔이 무너질 때 벽돌 틈에서 《다라니경陀羅尼經》이 발견되었는데, 975년에 오월吳越의 왕 전숙錢淑이 주도해서 각인한 것으로 밝혀졌다. 그 권말의 아주 정교하게 인쇄된 〈황비예불도黃妃禮佛圖〉는 현존하는 것 중에서 가장 오래된 저장성의 각서刻書이다.

이 밖에도 송대에는 진귀한 선본이 많았는데, 랴오닝성 도서관에 소장되어 있는 《포박자抱朴子》가 그것이다. 이것은 변경에서 항저우로 도읍을 옮길 때쯤 영육낭서적榮六郞書籍에서 각인한 것으로, 뒤쪽에 책을 홍보하는 다섯 줄의 광고가 있다. 그리고 건안建安의 유원기劉元起가 각인한 《한서》, 황선부黃善夫가 각인한 《후한서後漢書》, 사오싱紹興의 양절동로兩浙東

路 다염사茶鹽司에서 각인한 《주역주소周易注疏》와 《예기정의禮記正義》 등도 송대 지방의 관아와 개인이 각인한 걸작들이다.

이 같은 송나라 도서의 정품精品은 각서의 단위와 지점, 장정의 형식, 기풍이 각각 상이하다. 장편의 거작이 있는가 하면 작고 정교한 단행본도 있는 등 판본의 크기가 다양하다. 또 행간이 넓은 것이 있는가 하면 좁은 것도 있고, 글자체 역시 안진경·유공권·구양순 등 세 가지가 있고, 용지 또한 마麻·피皮·죽竹 등 여러 가지이다. 유려한 글자와 깨끗한 먹, 부드러운 용지, 운치 있는 삽화 그리고 정교한 인쇄는 경탄을 자아낼 만큼 높은 수준을 보이고 있다. 이를 통해 송나라의 발전된 문화와 조판인쇄업의 번영을 엿볼 수 있다.

【 원대의 진귀한 판본 】

원나라의 통치자들은 중국을 통일한 후 유목 경제 위주이던 몽골족의 낙후한 생활 방식을 바꾸면서 정치·경제적으로 새로운 조치들을 취했다. 그 결과 전란으로 파괴된 경제를 신속히 회복했고, 문화가 발달하면서 조판인쇄 서적이 급속히 늘어나게 되었다.

원나라 때는 정부에서 특별히 홍문서興文署를 설치하여 각서刻書 사업을 관리하면서부터 각서가 쏟아져나왔다.

원나라의 선본은 다음과 같다.

- 원나라 초기 홍문서에서 각인한 《자치통감》
- 태평로太平路 유학儒學에서 각인한 《후한서》

- 원사서원圓沙書院에서 각인한 《광운廣韻》
- 숭문서원崇文書院에서 각인했으며 삽화가 많은 약학서 《경사증류대관본초 經史證類大觀本草》
- 건안의 여余씨가 각인한 《이태백문집李太白文集》
- 정鄭씨의 적성당積誠堂에서 각인한 《찬도증신군서류요사림광기纂圖增新群 書類要事林廣記》
- 음식의 영양 및 보건에 관한 《음선정요飮膳正要》
- 현존하는 중국 최초의 체계적인 옛 기물 도록인 《고고도考古圖》
- 산시성山西省 평수平水 조曹씨의 진덕재進德齋에서 각인한 《이아爾雅》
- 중국 최초의 2색 인쇄본 《금강경》(현재 타이베이 한학연구센터 소장)

이 중에는 중앙의 각서, 지방의 유학儒學과 서원의 각서, 개인 각서와 서방書坊의 각서, 경서經書와 사서史書도 있다. 또 의약 및 보건에 관한 서적과 문집류, 내용이 풍부한 백과전서도 있다. 원대에는 조판 인쇄 수준이 매우 높아서 책 속의 고졸하고 소박한 조맹부체 글자, 검은색 책 표지, 꽃무늬의 어미魚尾, 아름답고 우아한 삽화 등이 원나라 각서의 독특한 품격을 보여주고 있다.

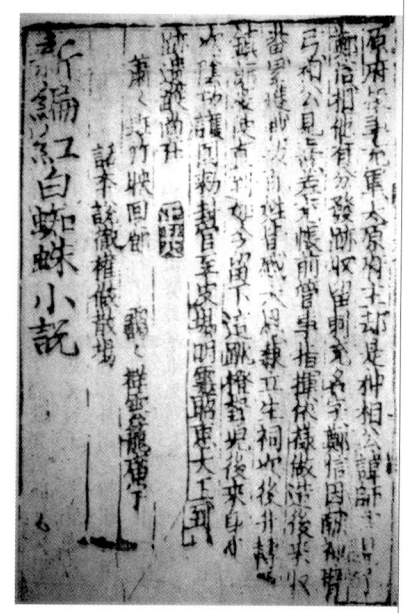

원나라 때의 각본刻本 《홍백지주紅白蜘蛛》

송·원대의 선본 ◆ 375

【 천일각 】

중국에는 예부터 책을 소장하는 전통이 있었다. 조판인쇄 서적이 증가하면서 장서가도 점점 늘어났는데, 특히 명나라 중기 이후에는 크고 작은 장서루藏書樓를 전국 곳곳에서 찾아볼 수 있을 정도였다. 장서가들은 대개 학문을 하는 사람이면서 또한 판본학자였다.

저장성 닝보寧波의 웨후月湖 가에 있는 천일각天一閣은 현존하는 가장 오래된 장서루로 430여 년의 역사를 지니고 있다. 천일각의 주인 범흠范欽은 책과 불은 상극이라고 생각했다. 고서에서도 "천일天一은 물을 낳고 지륙地六은 그것을 이룬다"고 했듯이, 그는 장서루를 2층으로 건축해서 위층은 한 칸, 아래층은 여섯 칸으로 지었으며, 물은 당연히 불을 누를 수 있기 때문에 장서루의 이름을 천일각이라고 했다.

또 도서의 분실을 방지하기 위하여 자손들에게 "책을 절대로 나누지 말라"고 당부했다. 그 후 범씨의 자손들은 "책을 바꾸지도 말고 밖으로 유출하지도 말라"는 유훈을 굳게 지키면서 천일각의 책들을 공동 소유로 했다.

〈천일각장서고天一閣藏書考〉에는 이러한 이야기가 기록되어 있다.

은현鄞縣의 전

닝보의 천일각은 현존하는 가장 오래된 장서루이다.

錢씨 집안에 책을 남달리 좋아하는 처녀가 있었다. 그녀는 천일각에 장서가 매우 많다는 소문을 듣고 범씨 가문의 후손인 범무재에게 시집을 갔다. 결혼 후 그녀는 장서루에 가서 책을 보겠다고 했으나, 가문의 규정상 아녀자는 장서루에 들어갈 수 없다고 거절당했다. 결국 그녀는 우울한 마음을 달래지 못하고 세상을 떠났다.

천일각에는 명 왕조의 진귀한 도서가 많은데 특히 지방지, 비첩碑帖, 등과록登科錄이 많다.

급고각

급고각汲古閣은 명나라 말기에서 청나라 초기에 명성을 떨친 장서루로 장쑤성 창수常熟에 있다. 주인 모진毛晉은 장서뿐 아니라 각서로도 유명했다. 그는 어릴 때부터 책을 좋아해서 가산을 털어 책을 수집하고 간행했다. 특히 좋은 책을 구하기 위해서 자신의 집 문 앞에 다음과 같은 방을 붙였다.

송나라 때의 판본을 가져오는 자에게는 집주인이 장수에 따라 값을 쳐줄 터이니 한 장에 200이다. 옛 초록본을 가져오는 자에게는 한 장에 40을 쳐주고, 지금의 선본을 가져오는 자에게는 다른 곳에서 1,000을 쳐준다면 본 주인은 1,200을 쳐줄 것이다.

그러자 외지에서 책장사들이 구름처럼 모여들었으며, 책을 운반하는 배가 그의 집에서부터 창수의 영춘문迎春門 밖에 있는 칠성교七星橋까지

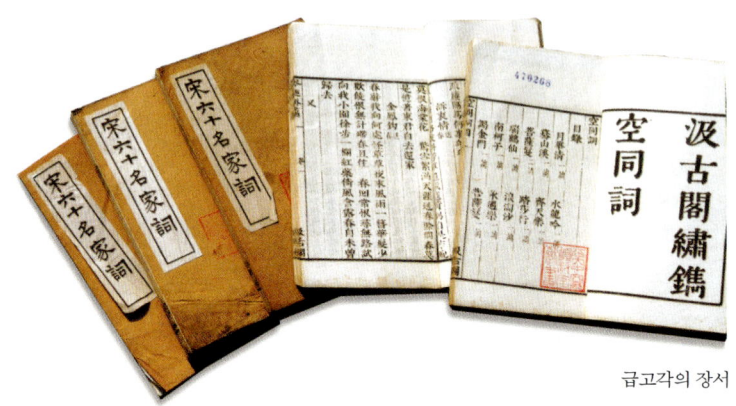

급고각의 장서

줄을 섰을 정도였다. 이 때문에 모진은 귀한 선본을 많이 수집할 수 있었다. 당시 창수에는 이런 말이 전해졌다.

"360가지 장사 가운데 모씨에게 책을 파는 일보다 좋은 것은 없다."

모진은 다른 사람이 송대의 판본을 소장하고 있으면 온갖 수단을 동원해서 그것을 초록했다. 또 초록할 때는 가장 좋은 종이와 먹 그리고 글씨를 가장 잘 쓰는 사람을 찾아서 작업에 들어갔다. 이렇게 초록한 책은 오류가 거의 없는 데다 송나라 책의 운치를 그대로 살렸기 때문에 "하송본일등下宋本一等"이라고 불렸다. 말 그대로 모씨가 소장한 초록본은 종이와 먹 등이 고급스럽고 초록이 매우 정교해서 송대나 원대의 진본과도 분간하기 어려울 정도였다. 모진은 또 옛날 전적의 보존과 정리, 인쇄에도 크게 공헌했다.

유감스러운 것은 모씨의 자손이 부친의 유업을 계승하지 못해 귀한 장서가 대대로 전해지지 못한 점이다.

모진에게는 차를 즐겨 마시는 손자가 있었다. 한번은 그가 위산虞山의 벽라춘차碧螺春茶와 옥해천수玉蟹泉水를 얻었는데 좋은 땔감을 찾을 수 없었다. 어느 날 우연히 집에서 《사당인집四唐人集》 서판書板을 발견하고는 아주 기뻐하면서 말했다.

"이것으로 차를 끓이면 맛이 더 좋겠군."

옛날 서판은 일반적으로 배나무나 대추나무로 만들어져 아주 견고했다. 결국 그는 매일 그 서판을 쪼개서 차를 끓이는 데 사용했다. 모진이애서 수집해놓은 귀중한 서판이 하루아침에 불쏘시개가 되어버렸으니 실로 애석하기 그지없다.

【 벽송루 】

송대의 판서 200여 종을 소장했다는 벽송루皕宋樓는 저장성 귀안歸安(지금의 우싱吳興)에 있다. 벽송루는 항저우의 정丁씨 팔천권루八千卷樓, 창수의 구瞿씨 철금동검루鐵琴銅劍樓, 산둥성 랴오청聊城의 양楊씨 해원각海源閣과 더불어 '만청晩淸의 4대 장서루'로 불린다.

벽송루의 주인 육심원陸心源은 함풍咸豊 연간의 거인擧人으로 광둥성에서 10여 년간 관리로 있다가 푸젠성의 염운사鹽運使로 부임했다. 관리로 있는 동안 많은 책을 수집했는데, 제2차 아편전쟁과 태평군의 봉기 때를 틈타 많은 선본을 확보했다. 장서가 15만 권에 달하고 그중 송대의 책이 200여 종이나 되자 자신의 장서루를 벽송루라고 명명했다. 그가 편찬한 《벽송루장서지皕宋樓藏書志》와 《의고당제발義顧堂題跋》 등은 판본 목록학에 관한 중요한 저작으로서 학술적 가치가 높다.

청나라 말엽, 4대 장서루 중에서 벽송루의 운명이 세상 사람들의 관심을 모았다. 육심원이 세상을 떠난 후 가세가 기울면서 많은 빚을 지게 되

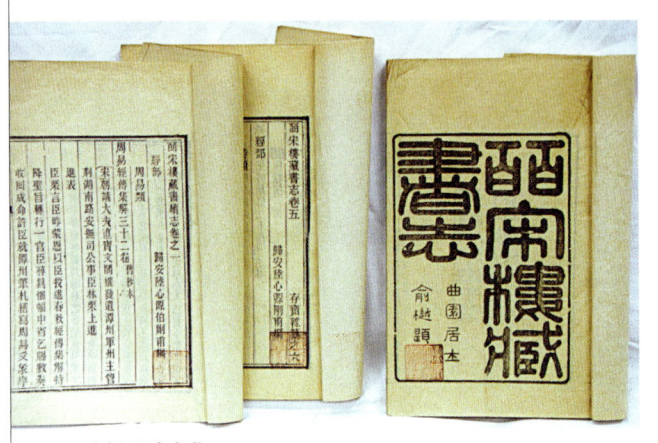

《벽송루장서지》

자 그의 아들 육수번陸樹藩이 장서를 팔았기 때문이다. 당시 일본의 목록학자 시마다島田가 여러 차례 장서루를 돌아보며 육씨의 장서를 파악하고 있었는데, 그의 주선으로 일본재단의 이와자키岩崎가 1907년 4월에 벽송루의 장서들을 구입했다. 벽송루 장서는 지금 도쿄의 세이카도靜嘉堂 문고가 소장하고 있다.

15만 권에 달하는 장서와 송·원·명대의 수많은 선본이 이처럼 안타깝게도 바다 건너 동쪽으로 갔으며, 이 일은 중국 사회에 큰 파문을 일으켰다. 사회적 혼란, 정치적 암흑 그리고 집권자들의 부패로 수많은 고대 전적과 문헌이 유출됐고, 지사들은 민족 문화의 유실을 크게 우려했다. 근대의 문학사가 정전뒤는 이렇게 통탄했다.

"역사는 다른 나라로 흘러가고 문장은 해외로 귀속되니, 이러한 치욕은 100년이 지나도 씻기 어려울 것이다."

"그 일을 생각할 때마다 마음이 들볶이는 듯하다."

물론 이런 비극은 두 번 다시 재연되지 않을 것이다. 근래 들어 중국은 해외로 유출된 문물과 도서들을 사들이고 있는데, 상하이 도서관이 거금을 들여 미국에 있던 옹동화翁同龢의 장서를 사들인 것이 그 예다.

結 송대와 원대의 선본으로 대표되는 고대 장서는 기나긴 세월의 풍파를 겪었다. 중화민국 시대에 들어 명·청대 이래 개인 장서의 전통을 유지하기 어렵게 되자 많은 장서들이 꼬리를 물고 지방 정부가 건립한 도서관으로 들어갔다. 송·원대의 선본도 해외로 유출된 것을 제외한 절대 다수가 공립 도서관에 소장돼 있다.

오늘날 송·원대의 선본은 국가 도서관이 가장 많이 소장하고 있다. 상하이 도서관, 베이징대 도서관, 난징 도서관 등에서 그것을 확인할 수 있다.

【 송·원대의 도자기 】

● 원나라의 유리홍전지국화문옥호춘병釉里紅纏枝菊花紋玉壺春瓶

아름답고 영롱한 균요 자기는 송나라의 명품 도자기 중 하나로, 원나라 때 황허 유역의 많은 도요지가 균요 자기를 모방했다. 병이나 화로 등 일부 장식용 도자기는 기풍이 호방해서 예술적으로도 새로운 경지에 이르렀다.

송·원대는 도자기업의 황금시대로서 당시 만들어진 도자기는 줄곧 후세의 관심을 끌어왔다. 명·청대 이래의 골동학자들은 송·원대의 도자기를 소장, 정리하는 과정에서 송나라 도자기를 정定, 여汝, 관官, 가哥, 균鈞으로 분류했다. 이 5대 유명 도자기는 고대 도자기의 소장 범위와 소장 기준에 대한 당시의 인식이라고 할 수 있다.

도자기 관련 고고학이 발전하면서 사람들은 이 5대 유명 도자기의 분류법이 별로 합리적이지 않다는 걸 발견했다. 예술적 기풍이 독특하고 공예 기술면에서도 나름대로 특색을 갖춘 도요들이 있었으니, 예컨대 룽취안요龍泉窯, 징더전요景德鎭窯, 건요建窯, 길주요吉州窯 등 이루 열거할 수 없을 정도이다.

오늘날 중국 내 19개 성의 170여 개 현과 시에서 송·원대의 도자기 유적지가 발견되었다. 기술적인 관점에서 살펴보면, 기본적으로 친링秦嶺-화이허淮河를 경계로 남과 북으로 나뉜다.

북쪽의 도요지는 구조적으로 반원형을 이루면서 평지에 옹기종기 솟았기 때문에 만두요饅頭窯라고 한다. 북송 중기부터 등장했으며 석탄을 연료로 사용했다. 남쪽의 도요지는 일반적으로 산에 의지하여 건설했는데, 기본적으로 홈을 파고 형태가 비교적 길었기 때문에 용요龍窯라고 부른다. 남쪽은 목재가 풍부해 대개 나무를 연료로 썼다. 남북은 도요지의 구조가 다른 만큼 연료도 달랐으니, 이는 자연히 도자기의 제조 기술에도 영향을 미쳤다.

　북쪽의 도요지는 공예 기술과 예술의 기풍에 따라 크게 세 지역으로 분류할 수 있다. 바로 기중진중冀中晉中 지구, 예북기남진동남豫北冀南晉東南 지구, 예서관섬豫西關陝 지구이다. 남쪽은 도자기 공예의 특징에 따라 감동북贛東北 및 환남皖南 지구, 절강浙江 지구와 민북閩北 지구로 나뉜다(이상은 중국 성도의 약칭임 : 옮긴이). 이 밖에도 남송과 북송의 도읍지였던 변경, 임안 지구가 있다. 이들 지역에서는 저마다 독특한 발명과 창조가 이루어졌는데, 이는 송·원대의 도자기 공예가 이룬 탁월한 성취이다.

【 북방의 유명 도요지 : 딩요, 츠저우요, 루저우요 】

허베이성 취양현曲陽縣의 자촌磁村 도요지는 딩요定窯의 유적지로서 백유白釉자기가 가장 유명하다.

송대에 나온 딩요의 도자기는 주로 주발, 쟁반, 잔, 접시, 병 등이었다. 북송 초기의 도자기 중에는 연꽃이나 국화 등 꽃무늬를 새긴 장식이 비교적 많았다. 일부 기물은 밑에 '관官'자를 새기기도 했다. 북송 중기에 이르러 딩요에서는 인화印花 장식이 나타났으며, 그 도안으로는 화훼, 동물과 새 그리고 물고기 등이 사용되었다.

딩요에서는 백유자기 외에 흑유黑釉, 녹유綠釉, 장유醬釉자기도 구워냈다. 장유는 검붉은색을 띠고 있는데 학자들은 딩저우定州의 홍자紅瓷가 바로 이런 종류의 장유자기라고 본다. 딩저우의 홍자는 당시 아주 진귀한 물품으로 인정을 받았으며, 소동파도 "딩저우의 화자花瓷는 마치 붉은 옥을 깎아놓은 듯하다"고 찬탄했다.

딩요 자기 북송의 획화규판구완劃花葵瓣口碗과 기계동자騎鷄童子

　허베이성에 있는 츠저우요磁州窯 유적지는 관대요觀臺窯와 펑성요彭城窯 두 곳으로 나뉜다. 송대에 이곳은 츠저우의 관할지였기 때문에 츠저우요라고 통칭한다. 츠저우요는 오대부터 원·명대까지 이어져 역사가 유구하며, 특히 송·원대에 가장 번성했다. 츠저우요 자기는 향토적이고 민간의 색채가 짙으며 민간의 생활에서 도안을 따와 생동감 넘친다. 주요 기물로 주발, 쟁반, 접시, 잔, 병 그리고 자침瓷枕 등이 있다.

　특히 주목할 만한 것은 자침이다. 송·원대의 자침은 낚시하는 아이, 새를 가지고 노는 아이, 축구하는 아이, 오리를 모는 아이 등 아이들의 갖가지 모습을 도안으로 사용했다. 이는 다자다복多子多福의 함의를 담고 있는 상서로운 도안으로 해석된다.

　루저우요汝州窯 유적은 허난성 서부 루저우에 있다. 북송 후기에 루저우요는 남색이 도는 청자를 생산했다. 그 빛깔이 하늘보다 약간 청색으로

원대의 츠저우요 자기
백유흑화영희도자관白釉黑花嬰戲圖瓷罐과
해동희압도자침孩童戲鴨圖瓷枕

보여서 천청天靑이라고 불렀다. 루저우요 자기는 유층釉層이 매우 얇아서 표면에 얼음이 갈라진 듯한 무늬가 있고 가볍다. 또 제작 과정이 아주 규범적이고 밑부분에 구운 흔적이 작게 남아 있다. 이는 북송 말기 궁정에서 사용한 어용御用 자기로서 지극히 정교하고 수려한 솜씨를 보여준다.

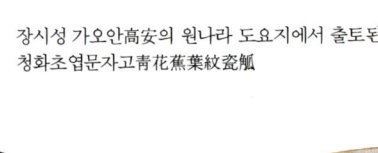

장시성 가오안高安의 원나라 도요지에서 출토된
청화초엽문자고靑花蕉葉紋瓷觚

송대의 영청규관완影靑葵瓣碗

북송대의 루저우요 자세瓷洗

【 도자기의 도시, 징더전 】

징더전景德鎭은 동진東晋 때에는 신평新平이라 불리고 당나라 때에는 창남昌南이라고 불렸다. 북송 경덕 연간(1004~1007)에 진鎭을 설치하면서 비로소 징더전이라 부르게 되었으며, 지금까지도 그 이름으로 불리고 있다. 후에 이곳에 자요박역무瓷窯博易務를 설치하여 도자기의 매매를 주관했다.

송나라 때는 징더전을 궁정에서 사용하는 어용 자기의 생산 기지로 삼았고, 원나라 때는 이곳에 중앙의 관영 수공업 기구에 예속된 부량자국浮梁瓷局을 설치했다. 그리하여 징더전은 점차 세계적으로 유명한 도자기 생산지로 부상하면서 '도자기의 도시'란 이름을 얻게 되었다.

송·원대의 도요지 유적은 오늘날 징더전 교외의 둥허東河와 난허南河 연안에 있다.

원나라 때 징더전에서는 과거의 청백유靑白釉를 바탕으로 난백유卵白釉를 창조했다. 이러한 유약은 대개 추부樞府라는 글자를 새긴 접시류의 기

징더전 교외 후톈촌湖田村 곳곳에서 도요지 유적을 찾아볼 수 있다.

물에 사용되었기 때문에 '추부유'라고도 부른다. 그 기물들은 주로 그릇, 쟁반, 병, 화로, 고족배高足杯 등이었고, 그 밖에 큰 쟁반, 자소瓷塑 등도 있었다.

이 시기에 징더전의 도공들은 양화고氧化鈷를 착색제로 해서 채색 그림 도자기를 만들었는데, 이를 청화자靑花瓷라고 한다. 양화고는 페르시아에서 수입한 염색 원료로서 명·청대의 문헌에서는 이것을 소마이청蘇麻離靑 또는 소마니청蘇麻泥靑이라고 했다. 한편 도안에는 대체로 인물에 얽힌 이야기를 그려넣었다. 예를 들면 왕소군이 변경의 관문을 나서는 이야기, 몽염이 진나라를 안정시킨 이야기, 소하가 달밤에 한신을 쫓는 이야기 등이고 가끔은 모란을 도안한 것도 있다. 원나라 때 징더전에서 이룬 도자기 공예의 성공은 명·청대 청자가 번성하는 데 훌륭한 밑거름이 되었다.

원대의 징더전 자기

원앙과 연꽃무늬가 있는 청화 쟁반(구궁 故宮 박물관 소장)

추부유수이관 樞府釉獸耳罐

유리홍옥호춘병 釉里紅玉壺春瓶

송·원대의 도자기 ◆ 391

【 군요 자기와 요변 】

송나라와 금나라의 전쟁 이후 정교한 루저우요의 도자기 공예는 전해지지 못했지만, 예서豫西 지구에서 유약의 빛깔이 더 파란 도자기가 나타났다. 그것은 천청과 비교할 때 색깔이 더 짙어 보였기 때문에 천람天藍이라고 했다. 그리고 생산의 중심지가 균주鈞州(지금의 위저우시禹州市)여서 세칭 균요鈞窯 자기라고 했다.

예서 지구의 많은 도요지에서 이 천람 도자기를 생산했는데, 일반적으로 생활 자기와 장식 자기로 구분된다.

생활 자기에는 그릇, 쟁반, 병, 접시 등이 있고 유약의 색깔은 대체로 천람색이다. 금·원대에는 약간의 동銅 안료가 함유된 유약을 칠했기 때문에 구워내는 과정에 산화동이 순동純銅으로 전환되면서 붉은 반점이 생기기도 했다.

장식 자기에는 화분, 분받침, 사두渣斗 등이 있다. 장식용 자기의 재료가 되는 흙은 향회색香灰色으로 매끈한 것이 특징이다. 또 유약은 청록색, 천람색, 월백색月白色 등을 사용해 색깔이 화려하고 다채로웠다.

균요 자기는 유약을 배합하고 굽는 방식이 독특하다. 같은 종류의 유약을 사용해도 구워낸 후에는 다른 색깔을 드러내는, 요컨대 "들어

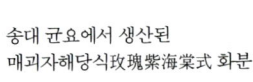

송대 균요에서 생산된
매괴자해당식玫瑰紫海棠式 화분

갈 때는 한 가지 색깔이지만 나올 때
는 만 가지 다채로운 색깔"이 나오는 요
변窯變 현상이 나타났다. 균요 자기는 유약
원료에 구리를 넣기 때문에 구워낸 후에
는 홍색, 자색, 남색, 백색 등과 같은 화
려한 색상이 한 폭의 기이한 그림과도
같았고, 그 진귀함은 황금과 옥기에 견줄
만했다.

송대 균요에서 구워낸 매괴자준玫瑰紫樽

아름답고 영롱한 균요 자기는 송나라의 명
품 도자기 중 하나로, 원나라 때 황허 유역의
많은 도요지가 균요 자기를 모방했다. 병이나 화로 등 일부 장식용 도자
기는 기풍이 호방해서 예술적으로도 새로운 경지에 이르렀다.

【 룽취안의 청자 】

송·원대에 저장성 일대는 청자 제조업이 매우 발달해서 그 동부와 남
부에는 아직도 많은 유적지가 남아 있다. 그중에서 룽취안현龍泉縣 다야
오촌大窯村에서 제작한 청자가 가장 유명하다. 송·원대에 이곳은 처주處
州의 관할 구역이었기 때문에 처주요 혹은 처기處器라고도 했다.

북송대는 룽취안요의 초창기로서 그 기풍과 품격이 웨저우요越州窯 및
부근의 도요지에서 만든 것과 비슷한 점이 많았다. 룽취안요는 남송 중기
부터 나름의 독특한 기풍을 형성하기 시작했다. 유약의 색깔이 고르고 몸
체가 두터우며, 장식도 내외 벽의 쌍면雙面 꽃무늬에서 내벽의 단면 꽃무

룽취안의 청자
원대의 전지모란문병纏枝牡蘭紋瓶과
분청유획연화별구완粉靑釉劃蓮花撇口碗

늬로 변화했다. 무늬도 가지를 자른 연꽃, 연꽃잎, 구름 등으로 다양해졌다. 기물로는 그릇, 쟁반, 화로, 병, 화분, 사두 등이 있었다.

남송 말기에 룽취안요는 전성기에 들어섰다. 이 시기에는 전통적인 고칼슘 석회유石灰釉에서 석회감유石灰碱釉로 바뀌면서 고온의 점도黏度를 높이고 유약을 여러 번 두껍게 칠했다. 그리하여 룽취안 도자기는 더 부드럽고 윤이 나면서 그 질감이 옥과 같았다.

룽취안 도자기는 태색胎色에 따라서 백태白胎와 흑태黑胎 청자로 나뉜다. 백태 청자는 룽취안 도자기의 주요 기물로서 일상용으로는 쟁반, 접시, 잔, 항아리, 화분, 사두 등이 있고, 문구용으로는 수승水丞(물을 담는 도구), 수적水滴, 필통 등이 있다.

원대의 룽취안 도자기는 유약의 빛깔이 청황색에 가까웠으며, 새로운 도자기 종류로 고족배, 능구반菱口盤, 속경완束頸碗, 환이병環耳瓶 등이 추가되었다. 또 1미터나 되는 대형 기물을 만들어 진일보한 공예 기술을 선보였다.

저장성 룽취안요의 청자는 송대 이래로 동남아를 비롯해 아랍 및 유럽에까지 수출되었다. 오늘날 터키의 이스탄불 박물관에는 송·원·명대의 룽취안 청자가 무려 1,000여 점이나 있다.

【 토호잔과 흑유 찻잔 】

송·원대에 남쪽의 일부 도요지는 흑유黑釉 다구茶具의 생산지로 유명했다. 특히 푸젠성 민장閩江강 북쪽에 생산이 집중되었는데, 그중에서 젠양현建陽縣 수이지전水吉鎭에서 생산한 것이 가장 유명했다.

수이지전 일대는 송나라 때 건녕부 구령현甌寧縣 관할이었으며, 당시 "토호잔兎毫盞은 구령에서 나온다"는 말이 있었다. 토호잔은 찻잔의 일종이다. 조형적으로 비슷하고 가장자리 아래로 균등하게 한 바퀴 안으로 향했기 때문에 속구완束口碗이라고도 한다. 유약의 색깔은 검은색에 청록색을 약간 띠고 있으며, 유약 속에 빽빽한 줄무늬가 사발 중심부에서 방사형으로 나 있는 것이 토끼털 같아서 토호잔이란 이름을 얻었다. 토호잔은 송대에 특히 사랑을 받았으며, 투차鬪茶(차 맛과 색을 보고 차의 산지를 맞추는 놀이 : 옮긴이) 할 때 반드시 갖추어야 하는 물건이었다.

유약을 바른 토호잔에 원형의 결정체가 생기는 경우가 있는데, 이를 유적油滴이라고 한다. 그 빛깔은 대부분 황색이고 가끔 남색을 띠는 경우도 있는데, 이를 요변曜變이라고 한다. 이 요변이 나타난 찻잔은 아주 귀해서 전 세계에 손으로 꼽을 정도만 남아 있으며 그마저 모두 일본에 있다.

흑유 찻잔은 송·원대에 세상에 알려졌고 주로 장시성 지안吉安의 영화

길주요의 채회해도문병彩繪海濤紋甁

요永和窯에서 생산되었다. 당시 이곳은 길주의 관할지였기 때문에 길주요라고도 불렀다. 유약의 색깔이 검고 유약의 층이 아주 얇으며, 유약 속에 가는 무늬들이 불규칙적으로 분포되어 있어서 그 특징이 건요와는 완전히 달랐다.

길주요의 흑유 찻잔은 장식이 복잡하고 다양했는데, 유약 속에 황색 반점이 생긴 것을 대모玳瑁(바다거북의 일종 : 옮긴이)라고 불렀다. 어떤 것은 유약 위의 반점이 황백색으로 나타나서 자고반鷓鴣斑이란 이름을 얻었다. 또 유약을 칠한 면에 나뭇잎을 붙여서 구워 나뭇잎의 윤곽이 뚜렷이 드러나게 했다.

이 흑유 찻잔은 저장성 톈무산天目山에서 수도한 일본 승려에 의해 일본에 전해졌다. 그것을 본 일본인들은 찻잔에 '덴모쿠天目'이라는 새로운 이름을 붙였다. 오늘날 일본에서 덴모쿠는 건요, 길주요의 흑유 찻잔을 가리키는 말이자 북쪽 허난성 등지에서 생산되는 흑유 자기를 통칭하는 말로 쓰인다.

結 영어 'China'에는 '중국'이라는 뜻 외에 '자기瓷器'라는 뜻도 있다. 자기는 중국의 대표적인 전통 공예품으로 중국은 약 3,000년의 도자기 역사를 갖고 있다. 후한 이후에 도자기 제조 기술은 빠른 속도로 발전했으며, 시대마다 각기 특색을 지닌 유명 도요지와 새로운 도자기들이 등장했다.

송·원대의 도자기는 명·청대 이래의 도자기 공예에 깊은 영향을 끼쳤다. 이때부터 중국의 도자기는 아시아 전역과 아프리카 등지로 대량 수출되었다. 중국의 도자기가 수출된 이 바닷길을 사람들은 '해상 실크로드'라고 불렀다. 수출된 도자기는 향료, 상아, 서각犀角, 진주, 산호, 대모玳瑁 등으로 교환되어 국가의 재정 수입을 늘리는 데 중요한 역할을 했다.

【 송·원대의 회화 】

● 〈청명상하도淸明上河圖〉 속의 변경 시가지

원대의 회화는 문인화가 지배적인 위치를 차지했고, 그다음이 산수화였다. 특히 대자연에 대한 인식이 더욱 심화되고 표현 기법도 풍부하고 다채로워져, 이 시기의 산수 수묵사의화는 그 기풍과 품격이 더욱 이채를 띠었다.

중국화의 역사를 소급해서 살펴보면 매우 풍부하고 다채롭다는 사실을 발견하게 된다.

원시사회의 조형예술 중에서 양사오仰韶 문화와 마자야오馬家窯 문화의 채색 도자기, 룽산龍山 문화의 흑색 도자기와 회색 도자기, 칭롄강青蓮崗 문화의 홍색 도자기 등에 옛사람들의 미학적 정서와 선線에 대한 독특한 의식이 잘 드러나 있다.

상나라, 주나라, 춘추시대의 청동기는 갖가지 정교한 동물 조형과 다양한 문양으로 옛사람들의 회화 능력과 상상력 그리고 과장된 사유를 표현하고 있다.

전국시대의 백화帛畵는 이미 중국화의 초보적인 양식을 갖추었다.

진나라의 와당, 화상전畵像磚, 병마용 그리고 한나라의 백화는 옛사람들의 심미관과 소박한 조형 능력을 보여주는데, 화가들은 조형성과 함께 사실적인 묘사 능력을 표현했다.
　위진남북조 시기에는 인도 불교 회화의 정수를 흡수했다. 둔황석굴에서 발견된 벽화 등이 바로 이 시기의 대표적인 걸작이다. 중국화는 이때부터 점차 정신적, 이론적 자각의 시대에 접어들었다.
　당대에는 시·서예·음악·춤·조각·건축 등이 전성기를 맞이했으며, 특히 인물화·산수화·화조화가 크게 유행했다. 중국화는 신이나 불교적 관념에서 해방되면서 생생한 현실생활과 결부되었고, 다양한 두루마리의 형태가 나타나 점차 벽화의 자리를 대신하게 되었다. 그리하여 송·원대의 회화는 당대의 회화가 다져놓은 수준 높은 경지와 넓은 시야를 확보하면서 중국화의 정신을 고양시키는 새로운 문인화의 시대로 들어섰다.

【 송대의 회화 】

중국의 회화는 당대를 지나 북송대까지 발전하는 과정에서 오대(907~960)라는 중요한 과도기를 거쳤다. 이 시기에 산수화, 인물화, 화조화가 독립적인 분야로 발전했으며, 탁월한 화가들이 독특한 기풍과 품격으로 후세에 깊은 영향을 끼쳤다.

오대의 할거 국면은 북송의 통일로 귀결되었다. 송나라는 초기에 중앙 집권제를 강화하기 위한 갖가지 조치를 취해 농업, 수공업, 상업 등에서 발전을 이룩했고, 경제의 번영은 민간 미술의 활성화를 가져왔다. 당시 회화든 판화든 상당한 발전을 이루었는데, 대부분 시민 계층의 생활과 정서, 풍속을 반영한 것이었다. 이 시기에는 서화를 즐기는 것이 사대부 사이에 하나의 풍조를 이루었으며, 수묵사의화水墨寫意畵가 점차 발달해서 문인화의 조류를 형성하기 시작했다.

이숭의
〈화람도花籃圖〉

 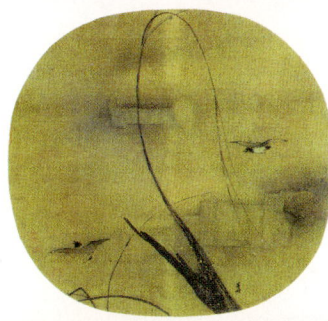

양해의 〈삼자유상도
三字游賞圖〉(왼쪽)
〈추류비아도秋柳
飛移鴉圖〉(오른쪽)

이당의 〈채미도采薇圖〉

마원의 〈수도水圖 :
층파첩랑層波疊浪〉

휘종의 〈부용금계도
芙蓉金鷄圖〉(왼쪽)
〈청금도聽琴圖〉(오른쪽)

    황실은 규모가 방대한 한림도화원翰林圖畵院을 궁정에 설치했는데, 이는 특히 휘종 재위시에 크게 발전했다. 남송의 화원은 여러 면에서 북송에 미치지 못했다. 유명한 화가 곽희郭熙, 이숭李嵩, 양해梁楷, 조백구趙伯駒, 장택단張擇端, 유송년劉松年, 이당李唐, 마원馬遠, 하규夏圭 등이 당시 화원의 고수들이었다. 그들의 작품은 송대의 회화가 도달한 경지와 수준을 대표한다.

송대의 회화는 총체적으로 보면 종교의 속박에서 벗어났을 뿐 아니라, 화가들의 시야가 넓어지고 소재와 표현 기법이 다양해져서 당대 및 오대와 비교했을 때 한 단계 더 발전했다고 할 수 있다. 또 현실생활을 반영한 풍속화와 초상화, 고대 사적들을 묘사한 역사화, 수려한 강산을 그린 산수화, 정교하고 아름다운 화조화 그리고 수묵을 이용한 서정성 강한 수묵사의화 등이 저마다 빛을 발해서 중국 회화사에서 높은 봉우리를 이루고 있다.

【 원대의 회화 】

원대의 회화는 문인화가 지배적인 위치를 차지했고, 그다음이 산수화였다. 특히 대자연에 대한 인식이 더욱 심화되고 표현 기법도 풍부하고 다채로워져, 이 시기의 산수 수묵사의화는 그 기풍과 품격이 더욱 이채를 띠었다.

문인사대부 화가들은 한 걸음 더 나아가서 서예와 그림을 결부시키고자 했다. 이로 인해 원대에는 "그림을 공부하는 자는 반드시 서법

조맹부의 〈추교음마도秋郊飮馬圖〉 부분

원대의 〈가존자상迦尊者像〉
(왼쪽)
황공망의 〈구봉설제九峰雪霽〉
(오른쪽)

을 배워야 하는데, 화법은 서법에 있다"라는 말이 유행했다. 서예와 그림을 일체화하려는 이러한 시도는 원대의 문인산수화를 더욱 우아하고 이채롭게 만들었다. 당시 어느 정도 성공한 화가들은 모두 산수화에 골몰했고 그 작품이 대체로 서로 다른 기풍을 보였다. 조맹부를 비롯해 원나라의 4대 화가인 황공망黃公望, 예찬倪瓚, 왕몽王蒙, 오진吳鎭 등이 당시 이름 높았던 화가들이다.

이 시기의 문인화는 그림에 서법을 도입할 것을 강조하는 한편 화가들도 일정한 문학적 수양을 갖출 것을 요구했다. 그 결과 시詩, 서書, 화畵가 하나 된 회화가 등장해서 문학적 분위기와 민족적 특색을 더했다.

화조화 역시 원대에 전환과 발전의 시기를 맞았다. 묵화墨畵와 묵금墨禽

그리고 매 · 난 · 국 · 죽의 사군자화가 유행했는데, 여기에는 특별한 의미가 담겨 있다. 예컨대 대나무는 절개, 소나무는 고고함, 국화는 도도함을 표현한다는 식이다. 오진吳鎭, 가구사柯九思, 왕면王冕 등이 매화와 대나무 그림에서 새로운 면모를 보였고, 작품의 함축성과 화법이 나날이 발전해서 이전 시대의 회화를 능가했다.

장택단과 〈청명상하도〉

송대 초기 이래로 상공업의 싹이 트면서 시장이 출현하고 시민 계층이 형성되었다. 경제의 발전은 필연적으로 문학과 예술 분야에도 그에 걸맞은 변혁을 요구했으며, 이로 인해 소규모 생산자의 구미에 맞는 통속적인 문예가 일어나기 시작했다.

회화 분야에서 두드러진 현상은 현실생활을 반영한 풍속화가 출현한 것인데, 훌륭한 작품이 많이 나와서 대단한 반향을 일으켰다. 그중에서 가장 대표적인 작품이 바로 장택단이 그린 〈청명상하도淸明上河圖〉이다.

〈청명상하도〉는 높이 24.8센티미터, 너비 528센티미터로 비단에 채색을 한 긴 두루마리 그림이다. 북송의 도읍인 변량汴梁과 변하汴河 양쪽 기슭의 청명절 풍속을 그린 작품이다. 화가 장택단은 젊은 시절 변량에서 유학을 했기 때문에 이곳의 풍토와 인정에 대해 속속들이 알고 있었다. 그는 그림을 배운 뒤로 배나 수레, 다리, 성곽 같은 것을 즐겨 그렸다. 이 때문에 그림 속에 등장하는 많은 인물을 생생하게 묘사할 수 있었고 그 결과 〈청명상하도〉는 중국 회화사의 귀한 진품이 되었다.

〈청명상하도〉는 규모가 방대하고 구조가 엄밀하다. 그림은 크게 교외,

〈청명상하도〉의 중간 부분은 아치형 다리를 중심으로 변하 양 기슭의 번화한 모습을 담고 있다.

변하, 시장의 세 부분으로 나눌 수 있다. 우선 청명절 교외의 전원 풍경을 묘사한 것이 첫 부분이고, 다음은 아치형 다리를 중심으로 변하 양쪽 기슭의 번화하면서도 한가로운 정경을 담았고, 마지막으로 송나라의 정치·경제·문화의 중심지인 도시의 풍경을 묘사했다. 〈청명상하도〉는 이세 부분이 한 폭의 그림에 펼쳐진다. 상업, 교통, 조운漕運, 건축 등 몇 가지 대표적인 시각적 상징을 통해 12세기 도시의 모습을 집중적으로 보여주며, 그 시대의 정치·경제·문화와 사회 풍속을 한 화폭에 담았다.

〈청명상하도〉는 이처럼 내용이 풍부하고 완벽한 작품으로서 송대의 회화는 물론이고 당시 사회를 연구하는 데도 중요한 자료가 되고 있다. 아울러 장택단은 〈청명상하도〉를 통해서 사실적인 묘사 능력이 탁월한 예술의 대가로 떠올랐다.

【 정사초와 〈묵란도〉 】

남송 후기에는 민족의 위기와 사회 갈등이 나날이 심화되었으며, 특히 남송의 멸망을 전후해서는 사람들의 가슴에 강렬한 애국심이 불타오르면서 민족의 정기를 다룬 문예작품이 각광을 받았다. 애국심으로 무장한 사대부 문인들은 시화詩畵의 형식을 통해 감정을 토로하거나 대상을 바라봄으로써 세상 사람들의 존경을 받았다.

정사초鄭思肖(1241~1318)는 푸젠성 렌장連江 사람으로 송나라의 대학사를 지냈다. 시화에 재능이 있는 문인으로서 그는 묵란墨蘭과 묵국墨菊을 잘 그렸다. 남송이 멸망한 후 정사초는 앉을 때나 누울 때나 늘 남쪽을 향함으로써 남송 왕조를 잊지 않겠다는 뜻을 다졌다. 그의 이름 '사초'는 바로 '사조思趙'라는 뜻이다(조趙는 송나라 황제의 성임 : 옮긴이). 그는 난초나 국

정사초의 〈묵란도〉

화를 그려 잃어버린 국토를 추억했고 원나라에 저항하는 굳은 절개를 표현했다.

정사초의 지본紙本〈묵란도〉는 수묵사의화에 속한다. 화가는 소박한 필치로 한 포기 그윽한 난초를 그려냈다. 그는 난초를 그릴 때 특이하게도 흙을 그리지 않았다. 뿌리를 드러낸 난을 통해 이민족에게 유린당한 국토에서는 청초한 난초도 자라고 싶어하지 않는다는 것을 표현한 것이다. 이 그림이 완성된 것은 1306년으로 화가의 나이 65세였고, 송나라가 망한 지도 30년 가까이 지난 뒤였다.

〈묵란도〉는 으슥한 골짜기의 청초한 난초를 그린 것인데, 마른 잎은 마치 칼을 뺀 것처럼 힘이 있고, 꽃은 초묵焦墨으로 세밀하게 그려서 기세가 비범하다. 그리고 제시題詩는 오른쪽 공간을 차지하여 유기적인 구성을 이룸으로써 침울하면서도 청렴하고 강직한 분위기를 뒷받침해준다. 정말로 "눈물과 먹으로 묘사한 〈이소離騷〉로서 먹은 많지 않으나 눈물은 많은" 작품이라고 할 수 있다.

정사초는 국화도 즐겨 그렸다. 지더라도 꽃잎이 바람에 흩날리지 않는 국화에 빗대어 고고한 절개를 표현했다. 그는 그림의 제시에 이런 구절을 남겼다.

"향기를 품은 가지 끝에서 죽을지언정, 어찌 북풍에 날려서 떨어지겠는가!"

화가의 붓끝에서 탄생한 난초와 국화는 선비의 고귀한 품성을 상징하며 고국에 대한 그의 일편단심을 말해준다.

【 예찬과 원대의 산수화 】

송·원대 회화의 최고 경지는 산수화이고, 원대 산수화의 특징을 가장 잘 보여주는 화가는 예찬倪瓚(1301~1374)이다. 예찬은 자가 원진元鎭, 호는 운림자雲林子로서 장쑤성 우시無錫 사람이다. 대부호의 집에서 태어나 젊은 시절 글 읽고 그림 그리는 풍아명사風雅名士로 생활하면서 사람들로부터 고사高士로 불렸다.

전하는 바에 의하면, '오왕吳王' 장사성張士誠의 동생 장사신張士信이 그에게 많은 돈을 주면서 그림을 그려달라고 했지만, 예찬은 크게 화를 내면서 보내온 비단을 찢고 돈을 물리쳤다. 그러던 어느 날 타이후太湖호에

예찬의 〈우후공림도 雨後空林圖〉(왼쪽)와 〈수석유황도樹石幽篁圖〉(오른쪽)

유람을 갔다가 마침 장사신을 만나 그의 수하에게 죽도록 두들겨 맞았다. 예찬은 입을 꾹 다물고 아무 소리도 입 밖에 내지 않았다. 나중에 사람들이 그 이유를 묻자 이렇게 대답했다.

"한마디라도 소리를 내면 속된 사람이 되는 것이오."

원나라 말기에 사회적으로 혼란이 극심해지자 예찬의 생각도 나날이 소극적으로 바뀌었다. 어느 날 그는 전답과 가옥을 팔아버리고 가솔들을 거느린 채 타이후호 일대의 절이나 배에서 유랑생활을 했다.

예찬은 산수를 그릴 때 산수 자체보다는 필묵의 놀림에 더 주력했다. 그는 간소함 속의 진성眞性을 숭배했다. 그래서 정교한 필묵으로 몇 그루 작은 나무를 그리거나 산비탈의 키 작은 대나무 등을 그리는 것으로 한적

예찬의 〈죽석교가도 竹石喬柯圖〉(왼쪽)와 〈용슬재도容膝齋圖〉(오른쪽)

한 마음과 담담한 향수를 토로했다.

그의 대표작 〈어장추제도漁莊秋霽圖〉는 붓놀림이 담박하면서도 돈후하고 빼어난 작품이다. 이것은 보통의 화가들이 결코 도달할 수 없는 경지이다.

예찬의 산수화는 대부분 쓸쓸한 분위기가 느껴지는데, 이는 속세를 초탈하고자 했던 그의 사상과 밀접한 관련이 있다. 명대에는 예찬의 그림을 두고, "강남 사람들은 그의 작품이 있느냐 없느냐로 청탁淸濁을 삼았다"는 말이 있었다. 후대에 그가 끼친 영향이 얼마나 컸는지 알 수 있는데 이는 황공망, 왕몽, 오진을 능가하는 것이다.

結 송·원대의 회화 중에서도 특히 산수화는 높은 예술적 성취로 중국 회화사의 한 페이지를 장식하고 있다.

송·원대에 회화가 흥성한 데에는 몇 가지 요인이 함께 작용했다. 첫째, 경제가 발전하면서 신흥 시민 계층이 예술작품을 갈망하며 거대한 시장을 형성했다. 둘째, 과학기술의 발전으로 제지업이 발달했다. 종이는 한나라 때까지만 해도 희귀한 물품이어서 한나라와 당나라 때의 그림은 대부분 비단에 그린 백화였다. 하지만 송나라 때 제지업이 발달하면서 종이의 질이 좋아지고 생산량이 증가하면서 송·원대에 회화가 흥성할 수 있는 물질적 토대가 마련되었다. 셋째, 통치자(예컨대 송나라 인종, 휘종)와 문인들(소식, 미불 등)이 회화를 사랑하고 즐겼다. 그리하여 사실적인 화풍의 궁정화(조화를 본받고, 형상과 정신을 중시하고, 이로理路를 말하고, 법도를 숭상함)가 번영하는 동시에 의도와 자기 표현을 중시하는 문인화(먹의 취향을 숭상하고, 담백함과 고원함을 말하고, 개성을 추구하고, 뜻과 운율을 중시함)의 기풍이 형성되어 새로운 유행을 이루었다. 그래서 송·원대 300여 년간의 내우외환을 겪는 와중에도 예술로써 현실의 고통에 대항했고, 이런 저항정신은 회화를 더 높은 경지로 끌어올렸다.

송·원대의 화가들은 노장 사상의 영향을 깊이 받아 무위자연無爲自然을 숭상하고 정교한 형태를 반대했으며 우의寓意와 서정을 강조했다. 그래서 유유자적하며 산수에 마음을 기탁했고, 서법을 그림에 끌어들임으로써 시·서·화를 하나로 결합시켰다. 또한 담담淡·원원遠·소소蕭·산산散의 심미적 경지를 중시함으로써 산수화를 회화의 가장 중요한 장르로 끌어올려 명·청대에 이르기까지 깊은 영향을 미쳤다.

【 마르코 폴로가 본 중국 】

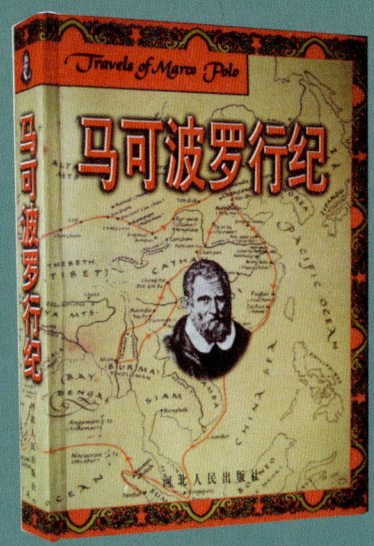

● 중국에서 출판된 《마르코 폴로 여행기》

황궁 내의 대전과 실내의 벽이 모두 조각과 도금한 용, 각종 새와 짐승, 무사의 조각상 및 전쟁 장면을 담은 예술작품으로 장식되어 있었다. 또한 기둥과 서까래에도 그림과 조각이 눈이 부실 정도로 찬란했다.

원나라 세조 쿠빌라이 재위 당시(1260~1294) 중국은 세계에서 가장 강대하고 부유한 나라였으며, 서양 각국의 사신·상인·여행가들이 그 명성을 듣고 중국을 찾아왔다. 그중에서 가장 유명한 이가 이탈리아의 여행가 마르코 폴로이다.

　1271년, 마르코 폴로는 17세에 부친과 숙부를 따라 동방으로 여행을 떠났다. 그들은 이리한국伊利汗國(지금의 이라크, 이란, 아프가니스탄)을 지나고 파미르 고원을 넘어서 원나라 관할하의 신장新疆 카슈가르로 들어왔다. 그리고 1274년에야 비로소 원나라의 상도上都(지금의 네이멍구자치구 정란치正藍旗 동북)에 도착했다. 이때부터 그들은 중국에 17년간 체류했다.

　마르코 폴로의 부친과 숙부는 중국에서 10여 년을 지낸 후 고향으로 다시 돌아가기를 원했다. 1295년, 3년에 걸친 장거리 여행 끝에 그들은 마침내 베니스에 도착했는데, 그 이듬해 마르코 폴로는 베니스와 제노바 전쟁에 말려들어 포로로 잡혔다. 그는 옥중에서 동방을 여행했던 경험담을 이야기했고, 함께 갇혀 있던 소설가가 그것을 기록해 1298년에 《마르코 폴로 여행기》(또는 《동방견문록》)로 출판했다.

《마르코 폴로 여행기》는 중국에 대해 체계적으로 소개한 유럽 최초의 책이다. 이 책에서 마르코 폴로는 원나라의 수도인 대도大都(지금의 베이징)의 웅장한 규모와 장려한 궁전 그리고 성대한 축제와 사냥을 소개했다. 아울러 상도, 시안, 쿤밍昆明, 항저우, 양저우, 취안저우泉州 등 유명한 성성城을 비롯해 각지의 특산물, 발달한 상공업, 수륙교통에 대해서도 소개했으며, 중국의 선진 과학기술과 천문, 역산曆算, 궁전과 교량의 건축, 제염, 석탄, 제지, 역참 등도 소개했다. 마르코 폴로 여행기는 중국과 서양 문명의 교류와 발전에 큰 역할을 했다.

마르코 폴로

【 마르코 폴로의 눈에 비친 번화한 도시 】

마르코 폴로의 눈에 원元 제국의 강성함과 부유함은 먼저 도시의 번화한 모습으로 나타났다. 물론 이 번화함은 원나라의 수도였던 대도가 가장 앞섰다. 《마르코 폴로 여행기》는 당시 베이징의 웅대한 규모와 화려한 궁전, 번창하는 상업, 많은 인구, 사통팔달의 수륙교통에 대해 자세히 소개하고 있다.

원나라의 황궁에 대해 《마르코 폴로 여행기》는 이렇게 묘사하고 있다.

"황궁 내의 대전과 실내의 벽이 모두 조각과 도금한 용, 각종 새와 짐승, 무사의 조각상 및 전쟁 장면을 담은 예술작품으로 장식되어 있었다. 또한 기둥과 서까래에도 그림과 조각이 눈이 부실 정도로 찬란했다."

"황궁의 대전은 웅장하고 장대해서 많은 사람들이 연회를 할 수 있었다. 궁중에는 또 갖가지 연결되지 않은 건축물이 있는데, 설계가 합리적이고 분포가 적절해서 하늘도 시샘할 만큼 건축술이 정교했다."

"그렇게 크고 웅장한 황궁은 난생처음이었다."

《마르코 폴로 여행기》에는 원나라 때의 쑤저우, 항저우, 취안저우에 관한 내용도 있다.

쑤저우에 대한 묘사는 다음과 같다.

"쑤저우성의 아름다움은 경이로울 정도이며 그 면적이 32평방킬로미터에 이른다. 주민들은 비단을 생산해서 스스로 소비할 뿐 아니라 시장에 내다팔기도 한다."

자동화刺桐花. 취안저우는 자동을 널리 심어서 '자동'이란 별칭을 얻었다. 《마르코 폴로 여행기》에서는 취안저우를 '자동'이라고 불렀다.

항저우에 대해서는 이렇게 묘사한다.

"이 도시는 장엄하면서도 수려해서 세계 다른 도시들과 비교해도 가히 으뜸이라 할 만하다. 또 명승고적이 아주 많아서 마치 천국에 온 듯한 느낌인데 그래서 '천성天城'이라 불리기도 한다."

취안저우에 대해서는 이렇게 말한다.

"세계에서 가장 큰 항구 중 하나로서 수많은 상인이 구름처럼 몰려들고, 화물은 산더미처럼 쌓여 있으며, 선박이 쉴새없이 드나든다."

이 여행기는 북방의 대도와 남방의 쑤저우, 항저우, 취안저우 외에도 원나라의 여러 도시와 그 지역의 풍부한 산물, 상공업의 발달 상황, 전국적으로 유통되는 지폐, 번창하는 대외무역 등에 대해서도 소개한다.

오늘날 이탈리아 베니스 항의 모습. 마르코 폴로는 이 항구를 떠나 중국으로 여행했다.

오늘날의 취안저우 항구

【 마르코 폴로가 본 선진 과학기술 】

《마르코 폴로 여행기》는 유럽인에게 원나라의 선진 과학기술을 소개했고, 이로 인해 유럽은 그후 수세기 동안 과학기술의 발전을 이룰 수 있었다.
　마르코 폴로는 베이징 루거우차오盧溝橋의 탁월한 조형미에 대해 이렇게 묘사했다.

　융딩강永定江 위에 아주 아름다운 돌다리가 있는데, 세계 어느 다리와도 비교할 수 없을 정도로 아름답다. 다리의 길이는 300보, 너비는 8보로 열 명이 말을 타고 나란히 걸어도 비좁다는 느낌이 안 든다. 다리에는 24개의 아치문이 있고, 25개의 기둥이 물 위에 서서 다리 상판을 지탱하고 있다. 아치문은 둥글게 돌을 쌓은 것으로서 뛰어난 건축술을 자랑한다. … 다리의 아치문 꼭대기에는 높은 돌기둥이 대리석으로 조각된 거북 위에 솟아 있고, 기둥 아래에는 큰 사자 조각이 있으며, 기둥의 정상에도 사자 한 마리가 있다. … 다리 위 돌기둥 사이에는 각각 대리석판을 깔아놓았고, 그 위에는 정교한 조각이 있어서 다리 전체가 마치 무지개처럼 장관을 이룬다.

《마르코 폴로 여행기》는 중국의 제지술과 당시 통용되던 지폐에 대해서도 소개한다.

원나라의 대도에는 대한大汗의 큰 조폐 공장이 있다. … 뽕나무의 껍질을 벗겨내고, 그 껍질에서 다시 아주 얇은 껍질을 벗겨낸 후 물에 담근다. 그리고 그것을 절구에서 찧고 마지막에 종이를 만들어낸다. … 그것을 사용할 때는 한 장 한 장 크기가 다른 화폐로 절단한다.

이 밖에 취안저우 부근 더화德化에 있는 건요의 도자기에 대해서도 언급한다. 그리고 북방에서 석탄을 연료로 사용하는 것을 소개하며 "석탄 가격이 목재보다 싸다"고 했고, 석탄 연료의 밝은 전망을 묘사했다. 당시 유럽에서는 석탄의 용도를 전혀 모르고 있을 때였다. 마르코 폴로는 또 유럽보다 훨씬 앞섰던 제염 기술과 석면포石綿布의 생산 공정에 대해서도 자세히 언급했다.

【 여행기의 창작 과정 】

 1295년, 갖은 고초를 겪은 마르코 폴로는 일행과 함께 고향 베니스로 돌아갔다. 집을 떠난 지 어느덧 20여 년이 지난 뒤여서 오랫동안 그들의 소식을 듣지 못한 고향 사람들은 마르코 폴로 일행이 외국에서 모두 죽었다고 생각했다. 그런데 그들이 기이하고 화려한 동방의 옷을 입고 중국의 진주와 보석을 잔뜩 가져온 것을 보고는 입을 다물지 못했다. 그 소문은 삽시간에 전 시내에 쫙 퍼졌다. 나중에 마르코 폴로에게는 '백만장자 마르코'라는 별명까지 붙었을 정도였다.

 얼마 후 베니스와 제노바 사이에 무장 충돌이 발생해서 쌍방의 함대가 해전을 치르기에 이르렀다. 마르코 폴로는 자비로 전함 한 척을 사서 해전에 참전했다. 하지만 베니스 함대는 해전에서 패했고, 마르코 폴로는 체포되어 감옥에 갇히는 신세가 되었다. 사람들은 마르코 폴로가 동방의 신비한 나라를 다녀온 유명한 여행가라는 소식을 듣고 너도나도 감옥을 찾아와서 동방에 관한 이야기를 해달라고 졸랐다. 그때 마르코 폴로와 함께 갇혀 있던 작가 루스티켈로가 그 이야기를 기록해서 책으로 엮었으니 그것이 바로 《마르코 폴로 여행기》이다.

 《마르코 폴로 여행기》는 서문과 본문을 합해 모두 4권으로 되어 있다. 서문에서는 마르코 폴로 일행이 동쪽으로 여행을 떠나서 중국에 도착한 후 17년간 체류하다가 돌아오기까지의 과정을 설명한다. 본문의 제1권은 마르코 폴로 일행이 동쪽으로 가는 길에 경유한 여러 지역에 대한 견문록으로, 페르시아에서 상도上都에 이르는 여정이다. 제2권은 원나라 세조 및 도성과 궁전·축제·수렵 등에 관한 것과 타이위안太原·시안·청두 등의 도시와 윈난 지방에서 보고 들은 내용, 대도에서 남쪽으로 화이안淮

 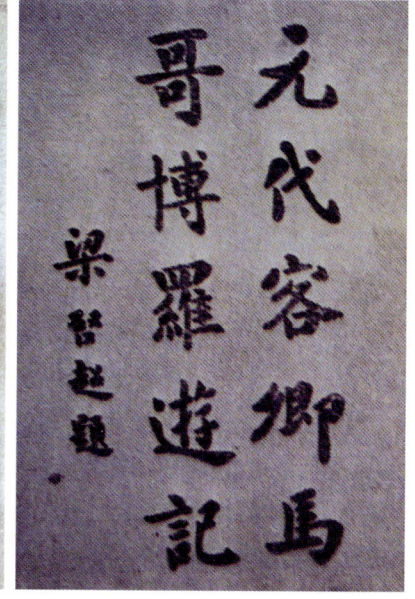

《마르코 폴로 여행기》의 최초 인쇄본과 한역본

安·양저우·전장鎭江·쑤저우·항저우·푸저우福州·취안저우 등지로 이동하면서 보고 들은 것이다. 제3권은 한국, 일본, 베트남, 인도네시아, 인도, 아프리카 동부에 관한 기록이고, 제4권은 칭기즈칸의 자손들인 칸과 왕공 사이의 전쟁에 관한 내용이다.

【 원나라 세조의 총애를 받다 】

마르코 폴로가 여행기에서 언급한 내용에 따르면, 총명하고 겸손했던 그는 몽골어와 다른 세 가지 언어(페르시아어, 아랍어, 위구르어)를 배우고 기마술과 활쏘기 등을 익혀 원나라 세조의 총애를 받았다. 그래서 오랫동안 세조 곁에서 시중을 들었을 뿐 아니라 여러 차례 어명을 받들어 각지에 사자로 간 적도 있다.

그가 어명을 받고 다녀온 곳은 쥐저우涿州, 타이위안, 린펀臨汾, 시안, 청두 등이고, 사신으로 갔던 곳은 윈난성의 다리大理와 쿤밍 등지이다. 또 화이안, 양저우, 전장, 쑤저우, 항저우, 푸저우 등 여러 지역을 다녔으며, 특히 양저우에서는 3년간 살면서 한때 지방관을 지내기도 했다.

마르코 폴로는 세조의 두터운 신임과 총애를 받았기 때문에 외국인이면서도 원나라의 정치, 경제, 풍속에 대해 자세히 조사할 수 있었다. 예컨대 그는 원나라의 역참 제도를 조사한 후 이런 기록을 남겼다.

길마다 40~50킬로미터 사이에 역참을 설치해서 여관을 두었고, … 매 역참마다 건강한 말을 400필씩 두고 대한大汗의 사절들이 오고 가면서 이용할 수 있게 했다. 사신들은 역참에서 건장한 말로 갈아탔다. 외진 산간지대든 성읍 간의 거리가 아주 먼 상황이든, 똑같이 역참과 같은 관사를 설치해서 갖가지 필수품과 말을 준비해 사절들이 이용할 수 있게 했다.

원대의 〈음사도飲飼圖〉에 묘사된 역참의 말들

마르코 폴로는 또 원나라의 급체포제急遞鋪制, 진제제賑濟制, 식수제植樹制, 화재소방제火災消防制, 인구등기제人口登記制 등에 대해서도 소개했는데, 그 내용이 중국 고대 역사책의 기록보다 더 자세하다.

【 그의 여행기는 믿을 만한가 】

　서양 학자 중에는 《마르코 폴로 여행기》의 진실성에 대해서 회의적인 반응을 보이는 이들도 있었다. 즉 마르코 폴로는 중국에 가본 적도 없고 중앙아시아 정도만 갔을 뿐인데 중국에서 돌아온 페르시아, 터키 상인들의 경험담과 중국을 소개하는 책들을 바탕으로 여행기를 썼다고 주장했다. 그리고 마르코 폴로가 중국에 다녀왔다면 왜 차, 한자, 서예, 인쇄술 같은 중국적 특색을 가진 것에 대해서는 침묵했는지 물었다.

　그러나 역사 문헌과 《마르코 폴로 여행기》를 전문적으로 연구한 학자들에 따르면 이 책의 내용은 대부분 사실이고 또 고증할 수도 있다. 물론 일부 내용은 표현이 분명치 않거나 사실과 부합하지 않는 점도 있지만, 이는 마르코 폴로가 중국어를 몰라서 구체적 상황을 직접 확인할 수 없었기 때문에 빚어진 오류일 뿐이다. 그는 몽골어, 페르시아어, 아랍어, 위구르어밖에 몰랐던 탓에 주로 몽골인이나 서역인들과 교류했다. 그래서 자신의 눈으로 직접 관찰한 것 외에는 주로 몽골인과 서역인들을 통해 정보를 얻었기 때문에 일부 오류가 있는 것도 이해할 만하다.

　중국에 17년간이나 체류했는데 왜 중국의 차, 서예, 인쇄술과 같은 것들에 대해서는 일언반구도 없는가? 사실 이것은 별 어려운 문제가 아니다. 마르코 폴로는 상인의 아들이지 문인이나 학자가 아니다. 게다가 부

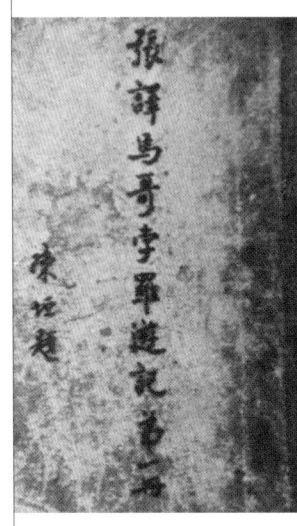
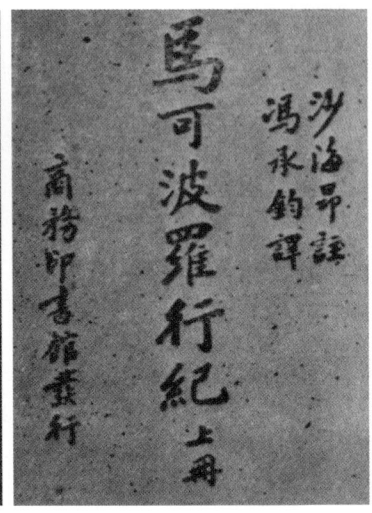

《마르코 폴로 여행기》한역본.
왼쪽은 주석이 가장 많이
달린 초기의 번역본이고
오른쪽은 가장 널리 유행했던 것이다.

친과 숙부를 따라서 17세에 고향을 떠났다. 그의 관심사는 도시의 번영, 상공업의 발달, 수륙교통의 편리성, 선진 기술, 유럽보다 앞선 사회의 발전상이었지 중국의 예술이나 학술에 대해서는 별 관심이 없었다. 이 때문에 서예나 당시唐詩, 송사宋詞, 원곡元曲, 회화 그리고 인쇄술이나 고대의 서적 등에 대해서 언급하지 않았을 뿐이다.

또한 그는 서역인이나 몽골인과 교류했기 때문에 차를 즐겨 마시는 한족의 풍습에 익숙하지 않았으며, 그에 따라 차문화에 대한 언급도 없었던 것이다. 요컨대 마르코 폴로가 중국에 다녀간 것은 역사적 사실로 인정해야 한다.

중국에 최초로 마르코 폴로를 소개한 《중서견문록中西見聞錄》

《마르코 폴로 여행기》는 고대 프랑스어로 씌였으며, 나중에 라틴어를 비롯한 서양 각국의 언어로 번역되어 수백 년 동안 그 판본과 번역본이 100여 가지나 나왔다. 이 책은 여러 세기 동안 유럽인들이 아시아를 이해하는 데 중요한 자료가 되었다. 14~15세기 유럽의 지리학자들은 이 책에서 아시아와 중국의 지리 정보를 얻어 최초의 세계지도를 그렸다.

《마르코 폴로 여행기》는 15세기 전후 유럽의 탐험가들을 자극해서, 책을 읽은 탐험가들이 모험적인 항해를 결심하는 계기가 되었다. 그 예로 1428년 포르투갈 사람 페드로를 들 수 있다. 그는 베니스에서 이 책을 구해 자신의 형제인 유명한 탐험가 엔리케에게 주었다. 책을 읽은 엔리케는 동방을 동경하며 항해에 대한 열정을 키웠고, 이후 포르투갈에 원양 항해 시대를 열었다.

한편 이탈리아 사람 콜럼버스는 이 책을 자세히 탐독하고 많은 주석을 달았다. 마르코 폴로의 책을 읽고 그는 인도, 중국, 일본(책에는 일본에 황금이 많이 난다고 되어 있다)의 풍요로운 문명을 동경했다.

1492년, 콜럼버스는 에스파냐 국왕의 지원을 받아 중국 황제에게 보내는 친서를 가지고 동방을 향해 긴 항해에 나섰다. 그는 바하마 군도에 이르렀을 때 그곳을 아시아 해안의 섬들이라고 착각했다. 그리고 멕시코를 《마르코 폴로 여행기》에서 말한 중국의 항저우로, 쿠바를 일본으로 오인했다. 요컨대 콜럼버스는 《마르코 폴로 여행기》의 영향을 받고 항해에 나섰다가 우연히 아메리카 대륙을 발견했다고 할 수 있다.

【 원대의 산곡 】

● 《원인산곡삼종元人散曲三種》

세상을 개탄하면서 은거하는 모습은 원나라 산곡의 중요한 주제 중 하나였다. 이런 작품은 많든 적든 모두 소극적이고 퇴폐적인 분위기를 띠고 있지만, 현실 정치와 타협을 거부한 원대 문인들의 삶의 태도를 보여준다.

중국 문학사에서 흔히 당시唐詩·송사宋詞·원곡元曲이라는 용어를 사용하는데, 원나라 산곡散曲은 바로 원곡을 구성하는 가장 중요한 부분의 하나이다.

산곡은 당시와 송사 이후에 등장한 일종의 신시체新詩體로서 악곡에 맞추어 노래하기 위해 지은 것이다. 물론 오랜 세월이 흐른 오늘날에는 산곡의 선율은 찾아볼 수 없지만, 곡사曲辭를 통해서 그 예술적 매력을 충분히 느낄 수 있다.

곡曲은 남곡과 북곡으로 구분된다. 북곡은 중국 북부와 중부 지역에서, 남곡은 동남 연해 일대에서 유행했다. 북곡은 남곡보다 늦게 발생했지만 그보다 더 빨리 발달했다. 원대에는 북곡이 유행했는데 현존하는 산곡은 주로 북곡이다.

원대에는 산곡의 창작이 보편적이었다. 작자 중에는 고위 관료와 문인, 노래하는 기녀도 있었다. 또 한족 외에 소수민족 작가도 산곡에 이채로움을 더했다. 불홀목不忽木, 관운석貫雲石, 설앙부薛昻夫 등이 당시 유명했던 소수민족 출신 작가이다.

　산곡은 반드시 곡패曲牌와 운율에 따라 써야 하지만, 규정된 글자수 외에도 필요하다면 더 늘여서 악곡과 노래에 적합하게 할 수 있다. 그래서 산곡의 언어는 사詞보다 활발하고 자유로워서 더욱 구어화口語化되었다.

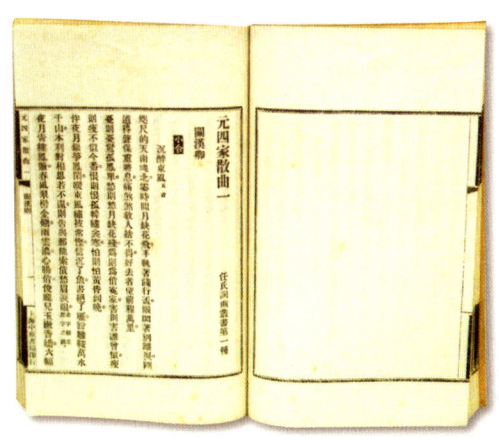

《원사가산곡元四家散曲》

　현존하는 산곡은 대부분 은둔생활을 노래하거나, 역사를 회고하거나, 인생에 대한 느낌과 남녀 간의 애정을 묘사한 작품들이다. 이 밖에도 풍경을 노래한 소령 역시 예술적 가치가 상당하다.

【 소령, 대과곡, 투수 】

원나라 산곡은 주로 소령, 대과곡帶過曲, 투수套數 등 몇 가지 형식으로 나뉜다. 소령은 엽아葉兒라고도 하는데, 가장 간단해서 대부분 한 수의 시나 일결一闋의 사詞에 해당한다. 유병충劉秉忠의 〈남려南呂·간하엽干荷葉〉 중 〈만흥漫興〉에 나오는 다음과 같은 구절이 바로 한 수의 소령이다.

마른 연꽃잎, 색깔은 푸르렀지만 늙은 꽃대 바람에 흔들리며 맑은 향기 잃어버리고 누런 잎만 늘어나네. 간밤에 한바탕 서리 내려 가을 강이 적막하기 때문이네.

투수는 산투散套 또는 투곡套曲이라고도 하는데, 동일한 궁조宮調의 여러 곡패를 이어서 만든다. 투수는 장단에 제한이 없어서 필요에 따라 임의로 정한다. 긴 투수는 몇십 개의 곡패를 연결할 수 있지만, 아무리 길어도 운韻은 하나로 통일해야 하고 중간에 운을 바꾸면 안 된다. 투수는 일반적으로 후렴이 없다.

산곡은 또 소령과 투수 사이에 대과곡이 있다. 이는 동일한 궁조에서 연이어 노래하는 두 가지 곡조를 이어서 만든다. 예컨대 〈중려中呂·12월〉이 〈요민가堯民歌〉를 대동하는 것과 〈쌍조雙調·안아락雁兒落〉이 〈득승령得勝令〉을 대동하는 것 등이 있다. 대과곡은 세 수가 연이은 것도 있다. 〈남려南呂·매옥랑罵玉郎〉이 〈감황은感皇恩〉과 〈채차가采茶歌〉를 대동하는 것인데 흔히 볼 수 있는 것은 아니다.

【 합리미와 산락미 】

원·명대의 학자들은 원곡의 기풍을 말할 때 합리미蛤蜊味와 산락미蒜酪味라는 용어를 사용했다.

'합리'는 해산물의 일종으로 가격이 싸서 흔히 볼 수 있고 먹을 수도 있다. 이 때문에 옛사람들은 극본 《비파기琵琶記》를 평할 때 합리를 왕공이나 귀족의 연회에 자주 오르는 낙타 혹과 곰 발바닥에 대비했다. 산락蒜酪은 냄새가 강한 두 가지 식품을 일컫는다. 먼저 마늘은 매운맛을 내고, 낙酪은 곧 발효 유제품으로서 소나 양의 젖으로 만든다. 이 두 가지는 지방색이 풍부하지만 많은 사람들이 그 맛에 익숙하지 않다. 그래서 사람들은 합리미와 산락미로 원곡을 형용하며 시나 사와는 다른 원곡만의 독특한 개성에 주목했다. 말하자면 통속적이고, 자연스럽고, 솔직하고, 호탕하고, 발랄하고, 해학적인 예술적 특징을 가리키는 것이다.

산곡은 원곡의 일부분으로서 합리미와 산락미는 산곡에서 쉽게 발견할 수 있는 특징이다. 예를 들면 왕화경王和卿의 〈취중천醉中天〉〈영대호접詠大蝴蝶〉에는 이러한 구절이 있다.

장자의 꿈을 타파하니 두 날개로 동풍을 타네. 300개의 유명한 정원에 하나하나 앉았다 날아가니 누가 풍류의 씨를 말하는가. 향기를 좇는 꿀벌은 수없이 많구나. 가볍게 나풀나풀 날면서 꽃장사를 다리 동쪽으로 몰아간다네.

관한경關漢卿은 〈남려·일지화一枝花〉〈불복로不伏老〉란 투곡에서 이렇게 썼다.

설사 나의 이가 뽑히고, 입이 비뚤어지고, 다리를 절고, 팔이 부러질지라도 나는 스스로 쉬지 않으리라. 염라대왕이 직접 부르지 않는다면 설사 귀신이 올지라도 삼혼三魂은 지부地府로 가고 칠백七魄은 명유冥幽 속에 사라지리니. 하느님 맙소사, 그때가 되면 연화로煙火路에 못가겠군!

이런 소박하고 해학적인 기풍은 원나라 산곡의 특징이다. 이 밖에도 맑고 우아한 작품들이 높은 예술적 성취를 자랑한다.

관한경의 산곡 명편 〈남려·일지화〉의 〈불복로〉

【 산곡의 작가들 】

원나라 때의 문인들의 지위는 과거와 크게 달라졌다. 그 까닭은 문인의 신분 상승을 가능하게 해주었던 중요한 디딤돌인 과거 제도가 없어졌기 때문이다. 그래서 수많은 문인들이 하급 관료로 전락해서 불우한 나날을 보낼 수밖에 없었으며, 이로 인해 원대의 문인들은 끊임없이 역사를 반성하고 현실 문제를 생각하면서 인생의 철리哲理를 모색했다. 그들은 제왕의 덧없는 교체와 벼슬길의 험난함을 체험하고는 정치에 대해 혐오하며 도피하는 길을 택했다.

관운석의 〈청강인淸江引〉은 한 시대 문인들의 탄식을 담고 있다.

공명功名은 수레가 언덕 아래로 내려가는 듯하니 그 험악함을 누가 미리 알리오. 어제 옥당玉堂에 있던 신하도 오늘은 참화를 당할 수 있나니, 어찌 나처럼 풍파를 피해서 안락한 곳으로 가지 않겠는가.

산곡의 작가들은 공명을 얻은 뒤에 은거한 범려范蠡와 장량張良을 긍정적으로 보고 엄광嚴光과 도연명陶淵明처럼 부귀를 탐내지 않는 담백하고 자연스러운 삶을 찬탄하며 곡曲 속에서 '귀거래歸去來'를 높이 노래했다.

세상을 개탄하면서 은거하는 모습은 원나라 산곡의 중요한 주제 중 하나였다. 이런 작품은 많든 적든 모두 소극적이고 퇴폐적인 분위기를 띠고 있지만, 현실 정치와 타협을 거부한 원대 문인들의 삶의 태도를 보여준다.

산곡은 사랑에 대한 표현도 아주 색다르다. 당시나 송사처럼 사물에 빗대어 암시하는 것이 아니라 마음을 직접적으로 표현한다. 창작 기법에서는 백묘白描(묵화墨畵)의 수법을 채용해 사람의 동작, 심리, 생활을 섬세하게 그려냈다. 관한경과 서재사徐再思 등은 세속적인 언어로 연정戀情을 더욱 간곡하고 자연스러우면서도 활발하게 표현함으로써 독특한 기풍을 이루었다.

산곡으로 후세에 큰 영향을 미친 작가로 마치원馬致遠과 장가구張可久를 들 수 있다.

【 마치원의 〈추사〉 】

마치원은 호가 동리東籬로서 대도 사람이다. 일찍이 공명에 뜻을 두었지만 벼슬길이 별로 순탄하지 않았다. 원나라가 남송을 멸한 후에는 남쪽으로 가서 항저우에 정착했다. 마치원은 '원곡 4대가'의 한 사람으로서 그의 창작 극본《한궁추漢宮秋》는 "원나라 잡극 중에서 으뜸"이라는 명성을 얻었다. 그의 산곡은 소령만 해도 115수가 전해지며 투수 22곡 외에 다른 곡도 전해진다. 원대의 산곡 중에서 그의 산곡이 가장 많을 뿐 아니라 원대 산곡 중 제일로 평가받고 있다.

마치원은 자연 경관을 묘사하는 데 뛰어났다. 가령 사람들에게 "추사秋思의 조종祖宗"으로 불리는 〈월조越調·천정사天淨沙〉의 〈추사秋思〉는 이러하다.

메마른 넝쿨, 늙은 나무에 아둔한 까마귀, 작은 다리, 흐르는 물가에 인가人家, 옛길에 서풍을 맞으며 가는 늙은 말. 석양은 서쪽으로 지고 단장斷腸의 인간은 하늘가에 있네.

이 유명한 소곡小曲에서 작가는 가을날의 저녁 풍경을 통해 쓸쓸하고 처량한 정서를 표현했다. 작은 다리, 흐르는 물가에 자리잡은 인가의 아늑한 분위기를 통해 천애天涯를 유랑하는 우수와 처량함을 더욱 부각시켰다. 왕궈웨이王國維는 이를 두고 "당시唐詩의 절구絶句가 갖는 묘한 경지에 도달했다"고 극찬했다.

이처럼 마치원은 인구에 회자되는 소령 외에도 많은 명작을 남겼다. 그중에서 유명한 것이 투곡 〈쌍조·야행선夜行船〉의 〈추사〉이다. 이 작품은 세상을 개탄하고 은일을 노래한 그의 대표작이다. 이 투곡은 세상을 개탄하고 역사를 노래하며 은거를 주장한 원대의 작품들을 집대성한 것으로서, 세상에 대한 깨달음이 잘 드러나 있다.

귀뚜라미 울음을 그치면 비로소 마음이 편안해지지만 닭이 울 때는 만사가 쉬지를 못하는구나. 명리名利를 바람은 언제나 끝나랴! 인생이 유한함을 생각건대 몇 번의 중양절을 더 지내겠는가. 그대, 철부지 아이에게 기록을 부탁하나니, "북해北海에서 나를 찾을지라도 동쪽 울타리 옆에서 취하리라!"

(〈이정연살離亭宴煞〉)

이 산곡은 추상적인 도道를 논하기보다 특정한 상황에 놓인 주인공의 심정을 통하여 인생의 철리를 제시함으로써 선명한 형상을 갖추었다. 또한 세련되고 유창한 언어로 명리에 담백한 작가의 인생관을 잘 보여주고 있다.

【 장가구와 교길의 산곡 】

산곡은 후기에 이르러 언어가 더 우아하고 화려해졌다. 그 대표적인 작가로 장가구와 교길喬吉을 들 수 있다.

장가구는 자가 소산小山으로 전문적인 산곡 작가이다. 많은 산곡을 남긴 작가 중 한 사람으로 소령 855편, 투수 9편을 남겼다.

장가구의 산곡은 우아하게 변화하는 경향을 보이면서 맑고 빼어남을 함축적으로 표현했고, 예술적인 기풍에서는 시와 사에 근접하는 경향을 보인다. 그의 작품 중에서 가장 개성적인 것은 경물을 묘사한 작품과 유람기 그리고 남녀의 연정을 다룬 작품들로, 맑고 순수하고 아름다우며 운율이 유장하다는 특징이 있다. 그의 〈정궁正宮 · 취태평醉太平〉의 〈금화산중金華山中〉을 보자.

금화산의 동굴은 춥고 무쇠 피리에서는 바람 소리가 일어나네. 진정 어디 가서 한적한 정情을 기탁해볼까, 작은 도원桃源의 저녁 경치가 일품이구나. 노란 국화 몇 송이 시흥을 돋우고 냇가에 붉은 잎은 신선의 길을 헤매게 하네. 사방의 산과 하얀 달이 함께 가을 소리를 내니 시 짓는 늙은이는 스스로 취하더라.

여기서 알 수 있듯이, 장가구는 산곡의 맑고 빼어난 일면을 잘 보여주고 있다. 즉 합리미와 산락미 외에 또 다른 독특한 일면을 드러내고 있다. 그의 작품은 후세의 문인들에게 깊은 영향을 미쳤는데, 청나라의 유명한 산곡 작가인 주이존朱彝尊의 작풍이 그와 아주 비슷하다.

교길은 자가 몽부夢符로서 자칭 '강호취선江湖醉仙', '강호장원江湖狀元'이라 했다. 장가구와 비교할 때 그는 강호를 떠도는 선비의 기개가 더 높아서 산천을 오만하게 바라보거나 풍월을 조롱하는 작품을 많이 남겼다.

장가구와 교길의 산곡에는 풍경의 묘사나 유람기 외에도 옛날을 추억하면서 오늘의 상황에 상심하거나 사물에 빗대어 현실에 대한 불만을 토로한 작품이 적지 않다. 다음과 같은 작품이 대표적이다.

미인은 오강烏江 기슭에서 자결하고 전쟁의 불길은 적벽산을 불태웠으니 장군은 옥문관에서 하릴없이 늙어가네. 진한시대, 도탄에 빠진 백성에 대해 아파하며 글 읽는 사람은 길게 탄식하는구나.

(장가구, 〈중려中呂 · 매화성賣花聲〉의 〈회고懷古〉)

형계荊溪 개울가에 있는 인가에 묻나니 무슨 가문이기에 매화를 심지 않는가? 늙은 나무가 문에 기대 있고 황폐한 부들은 기슭에 있으며 쓰디쓴 대나무가 울타리처럼 둘러서 있네. 절에는 승려가 없어서 여우들이 날뛰고 관아에는 할 일이 없어서 쥐와 새가 아문을 지키네. 하얀 물과 누런 모래는 난간을 휘감아 돌며 울어대는 까마귀만 세고 있더라.

(교길, 〈쌍조 · 절계령折桂令〉의 〈형계즉사荊溪卽事〉)

結 원대의 산곡은 독특한 예술적 기풍으로 시단의 한 자리를 차지했으며, 이로 인해 시·사와 동등한 위치에 오를 수 있었다.

수수삼隋樹森의 《금원산곡金元散曲》에 따르면, 원나라 때 이름을 꼽을 수 있는 산곡 작가만 무려 200여 명이고 작품도 소령 3,800여 편, 투수 400여 편에 달했다고 한다. 당시나 송사와 비교할 때 수적으로 엄청난 차이가 있다. 하지만 짚고 넘어가야 할 문제는 이 수치가 결코 산곡의 진실한 반영이 아니라는 점이다. 말하자면 산곡은 통속문학에 속해서 정통 문인들로부터 멸시를 받았기 때문에 전문 작가가 많지 않았으며, 그것을 작품집으로 묶는 일도 극히 드물었다. 대부분의 경우 창작하는 즉시 폐기해서 유실된 것이 아주 많았을 것으로 추정된다. 이 때문에 오늘날 원대의 산곡을 많이 접할 수 없는 상황이다.

당·송대와 비교할 때 원대 사람들은 지위 고하를 막론하고 엄청난 사회적 변화를 겪었다. 그들은 당·송대와는 다른 측면에서 시대상과 사상의 면모를 반영했다. 따라서 그 독특한 예술적 가치 외에 중요한 역사 인식의 의미도 간과할 수 없다.

원대의 산곡이 중국 문학사에서 차지하는 위치는 중요하고 특이하다. 명·청대에는 산곡 작가가 많이 배출되었다. 《전명산곡全明散曲》에 수록된 작가만도 400여 명이 넘고, 《전청산곡全淸散曲》에 수록된 작가는 340여 명에 달한다. 한편 명대에는 남곡南曲이 번영, 발전하면서 산곡의 창작에 활력을 불어넣었다.

【 관한경과 원대의 잡극 】

● 관한경

관한경의 잡극은 사회상을 널리 반영하면서 사회의 갖가지 모순을 고발하고 백성들의 수난을 그리는 동시에 그들의 저항정신을 표현했다. 관한경이 부각시킨 인물은 한결같이 개성이 뚜렷하고 인정 많은 사람들이다.

중국의 전통 희곡은 기나긴 잉태기를 지나 송·원대에 비로소 성숙기에 접어들었다. 12세기, 남송 중기에 동남 연해의 원저우溫州 일대에서 발생한 남희南戲는 중국 최초의 희곡이다. 13세기 초반, 금나라와 원나라의 교체기에 북방에서는 북곡잡극北曲雜劇이 나타났는데 간단하게 북잡극이라고도 한다.

관한경은 금나라 말기에 태어나 원나라 성종成宗 대덕大德 연간에 사망했다. 호는 재수齋叟이고 대도大都에서 오랫동안 살았으며 태의원太醫院에서 일했다. 그는 자서전 성격을 띤 산곡 〈남려·일지화〉의 〈불복로〉에서 바둑·축구·사냥·가무·음시吟詩 등 갖가지 기예에 능하며, "설사 나의 이가 뽑히고, 입이 비뚤어지고, 다리를 절고, 팔이 부러질지라도" "연화로烟花路에 가야 하리"라고 했다. 여기서 '연화로'란 극장에서 화장하고 노래 부르는 배우와 같은 재인才人 생활을 가리킨다.

원나라 말에서 명나라 초의 인물 가중명賈仲名은 《서록귀부후書錄鬼簿後》에서 이렇게 말했다.

피리를 불고 절관節板을 치는 진秦나라 때의 도용 陶俑(왼쪽)
잡극을 공연하는 도용 (오른쪽)

"옥경서회玉京書會의 연조燕趙 재인들은 금나라의 동해원董解元 선생에서부터 원나라 초기 관한경에 이르기까지 앞뒤로 151명이나 된다."

관한경이 잡극에서 이룩한 탁월한 성취와 그의 크나큰 영향력을 볼 때 그는 확실히 옥경서회를 대표하는 인물이다.

관한경은 평생 60여 편의 잡극을 창작했다. 그의 잡극은 계급 차별과 민족 차별에 항거하는 민중의 투쟁을 고무하고 후대의 희곡 창작에도 큰 영향을 미쳤다.

【 잡극의 흥성과 원대의 극단 】

당나라에서 송나라와 금나라에 이르는 시기는 중국 희곡의 형성기에 해당한다. 북송대에 당나라의 참군희參軍戲를 토대로 발전한 잡극과 그 후의 금원본金院本 등이 희곡의 원형이다. 송대와 금대의 설창說唱 문학에는 고자사와 제궁조諸宮調가 있었다. 제궁조는 이야기가 풍부하고 악곡의 구성과 형식이 다양해서 곡백曲白의 결합으로 스토리를 공연하는 북곡잡극의 탄생을 초래했다.

북곡잡극은 각종 공연예술의 종합으로서 많은 극작가와 배우들의 적극적인 노력으로 원대에 이르러 황금기를 구가했다.

원나라 초에 북곡잡극은 주로 화북 지역에서 유행했고, 13세기 후반 남송이 멸망한 후에는 양쯔강 중·하류와 동남 연해 일대에서 남희와 영향을 주고 받으면서 맥을 이어갔다. 금말金末 원초元初에서 원말元末 명초明初에 이르기까지 약 150년 동안 이름을 고증할 수 있는 잡극 작가만 무려

잡극을 공연할 때는 양쪽에 각각 반주자 두 사람을 두었다.

200여 명에 달했고, 전해내려온 완벽한 극본도 200여 종에 달했다. 이는 당시 잡극이 흥행했음을 보여주는 증거라고 할 수 있다.

【 원대 잡극의 형식 】

원대에 잡극은 주로 도시의 구란句欄이나 향진鄕鎭의 무대에서 공연되었고, 때로는 공터에서 공연이 이루어지기도 했다. 구란이란 널빤지나 난간을 둘러친 공연장을 말하는데, 위에는 천막을 치고 문밖에는 초자招子(지금의 광고 팸플릿 : 옮긴이)를 붙여서 공연하는 잡극의 제목을 알렸다. 구란에는 지면보다 높은 사각의 무대를 설치해 정면과 좌우 삼면에서 관람할 수 있도록 했다. 무대의 앞쪽과 뒤쪽은 천막으로 분리했다. 그 뒤쪽은 배우들이 화장을 하거나 휴식을 취하는 장소로 희방戲房이라 했다. 앞쪽과 희방 사이에는 상장문上場門과 하장문下場門이 있어서 배우들이 그 문으로 드나들었다.

 원대의 잡극은 고도의 종합 가무극으로서 곡패와 음악을 연이은 형태이다. 다시 말해 허다하게 분산된 단일 가곡을 일정한 조調의 진행으로 분류한 다음, 그것을 다시 동일한 종류의 수곡首曲을 선택하여 연속적인 투곡을 만들어서 가사를 써넣은 후 독백을 하거나 상대와 대화하는 형식으로 부르는 것이다. 배우들이 공연할 때는 무용화한 구체적인 동작과 풍부한 표정을 더했다.

 잡극의 반주 악기로는 징, 북, 피리, 박판이 있으며 훗날 비파를 추가했다. 산시성山西省 윈청시運城市 서부에 있는 장묘莊墓 묘실의 동쪽 벽에 잡극을 공연하는 악단이 그려져 있다. 거기서 오른쪽 첫 번째 사람은 박판을 두드리고, 두 번째는 북을 치고, 세 번째는 피리를 불고, 네 번째는 여성으로서 등을 돌린 채 곡항曲項 비파를 연주하고 있다. 다섯 번째 사람은 오른손으로 작은 막대기를 들고 마치 악단을 지휘하는 것처럼 보인다.

 원대의 잡극은 하나의 극본이 네 절折로 나뉘며 한 사람의 배우가 매 절을 끝까지 부른다. 배우는 말末, 단旦, 정淨 등으로 각자 역할이 정해졌다. 극본에 때로 '말본末本' 또는 '단본旦本'으로 표시되어 있는데 '말'은 남자 역이고 '단'은 여자 역이다. 또 '말본'은 '정말正末'이라고 하는 남자 주인공이 부르고, '단본'은 '정단正旦'이라고 하는 여자 주인공이 부른다. 이 밖에 부차적인 역은 동작이나 대사밖에 없다.

【 관한경 잡극의 주요 내용 】

관한경의 잡극은 내용상 크게 세 가지로 나뉜다.

첫째, 백성들의 저항과 투쟁을 노래하고 통치자들의 학정을 고발하는 등 당시의 첨예한 사회적 갈등을 반영한 것이다. 그 대표작은《두아원竇娥冤》으로 온전한 명칭은《감천동지두아원感天動地竇娥冤》이다. 이 극은 두아가 봉건세력의 핍박을 받다가 죽은 후 귀신이 되어 복수하는 이야기이다. 선량하고 정직하며 의지가 굳은 두아는 죽음에 직면해서 세상의 불공평함에 대해 이렇게 한탄한다.

"땅이여, 좋고 나쁨도 구분하지 못하면서 어찌 땅이라 하는가? 하늘이여, 선량한 자와 나쁜 자를 구분하지 못하니 하늘로서 부끄럽지 않은가?"

이 말은 사실상 백성을 탄압하는 원나라 지배층에 대한 준엄한 질책이다.

 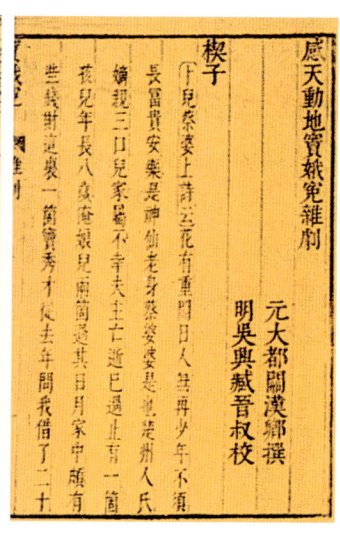

관한경의 잡극 중
《두아원》

둘째, 하층 여성들의 생활상과 투쟁을 그려서 그들의 용기와 지혜를 찬양한 것이다. 대표작 《조반아풍월구풍진趙盼兒風月救風塵》은 걸출한 희곡으로 손꼽힌다. 주인공인 기생 조반아는 슬기롭고 노련하며 정의로운 여성이다. 그녀는 의자매인 송인장宋引章을 성공리에 구출하고, 새 여자만 즐기는 건달 주사周舍를 응징한다.

셋째, 역사적 영웅을 노래하는 것으로서 《단도회單刀會》가 그 대표작이다. 《단도회》는 온전한 명칭이 《관대왕독부단도회關大王獨赴單刀會》로서, 전한 말년에 노숙이 연회에 관우를 초청하여 형주荊州를 빼앗으려는 음모를 꾸미다가 오히려 패배한 이야기를 다루고 있다.

【 관한경 잡극의 예술적 성취 】

관한경의 잡극은 사회상을 널리 반영하면서 사회의 갖가지 모순을 고발하고 백성들의 수난을 그리는 동시에 그들의 저항정신을 표현했다. 《두아원》, 《구풍진》, 《망강정望江亭》, 《단도회》 등 잡극의 정의로운 주인공들은 민중의 훌륭한 덕과 지혜가 집중된 인물로서 작가의 이상을 보여주고 있다.

관한경이 부각시킨 인물은 한결같이 개성이 뚜렷하고 인정 많은 사람들이다. 《망강정》에 나오는 담기아譚記兒는 어부의 아내로 변장하여 양楊 도령을 술에 취하게 만든 후 그의 상방보검尙方寶劍을 빼앗아 결국 그가 법의 심판을 받도록 한다. 이렇듯 용기와 지혜로 권력자를 응징하는 그의 이야기는 압제자를 징벌하려는 백성들의 강한 염원을 반영하며 그들의 투지를 격려했다.

관한경은 얼굴에 화장을 하고 무대에 올라가서 직접 연기했던 희곡 작가였던 터라 잡극의 장면 안배와 시선 처리가 남달랐다. 예컨대 《두아원》을 보면, 두아가 남편을 잃고 과부가 되어 절개를 지키는 부분에서, 그녀를 정면에 내세우지 않고 장려아張驢兒 같은 인물과의 충돌을 강하게 표현함으로써 우매한 관리들에 저항하는 백성들의 긴장관계를 부각시켰다.

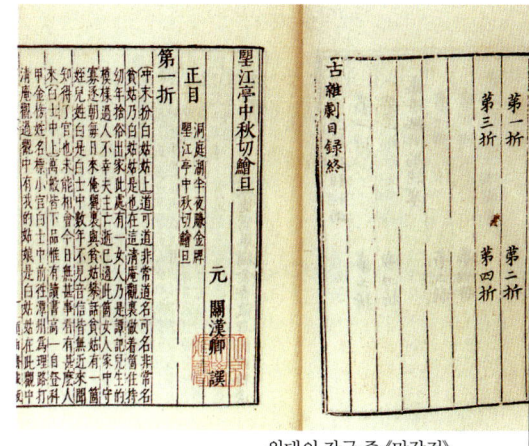

원대의 잡극 중 《망강정》

서회재인과 원대의 잡극

북곡잡극은 짧은 기간에 어떻게 그토록 눈부시게 발전해서 중국 희곡사의 첫 황금기를 맞을 수 있었을까? 가장 큰 요인은 바로 관한경을 대표로 하는 문인들의 엄청난 노력이 있었기 때문이다.

원대의 지식인이라 할 수 있는 유생들은 사회적 지위가 송나라 때보다 훨씬 낮았다. 원대에는 명망 높은 소수의 문인만이 고위직에 임용될 수 있었고, 과거시험을 정기적으로 시행하지 않았기 때문에 그것을 통해 벼슬길에 오르기는 더 힘들어졌다. 원나라 중기에 요수姚燧는 《목암집牧庵集》〈송이무경서送李茂卿序〉에서 이렇게 말했다.

"요즘 관직에 오르려면 세 가지 길밖에 없다. 첫째는 숙위宿衛여야 하고, 둘째는 유생이어야 하며, 셋째는 관리 집안 출신이어야 한다. 유생으로서 관직에 오른 자는 열에 하나밖에 없다."

그리하여 대부분의 유생들이 사회 하층에서 백성의 생활과 생각에 가까이 다가갈 수 있었고, 그들을 동정하게 되었다. 그중 일부는 와사瓦肆나 구란에 드나들면서 민간 예능인들이 편찬한 가사歌詞, 곡예 종목, 잡극의 극본을 접하며 그들과 두터운 우정을 쌓았다.

예컨대 잡극 작가 백박白朴은 여배우 천연수天然秀의 연기를 아주 좋아했으며, 관한경은 여배우 주렴수珠帘秀를 위해 〈남려·일지화〉 투곡을 창작했다. 또 마치원은 배우 화리랑花李郎, 홍자리이紅字李二 등과 함께《황량몽》이란 잡극을 편곡했으며, 정광조鄭光祖는 배우들로부터 정노鄭老 선생이라 불렸다. 관한경, 백박, 마치원, 정광조는 훗날 '원곡 4대가'로 추대되었다.

원대의 극작가들은 비록 신분은 미천했지만 문학적 소양이 풍부했고, 각종 민간 기예에 정통했으며, 잡극의 무대예술에도 익숙했다. 그들의 우수한 작품은 백성들의 사회·정치 의식을 표현했고, 아울러 윤리관과 심미관을 담았다. 또한 희곡의 갈등 구조와 언어의 운용면에서도 완벽한 경

 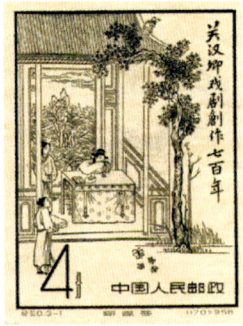 

관한경의 희곡 창작 700주년을 기념하는 우표

지에 이르렀다.

　근대의 학자 왕궈웨이는 《송원희곡고宋元戱曲考》에서 원대의 잡극을 "천고에 홀로 뛰어난 문자"라고 극찬했으며, 《두아원》과 《조씨고아趙氏孤兒》에 대해 "세계의 위대한 비극 작품의 반열에 올려도 전혀 손색이 없을 것"이라고 평했는데 이는 결코 과찬이 아니다.

結 관한경은 위대한 작가의 한 사람으로서 중국 희곡의 토대를 닦았다. 가중명은 그에 대해 "이원梨園을 개척한 우두머리이자 총체적인 편수編修의 으뜸이며 잡극의 우두머리"라고 했는데, 이는 결코 과장이 아니다. 그의 대표작 《두아원》,《배월정拜月亭》,《단도회》 등은 700여 년 이래로 공연이 중단된 적이 없다.

원대의 잡극과 송·원대의 남희는 민족적 형식과 품격을 갖춘 전통 희곡의 견실한 기초가 되었으며, 아울러 후대에 깊은 영향을 미쳤다. 창창唱·염念·주做·타打 등 다양한 공연 수단의 종합적인 활용, 생生·단旦·정淨·말末·축丑 등 배역의 구분, 배우들이 무대에 오르고 내리는 것으로 공연 순서를 구분하는 것, 무대에서 시·공간을 활발하게 이용하는 것 등의 원칙은 이후 수백 편의 극에서 계승, 발전되었다. 원대 잡극이 쌓아온 풍부한 창작 경험은 시대마다 희곡 작가들을 육성했고, 활극·가극·무용극·영화·드라마 등에도 영향을 미쳤다.

왕실보와 《서상기》

● 명대에 진홍수가 그린 《서상기》 삽화

우수한 극으로서 《서상기》는 탄생 이후 줄곧 독자와 관중의 주목을 끌었다. 명·청대의 학자들은 "북곡北曲의 으뜸"이란 평가를 내렸고, 많은 사람들이 이 작품에 비평을 하고 각주를 달며 모방하거나 각색했다.

중국 문학사에서 줄곧 칭송을 받아온 작가와 작품이 있으니, 바로 왕실보王實甫와 그의 《서상기西廂記》이다.

《서상기》의 온전한 명칭은 《최앵앵대월서상기崔鶯鶯待月西廂記》이다. 왕실보는 원대의 유명한 잡극 작가로서 이름은 덕신德信이고 대도 사람이다. 왕실보의 생애에 관한 자료는 아주 적다. 그의 작품 《파요기破窯記》에서 "세상 사람들아, 유생을 욕하지 마오. 차가운 창가를 굳게 지키면 끝내 성공할 날이 있을 터"라는 대목과 《여춘당麗春堂》에서 벼슬살이의 험난함에 대해 개탄한 것을 보면 그는 아마도 벼슬길에서 좌절한 문인일지도 모르며, 당시의 구란생활에 익숙한 극작가일 수도 있다.

왕실보는 모두 13편의 잡극을 창작했다. 지금까지 전해지는 것은 《서상기》 외에 《사승상고연여춘당四丞相高宴麗春堂》(약칭 《여춘당》)과 《여몽정풍설파요기呂蒙正風雪破窯記》(약칭 《파요기》)가 있다. 《서상기》는 왕실보의 대표작으로 원정元貞에서 대덕大德 연간(1295~1307)에 완성되었으며, 중국 최초로 많은 잡극을 하나의 이야기로 연결한 극본이다. 당시 이 극은 무대에 오르자마자 관객의 마음을 사로잡았고, 사람들은 "새로운 잡극이자 옛 전기傳奇인 《서상기》가 천하제일"이라며 극찬을 아끼지 않았다.

역사적으로 "천하의 모든 정인情人은 가정을 이루고 싶어한다"는 아름다운 소망은 수많은 문학작품의 주제로 다뤄져왔다. 《서상기》 역시 이 주제를 다뤄 가장 크게 성공한 희곡이라 할 수 있다.

《서상기》는 고전 희곡의 걸작으로서 이후 사랑을 소재로 한 소설이나 희곡의 창작에 광범위하고도 깊은 영향을 끼쳤다. 잘 알려진 《모란정牡丹亭》과 《홍루몽》 등도 《서상기》의 반봉건적 정신을 어느 정도 계승했다.

《서상기》는 세상에 선을 보인 이래 수많은 독자를 양산했다.

【《앵앵전》에서 《서상기》에 이르기까지】

　《서상기》는 서생 장공張珙과 보구사普救寺에 살던 작고한 전 승상의 딸 최앵앵의 사랑 이야기이다. 그들은 하녀 홍랑의 도움을 받아서 평생을 기약했지만, 앵앵의 모친은 "우리 삼대는 평민 사위를 두지 않는다"며 장공이 과거에 응시하도록 핍박했다. 장공은 일거에 장원급제하고 돌아와서 앵앵과 결혼식을 올렸다.

　이는 전형적인 중국식 사랑 이야기이다. 인물이든 이야기든 구성이든 중국 문화의 특색을 드러내고 있으며, 중국 문학의 가장 중요한 경향을 대표하고 있다. 이 작품은 한 쌍의 아름다운 남녀가 후원에서 만나 온갖 난관을 헤치고 결국 가정을 이룬다는 공식을 만들었다고 할 수 있다.

　앵앵과 장공의 이야기는 당대 중엽의 시인 원진元稹이 쓴 전기소설《앵앵전》에서 그 기원을 찾을 수 있다. 소설은 장생이 과거에 응시하러 가서 결국 앵앵을 버린다는 비극적 결말을 보여준다.《앵앵전》은 당시 문인들에게 큰 반향을 일으켰으며, 특히 앵앵의 애절한 모습은 보편적으로 동정심을 불러일으켰다. 일부 문인과 민간 예능인들은 너도나도 그녀의 모습을 시나 설창의 형식으로 옮겼다.

금나라 때 하층 문인 동해원('해원'은 금·원대 독서인에 대한 경칭이다)은 당시 유행한 제궁조(설창의 표현 형식. 산문을 한 단락 강설한 후에 곡을 부르면서 연속 강독과 창唱을 함께하는데 몇 개의 궁조로 하나의 이야기를 노래한다) 형식으로《서상기제궁조西廂記諸宮調》극본을 완성했다. 앵앵과 장공의 이야기는 이로 인해 더 풍부해지면서 훗날 '동서상董西廂'이라는 별칭을 얻었다. 내용으로 볼 때 '동서상'은《앵앵전》을 대폭 수정하고 보충해서 여러 세부적인 이야기를 추가했다. 특히 중요한 것은 이야기의 결말을 뜯어고쳐서 가인佳人과 재자才子가 결국 결혼하는 것으로 설정했다는 점이다.

《서상기》이야기가 발생했다는 보구사

왕실보의《서상기》는 '동서상'에 연원을 두면서도 한 걸음 더 발전시킨 것으로 두 이야기는 기본적으로 같다. 다만 왕실보의《서상기》가 제재와 세부 묘사가 좀더 집중적이어서 반봉건적 사상이 더 선명하다는 점이 다를 뿐이다.

【《서상기》의 주제 】

동해원의 《서상기제궁조》는 《앵앵전》의 주제를 근본적으로 바꾸어 앵앵과 장공을 자유롭게 결합시킴으로써 봉건세력과의 투쟁을 노래하며, "예부터 지금까지 가인과 재자가 결합하는 것은 자연스러운 일"이라는 슬로건을 선명하게 내걸었다. 왕실보의 《서상기》는 한 걸음 더 나아가 봉건체제를 거스르는 주인공 앵앵과 장공의 사랑을 묘사했으며, 젊은이들의 자유롭고 행복한 생활을 탄압하는 봉건시대 예교禮敎의 문제를 고발했다. 아울러 두 사람의 원만한 결합을 통해 사랑과 자유를 추구하는 청춘남녀의 승리를 노래했다. 왕실보는 이 잡극의 주제를 "천하의 정인들은 모두 가정을 이루고 싶어한다"는 것으로 승화시켰다.

왕실보의 《서상기》는 앵앵의 내면세계를 더욱 생동감 있게 표현했다. 그리하여 앵앵이란 대가문의 규수가 자유와 사랑을 추구하는 과정에서

경염驚艶 : 그녀는 거기서 어깨를 늘어뜨린 채 꽃만 만지작거리고 있네.

겪는 갈등을 섬세하게 보여주고 있다. 독자들은 앵앵을 통해서 봉건시대 예교의 구속뿐 아니라 고난을 극복하고 자유를 추구하는 과정에서 나타난 고통과 모순을 볼 수 있다. 아름답고 정숙하며 긍지를 가진 앵앵의 모습은 자유와 사랑을 추구하는 고대 여성의 전반적인 심리 변화를 생생하게 보여준다.

【 복잡한 갈등 구조 】

《서상기》의 예술적 성취는 바로 인물 간의 복잡한 갈등을 설정함으로써 앵앵, 장공, 홍랑 등의 예술적 이미지를 부각하고 있다는 것이다.

극은 앵앵, 장공, 홍랑, 노부인의 갈등을 기본 축으로 앵앵과 장공이 봉건적인 가장에 맞서 싸우는 모습을 보여준다. 앵앵, 장공, 홍랑 간의 갈등은 부차적인 것으로서 단지 그들의 성격을 더 선명하고 생동감 있게 해준다.

예컨대 앵앵은 재상의 딸로 성격이 아주 내성적이지만 실제로는 열정이 넘치고 긍지가 있다. 장공은 사회 경험이 부족해서 앵앵을 따르면서도 가끔은 경망스러운 태도를 보인다. 두 사람은 완전히 다른 성격의 소유자여서 충돌이 불가피하다. 장생의 경망스러운 태도는 그렇지 않아도 신중한 앵앵이 더욱 조심하지 않을 수 없게 만든다. 또 앵앵의 우유부단한 모습은 직설적이면서도 집착과 광기를 보이는 장공의 행동에 대한 그 나름의 대책이다. 장공이 집착을 보일수록 앵앵은 더 조심할 수밖에 없다. 만약 장공에게 그런 열정이 없었다면 앵앵은 심리적, 사회적 장애를 초월할 수 없었을 것이다.

앵앵과 홍랑 사이에도 어느 정도 갈등이 있다. 홍랑은 앵앵의 사랑이 이루어지도록 도와주는 유일한 사람인 동시에 노부인이 보낸 '감시자'이기도 하다. 앵앵은 홍랑의 태도를 알기 전에는 매사 홍랑을 피할 수밖에 없었으며, 이로 인해 이런저런 갈등과 충돌이 생긴다. 바로 이러한 복잡한 갈등 구조 속에서 《서상기》의 인물들은 저마다 성격을 더 선명하게 드러낸다.

아름다운 혼례의 산파, 홍랑

왕실보의 《서상기》에서 홍랑은 진정 사랑스럽고 열정적인 인물이다. 그녀의 정의감, 동정심, 그리고 지혜는 잡극 곳곳에서 나타난다.

최씨 집안의 시녀인 홍랑은 핍박을 받으며 일하는 자로서 시비是非의 기준이 있으며, 바로 이러한 기준에서 출발한 정의감의 소유자이다. 그녀는 성격이 소탈하고 낙관적이고 총명하고 용감할 뿐 아니라 봉건적인 주인집 여러 인물들의 성격과 약점을 잘 파악하고 있다. 따라서 앵앵과의 갈등에서든 노부인이나 정항鄭恒과의 투쟁에서든 특별한 기지와 노련함을 발휘한다. 그녀는 앵앵과 장공이 자신들의 약점을 극복하고 최후에 승리할 수 있도록 돕는 결정적인 인물이자 봉건 예교에 가장 큰 충격을 줄 수 있는 전형적인 인물이다.

홍랑은 처음에는 최앵앵과 장공의 결합에 별로 관심이 없었다. 장공이 맨 처음 그녀를 만났을 때 자기 소개를 하자, 그녀는 "물을 것만 묻고 묻지 말아야 할 것은 그만두시오"라고 면박을 준다. 또 앵앵과 장공이 벽을 사이에 두고 시를 지어 나눌 때도 그녀는 아주 냉담한 태도를 보인다. 그

청연請宴: '청請' 자는 소리도 내지 않는데, '거去' 자에는 얼른 응답하네.

러나 두 사람의 사랑이 정말로 진지한 데다가 노부인이 약속을 지키지 않는 것을 알게 되자, 마침내 두 사람의 사랑에 동정심을 갖게 된다. 이후 그들을 위해 적극적으로 대책을 강구하거나 편지를 전달해주고, 심지어 그들의 허점을 알려주는 등 그들이 하루빨리 결합할 수 있도록 노력을 기울인다.

특히 홍랑은 순수한 동정심으로 두 사람의 탈출을 적극적으로 돕는데, 장공이 금과 비단으로 사례하려고 하자 오히려 화를 내면서 그를 질책한다. 이 대목에서 그녀의 고귀한 품성을 엿볼 수 있다. 작가는 이와 같은 품성을 일개 하녀에게 집중시킴으로써 최앵앵과 장공의 사랑 이야기에 참신한 주제 의식을 담고자 했다.

《서상기》에서 앵앵과 장공을 열심히 돕는 홍랑이라는 인물은 사람들에게 깊은 인상을 남겼다. 후대의 희곡 무대에서 홍랑은 앵앵보다 더 중요한 위치에 놓일 때도 있었으며, 홍랑을 주인공으로 하는 단막극 《고홍拷

紅》과 《홍랑》 등이 유행하기도 했다. 게다가 홍랑은 평범한 사람들의 삶에도 녹아들었으니, 요즘 사람들이 남녀의 혼사를 위해 중매를 서는 사람을 '홍랑'이라고 부르게 된 연유가 여기에 있다.

면면히 흐르고 있는 '서상'의 소리

왕실보는 높은 문학적 솜씨로《서상기》의 곡사曲詞를 화려하고 아름다운 시의 경지에 올려놓았다. 다음은 〈장정송별長亭送別〉에 나오는 곡이다.

〈정궁正宮 · 단정호端正好〉 푸른 구름이 낀 하늘, 노란 꽃이 깔린 땅, 가을 바람은 세찬데 북녘 기러기는 남으로 향하네. 누가 머리를 희게 하고 술에 취하도록 했던가, 언제나 떠나는 사람은 눈물뿐이네.

우수한 극으로서《서상기》는 탄생 이후 줄곧 독자와 관중의 주목을 끌었다. 명 · 청대의 학자들은 "북곡北曲의 으뜸"이란 평가를 내렸고, 많은 사람들이 이 작품에 비평을 하고 각주를 달며 모방하거나 각색했다.

각색한 작품 중에서 가장 중요한 것이《남서상南西廂》이다. 남곡이 유행하면서 명나라 때는 왕실보의 원본 공연이 점차 줄었다. 그래서 최시패崔時佩는《서상기》를《남서상》으로 각색했고, 이일화李日華가 그것을 약간 수정하고 보완한 것이《육십종곡六十種曲》에 수록된《남서상》이다. 후에 육천지陸天池가 각색한 판본도 있다.《남서상》의 출현은 명대 무대 공연의 요구를 충족시켰으니, 명나라 말엽의 곤극崑劇은 대체로 최시패와 이일화의 각색본에 근거한 것이다. 곤극 무대에서는 오늘날에도 '가기佳期'와 같

뇌혼賴婚 : 누가 달 아래
서상이 꿈속의 남가南柯가
되리라 생각했으랴.

은 단막극을 공연하고 있다.

《서상기》는 후대의 문학에도 큰 영향을 미쳤다. 사랑을 주제로 한 소설과 희곡 등이 《서상기》로부터 적지 않은 영향을 받았다. 《모란정》의 두려낭杜麗娘은 최앵앵과 장공이 "먼저 비밀리에 훗날을 약속하고 그 다음에 혼약을 맺는"(《모란정》〈경몽驚夢〉) 장면에 감동했고, 조설근曹雪芹은 《홍루몽》에서 임대옥의 입을 통해 《서상기》에 대해 "곡사曲詞가 사람을 놀라게 해서 그 여운의 향기가 입 안에 가득하다"(《홍루몽》제23회)고 했다.

結 근대에 들어와서 《서상기》는 《삼국연의》, 《수호전》, 《서유기》, 《홍루몽》, 《유림외사儒林外史》 등과 함께 세계의 명저로 인식되었다. 또한 《서상기》를 각색한 소설과 화극話劇도 등장했다. 중화인민공화국 건립 후 대부분의 지방극은 각색본으로 공연됐는데, 가장 유명한 것으로 전한田漢이 각색한 경극京劇 《서상기》, 원설분袁雪芬이 주역을 맡은 월극越劇 《서상기》 등이 있다. 희곡은 끊임없이 발전하면서 노래하는 방식도 변했지만, 《서상기》는 이 과정에서 소실되지 않았을 뿐 아니라 오히려 그 변화 속에서 영원한 생명을 얻었다고 할 수 있다. 오늘날 《서상기》는 텔레비전 드라마로도 만들어졌다.

《서상기》는 18세기 말에 일본어 번역본이 나왔고, 19세기 중엽 이래로 프랑스어, 영어, 독일어, 이탈리아어, 러시아어 등으로도 번역되었다. 나아가 미술에서도 중요한 소재가 되어 당백호唐伯虎, 진홍수陳洪綬 등 명·청대의 유명한 화가들이 《서상기》의 인물을 그리기도 했다. 명말 청초에 영국으로 수출된 징더전景德鎭의 도자기에도 《서상기》의 한 장면이 그려졌다.

《서상기》의 영향으로 산시성山西省 융지永濟의 보구사는 이름난 절이 되었다. 보구사는 청나라 때 지진으로 훼손되어 탑 하나만 남아 있는데, 사람들은 이를 앵앵탑이라고 부른다.

《삼국연의》

● 세 영웅이 여포와 싸우는 《삼국연의》의 삽화

《삼국연의》에서 가장 빛나는 것은 역시 전쟁에 대한 묘사이다. 작가는 역사에서 소재를 취했지만 결코 역사 기록에 구속받지 않았다. 이런 부분은 지극히 비현실적이지만 민중의 이상과 소망, 그리고 취향을 반영한 것이었기에 많은 독자들에게 쉽게 받아들여졌다.

원말 명초, 중국 문단에 장편 통속소설 한 편이 등장해 화제를 모았다. 바로 《삼국지통속연의三國志通俗演義》인데 이것이 오늘날 《삼국연의》라고 일컫는 소설이다.

중국 역사에서 동한 말년과 삼국시대는 격변기로서 그 어느 때보다 걸출한 정치인, 군사전략가, 문인들이 많이 나타났다. 진수陳壽의 《삼국지》, 범엽范曄의 《후한서》, 사마광의 《자치통감》 등에는 이 시대의 상황이 아주 자세히 기록되어 있다. 배송지裵松之는 《삼국지》에 상세한 주석을 달아서 역사 이야기에 생명력을 불어넣었다.

10세기에서 14세기에 이르는 송·금·원대의 민간 예인들은 한나라 말기와 삼국시대의 이야기를 즐겨 엮었고, 희곡 무대에서도 거의 같은 작품들이 공연되었다. 이 이야기들은 모두 역사적인 사실을 토대로 민중과 예인들의 구두口頭 창작이 가미되었다.

원말 명초의 작가 나관중羅貫中은 민간의 설창과 희곡에 나오는 삼국시대의 이야기를 수집 및 정리하는 한편,《삼국지》와《삼국지주三國志注》등 역사 저술을 참조하여《삼국연의》라고 하는 80만 자에 달하는 장편을 완성했다.

  나관중은 왜 민간 예인의 구두 창작을 수용하는 동시에 역사책에서도 소재를 취했을까?

  송·금·원대의 민간 예술은 주로 유비, 제갈량, 관우, 장비張飛, 조운趙雲, 마초馬超, 황충黃忠 등에 관한 이야기 일색이고 제갈량이 죽은 다음에는 대충 결말을 지었기 때문에 삼국시대의 역사를 전체적으로 다루지는 못했다. 이 때문에 작가는 민간 이야기꾼들의 소재 외에도 역사 자료를 참조하여 더 많은 인물과 중요 사건을 덧붙임으로써, 소설의 내용에 풍부함을 더하고 그 규모도 확대시켰다. 이러한 노력으로 말미암아 소설의 호소력과 감화력은 더 강화되었다.

【《삼국연의》의 내용 】

《삼국연의》는 184년부터 280년까지의 역사를 다루고 있다. 사건으로 말하자면 황건적의 봉기에서부터 서진西晉의 통일까지이다. 나관중은 동한 말기와 삼국시대 다양한 지배 집단 사이의 군사적, 정치적, 외교적 갈등과 암투를 집중적으로 묘사하고 있다.

내용상 이 소설은 두 부분으로 나뉜다. 하나는 송·금·원대의 민간 예인들에게서 비롯된 것으로 예를 들면 도원결의, 여포呂布와 싸운 세 영웅, 연환계를 꾸민 왕윤王允, 천 리 길을 홀로 간 관우, 유비의 삼고초려, 당양當陽의 싸움, 적벽대전, 주유를 세 번 화나게 한 제갈량의 이야기 등이다. 이 이야기들은 책 전체의 절반 분량밖에 되지 않지만 소설의 정수에 해당하는 부분이다.

또 다른 부분은 나관중이 역사 자료에 근거해서 발췌 및 각색한 것으로서 50여 편의 이야기가 있다. 동한 말엽에 여러 군벌이 할거한 사실,

조위曹魏와 동오東吳의 흥망 성쇠 그리고 제갈량이 죽은 후 닥친 촉한蜀漢의 멸망과 서진의 건립 등을 다룬 내용이 전체 작품의 절반을 차지한다.

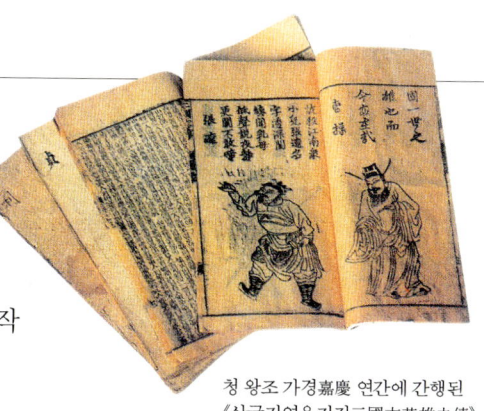

청 왕조 가경嘉慶 연간에 간행된 《삼국지영웅지전三國志英雄之傳》

【 허와 실을 넘나드는 전쟁 묘사 】

《삼국연의》에서 가장 빛나는 것은 역시 전쟁에 대한 묘사이다. 작가는 역사에서 소재를 취했지만 결코 역사 기록에 구속받지 않았다. 박진감 넘치는 변화무쌍한 장면들이 압권인데 이런 부분은 지극히 비현실적이지만 민중의 이상과 소망 그리고 취향을 반영한 것이었기에 많은 독자들에게 쉽게 받아들여졌다.

예를 들면 공성계空城計가 그러한 사례이다. 이 내용은 역사적 사실과는 무관하게 순전히 작가가 전설을 토대로 가공한 것이다. 마속馬謖이 제갈량의 지시대로 하지 않는 바람에 전략적 요충지인 가정街亭을 잃는 것, 그리하여 사마의司馬懿의 15만 대군이 곧장 서성西城까지 압박해 들어간 것, 제갈량이 바로 그 성에서 호위무사도 두지 않고 2,500여 명의 사병만 거느렸던 것 그리고 병사들에게 성문을 모두 활짝 열게 하고 자신은 두 시동侍童만을 데리고 성루에 올라가서 태연히 향을 피우고 거문고를 타는 것, 사마의가 성문 앞까지 왔다가 제갈량의 그 모습을 보고 계략에 빠질까봐 두려워 황급히 철수하는 것 등이다.

이 내용은 아주 황당한 이야기로 받아들여진다. 어떻게 15만 대군이

도자기 접시에 그려진 〈공성계〉 그림
구궁故宮박물관 소장

2,500명의 상대가 두려워서 물러간단 말인가? 하지만 지혜를 겨루는 싸움이라는 측면에서 본다면 전혀 터무니없는 이야기도 아니다.

먼저 제갈량은 사마의가 경험이 풍부하고 지략이 뛰어나서 자신의 계책에 쉽게 빠지지 않을 것임을 잘 알고 있었고, 사마의는 제갈량에게 여러 번 골탕을 먹은 적이 있는지라 그와 맞설 때마다 전전긍긍했다. 그래서 제갈량은 과감하게 군사들을 모두 숨기는 공성계를 꾸며서 사마의가 도저히 그 허실을 판단하기 어렵게 만들었다.

사마의는 제갈량의 뛰어난 지략을 잘 알고 있었기 때문에 언제나 조심스럽게 행동했다. 그래서 제갈량이 성문을 활짝 열어젖힌 채 거문고를 타면서 정말 자기를 잡아가라고 기다릴까 하는 의문을 떨칠 수가 없었다. 결국 사마의는 맹목적으로 쳐들어갔다간 매복에 걸려서 군사들이 전멸할 수도 있다고 판단했고, 이는 제갈량이 바라던 바였다. 제갈량은 사마의의 속셈을 꿰뚫었고 사마의는 이와 정반대였으니 공성계는 사실 긴장감 넘치는 미묘한 심리전이었던 것이다.

【 신기묘산의 제갈량 】

《삼국연의》에서 '짚을 실은 배로 화살을 빌리다'란 이야기는 비록 허구

의 내용이지만 신기묘산神機妙算의 군사전략가인 제갈량의 모습을 잘 형상화하고 있다. 작품의 내용은 이렇다.

적벽대전을 시작할 때 주유는 반간계反間計로 장간蔣干을 속이면서 아무도 이를 간파하지 못했으리라 생각했다. 하지만 제갈량은 그 내막을 이미 파악하고 있었다. 깜짝 놀라서 제갈량을 제거하겠다고 결심한 주유는 그럴듯한 빌미를 만들기 위해 제갈량에게 급히 10만 대의 화살을 만들어내라고 명했다. 만약 시한 내에 만들지 못하면 죄를 물어 죽이려는 것이었다. 그러나 제갈량은 3일 후 양쯔강에 짙은 안개가 낄 것을 예견하고 그 임무를 흔쾌히 받아들였다. 주유는 10일의 기한을 주었지만 제갈량은 3일이면 충분하다고 했다. 주유는 내심 기뻐하면서 제갈량을 제거할 수 있는 절호의 기회라고 생각했다.

선량한 노숙은 은근히 제갈량이 걱정되었다. 이틀이 지나도록 제갈량

《삼국연의》 중 적벽대전의 파란만장한 장면

평범한 사람들은 짐작도 못할 계략에 능했던 제갈량

은 아무런 움직임도 보이지 않았다. 하지만 3일째 되던 날 이른 새벽에 미리 노숙에게 빌린 20척의 배에 짚으로 만든 허수아비를 늘어세우고 조조의 군영에 접근하여 손쉽게 10만 대의 화살을 '빌렸다'.

제갈량은 어찌하여 주유의 음모를 알면서도 그 자리에서 밝히지 않았을까? 그것은 주유를 다스릴 더 적합한 방법이 있었기 때문이니, 이 기회에 유비 측을 대표하여 적벽대전에 공헌하고자 하는 것이었다. 그렇다면 제갈량은 왜 충성스럽고 성실한 노숙에게까지 자신의 속셈을 알려주지 않았을까? 그것은 노숙이 내막을 몰라야만 계획이 더욱 순조롭게 진행된다고 판단했기 때문이다.

이 일화는 제갈량의 초인적인 지략뿐 아니라 주유, 노숙, 제갈량의 사

관도官渡 전투의 유적지. 조조는 이곳에서 약한 군사로 강한 상대를 이기는 위대한 책략을 제시했다.

상과 성격, 그리고 복잡미묘한 관계도 함께 드러낸다. 제갈량은 악랄한 주유의 음모를 아주 가볍게 무위로 돌리면서도 두 나라의 연맹이 깨어지지 않도록 함으로써 계속 조조에게 함께 맞설 수 있었다.

【 조조에 관한 진실 】

《삼국연의》에서 인물에 대한 평가는 대부분 송·원대의 민간 예인들이 내린 평가를 답습한 것이다. 그들은 이런저런 제약 때문에 학자나 전문가처럼 자세한 역사 자료를 갖고 있지도 않았으며, 따라서 장기간에 걸친 깊이 있는 연구는 아예 불가능했다. 그들은 주로 도덕적인 관점에서 인물을 평가했는데, 일반적으로 인물의 특정 행위에 근거해 시비, 선악, 미추를 판단했다. 그리고 이를 토대로 갖가지 예술적 수단으로써 인물의 형상을 한층 구체화했다. 그 결과 일단 좋은 사람이라고 판단되면 갈수록 더 좋은 사람으로 부각되고, 그 반대일 경우 점차 더 나쁜 사람으로 부각되기 일쑤였다.

역사적으로 조조는 야망을 가진 정치인이자 군사전략가로서 곁에 우수한 인재가 많았다. 조조는 군웅이 할거하던 북방을 통일했을 뿐 아니라 둔전제를 실시해 양식을 확보했고, 변방을 공고히 하여 전국 통일의 토대를 닦았다. 반면 그는 성격이 잔인하여 함부로 살생을 했고 목적을 이루기 위해 수단과 방법을 가리지 않았으며 권모술수에도 능했다. 이는 후세 민간 예인들이 그에 대해 나쁜 인상을 갖게 된 근거가 되었고, 바로 이 때문에 조조는 간사하고 잔인하며 거짓과 횡포를 일삼는 인물로 부각되었다. 따라서 소설 속의 조조는 단지 예술적 형상에 지나지 않으며 역사적 진실과는 거리가 있다는 점을 기억해야 할 것이다.

【 충성스럽고 의리 있는 관우 】

소설 속 조조의 모습은 역사적 진실과는 차이가 있다.

대부분의 사람들은 관우에 대해서 충성심과 의리 양면에서 모두 완벽하다는 평가를 내린다. 그러나 실제로 관우에게는 적지 않은 결점이 있었다. 일반 병사는 사랑했지만 문관에게는 거만하게 대했으며, 또 승부욕과 자존심이 강해서 다른 장수가 자기보다 나은 것을 용인하지 못했다. 손권이 그와 사돈을 맺고 싶어했지만 그가 단호히 거절하는 바람에 결과적으로 유비와 손권의 연맹이 크게 약화되었다.

물론 그 나름대로 장점도 있었다. 기록에 의하면, 그는 장비, 유비와 그림자처럼 붙어다닌 사이여서 전장에서도 친형제와 같은 우정을 간직했다. 조조가 관우를 생포했을 때 돈과 관직 등으로 그를 매수하려 했지만, 그는 전혀 동요하지 않고 결국 유비 곁으로 돌아갔다.

관우가 지킨 바 있는 형주의 옛 성곽

관우의 행동은 옛날 민중이 숭상하던 도덕적 기준에 부합했다. 그래서 송·원대의 민간 예인들은 관우를 흠모한 나머지 역사적 사실을 토대로 "도원에서 의형제를 맺다", "세 가지 일을 약속하다", "촛불을 켜고 《춘추》를 읽다", "다섯 관문을 지나며 여섯 장수를 베다", "고성古城의 모임" 등 일련의 이야기를 꾸몄다. 그 결과 관우는 "부귀할 때도 사치스럽지 않고, 빈천할 때도 떳떳하며, 위세나 무력으로도 굴복시킬 수 없는" 의리 있는 인물로 형상화되었다.

청나라 때의 작품 〈관우가 춘추를 읽다〉

《삼국연의》의 전반부 70회는 관우의 초기 사적을 묘사하고 있는데, 그 대부분이 민간 예인들의 구두 창작에서 비롯된 것이다. 그래서 독자들은 관우를 아주 숭고한 인물로 느끼게 되었다. 그러나 《삼국연의》의 후반부 50회에 이르면 관우가 형주荊州를 잃는 대목이 나오는데, 이는 민간 예인들의 창작이 아니라 나관중이 직접 진수의 《삼국지》에 근거하여 쓴 것이다. 이 부분에서는 집중적으로 관우의 결점을 묘사했기 때문에 민간 전승에 기댄 앞부분의 내용과는 다른 양상을 보인다.

結 《삼국연의》는 역사에서 소재를 취한 소설로 민간 전설을 토대로 하면서도 《삼국지》와 같은 역사 서적을 근거로 삼았다. 일부 학자들은 이를 "7할의 사실에 3할의 허구"라고 평했다.

《삼국연의》의 예술적 구조는 웅장하면서도 정교한 면이 있다. 긴 시간적 배경에 등장인물이 많으며, 사건이 매우 복잡하고 그 실마리도 다양하다. 작가는 촉나라와 한나라를 중심으로 삼국의 갈등을 질서 있게 전개하는데, 이야기의 굴곡이 심하고 변화도 많지만 맥락이 분명하고 앞뒤 내용에 인과관계가 있어서 완벽한 예술적 일체감을 이루고 있다.

특히 복잡한 스토리의 전개 과정을 통해서 지배층 내부의 첨예한 갈등을 교묘하게 엮어내고 있는데, 이는 여러 가지 전쟁에 대한 묘사에서 잘 드러나고 있다. 이처럼 《삼국연의》는 경이로운 정치적·군사적 투쟁을 통해 개성이 뚜렷한 인물들을 창조했으며, 다채로운 역사적 장면을 재현함으로써 중국 문학을 살찌웠다.

《삼국연의》는 후세에 깊고 넓은 영향을 끼쳤으며 소설의 역사에서도 중요한 이정표가 되었다. 수백 년간 삼국에 관한 극본이 많이 나왔는데 《군영회群英會》, 《정군산定軍山》, 《착방조捉放曹》, 《단도회》, 《차동풍借東風》, 《칠금맹획七擒孟獲》, 《공성계》 등이 그것이다. 이 극본들은 지금까지도 곤극, 경극, 기타 지방극 무대에서 관객들에게 환영받고 있다.

《삼국연의》를 각색한 경극

《수호전》

● 청대의 《수호전》 판화

《수호전》은 수많은 영웅의 형상을 부각시킨다. 작가는 봉건 지배 계급이 "산속에 숨어 사는 도적"으로 치부했던 혁명가들을 인정하고 그들에게 지위를 부여했으며, 아울러 그들의 저항정신과 용기 있는 행동을 열정적으로 노래했다.

원말 명초, 《삼국연의》와 거의 같은 시기에 유명한 소설 《수호전水滸傳》이 나왔다. 《수호전》은 중국 소설사에서 농민 봉기를 소재로 한 대표적인 장편 장회章回소설(긴 이야기를 여러 회로 나눈 중국 소설의 한 체계 : 옮긴이)이다.

소설은 북송 말년 송강宋江이 이끈 농민 기의군起義軍에 관한 이야기를 담고 있다. 송강이 봉기한 시기는 대략 1119년에서 1121년 사이로 잡으며, 활동 지역은 대체로 허베이·산둥·허난·장쑤·안후이 등지였다. 기록에는 송강 등 36명이 "10개 군을 넘나들었어도 관군이 정면 대결할 엄두를 내지 못했다"고 하는데, 수적으로 열세이면서도 전투력이 매우 강했음을 알 수 있다. 하지만 역사 기록처럼 36명에 불과하지는 않았을 것이다. 36명이란 아마도 우두머리만 가리키는 것일 테고, 그들은 분명히 송 왕조에 어느 정도 위협이 되었을 것이다.

송강의 기의군은 허베이에서 산둥으로 진입한 뒤 다시 허난, 장쑤 등으로 갔다가 나중에는 하이저우海州까지 범했다. 하지만 하이저우의 지주知

州 장숙야張叔夜의 계책에 빠져서 패배하자 송강 등은 조정에 귀순했다. 송강이 투항한 후 관군을 따라서 방랍을 토벌하는 데 나섰다는 설이 있고 그렇지 않다는 설이 있는데, 둘 다 확실하지는 않다.

송강의 기의군이 패배한 후부터 《수호전》이 나올 때까지는 여진족과 몽골족이 남하하던 시기여서 백성은 종족과 계급이란 이중의 압박에 처하게 되었다. 급기야 더 이상 압박을 견디지 못하고 너도나도 봉기해서 산채로 모여들었다. 바로 이러한 혼란기에 송강 등 36명의 영웅적인 사적은 민중에게 칭송의 대상이 되기에 충분했다. 민중은 모든 희망을 산채의 영웅들에게 걸면서 투쟁심을 고취시켰다.

《수호전》이 민간에서 널리 유행한 시기는 설화나 잡극 등 통속문학이 성숙기에 접어들 무렵이었다. 작가 시내암施耐庵은 역사 자료를 토대로 민간의 희곡과 화본 가운데 전해지는 이야기를 결부시켜 《수호전》이라는 걸작을 세상에 내놓았다.

【 양산에 오른 영웅들 】

《수호전》은 송강의 봉기라는 역사적 사실을 소재로 하여 민중과 통치집단 사이의 갈등을 폭로했다. 핍박을 이기지 못한 가난한 민중이 폭압을 피해 양산梁山에 올라가 착취자들과 맞서 싸우는 감동적인 사적을 재현함으로써 "관리가 백성을 핍박하여 모반하게 하는" 당시의 사회상을 실감나게 형상화했다.

작품의 내용을 좀더 구체적으로 살펴보면 사회 하층에서 억압받던 백성, 즉 이규李逵와 완阮씨 3형제 등이 저항 세력화하는 과정뿐 아니라 사회의 중상층에 있던 일부 지배계급도 탄압으로 인해 기의군에 참여하게 되는 과정을 묘사하고 있다.

핍박을 피해 양산으로 올라간 영웅들 중에서 임충林沖이 비교적 전형적인 인물이다. 임충은 간신인 고구高俅 부자의 모함을 여러 차례 받고 귀양을 가게 되었다. 그는 자신에게 아무런 잘못이 없음을 알면서도 반항할 생각을 하지 않았으며, 심지어 더 열악한 초료장草料場까지 밀리면서도 모든 것을 참으려고 했다. 그러나 원수가 창저우滄州까지 따라와 목숨을 빼앗으려 하자, 마침내 원수를 죽인 후 결연히 기의起義의 길로 들어선다.

작품의 전반부는 왕진王進의 탈출, 임충이 양산으로 들어가는 일, 지혜롭게 생신강生辰綱(생일선물 : 옮긴이)을 탈취한 일 등 전형적 사건을 설명함으로써 민중이 점차 조직화하며 규모를 갖춰가는 과정을 보여준다. 아울러 무송武松, 노지심魯智深, 완씨 3형제 등 일부 민중의 영웅적인 모습을 부각하고, 우매한 임금과 간신으로 대변되는 봉건집단의 죄악을 강력하게 규탄한다.

지혜롭게 생신강을 탈취한 결말은 집단으로 양산에 올라가는 것이었다.

소설의 후반부에서는 기의군의 비참한 결말이 그려지는데, 지배계층의 회유를 받아들여 투항한 송강을 비판하고 있다. 이는 기의군이 실패한 원인을 지적하는 동시에 농민 기의군의 한계와 비극을 보여주는 것이다.

최후에 투항한 양산박의 우두머리 송강

【 다양한 영웅들의 군상 】

《수호전》은 수많은 영웅의 형상을 부각시킨다. 작가는 봉건 지배계급이 "산속에 숨어 사는 도적"으로 치부했던 혁명가들을 인정하고 그들에게 지위를 부여했으며, 아울러 그들의 저항정신과 용기 있는 행동을 열정적으로 노래했다. 이 영웅들 중에서 이규와 노지심은 단연 대표적인 인물이다.

이규는 가난한 농민의 가정에서 태어났다. 어릴 때 나쁜 사람을 때려죽인 뒤 강주江州로 도망가 삯일을 하면서 지냈다. 소설에서 그는 부패한 어둠의 세력을 몰아내고자 하는 인물이다. 그가 양산에 오른 것은 스스로 선택한 능동적인 행위였다. 송강이 양산에 올라가자고 제안했을 때 그는 기꺼이 호응한다.

"다 함께 갑시다. 만약 가지 않는 자가 있다면 내 도끼 맛을 보여주겠소. 두 도막을 낼 테요."

노지심은 원래 위주渭州의 하급 관리로서 아무것도 가진 것 없는 빈털터리였다. "선장禪杖으로 위험한 길을 헤쳐나가고, 계도戒刀로써 공평치 못한 사람을 다 없앤다"는 말은 악惡을 원수처럼 여기는 그의 성격을 말해준다. 그는 생면부지인 사람들의 처지를 동정하여 악

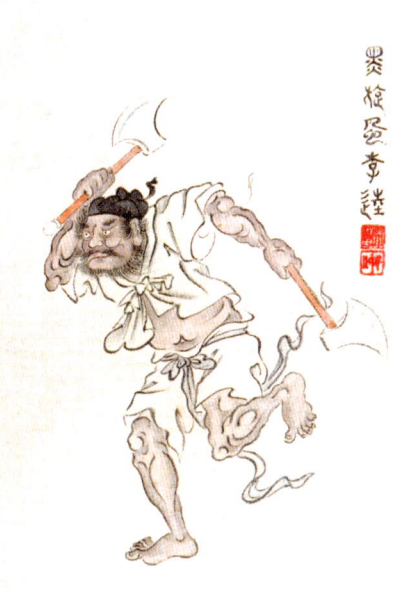

송강이 양산으로 가자고 제안할 때 이규는 도끼를 들고 투지를 불태운다.

당 정도를 때려죽인 뒤 몸을 숨기기 위해 어쩔 수 없이 산에 올라가 스님이 되었다. 대상국사大相國寺에서 임충과 처음 만났을 때도 그에게서 고高태위의 박해와 모함에 관한 이야기를 듣고 분노한 나머지 적극적으로 나서서 야저림野豬林에서 그들의 음모를 분쇄한다.

무송은 하층 민중의 영웅들 중에서도 아주 특색 있는 인물이다. 그의 사적을 보면 영웅의 전기적 색채가 강한데, 경양강景陽岡에서 범을

장쑤성 싱화興化에 있는 시내암의 생가 내부(위)
청 왕조 순치 연간에 간행한 《수호전》(아래)

때려죽인 것도 영웅주의의 자연스런 발로였다. 그는 무예가 뛰어나고 불의에 맞서 싸우는 강인한 정신의 소유자로 부각되었다. 그래서 비운포飛雲浦, 원앙루鴛鴦樓 등에서 자신을 괴롭히거나 주변 사람들을 못살게 구는 악당들을 제거하고 끝내 양산에서 봉기하는 길을 택했다.

사회 하층민 출신의 영웅들 중에는 완씨 3형제, 해진解珍, 해보解寶, 장횡張橫, 장순張順, 석수石秀, 고顧씨 아주머니 등이 있는데 저마다 개성이

강한 인물들이다. 이들은 "관아와 하늘을 두려워하지 않는" 호걸들이며, 《수호전》은 바로 이런 인물들로 이루어진 기의군의 이야기이다.

【 선명한 인물의 성격 】

《수호전》에 등장하는 인물들은 투쟁의 격류나 생사의 고비에서 말과 행동으로써 자신의 성격적 특징을 드러낸다.

예컨대 〈석수가 누각에서 사형장으로 뛰어들다〉라는 장은 이렇게 시작된다.

그 소리에 누각에 앉았던 석수가 요도를 뽑아들고 큰 소리로 응답했다.
"양산박의 호걸들이 모두 여기 있다!"
석수는 나는 듯이 누각에서 뛰어내려 마치 수박을 자르듯, 야채를 썰듯 칼로 사람을 마구 내리쳤다. 잠깐 사이 미처 도망가지 못한 자들 10여 명이 쓰러졌다. 그는 얼른 노준의盧俊義의 손을 끌고 남쪽으로 뛰었다.

짧은 부분이지만 석수의 민첩한 동작을 묘사함으로써 위험에 봉착해도 침착하고 용기 있는 석수의 형상을 선명하게 부각시키고 있다.

소설에서는 또 인물을 부각시킬 때 성격이 비슷한 사람들을 하나로 묶어 비교하는 가운데 각자의 성격을 나타내기도 한다. 동일성 속에 차이점을 드러내는 이 방법은 노지심과 이규의 성격 묘사에서 가장 성공적으로 쓰였다. 두 사람은 급하고 난폭한 성격이지만 서로를 비교하는 가운데 각자의 차이점이 자연스럽게 드러난다.

이규는 송강을 처음 만났을 때 체면 때문에 허리 굽혀 인사하기를 꺼리고, 또한 시진柴進을 구하러 우물 속에 내려갈 때 다른 사람이 자신을 끌어 올려주지 않을까봐 걱정하는데, 이는 그의 세심한 성격의 단면을 보여준다. 하지만 이규의 '세심함'은 어느 정도 유치한 면이 있어서 그의 천진하고 순박한 성격이 자연스럽게 드러난다.

이에 비해 노지심의 '세심함'은 생사의 고비에서 나타난다. 진관서鎭關西를 때려죽이고 지혜롭게 탈출할 때, 암암리에 임충을 보호하면서 드러나는 예리한 안광과 민첩한 행동 등이 그 예이다. 노지심의 '세심함'은 그가 오랫동안 강호에서 지배집단과 교류하는 가운데 얻은 경험의 산물이다.

석수가 요도를 뽑아들고 큰 소리로 응답했다. "양산박의 호걸들이 모두 여기 있다!"

김성탄金聖嘆은 《수호전》의 인물에 대해서 이러한 평가를 내렸다.

"36명이 묘사되는 가운데 36개의 출신이 있고 36개의 얼굴과 36개의 성격이 있다."

【 흥미진진한 이야기 전개 】

《수호전》은 예술적으로 고대 소설과 화본의 전통적인 특색을 계승했으며, 이야기에 전기성傳奇性이 강하다. 전개 또한 아주 긴밀하고 리듬감이 있어서 독자들의 마음을 사로잡는다.

소설은 여러 흥미진진한 디테일을 포함하고 있으며, 전반적으로 관리가 백성들을 핍박하여 모반을 꾀하게 한다는 내용으로 전개된다. 즉 임충 등 영웅들이 핍박을 받아 양산으로 올라가는 것에서 시작하여 〈지혜롭게 생신강을 탈취하다〉, 〈화영花榮이 청풍채淸風寨에서 큰 소동을 일으키다〉, 〈송공명宋公明이 축가장祝家莊을 세 번 치다〉, 〈송공명이 증두시曾頭市를 치다〉 등의 이야기로 그 규모가 점차 확대되는데, 그 가운데 펼쳐지는 화끈한 전투 장면들도 볼 만하다.

이야기의 전개가 생동감 넘쳐서 크고 작은 사건마다 우여곡절이 깊고 많은 변화를 내재하고 있다. 〈임교두林敎頭가 산신묘에서 눈보라를 피하다〉라는 장을 보자.

이야기는 임충이 자신을 해치려는 육겸陸謙의 음모를 알고 분노하는 것으로 시작된다. 임충은 즉시 단도를 사서 거리를 샅샅이 뒤지며 육겸을 찾지만 그는 쉽사리 나타나지 않는다. 육겸을 찾지 못해서 마음이 다소 안정되었을 때 임충은 초료장草料場으로 전근을 가게 된다. 마치 한 차례 풍파가 지나간 듯한 느낌을 주지만, 눈보라가 휘몰아치는 어느 날 밤 초료장에 갑자기 화재가 일어난다. 그것이 임충을 모해하기 위한 육겸의 농간이라는 사실이 드러나고 이야기는 임충이 끝내 육겸을 죽이는 것으로 이어진다. 이처럼 《수호전》에서는 예측하지 못한 소설적 장치와 예술적 효과를 곳곳에서 찾아볼 수 있다.

호보의呼保義 송강 　　　지다성智多星 오용吳用 　　　낭리백조浪里白條 장순

미염공美髯公 주동朱仝 　　　구문룡九紋龍 사진史進

명대 진홍수가 그린 양산박의 장수들.
《수호전》이 대중적으로 널리 전해졌음을 알려주는 증거이다.

《수호전》 ◆ 487

【 생동감 있는 언어 】

《수호전》의 언어는 명쾌하고 세련되며 정확할 뿐 아니라 짙은 생활의 분위기를 느끼게 한다. 특히 인물들의 구어口語가 아주 개성적이어서 간단한 몇 마디로도 등장인물의 신분과 심리, 성격까지 드러나는 경우가 많은데, 이 점은 후세 사람들이 찬탄해 마지않는 부분이기도 하다.

〈양지楊志가 변경성汴京城에서 칼을 팔다〉에서 건달 우이牛二에 대한 묘사가 이 점을 단적으로 보여준다.

멀리서 거무튀튀한 사내가 천천히 다가오는 것이 보였다. 그자는 반쯤 취한 상태에서 비틀거리는 몸을 가까스로 가누며 다가왔다.

간단한 묘사로 술에 취한 우이의 흉악한 모습을 보여준다. 그 뒤를 이어서 우이와 양지가 칼을 두고 간결한 대화를 나눈다. 우이는 갖은 수단을 동원하여 양지를 난처하게 만드는데, 그 무뢰한의 표정과 태도가 그대로 드러난다.

다음은 노지심이 술집의 심부름꾼을 때리는 장면이다.

노달은 대로하여 다섯 손가락을 쫙 펴서 심부름꾼의 면상을 들이쳤다.

여기서 "대로"나 "손가락을 쫙 펴서"라는 구절이 노지심의 분노를 아주 잘 표현하고 있다. 노지심이 진관서를 때리는 장면에서는 익살스러운 언어로 적당한 비유를 섞어가며 매 맞는 사람의 느낌을 잘 그려냄으로써 읽는 사람에게 통쾌함을 준다.

소설은 별로 중요하지 않은 인물일지라도 언어의 표현에서 아주 탁월한 솜씨를 보인다. 예를 들면 무송이 호랑이를 때려잡고 두 사냥꾼과 마주쳤을 때, 깜짝 놀란 사냥꾼들이 이런 말을 한다.

아동물로 출판된 《수호전》

"이 사람이 악어의 심장을 먹었나, 표범의 담을 먹었나, 아니면 사자의 다리라도 달렸나? 그래, 담력으로 온몸을 감쌌단 말인가. 어찌 이 어두운 야밤에 홀로 아무런 무기도 없이 고개를 넘는단 말인가! 도대체 사람인가, 귀신인가?"

이는 사냥꾼의 신분과 그 상황에서 그들의 심리에 딱 맞는 표현이다.

이 밖에도 염파석閻婆惜의 말에 비치는 간사함과 교활함, 왕파王婆의 노련함과 교활함 등을 알게 해주는 생동감 넘치는 언어가 독자들에게 깊은 인상을 남긴다.

結 《수호전》은 양산 영웅들의 비장한 봉기를 열정적으로 노래하고 있다. 이는 지배계급에 대항하는 민중의 저항을 묘사한 것으로서 중국 문학사에서도 아주 드문 작품이다.

이 작품은 성격이 뚜렷한 영웅의 형상을 제대로 부각시켜 이규, 무송, 노지심과 같은 인물이 마치 눈앞에 살아 움직이는 듯 생생하게 표현되고 있다. 《수호전》의 이야기는 이후 널리 전해져서 수많은 민중의 환영을 받았다.

《수호전》은 후세에 지대한 영향을 끼쳤다. 이 작품은 명·청대의 계급투쟁, 특히 농민봉기에 큰 역할을 했다. 수백 년 이래로 《수호전》의 저항정신과 혁명정신, 이상화된 영웅들은 민간에서 살아 숨쉬었으며, 역대 민중봉기에서 횃불이 되어 앞길을 비춰주었다. 명나라 말기 이자성李自成의 봉기에서부터 태평천국, 의화단義和團 운동에 이르기까지, 또 민간에서 활동한 반청反淸 비밀단체인 천지회天地會 등도 《수호전》의 영향을 받았다.

《수호전》은 후세의 문학, 특히 소설과 희곡, 민간 문예에도 영향을 끼쳤다. 《설당說唐》, 《양가장楊家將》, 《설악說岳》, 《수호후전水滸後傳》 등의 소설과 《보검기寶劍記》, 《의협기義俠記》 등의 희곡이 모두 《수호전》의 흔적을 간직한 작품들이다.

《수호전》은 후세의 문학에 풍부한 소재를 제공했을 뿐 아니라 현실주의와 낭만주의의 결합이라는 면에서, 특히 민중의 영웅을 부각시켰다는 점에서 중국 문학사에 새로운 비전을 제시한 작품이다.

【《서유기》】

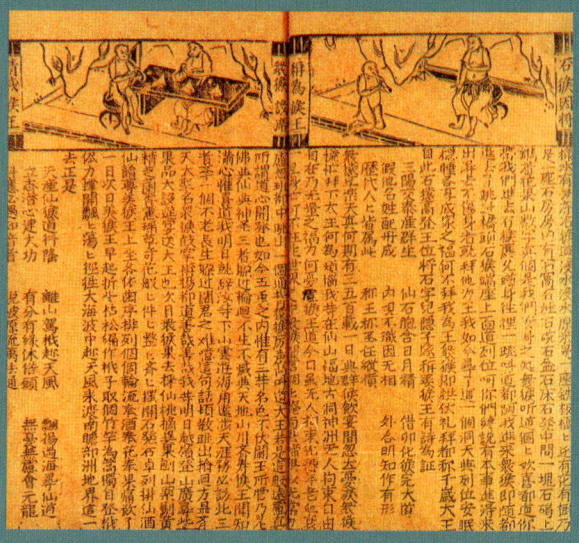

● 명나라 만력萬曆 연간에 각인한 백회본百回本 《서유기》

《서유기》는 잔혹한 투쟁을 해학적이고 가벼운 필치로 묘사하여 생사의 급박함이나 승패의 긴장감 없이 흥미롭게 감상할 수 있게 해준다. 루쉰은 《서유기》를 "득실에 집착하지 않고 감상할 것만 남겼다"고 했는데 아주 적당한 평가라고 할 수 있다.

《삼국연의》와《수호전》뒤에 출현한《서유기西游記》는 대중의 창작과 문인의 창작이 결합된 작품으로서, 무려 700년이란 긴 준비 과정을 거쳐서 책으로 나왔다. 헤아릴 수 없이 많은 민간 예인들과 무명 작가들이 이를 위해 엄청난 노력을 기울였으니, 오승은吳承恩(대략 1500~1582년경)의《서유기》는 바로 이를 토대로 두터운 창작의 기반을 확보할 수 있었다.

지금으로부터 1,300여 년 전에 현장玄奘이라는 당나라 승려가 천신만고 끝에 불교의 발원지인 천축天竺(지금의 인도)에 가서 경전을 가져왔다. 당시는 교통수단이 지극히 낙후해서 현장처럼 장거리 도보 여행을 할 수 있었던 사람은 손에 꼽을 정도였다. 귀국 후 현장은 어명을 받들어 자신의 체험을 구술했고, 그의 제자들은 이를 기록 및 편집하여 서역을 소개한 최초의 저작《대당서역기大唐西域記》를 펴냈다.

현장이 세상을 떠난 후 그의 제자들이 생전의 사적에 근거하여《대당자은사삼장법사전大唐慈恩寺三藏法師傳》이라는 책을 펴냈다. 이 책은 현장을 신격화하여, 온갖 고난을 겪으면서도 천축행을 완성하는 그의 행적을 묘사하는 가운데 많은 신화와 전설을 삽입했다. 이것들은 사실성 여부와는 별로 관련이 없지만, 나중에 《서유기》를 집필하는 작가에게 훌륭한 소재가 되었다.

남송의 《대당삼장취경시화》에서는 갖가지 신화와 경전을 중국에 들여온 이야기를 연관시키기 시작했는데, 바로 이 책에서 원숭이 행자의 모습이 출현했다. 그는 원래 "화과산花果山 자운동紫雲洞의 8만 4,000 동두철액銅頭鐵額(구리 머리에 무쇠 이마 : 옮긴이)의 미후왕獼猴王"이었는데 백의수사白衣修士로 변신하여 삼장의 천축행을 호위하게 된다. 이때부터 이야기의 중심 인물은 현장에서 후왕猴王으로 바뀌었다.

당나라 승려가 인도에서 경전을 가져오는 이야기는 원나라 때 이미 형성되었다. 원나라의 대표적 도요지인 츠저우요에서 나온 자침에는 당나라 승려, 손오공, 저팔계, 사승沙僧 등의 형상이 나타났다.

경전을 가져오는 이야기는 화본을 통하여 점차 고정되는 한편 유사한 희곡도 선을 보였다. 원말 명초 양눌楊訥의 잡극 《서유기》는 당나라 승려가 세상에 나오는 이야기부터 시작되는데, 이 역시 소설 《서유기》의 중요한 모티프가 되었다.

【 오승은의 공적 】

 인도에서 불교 경전을 들여오는 이야기의 최후 완성자는 오승은이다. 그는 자가 여충汝忠, 호는 사양산인射陽山人이며 산양山陽(지금의 장쑤성 화이안淮安) 사람이다.

 오승은은 "두 세대에 걸친 학관學官의 집안"에서 태어났지만 끝내 몰락해서 상인이 되었다. 오랫동안 글을 팔아서 근근이 먹고사는 가난한 생활을 했으며, 이로 인해 당시 민중의 절박한 요구와 변화를 쉽게 받아들일 수 있었다. 그는 야사野史나 기이한 소문을 광적으로 좋아했는데, 이것이 불만 가득한 그의 정서와 만나 자연스럽게 '지괴志怪'의 전통을 계승했고, 사회의 어두운 면을 고발하는 창작 동기가 되었다.

 《서유기》를 그전부터 있어왔던 승려의 경전 도입 이야기와 비교할 때, 오승은의 공적은 다음과 같은 몇 가지 면에서 나타난다.

 주제면에서 고유의 종교적 색채를 희석시키고 현실적 내용을 더 풍부하게 삽입했다. 그리하여 불교 정신을 선양하고 불자의 경건함을 노래하던 기존의 이야기를 진보적 경향과 시대적 특색을 띤 신화소설로 탈바꿈시켰다.

또한 그전부터 이야기의 주인공으로 칭송받아온 승려 현장을 비판함으로써 그를 부차적인 지위로 물러서게 하고, 민중의 자유로운 이상을 대표하는 손오공을 중심 인물로 내세웠다.

손오공의 이야기를 소설 맨 처음에 놓음으로써 창작 의도를 명확히 했으며,

장쑤성 화이안에 있는 오승은의 생가

많은 사람들에게 익숙한 신화적 인물과 사건을 원래의 이야기와 유기적으로 구성함으로써 새로운 의의와 생명을 부여했다. 그래서 인물과 이야기에 불교 및 도교에 관한 것도 있고, 민간의 전설도 있으며, 저자가 현실에서 영감을 얻어 새롭게 창작한 것도 있어서 전반적으로 내용이 더 풍부하고 다채로워졌다.

오승은은 또 풍자적이고 익살스러운 필치로 작품에 독특한 예술적 품격을 부여했다.

이처럼 오승은의 재창조 덕분에 《서유기》는 중국 고대 신화소설 가운데서도 가장 우수한 작품이 될 수 있었다.

【 손오공의 형상 】

《서유기》가 당나라 고승 현장의 이야기를 소재로 한 것이라면 소설의 주인공은 현장법사여야 마땅하다. 하지만 《서유기》는 시작부터 7회까지 손오공의 탄생과 도를 닦고 삼계三界에서 소란을 피운 이야기 등을 다룸으로써 주인공으로서 손오공의 위치를 확고히 했다.

손오공은 작품에서 가장 빛나는 캐릭터이다. 〈천궁에서 소란을 피우다〉에서는 자유를 위해 용감하게 싸우는 손오공의 성격을 드러낸다. 또 〈서천축으로 가서 경전을 얻다〉에서는 악을 보면 반드시 물리치는 철저한 정신을 보여준다. 손오공은 천궁에서 소란을 피우다가 오행산에 깔려 500년을 보내고는 현장법사에게 구출되면서 천축까지 동행하게 된다. 이때는 삼계를 어지럽힌 반역자가 아니라 머리에 테를 쓰고 호랑이가죽으로 만든 옷을 입고 인간을 위해 악의 무리를 제거하는 영웅으로 그려진

〈천궁에서 소란을 피우다〉를 주제로 한 청나라의 연화年畵 화판

다. 작가는 이런 변화와 함께 악마와 싸우는 그의 전투적인 정신을 노래한다.

특히 온갖 난관이 닥쳐도 결코 포기하지 않고 임기응변하는 손오공의 모습을 크게 부각시키는데, 평정산平頂山에서 마귀와 조우하는 장면이 바로 그런 부분이다.

평정산에서 현장 일행이 마귀에게 붙잡혀 가자, 손오공은 모습을 바꾸어 그들을 구하러 가지만 마귀들에게 들통이 나 그 역

경극 탈의 손오공 형상

시 체포된다. 그는 탈출한 후 마귀들에게 재도전하면서 자신이 바로 '자행손者行孫'이라고 선언한다. 하지만 불행하게도 이번에는 마귀의 조롱박에 빨려 들어가는 신세가 된다. 그는 또 지혜롭게 탈출해서 다시 '행자손行者孫'이라고 가장하여 쳐들어간다. 이런 식으로 같은 대상과 거듭 싸우는 장면이 《서유기》에 적지 않게 나온다.

백골의 정령과 싸우고, 파초선을 빌리고, 사타령獅駝嶺에서 세 마귀를 항복시키고, 쥐 요정과 싸우는 등의 과정에서 그는 모두 세 번의 고비를 겪는다. 고대 중국에서 '3'이란 숫자는 많음을 가리키는데, 《서유기》는 '세 번 겪지 않고 성공하는 일은 없다'는 것을 강조하고 있다. 이러한 3단식 구조는 바로 난관을 두려워하지 않고 극복해나가는 불굴의 의지를 보여준다.

한편으로 손오공은 현장법사에게 절대적으로 충성한다. 스승을 존중하고 법도를 지킬 뿐 아니라 은혜를 입으면 반드시 갚을 줄 아는 성품을 보여준다. 이는 영웅으로서 반드시 갖추어야 할 미덕의 하나이다.

【 환상과 현실이 교차하는 세계 】

《서유기》는 환상적인 세계와 신화적 인물을 담고 있다. 그 대부분이 현실생활의 기초가 되는 동시에 작가의 아름다운 소망을 어느 정도 반영하고 있다.

소설에서 오승은은 비현실적인 형상을 통해 환상과 현실이 교차하는 아름답고 다채로운 예술 세계를 창조했다. 예컨대 81난難, 72변變 등 신이나 마귀가 가진 능력은 환상적인 색채가 농후하며, 그들이 사용하는 무기는 모두 초자연적인 위력을 갖추고 있다. 이는 손오공이 사용하는 금방망이가 1만 3,500근이나 되지만 축소시켜 귀에 숨기거나, 철선鐵扇 공주가 파초선으로 화염산火焰山의 불을 끄고 또 그것을 축소하여 입 속에 감추는 데서도 알 수 있다.

"생겨난 것에는 반드시 상극이 있다"고 해서 어떤 무기나 보배일지라도 극복할 수 있는 상극이 있다. 예컨대 손오공의 금방망이는 천千, 만萬을 헤아리는 뱀이나 구렁이로 변해서 적을 공격할 수 있지만, 독각시獨角兕대왕의 금강탁金剛琢 앞에서는 무용지물이 되고 만

당나라 왕이 정성을 다하여 대회를 여니, 관음觀音이 금선金蟬으로 화하여 경전을 구한 이야기를 이 끌어내다.

다. 또 파초선은 사람을 8만 4,000리 밖까지 날려버릴 수 있지만 손오공이 정풍단定風丹을 먹자 효력을 잃고 만다.

소설에서는 또 각양각색의 기이한 보배를 소개하고 있는데, 이는 인간이 자연을 정복하거나 적을 이기는 데 이용되는 가상의 물건들이다. 이 아름답고 눈부신 환상의 이면에는 현실적인 목적이 모호하게 숨겨져 있다. 작품에서는 그런 신통한 보배들이 확실히 존재함을 증명하기 위하여 그것을 사용하는 인물과 환경도 적당히 신화화했다. 예를 들면 화과산 수렴동水簾洞의 원숭이들, 고송간枯松澗의 화운동火雲洞에 있는 홍해아紅孩兒, 풍경이 아름다운 취운산翠雲山 파초동에 살고 있는 나찰녀羅刹女, 쥐 요정들이 검은 인온氤氳 속에 있는 함공산陷空山의 무저동無底洞이 그것이다.

신화적인 인물과 배경 그리고 갖가지 신기한 마법은 서로 자연스럽게 어우러져 《서유기》의 낭만주의적 특징을 이루고 있다.

【 변화무쌍한 예술적 형상 】

작가는 인물의 형상화에서 특별히 사회화된 개성과 일부 동물의 특성, 초자연적인 신성을 교묘하게 결합시킴으로써 신비로움과 흥미를 불러일으킨다. 예컨대 손오공은 소리, 용모, 행동이 원숭이와 흡사하다. 즉 움직이기 좋아하고, 장난이 심하면서 민첩하고, 나무에 잘 오르고, 꽃이나 과일을 잘 따먹는 특징들을 지니고 있다. 저팔계도 마찬가지로 긴 주둥이, 부채 같은 귀, 뚱뚱한 몸, 굼뜬 동작, 먹기 좋아하고 나태하며 잠자기 좋아하는 것, 더러운 것을 꺼리지 않는 등 돼지의 모습과 성격을 가지고 있다.

천궁에서 소란을 피우는 손오공

또 《서유기》에는 많은 동물과 요귀들이 등장한다. 모두 원래 동물의 모습과 습성에 작가가 풍부한 상상력을 가미하여 창조한 예술적 형상이다. 한 입에 10만에 달하는 천병天兵을 삼키는 사마獅魔, 코로 사람을 휘감는 코끼리 요정, 교활한 짓을 하는 쥐 요정, 싸우기 좋아하는 우마왕牛魔王 등이 그러한 캐릭터들이다. 이러한 기법은 요귀들의 흉악한 본성에 생동감을 불어넣을 뿐 아니라 현실과 환상을 넘나들며 흥미를 더해준다.

【 해학적이고 익살스러운 서술 】

　오승은의 붓끝에서 요마妖魔와의 대결 구도로 인한 긴장된 분위기는 종종 가벼운 담소로 해소되며, 굴곡이 많은 여정도 이로 인해 희극적인 성격을 띠게 된다. 실제로 《서유기》의 독자들은 손오공이 요마들을 굴복시켜 승리하게 된다는 결론보다는 어떻게 승리하는가에 더 큰 흥미를 갖는다.

　현장법사와 세 제자가 멸법국滅法國을 지날 때, 그 나라의 왕은 승려 1만 명을 죽이겠다고 맹세한 후 마침 9,996명을 죽인 뒤였다. 현장 일행에겐 위기가 아닐 수 없었다. 그들이 위기에 처한 전날 밤, 손오공은 털을 뽑아서 졸음을 부르는 벌레로 변화시킨 다음 그것을 황궁 내원內院의 5부府와 6부部에 임직한 모든 관리들의 집에 퍼뜨렸다. 그리고 관리들이 깊은 잠에 빠지자 그들의 머리카락을 다 뽑아버렸다. 이튿날 아침 승려처럼 모두 대머리가 된 왕과 왕후, 문무백관들은 다시는 승려를 함부로 죽이지 않겠다고 반성한다. 멸법국이 흠법국欽法國이 된 것이다. 현장과 세 제자는 이렇게 해서 아슬아슬한 생사의 고비를 넘긴다.

　이 내용은 소설에서 아주 대표적인 이야기이다. 잔혹한 투쟁을 해학적이고 가벼운 필치로 묘사하여 생사의 급박함이나 승패에 대한 긴장감 없이 흥미롭게 감상할 수 있게 해준다. 루쉰은 《서유기》를 "득실에 집착하지 않고 감상할 것만 남겼다"고 했는데 아주 적당한 평가라고 할 수 있다.

　《서유기》는 해학적이고 익살스러운 가운데 인물의 성격을 생생하게 표현하고 있다. 현장법사는 심지가 굳고 성실하지만, 나약하고 아둔한 면도 없지 않다. 이런 인물이 장난기 가득한 세 제자를 데리고 신성한 경전을 가져온다는 설정 자체가 이미 희극적인 성격을 띠고 있다.

《서유기》에 수록된 삽화

작가가 중심 인물로 내세운 손오공 역시 해학과 익살, 낙천주의의 화신이다. 하지만 손오공이 싸움에서 패배하는 경우도 삽입함으로써 선의적으로 조롱한다. 예컨대 두 번째로 파초선을 빌리는 장면이 그렇다. 작가는 의도적으로 부채를 축소시키는 주문을 배우지 못한 손오공이 1장 2척이나 되는 큰 부채를 메고 득의양양해하는 우스꽝스러운 모습을 묘사함으로써 그의 자만을 풍자한다.

《서유기》는 풍자와 유머가 담긴 붓끝에 낭만주의 기법을 실어 그려낸, 기이한 환상이 가득한 소설이다. 서술 과정에서 보기 드문 예술적 상상력이 개입되었으며, 특히 손오공과 같은 영웅의 부각은 중국 소설사에서 독보적인 창조이자 혁명이었다. 여러 등장인물이 기이함과 현실성을 고루 갖추고 있으며, 또한 동물의 자연스런 속성은 훗날 신마神魔소설의 모범적인 사례가 되었다.

《서유기》는 환상적인 형식과 천상 세계, 요정, 귀신들에 대한 묘사를 통해 현실사회의 특징을 함축하고 있다. 사람들은 이런 특징을 자연스럽게 현실의 제왕, 장수, 재상, 토호, 악당들과 연관지어 생각함으로써 자유를 사랑하고 불의에 저항하는 마음을 갖게 되었다.

《서유기》는 세상에 널리 유행하면서 후대에 적지 않은 영향을 미쳤다. 명·청대의 문인들은 《서유보西游補》, 《후서유기後西遊記》, 《속서유기續西遊記》 등 여러 책을 펴내서 《서유기》의 등장인물에 대한 독자들의 궁금증을 풀어주었다.

문학사적으로 《서유기》의 출현은 사람들로 하여금 신비롭고 괴이한 소재에 관심을 갖게 했다. 그리하여 역사적 사건에 빗대어 신과 마귀의 싸움을 다룬 소설들이 속속 등장했으니 《봉신연의》, 《삼보태감서양기통속연의三寶太監西洋記通俗演義》 등이 그러한 작품들이다. 이 작품들은 비록 취할 점이 없는 것은 아니지만 예술적 성취면에서는 《서유기》에 비해 많이 떨어진다고 할 수 있다.

【《영락대전》】

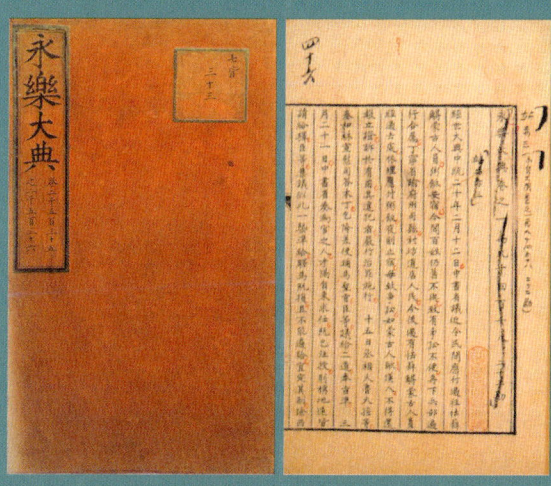

● 《영락대전》

《영락대전》은 규모가 더 방대한 청나라의 총서인 《사고전서》의 원천이 되었다. 청대 학자들에 의하면, 중국 고대의 전적을 집대성한 《사고전서》를 펴낼 때 《영락대전》에 의지한 바가 아주 컸다고 한다.

명·청대에 중국의 고전문화는 총체적인 결론의 단계에 들어섰다. 그중에서 가장 두드러진 것은 대량의 인력과 물자를 동원하여 《영락대전永樂大典》,《고금도서집성古今圖書集成》,《사고전서四庫全書》등을 비롯한 총서를 펴냄으로써 고대의 수많은 전적을 집대성한 점이다.

　이 책들은 규모가 방대하고 편제가 정밀해서, 이 책들의 편찬은 중국만이 아니라 세계 문화사에서도 흔한 일이 아니다. 18세기 중엽 프랑스의 사상가 디드로가 편집한 《백과전서》와 비교할 때 이 책은 그 방대한 규모가 더욱 돋보인다. 《백과전서》는 2,268만 자인 데 비해 《영락대전》은 3억 7,000만 자에 달해 《백과전서》의 약 16배 규모이다.

　또한 《영락대전》의 풍부한 편찬 경험, 문화의 형태로 반영된 중국 봉건사회 말기의 특징은 진지하게 고찰해볼 만한 가치가 있다.

　《영락대전》은 명·청대에 첫손에 꼽히는 거작으로서 명·청 두 왕조에 걸쳐 수많은 전적을 펴내는 대사업의 서막을 열었다. 이 책은 영락 원년(1403)에 시작해서 영락 6년에 완성되었으며, 전 2만 2,877권이고 범례 목록만도 60권이나 된다.

  황실 도서관인 문연각文淵閣의 장서를 충분히 활용하여 편성한《영락대전》은 고금의 도서 7,000~8,000여 종을 편집, 수록했는데 그중 적지 않은 책들이 전란이나 약탈 등으로 분실되어 여기에 수록된 부분밖에 남지 않았다.《영락대전》이 소중한 점은 많은 자료를 편집, 수록할 때 원서를 있는 그대로 수록하면서 한 글자도 바꾸지 않았다는 점, 즉 "원문을 직접 취하면서 한마디도 바꾸지 않았다"는 것이다. 그래서 수많은 옛 전적, 특히 송·원대 이전의 일서逸書(세상에 알려지지 않은 경서)나 진귀한 판본들이 그대로 보존될 수 있었다.

【 성대한 왕조의 성대한 사업 】

1368년 명나라가 건립되었을 때 처음에는 난징을 수도로 정했다. 그해 명나라 군대는 원나라의 도읍지인 대도를 수복했고, 태조 주원장은 원나라 궁궐에 있는 서적들을 난징으로 모두 옮기라고 명령했다. 뿐만 아니라 다시 어명을 내려서 각지의 흩어진 책들을 난징의 문연각으로 옮겨오도록 했다.

일찍이 홍무洪武 연간(1368~1398)에 중서서길사中書庶吉士 해진解縉이 명 태조에게 대형 유서類書(같은 종류의 어휘를 나누어 수록한 책 : 옮긴이)를 편찬할 것을 건의했다.

"바라건대 한두 명의 뜻있는 유생들을 모으시면, 신은 붓을 잡고 그 뒤를 따르겠나이다. 그리하여 위로는 요堯, 순舜, 하夏, 상商, 주周, 공자의 정수까지 거슬러 올라가고, 아래로는 정명도程明道, 정이천程伊川, 주염계周廉溪, 주희의 아름다운 정화精華에까지 미치겠나이다."

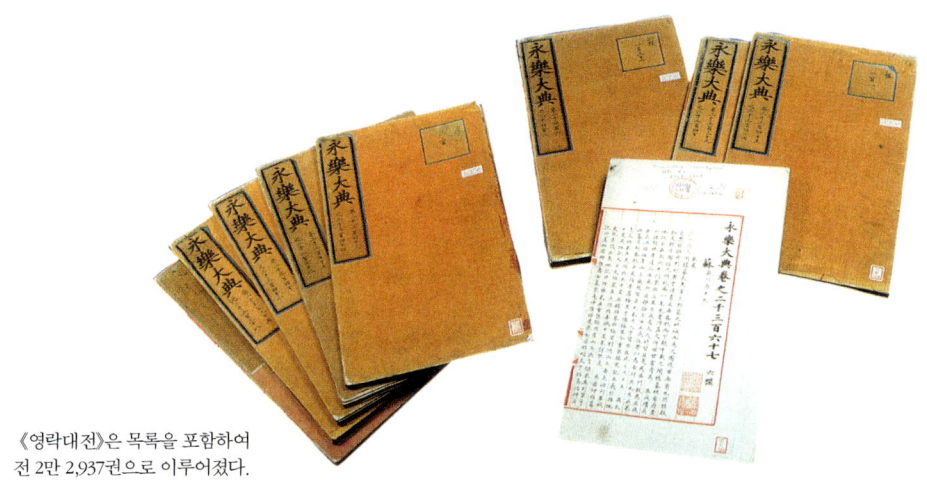

《영락대전》은 목록을 포함하여
전 2만 2,937권으로 이루어졌다.

    1402년 명 성조成祖 주체朱棣가 즉위했다. "무武의 공훈과 문文의 다스림"을 중시한 성조는 문연각의 장서가 완비되지 않았음을 알고 신하에게 이렇게 말했다.
    "선비와 서민의 집에서도 여유가 좀 있으면 책을 쌓아두려고 하는데, 하물며 조정은 어떻겠나?"
    성조는 즉시 값을 따지지 말고 책을 구입하여 문연각에 빠진 서적을 채우도록 했다. 아울러 해진 등에게 이렇게 명령했다.
    "고금의 사물이 모두 이런저런 서적에 실려 있지만, 그 책들이 방대해서 찾아보기가 쉽지 않소. 짐은 각 서적에 실린 사물의 종류를 모두 채집해서 운韻으로 통합하여 찾아보기 편하도록 하겠소. 마치 주머니 속에서 물건을 꺼내듯이 말이오."
    성조의 지시로 한림학사 해진을 수장으로 한 학자들이 즉시 책들을 널리 수집하여 분류한 다음 운韻에 따라 한 부의 유서類書 편찬에 착수했다.

《영락대전》 ◆ 509

1404년에 완성된 그 책에 성조는 《문헌대성文獻大成》이란 이름을 붙였다. 하지만 이 책은 편찬 기간이 촉박해서 내용이 너무 간략했다. 그래서 성조는 다시 만들 것을 명하면서 심복 대신 요광효姚廣孝를 총재總裁로 임명하고 해진을 그 조직에 참여시켰다.

그 과정에서 전국의 수많은 학자와 서생들이 문연각에 모여 동참했는데 그 수가 무려 2,100여 명에 달했다고 한다. 영락 6년(1408년), 마침내 목록을 포함한 2만 2,937권에 달하는 거작이 5년 만에 완성되었고, 성조는 이 책의 이름을 《영락대전》이라고 고쳤다.

【 내용이 풍부한 서적의 세계 】

《영락대전》은 내용이 매우 풍부하다. 예컨대 '육모六模' 운韻의 '호湖' 자 안에 있는 '서호西湖'라는 한 항목만 봐도 10여 부의 책에서 서호에 관한 서술을 채록했으며 2권 반이나 되는 분량을 할애해서 해석해놓았다. 그 중에서 현지縣志와 문인의 사부辭賦 가운데 서호에 관한 기록만 36곳이나 되니, 그 자세함의 정도를 짐작할 수 있을 것이다.

또 '칠개七皆' 운의 '대臺' 자 안에는 관련된 원나라 어사대의 몇 가지 기록을 수집하여 관제官制의 참고로 삼았으며, '29우尤' 운의 '유油' 자에서는 중국 고대의 각종 기름과 그 제조법, 용도에 대한 설명을 넣어서 좋은 참고자료를 제공하고 있다. 그 밖에 '구진九眞' 운의 '존尊' 자 안에 있는 각종 자형字形과 수많은 도식圖式은 고대의 종鐘, 솥〔鼎〕, 이기彝器 (의식에 쓰이는 그릇 : 옮긴이)의 연구에서 지금까지도 그 가치를 인정받고 있다.

《영락대전》은 또 진귀한 문화 전적을 상당수 수록하고 있다. 예컨대 '수水' 자 운 아래에 수록한 《수경주水經注》는 지금까지 전해진 가장 오래된 책자이며, 평화平話인 《설인귀정동薛仁貴征東》 역시 《영락대전》에서 찾아볼 수 있다. 또 《쌍절간소경雙浙趕蘇卿》 이야기는 송대에 창본唱本과 희곡으로 널리 유행했지만 원대 이후에 유실되었는데, 《영락대전》의 '소蘇' 자 운에 수록된 송대의 소설 《취옹담록》에서 이 이야기에 관한 자세한 기록을 찾아볼 수 있다. 심지어 쌍절과 소경이 주고받은 두 수의 사랑시까지 수록했다.

《영락대전》에는 사람들이 중시하지 않아서 전해지지 못한 공예 및 농업기술 관련 서적도 수록되어 있다. 예컨대 '장匠' 자 운 아래에 실린 원나라 사람 설경석薛景石의 《재인유제梓人遺制》를 보면 갖가지 수레와 기계 제

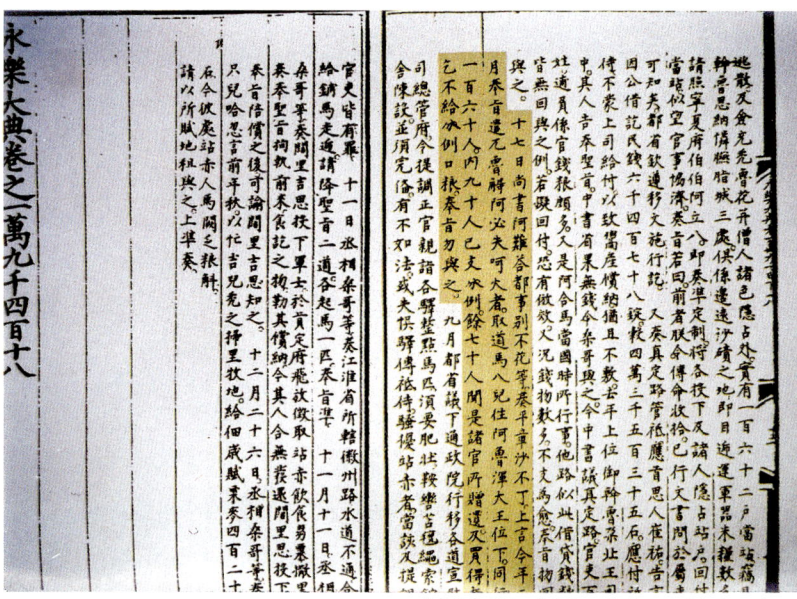

《영락대전》은 진귀한 문헌 자료를 다수 수록하고 있다.

조법이 자세한 그림과 함께 수록되어 있다. 송나라 사람 오찬吳儹의 《종예필용種藝必用》, 장복張福의 《종예필용보유種藝必用補遺》 등 농업과 원예 관련 전문서적 역시 《영락대전》의 '종種' 자 운에서 찾아볼 수 있다.

요컨대 《영락대전》은 갖가지 저술을 모아 방대한 서적의 세계를 이룩했다고 할 수 있다.

【 최대의 유서 】

《영락대전》은 중국 고대의 가장 방대한 유서類書이다. 유서란 갖가지 자료를 분류, 편집해서 독자가 쉽게 찾아볼 수 있게 한 서적을 말한다. 예컨대 당나라의 구양순이 편찬한 《예문유취藝文類聚》 제58권 〈잡문부雜文部〉의 '지紙' 항목에는 채륜蔡倫이 종이를 만든 전설을 비롯해 진수, 갈홍, 양수楊修 등 종이와 관련된 인물의 이야기와 진晉나라 때 부함傅咸의 〈지부紙賦〉, 양梁나라 때 유효위劉孝威의 〈사내궁지계謝賚宮紙啓〉도 수록했다. 이처럼 종이와 관련된 갖가지 자료를 한데 묶어놓고 검색에 편리함을 제공하는 것이 바로 유서의 역할이다.

유서에 담긴 범위는 매우 넓어서 시문, 사조辭藻, 인물, 전고典故, 천문, 지리, 전장典章, 제도, 새, 짐승, 초목, 곤충, 물고기 등 수많은 사물에까지 걸쳐 있다. 이런 점에서 볼 때 요즘의 백과사전과 유사하다.

일부 유서에 수록된 고대 전적은 현재 많이 산실散失되었는데, 그나마 이 유서 덕분에 어느 정도라도 남아 있어서 연구에 이용된다. 청나라 사람은 《영락대전》에서 이미 유실된 책들을 500여 종이나 찾아 편성했다.

《영락대전》의 편찬자들은 "방대하고 번거로운 것을 결코 싫어하지 말라", "구석구석 널리 수집하라"는 성조의 어명에 따라 황실의 문연각에 소장된 5대10국·송·요·금·원·명 초기까지 500년간 축적된 '중비장서中秘藏書'를 기본 서적으로 삼는 한편, 소숙경蘇叔敬과 같은 관리들을 각지에 파견하여 "천하의 서적을 널리 사들이도록 함으로써" 많은 자료를 확보했다. 이처럼 두 가지 경로를 통했기 때문에 극히 짧은 기간에 위로는 선진 시대부터 아래로는 명나라 초기까지의 각종 도서 7,000~8,000여 종을 수집할 수 있었다. 그 책들은 경經, 사史, 자子, 집集, 석장釋藏(대장경), 도경道經, 북극北劇, 남희, 평화平話 및 의학, 공업, 기술, 농업 등의 내용을 담고 있어 모든 분야를 거의 망라했다. 이런 점에서 《영락대전》은 대단한 유서라고 할 수 있다.

《영락대전》의 체제

《영락대전》의 분류 체제는 비교적 정밀해서 질서 있는 지식 체계를 이루고 있다.

그 편찬 체제는 명대 《홍무정운洪武正韻》의 운목韻目에 의거해서 운韻에 따라 단자單字(홑글자)로 분류했다. 그리고 매 단자 아래에 먼저 《홍무정운》의 음의音義를, 다음에는 각 운서韻書와 자서字書의 반절反切(발음을 주석하는 방법의 일종, 두 개의 글자로 다른 한 글자의 음을 맞춘다)과 해설을 첨부했다. 또한 당대 안진경顔眞卿의 《운해경원韻海鏡原》의 양식에 따라 그 글자의 해서체·전서체·예서체를 나열하고, 그다음 이 글자와 관련된 천문, 지리, 인사, 명물, 시문, 사곡詞曲 등의 순서로 기록했다.

예를 들면 천문지에 관한 것은 모두 홑글자 '천' 아래에 기록했고 지리지에 관한 것은 홑글자 '지地' 아래에 기록했다. 또 《역경》, 《서경》, 《시경》, 《춘추》, 《주례》, 《의례》, 《예기》 등 전적의 아래에는 서문과 항목, 역대 학자들의 주해와 논술 등이 있다. 홑글자의 주해에는 서명과 저자명을 밝히고 전부 붉은 글자로 표기해서 눈에 잘 띄게 했다.

성조는 "운韻으로써 글자를 통합하고 글자로써 사事를 연결한" 《영락대전》의 편집 체제와 관련하여 이런 글을 남겼다.

운으로써 글자를 통합하고, 글자로써 사事를 연결하고, 그 강綱을 제시하면 목目이 펼쳐지고, 그 시작을 들면 반드시 결말이 드러낸다. 우주의 광대함을 포괄하고, 고금의 같은 것과 다른 것을 종합하고, 크고 작고 정밀하고 거친 것까지 확연하게 밝히며, 나머지 잡가雜家들의 말도 덧붙임으로써 모든 면을 빠짐없이 망라하여 고증과 검색이 편하도록 한다. 그리하여 보는 이가 운에 따라 글자를 찾고, 글자에 따라 사事를 고찰할 수 있게 한다. 마치 물의 원천을 거슬러 오르는 것과 같고, 화살이 과녁을 맞추는 것과 같아서 책을 펼치기만 하면 고금의 일들이 일목요연하게 나타난다.

이런 방법으로 그 많은 서적을 모두 수록했으니, 과연 "책을 펼치기만 하면 고금의 일들이 일목요연하게 나타나는" 목적을 어느 정도 달성했다고 할 수 있다.

"운으로써 글자를 통합하는" 《영락대전》의 편찬 체제는 16세기 이후 유럽에서 유행한 백과사전 편찬 방식, 즉 자모의 순서에 따라 편집한 것과 유사한 면이 있다.

"운韻으로써 글자를 통합하고 글자로써 사事를 연결하는" 《영락대전》의 편찬 체제
❶ 명대 관아에서 수록한 운서韻書 《홍무정운》에서 나열한 운韻의 목차
❷ 운의 목차에 따라 나열한 홑글자
❸ 홑글자의 음독과 훈訓의 풀이에 대한 상세한 주석
❹ 전서체, 예서체, 해서체, 초서체 등 갖가지 글자체
❺ '연煙' 자와 관련된 각 항목의 기록

《영락대전》 ◆ 515

【 성조와《영락대전》】

명나라 때 학술문화의 번영은 갖가지 새로운 저술의 등장으로 이어졌고, 인쇄업이 발달하면서 사대부들 사이에 장서藏書가 유행했다. 명대 궁정과 개인의 장서는 모두 이전 시대의 규모를 능가했는데, 이렇게 볼 때 중국 고대에 거대한 유서가 나타난 것도 결코 우연은 아니다.

중요한 점은《영락대전》의 편찬과 간행이 최고 통치자인 성조 주체의 노력과 밀접한 관련이 있다는 것이다. 주체는 명 태조 주원장의 넷째 아들로서 여러 아들 가운데 가장 출중했다. 그는 총명한 데다 독서를 즐겼고 문학적 소질도 있었다.

어느 날 태조가 황태손 주윤문朱允炆, 즉 훗날 건문제建文帝에게 대련對聯을 맞추도록 했다. 그 상련上聯을 "풍취마미천조선風吹馬尾千條線(바람이 말꼬리에 부니 천 가닥이 날리고)"이라 하자, 주윤문은 하련下聯을 "우타양모일편전雨打羊毛一片膻(비가 양털을 때리자 한 조각의 방석이네)"이라고 지었다. 태조는 그것이 별로 우아하지 못하다며 불쾌감을 보였다. 이때 옆에 있던 주체가 "일조용인만점금日照龍鱗萬点金(태양이 용의 비늘을 비추니 황금빛이 수없이 반짝이네)"이라고 하자, 태조가 칭찬을 아끼지 않았다고 한다.

이처럼 주체는 책을 무척 사랑했기 때문에《영락대전》의 편찬과 간행을 직접 추진하게 된 것이다.

사실 성조가《영락대전》의 편찬을 주관한 데에는 스스로 말하기 어려운 정치적 동기가 있었다. 주체는 '정난靖難(황제 곁의 간신들을 없앤다는 명목으로 일으킨 난을 말함 : 옮긴이)의 변'을 통해 제왕의 자리에 올랐는데, 기록에 의하면 당시 "불만의 기운이 국내외에 널리 감돌았다"고 한다. 그래서 제왕의 지위를 공고히 하고 조정과 재야의 사사로운 불만을 해소하고

자 자신의 공적과 학적의 재능을 천하에 과시함으로써 천자로서의 위상을 정립할 필요를 느꼈다. 마치 "대통일 시대에는 반드시 대통일의 저작이 있어야 한다"는 그의 말처럼.

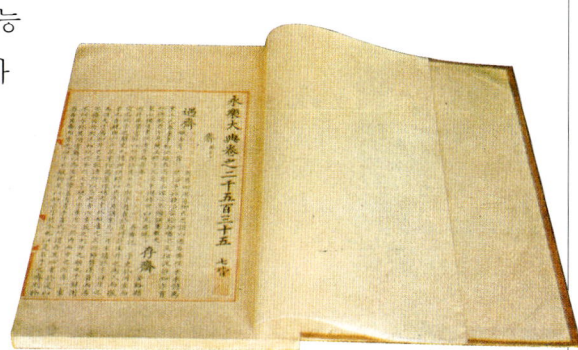

베이징 도서관에 소장된 《영락대전》의 잔본殘本

비록 편찬의 목적은 봉건 통치를 강화하기 위한 것이었지만 《영락대전》은 고대의 가장 방대한 유서類書로서 문화의 발전에 크게 공헌했다.

結　《영락대전》과 같은 책의 편찬은 중국 문화사에서 처음일 뿐 아니라 세계 문화사에서도 극히 드문 일이다.

중국의 문헌 발전사에서 《영락대전》은 비할 바 없는 대작이다. 《영락대전》 이전에는 이와 같은 방대한 유서가 나온 적이 없으며, 비교적 유명했던 송나라 이방의 《태평어람》이 1,000권, 왕흠약王欽若이 편찬한 《책부원구》도 1,000권, 당나라의 고사렴高士廉이 편찬한 《문사박요文思博要》가 1,200권, 장창종張昌宗이 편찬한 《삼교주영三敎珠英》이 1,300권에 달했을 뿐이니, 이 유서들은 규모면에서 《영락대전》에 비할 바가 못 된다.

《영락대전》은 규모가 더 방대한 청대의 총서인 《사고전서》의 원천이 되었다. 청대 학자들에 의하면, 중국 고대의 전적을 집대성한 《사고전서》를 펴낼 때 《영락대전》에 의지한 바가 아주 컸다고 한다. 하지만 애석한 것은 이 《영락대전》이 완벽하게 보존되지 못했다는 점이다.

《영락대전》의 원본은 난징의 문연각에 소장되어 있었으나, 1421년 성조가 베이징으로 도읍을 옮긴 후에는 베이징 황궁의 문연각으로 옮겨졌다. 가정嘉靖 41년(1562)부터 융경隆慶 원년(1567)에는 한 부를 더 초록하여 당안고황사성檔案庫皇史宬에 소장했다. 1644년 명나라가 멸망할 때 베이징의 장서가 심각하게 파괴되면서 수도에 소장했던 《영락대전》 원본도 모두 훼손되었다. 또 그 초록본은 청대에 한림원에 소장되었지만 1900년에 8개국 연합군에 의해 불타고 일부는 약탈되었다.

해방 후 중국 국내에 잔존한 《영락대전》은 베이징 도서관에 소장되었다. 중화서국中華書局에서는 잔본들을 널리 수집하여 영인본을 720권 출판했는데, 이는 원서의 3퍼센트에 불과하다. 오늘날엔 잔본을 통해서 대작을 엿볼 수밖에 없는 상황이다.

【 정화의 항해 】

● 15세기에 서양으로 항해한 정화

정화의 선단은 당시 세계에서 가장 선진적인 항해 기술을 보유하고 있었다. 그들은 항해에 필요한 천문학과 나침반을 이용한 항해 기술을 결합시켜 자체의 한계를 극복했을 뿐 아니라 항해 방위 측정의 정확도를 높였다.

인류의 기나긴 역사에서 15세기는 해양과 항해의 시대이다. 1492년 콜럼버스가 에스파냐의 선박을 인솔하여 대서양을 건너는 과정에서 아메리카 대륙을 발견했으며, 1497년에는 바스코 다 가마가 거느린 포르투갈 선박이 남아프리카의 희망봉을 우회해서 이듬해 인도의 서해안에 도착했다. 이 두 차례의 항해는 자본주의 시대를 알리는 서곡이었다.

하지만 콜럼버스와 바스코 다 가마의 항해보다 반세기 앞서 정화鄭和가 서양으로 항해한 바 있다.

정화는 원래 마씨馬氏 성을 가졌고 아명은 삼보三保로서 윈난성 후이족回族의 세가世家(여러 대에 걸쳐 나라의 중요한 자리를 차지한 집안 : 옮긴이)에서 태어났다. 1381년, 정화는 열 살 나이에 연왕燕王의 궁정에서 태감 노릇을 하게 되었다. 총명하고 재능이 있었던 그는 연왕 주체(명 성조)의 두터운 신임을 얻으면서 '정화'라는 이름까지 하사받았다. 주체가 황제의 자리에 오른 뒤 정화는 실권을 장악한 태감 총관이 되었다.

　성조가 서양으로 항해하는 대규모 행사의 총책임자로 정화를 임명한 것은 결코 우연이 아니다. 환관인 정화는 늘 황제의 주위를 맴도는 최측근으로 신임이 매우 두터웠다. 게다가 그의 문재文才와 무략武略, 당당한 풍채와 출중한 재능이 황제의 눈길을 끌기에 충분했다. 또 후이족의 세가 출신인 데다 불교와 도교를 두루 숭상한 개인적인 배경은 불교를 믿는 남아시아와 동남아시아 그리고 이슬람교를 믿는 서아시아, 동북아시아 등과의 외교활동에서 유리한 조건이 되었다. 명 왕조를 대표하는 사자로 정화를 해외에 파견한 것은 성조의 탁월한 안목을 보여준 사례라고 할 수 있다.

　정화의 항해는 중국과 아시아 여러 나라의 경제 교류를 가속화하여 해상 실크로드의 전성기를 가져왔다.

【 원양 항해의 배경 】

1368년, 농민 기의군의 우두머리 주원장이 원나라를 뒤엎고 명나라를 건립했다. 주원장을 비롯한 지배계급은 원나라 멸망의 역사적 경험을 교훈 삼아 농업을 발전시키고 상공업을 양성하기 위한 일련의 조치를 취했다. 기록에 의하면, 30년간의 노력 끝에 "집집마다 풍족해서 대문을 잠그지 않았으며", "길에 떨어진 물건을 탐하지 않는" 태평성대가 이어졌다.

주원장이 세상을 떠난 후 황실 내부에 아귀다툼이 일어나면서 '정난靖難의 변'을 3년 동안 겪었다. 그 결과 베이징 일대를 차지하고 있던 연왕 주체가 조카 건문제의 자리를 빼앗으면서 명 성조, 즉 영락제永樂帝가 되었다. 주체는 즉위 후 주원장이 집행했던 조치를 그대로 계승해서 명나라의 전성기를 이룩했다.

경제적 풍요, 사회의 안정, 국력의 강성은 정화가 서양을 항해하는 데 튼튼한 물질적 토대가 되었다.

그러나 민간에서는 다음과 같은 이야기가 전해지고 있다.

성조는 무력으로 조카의 황위를 빼앗은 탓에 마음속으로는 내내 찜찜해하며 건문제가 정말로 죽었는지 의심했다. 그래서 심복 대신을 파견하여 건문제의 최후를 조사하게 했지만, 몇 년이 지나도 확실한 결과를 알아낼 수 없었다. 마침내 성조는 건문제가 해외로 도주하지 않았을까 하는 의문을 갖게 되었으며, 만약 해외에 사람을 보내 국위를 떨치고 금은보화를 사들이는 동시에 건문제의 소식을 탐문한다면 일거양득이 아닐까 생각했다. 정화의 항해는 바로 이러한 역사적 배경에서 이루어졌다는 것이다.

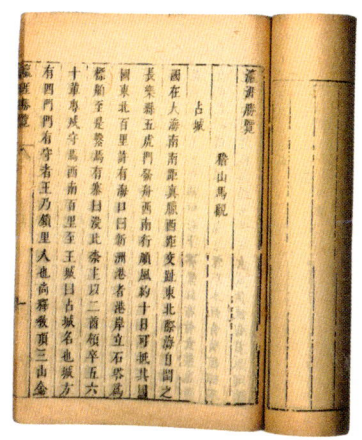

명대 마환馬歡은 《영애승람瀛涯勝覽》에서 정화를 따라 원양 항해에 나섰다가 보고 들은 것을 기록했다.

【 엄격한 조직과 최고의 기술을 갖춘 선단 】

정화는 일곱 차례나 원양 항해에 나서면서 늘 주도면밀하게 준비했다.

먼저 조직과 인원이다. 정화의 원양 선단은 실로 엄밀한 조직을 갖추었으며, 그 많은 사람들이 대부분 각 분야의 전문가였다. 정화가 일곱 차례나 원양 항해에 나설 때 선단의 각 인원은 2만 8,000여 명에 달했다. 이 정도 규모의 선단은 세계 항해사에서 유례가 없는 일이다. 새로운 항로를 개척했던 콜럼버스나 바스코 다 가마의 선단도 불과 100여 명밖에 되지 않았다. 규모가 가장 컸던 콜럼버스의 제2차 항해에서도 선원이 1,700여 명뿐이었으니 역시 정화의 선단 규모와는 상당한 거리가 있다.

정화의 선단은 행정관, 군인, 선원 외에도 장인, 통역, 의원 그리고 갖가지 잡무를 처리하는 인원을 망라했다. 그들은 각자 역할이 세밀히 나누어졌고 기강이 엄격했다. 여행이 끝난 후 비신費信, 마환馬歡, 공진鞏珍 등이 각각 《성차승람星槎勝覽》,《영애승람瀛涯勝覽》,《서양번국지西洋番國志》 등의 저서를 펴냈는데, 이는 모두 정화의 원양 항해를 연구하는 데 귀중한 자료가 되고 있다.

다음으로 선박의 건조와 항해 기술을 살펴보자. 정화는 항해를 위해 세계에 유례가 없는 방대한 원양 선단을 구축했다. 출항할 때마다 대체로 62척의 대종보선大䑸寶船으로 선단의 주체를 구성했으며, 기타 유형의 선박까지 합친다면 100~200척의 선단 규모를 이루었다. '보선寶船'은 고대의 선박 건조 과정에서 나타난 장점을 남김없이 계승, 발전시켰다. 기록

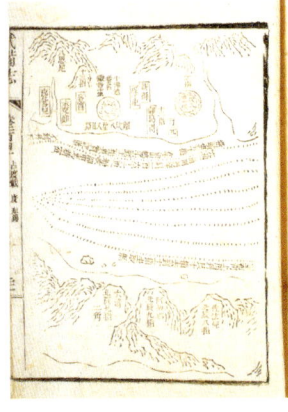 

정화 등이 난징에 체류할 당시를 그린 항해도

에 의하면, 정화의 보선은 "길이가 44장 4척이고 넓이는 18장"에 달했으며, "배마다 네 겹으로 된 갑판이 있고 군졸들이 가득했으며, 말은 아래층에서 기르고 가장 높은 곳에 선실의 거실이 위치했는데 아주 화려하고 아늑했다"고 한다.

정화의 선박 모형

정화의 선단은 당시 세계에서 가장 선진적인 항해 기술을 보유하고 있었다. 그들은 항해에 필요한 천문학과 나침반을 이용한 항해 기술을 결합시켜 자체의 한계를 극복했을 뿐 아니라 항해 방위 측정의 정확도를 높였다.

【 1차 항해 】

영락 3년(1405) 6월, 만반의 준비를 끝낸 정화는 62척으로 구성된 대규모 원양 선단을 이끌고 쑤저우의 유가하劉家河(지금의 장쑤성 타이창류강太倉瀏江)를 따라 바다로 나간 다음 푸젠성 연해 지역을 경유하여 원양 항해에 올랐다. 이것이 바로 30년에 걸친 원양 항해의 첫 출발이었다.

당시 사람들이 말하는 '서양'은 유럽 대륙이 아니라 중국의 서남쪽 바다와 연해 지역이었다. 정화는 1차 항해에서 먼저 점성占城(지금의 베트남 남부)에 도착한 뒤 다시 자바, 구항舊港(지금의 인도네시아 거항巨港), 수마트라, 말라카에 이르렀다. 서쪽 인도양에 진입해서는 스리랑카, 인도를 거쳐 가장 멀리는 달고리達古里(오늘날 인도의 자카드)까지 갔다. 정화는 그곳에 항해 기념비를 세웠다.

금은보화를 많이 가져간 정화는 가는 나라마다 먼저 성조의 편지를 국왕에게 전하고, 선물을 주면서 친선의 뜻을 밝혔다. 많은 나라가 방대한 선단을 거느린 정화의 모습을 보고 우호적인 태도로 환대했다.

1차 항해를 떠난 정화는 2년 후인 1407년 9월에야 계절풍을 이용해서 귀로에 올랐다. 서양 여러 나라의 왕들은 예물을 갖춘 사자를 파견하여 정화를 따라가도록 했다.

스리랑카의 항구
정화는 선단을 거느리고 여러 차례 이곳을 방문했다.

【 지혜와 용기로 해적과 싸우다 】

정화는 1차 항해에서 높은 파도에 자주 휩쓸렸지만 경험이 풍부한 선원들 덕분에 큰 피해를 보지는 않았다. 다만 귀국하면서 인도네시아의 구항을 지날 때 소동이 한 번 있었을 따름이다.

당시 구항 일대에는 진조의陳祖義라고 하는 해적 두목이 활동하고 있었다. 그는 섬 하나를 점유한 채 그곳을 경유하는 상인들의 재물을 약탈했다. 그런데 마침 정화의 선단이 많은 재물을 싣고 지나간다는 소문을 듣자 욕심이 생겼다. 그리하여 일당과 모의하여 겉으로 환영하는 척해서 정화의 경계심을 늦춘 다음 재물을 약탈하기로 했다.

그때 현지인 시진경施進卿이 이 소식을 듣고는 사람을 보내 정화에게 비밀리에 알렸다. 정화는 '내 수하에 병사가 2만 명이나 있는데 얼마 되지 않는 해적을 두려워하랴, 설사 기습을 당할지라도 그들을 혼내줄 실력이 있다'고 생각했다. 그는 배들을 분산해 구항의 항구에 정박시키고, 선상의 병사들에게 화약과 총칼로 무장하고 전투 태세를 갖추게 했다.

자정이 되었지만 수면은 바람도 없이 조용했다. 진조의와 한 무리의 해적은 몇십 척의 작은 배에 나눠 타고 항구로 몰래 들어와 기습을 감행했다. 그때 정화의 배

명대의 〈방갈라진기린도榜葛喇進麒麟圖〉 사본
방갈라는 정화가 항해에서 반드시 경유한 지역이다.

정화는 순조로운 항해를 기원하기 위하여 행향비 行香碑를 세우고 동종을 주조했다.

에서 화포가 울리면서 주변의 커다란 배들이 진조의와 해적들이 타고 있던 배를 물샐틈없이 에워쌌다. 그리고 정화의 병사들이 횃불을 아래로 던지자 해적들의 배는 모조리 전소되었고, 진조의는 생포되었다.

정화는 진조의를 중국으로 압송하여 성조에게 데려갔다. 정화의 선단을 따라 수도에 온 각국의 사자들도 성조를 알현하고 진귀한 선물을 바쳤다.

【 일곱 차례에 걸친 원양 항해 】

정화는 1차 임무를 원만하게 완수했고 성조도 만족감을 나타냈다. 성조는 이제 건문제의 죽음이 확실하니 더 이상 찾을 필요가 없다고 생각했다. 그러나 해외에 사자를 보내는 것이 나라의 위신을 높이고 무역을 촉진할 수 있다고 생각하여 그 후 또다시 정화의 선단을 파견했다. 정화의 2차 항해는 1407~1409년에 이루어졌다. 1911년 스리랑카의 갈에서 정화가 2차 원양 항해 당시 세운 기념비가 발견되었다. 비문은 중국어, 타밀어, 페르시아어로 씌어졌으며 내용은 당시 스리랑카에서 활동한 정화의 행적에 관한 것이다.

3차 항해는 1409~1411년에 이루어졌다. 항해 기간에 정화는 해상교통의 요충지인 오늘날 말레이시아의 말라카에 창고를 세웠으며 그것을 해상 무역의 역참으로 삼았다.

4차 항해는 귀국한 지 1년도 되지 않아서 진행되었다. 앞의 세 차례 항해를 토대로 정화는 4차 항해에서 오늘날 이란의 호르무즈까지 갔고, 인도양을 지나 수마트라에 도착한 후에는 여러 선박을 파견하여 아프리카 동쪽의 여러 나라, 예컨대 오늘날 소말리아의 모가디슈, 케냐의 마린디 등을 방문하게 했다.

5차 항해는 1417~1419년에 이루어졌다. 당시 정화의 임무는 각국의 사절들을 안전하게 그들의 나라로 호송하는 것이었다.

6차 항해는 1421~1422년에 이루어졌다. 길을 떠날 때는 마침 명 왕조가 도읍을 베이징으로 옮길 즈음이었다. 이번 항해는 기간이 비교적 짧았는데, 선단을 나누어 태평양과 인도양을 각각 항해했다. 어떤 학자들은 수마트라에서 파견한 정화의 선단이 희망봉을 우회하여 대서양 해역까지 진입했으며 아

푸젠성 창러長樂의 삼봉사三峰寺 탑. 정화의 선단이 항구를 출입하는 것을 표시하는 탑이었다.

프리카 남서부 나미비아까지 갔다고 주장한다.

영락 22년(1424) 성조가 세상을 떠났다. 새로 등극한 인종仁宗 때에는 서양으로의 항해가 중단되었고 그 후 선종宣宗 주첨기朱瞻基가 1431년에 정화를 또 한 차례 파견했다. 하지만 이번 항해는 단지 마무리일 뿐이었다. 귀국길에 걸출한 외교관이자 항해가인 정화는 병을 얻어 인도에서 세상을 하직했다. 역사에 길이 빛나는 정화의 항해활동은 이로써 마침표를 찍었다.

結 정화의 일곱 차례에 걸친 항해는 당시 중국의 항해 기술이 상당히 높은 수준에 이르렀음을 말해준다. 그의 항해를 통해 중국은 아시아 및 아프리카 여러 나라와 경제·문화적으로 교류하고 친선관계를 맺을 수 있었다.

정화의 항해는 국가 간의 무역을 직접적으로 확대했다. 그리하여 각국의 사절들이 가져온 진귀한 새와 짐승, 향료와 보석 등 공물이 명나라의 궁궐에 진열될 수 있었다. 자료에 의하면, 당시 아시아 및 아프리카의 나라들이 정화의 원양 항해의 영향으로 중국에 조공을 왔는데, 많을 때는 수십 개국이 한꺼번에 방문했다. 그중 태국에서 보낸 공물이 65가지로 가장 많았다. 이러한 조공 무역 외에도 각국은 정화의 선단을 통하여 일정 규모를 갖춘 국제 무역과 민간 교역을 전개했다.

비록 시대적·사회적 제약으로 정화는 콜럼버스의 항해처럼 획기적인 의의를 갖고 항해하지는 못했지만, 자본주의 이전의 세계 역사에서 전례 없는 성과를 거두었다고 할 수 있다.

찾아보기

ㄱ

가각본家刻本 320
가중명賈仲名 442, 452
《가헌사稼軒辭》 254
《가헌사갑집稼軒詞甲集》 260
각라봉閣羅鳳 19, 23, 26
갈홍葛洪 102, 512
강기姜夔 184, 185, 189~192
강서시파江西詩派 162
강족羌族 46, 58, 136
강호파江湖派 247
강희제 94, 122, 320
《개보장開寶藏》 372
개원통보開元通寶 341, 344
거란족 35, 58
건륭제 94
건문제建文帝 516, 522,523, 528
건본建本 315
건요建窯 384, 396, 421
《검남시고劍南詩稿》 239
격률사파格律詞派 184
경경耿京 250
경력신정慶歷新政 128, 137, 140
《경세통언警世通言》 366
경종景宗 47
경환景煥 106
《계신잡식癸辛雜識》 308
《고경기古鏡記》 78

《고금도서집성古今圖書集成》 506
고문운동 75, 76, 141~143, 200
고반룡高攀龍 270, 271
고사렴高士廉 518
고윤성顧允成 271
고자사鼓子詞 83, 444
고종 224~226, 229, 250, 252
고헌성顧憲成 270, 271
곡자사曲子詞 181, 184
곤극崑劇 462, 476
《곤륜노崑崙奴》 77, 81
공손대랑 216, 217
공자 53, 268, 274, 282, 283, 306, 508
공진龔珍 524
《곽소옥전郭小玉傳》 77, 80, 81
곽약허郭若虛 106
곽희郭熙 404
관각본官刻本 314, 320
관우 448, 466, 468, 474, 475
관운석貫雲石 430, 435
관한경關漢卿 434, 436, 442, 443, 447~450, 452
광서통보光緒通寶 343
교길喬吉 438, 439
교만권喬萬卷 358, 360
교자交子 350
《구당서舊唐書》 23

구란勾欄 358~360
《구양문충전집歐陽文忠全集》 152
구양수歐陽修 123, 140~152, 161, 163, 183, 194, 196, 198~200, 204, 217
구양순 344, 374, 512
국자감 314, 373
귀의군歸義軍 39
《규염객》 82
《규염객전虯髥客傳》 77, 81
균요鈞窯 392, 393
금성공주 66
금원본金院本 444
《금원산곡金元散曲》 440
급고각汲古閣 377
기가왕奇嘉王 18
길주요吉州窯 384, 396
김성탄金聖嘆 485

ㄴ

나관중羅貫中 466~468, 475
나엽羅燁 357
《남가기南柯記》 83
《남가태수전南柯太守傳》 77, 78, 83
《남서상南西廂》 462
남조덕화비南詔德化碑 25
〈남조도전南詔圖傳〉 20, 21
남채화藍采和 100, 101, 105
《남촌철경록南村輟耕錄》 83
남희南戲 442, 444, 452, 513
납란용약納蘭容若 188
노숙魯肅 129, 448, 471, 472
《논어》 53
《농서農書》 317
농전수리법 157, 160
능몽초凌濛初 82

ㄷ

《다경茶經》 86~90, 92, 98
《다라니경陀羅尼經》 373
《다라니경주陀羅尼經咒》 323
《다록茶錄》 98
《다소茶疏》 98
다이족傣族 24
《단도회單刀會》 448, 452, 476
단성식段成式 103
담감천湛甘泉 270
당백호唐伯虎 464
당송팔대가 152, 161, 194, 204
《당운唐韻》 323
《당인설회唐人說薈》 82
대과곡帶過曲 432, 433
《대관다론大觀茶論》 98
《대당삼장취경시화大唐三藏取經詩話》 366, 493
《대당서역기大唐西域記》 492
《대당자은사삼장법사전大唐慈恩寺三藏法師傳》 492
대복고戴復古 247
대진戴震 282
《대학大學》 277, 280
《대학장구大學章句》 275
도연명陶淵明 435
도종의陶宗儀 83
《도화견문지圖畵見聞志》 106
돌궐突厥 32, 39, 41, 43
《돌궐어사전》 42
돌화창突火槍 327, 332
《동경기東京記》 331
《동경몽화록東京夢華錄》 359
동림서원東林書院 270, 271
동해원董解元 443, 457, 458
두광정杜光庭 77, 81
두보 105, 106, 247

《두아원竇娥冤》 447~449, 451, 452
두정판 319, 320
둔황석굴 312, 368, 401
등종량 129, 131
등탐조睒詔 24

ㄹ

량치차오梁啓超 247
루거우차오蘆溝橋 420
루쉰 75, 83, 282, 356, 501
루저우요汝州窯 386~388, 392
룽취안요龍泉窯 384, 393~395

ㅁ

마균馬鈞 326
마니교 36, 37
마르코 폴로 416~427
《마르코 폴로 여행기》 417~422, 425, 427
마원馬遠 404
마치원馬致遠 436, 437, 450
마합목馬哈木 42
마환馬歡 524
만두요饅頭窯 385
만리蠻利 23
만언서萬言書 155
만인적萬人敵 327
매요신梅堯臣 140, 194
맹자 130, 274, 279, 303, 406
《맹자》 53
먀오족苗族 68
메이란팡梅蘭芳 83
면역법免役法 156, 160, 176
명교明教 36
《모란정牡丹亭》 455, 463

《모시본의毛詩本義》 152
모우가한牟羽可汗 36
모진毛晉 377~379
《목암집牧庵集》 449
《몽계필담夢溪筆談》 288~290, 292, 293, 295, 296, 313
몽귀의蒙歸義 19
《몽량록夢梁錄》 358, 359, 361
몽사조蒙舍詔 18, 20, 21
《무경총요武經總要》 330
《무구정광대다라니경無垢淨光大陀羅尼經》 322
무라오족仫佬族 68
《무림구사武林舊事》 359
《무쌍전無雙傳》 77
무제 255, 341, 342
무측천 80
〈묵란도〉 409, 410
《문사박요文思博要》 518
문선제文宣帝 53
문성공주 66
《문승상서文丞相敍》 304
문연각文淵閣 507~510, 513, 518
《문원영화文苑英華》 315
문인화 207, 401, 402, 405, 406, 414
문정식文廷式 258
문천상文天祥 298~300, 302~309
《문헌대성文獻大成》 510
미불米芾 207, 414

ㅂ

바스코 다 가마 520, 524
바이족白族 18, 22, 24, 25
박격랍한博格拉汗 41
반냥전 341, 342, 344
방각본坊刻本 320, 321
방랍方臘 36, 479

방적龐籍 168
방전균세법方田均税法 157
방현령 43
배송지裵松之 466
《배월정》 452
배창裵暢 218
배형裵鉶 73, 78, 81
백거이 77, 82, 92, 94
《백과전서》 506
백록동서원白鹿洞書院 263, 265, 267, 275, 283
백만白蠻 22
백박白朴 450
백행간白行簡 77
범개范開 260
범려范蠡 435
범성대范成大 189, 244
범엽范曄 466
범중엄范仲淹 50, 126~137, 140, 144, 196
범흠范欽 376
베제클릭 석굴 36, 37, 41
벽송루邴宋樓 379, 380
《벽송루장서지邴宋樓藏書志》 379
변려문騈儷文 75
변문變文 74, 75, 357, 368
보갑법保甲法 157, 176
《보강총백원전補江總白猿傳》 78
복화법伏火法 328
《복희형매伏羲兄妹》 68
《봉신연의封神演義》 368, 503
부량자국浮梁瓷局 389
북곡잡극北曲雜劇 442, 444, 449
불랑기佛郎機 334
불홀목不忽木 430
비신費信 524
《비연전非煙傳》 77
《비파기琵琶記》 433
비호군飛虎軍 255, 256

ㅅ

《사고전서四庫全書》 506, 518
《사기》 177
《사당인집四唐人集》 379
사룡舍龍 20
사마광 123, 141, 145, 155, 160, 161, 168~177, 196, 197, 466
사마의司馬懿 469, 470
사마천 152, 177
《사서집주四書集注》 283
사신행査愼行 247
사패詞牌 182, 183
산곡散曲 430~440, 442
산락미蒜酪味 433, 438
《삼경신의三經新義》 158
《삼교주영三教珠英》 518
《삼국연의三國演義》 368, 464, 466~470, 473, 475, 476, 478, 492
《삼국지》 360, 466, 467, 475, 476
《삼국지주三國志注》 467
《삼협오의三俠五義》 123
《상서대전尙書大傳》 293
서건徐乾 320
서재사徐再思 436
《서록귀부후書錄鬼簿後》 442
《서산일굴귀西山一窟鬼》 361
《서상기西廂記》 83, 454~464
《서양번국지西洋番國志》 524
《서유기西游記》 464, 492~503
서하西夏 39, 46~58, 127, 134, 160, 175, 186
서하객徐霞客 24
《서하서西夏書》 53
석고서원石鼓書院 263, 267, 268
《석호거사시집石湖居士詩集》 313
선본善本 370, 371, 373, 374, 377~381
설경석薛景石 511

설앙부薛昂夫 430
설연타薛延陀 32
《설인귀정동薛仁貴征東》 511
설조薛調 77
성리학 137, 257, 269, 274, 276, 277, 283
성조成祖 509, 510, 513, 514, 516, 518, 520~523, 526, 528, 530
《섭은랑隱娘》 77, 81
《성세항언醒世恒言》 366
《성차승람星木差勝覽》 524
세노라細奴邏 18, 19~22
세조世祖 306, 416, 422~424
소동파 92, 147, 152, 176, 207, 210, 216, 255, 260, 386
소령小令 183, 431~433, 436~438, 440
소숙경蘇叔敬 513
소순 141, 145, 194, 204~206
소식蘇軾 92, 140, 143, 145, 151, 163~165, 183, 184, 187, 192, 194~207, 217
소철蘇轍 141, 143, 145, 152, 194, 204~206
《소침양방蘇沈良方》 296
《속현괴록續玄怪錄》 77
손권 254, 474
손사막孫思邈 328
《손자병법》 53
《손진인단경孫眞人丹經》 328
송강宋江 478~482, 485
송기宋祁 144, 145
송사宋詞 180~192, 199, 210, 260, 426, 430, 435, 440
《송사宋史》 48, 123
《송원희곡고宋元戲曲考》 451
송완宋琬 247
송응성宋應星 343
송홍매宋紅梅 82
《송회요집고宋會要集稿》 331
《수경주水經注》 511
수묵사의화水墨寫意畵 402, 405, 410

수수삼隋樹森 440
수양서원睢陽書院 263, 267, 268
《수옥사漱玉詞》 212, 221
《수원수필隨園隨筆》 262
《수호전》 368, 464, 478`490, 492
순화정舜化貞 19, 20
숭종崇宗 55
《시경》 180, 514
시내암施耐庵 479
신괴소설 78
신기질辛棄疾 184, 191, 192, 199, 210, 212, 216, 250~260
《신농본초경神農本草經》 328
신농씨 86
《신당서新唐書》 86, 88, 144, 152
《신선감우전神仙感遇傳》 77
《신선전神仙傳》 102
《신오대사新五代史》 152
신종神宗 56, 123, 155, 156, 158~160, 169, 196, 197, 202, 203, 293, 294, 353
《신편오대사평화新編五代史平話》 366
심괄 288~296, 313, 316
심기제沈旣濟 77, 78
심아지沈亞之 78
심증식沈曾植 216
《쌍절간소경雙浙赶蘇卿》 511

ㅇ

악가군岳家軍 224, 227~231
악록서원岳麓書院 263, 265, 267, 275, 283
악림岳霖 233
악비岳飛 182, 224~233
〈악양루기岳陽樓記〉 129, 130
악운岳云 225
《악장집樂章集》 185
안기도晏幾道 188, 191, 217

안사의 난 33
안수晏殊 149, 183, 191, 217
안영晏嬰 91
안진경顔眞卿 207, 374, 513
《앵앵전鶯鶯傳》 73, 77, 80, 83, 456~458
야리인영野利仁榮 49
《야인한화野人閑話》 106
양눌楊訥 493
《양조국사兩朝國史》 113, 123
《양주몽揚州夢》 77
양화고氧化鈷 390
엄광嚴光 435
여공저呂公著 141, 145
여동빈呂洞賓 100, 101, 103~105, 107~110
여본중呂本中 121
여조겸呂祖謙 257, 265, 269, 270
여진족 58, 250, 479
《여춘당麗春堂》 454
여포呂布 465
여혜경呂慧卿 159, 176
연연도호부燕然都護府 32, 43
연왕燕王 520, 522
《연옥관음石展玉觀音》 362, 363
《열국지전》 368
《영락대전永樂大典》 504~518
영락제永樂帝 522
《영애승람瀛涯勝覽》 524
《영우락永遇樂》 220
영종英宗 172
영화요永和窯 395
《예기정의禮記正義》 374
《예문유취藝文類聚》 512
예찬倪瓚 406, 411~413
오대시안烏臺詩案 164, 197, 202
오만烏蠻 18, 22
오문영吳文英 184
오수전五銖錢 341, 342, 344, 345
오승은吳承恩 492, 494, 495, 498, 201

오원태吳元泰 103
오진吳鎭 406, 407, 413
오징吳澄 265
오찬吳儧 512
온정균 98
와자瓦子 358, 359
완안량完顔亮 186, 250
완약사 212
완약파婉約派 185, 187, 188, 192, 210, 216
왕궈웨이王國維 437, 451
왕도王度 78
왕몽王蒙 406, 413
왕봉종王奉宗 20
왕소王韶 160
왕수인 267
왕실보王實甫 83, 454~464
왕안석 92, 127, 137, 141, 145, 154~166,
         169~171, 173, 175, 176, 196, 205, 217
왕양명王陽明 270
왕연덕王延德 40
왕염王炎 238, 239
왕염오王炎午 307
왕윤제王允濟 56
왕정王禎 317, 323
왕헌지王獻之 245
왕화경王和卿 434
왕흠약王欽若 518
요변요變 392, 393
요수姚燧 449
용요龍窯 385
우업于鄴 77
우집虞集 94, 108, 109
《우촌사화雨村詞話》 221
《운해경원韻海鏡原》 513
원교袁郊 77, 81
원매袁枚 262
《원사元史》 333
원진元稹 73, 74, 77, 80

월석조越析詔 24
위구르족 32, 33, 37
위구족裕固族 32, 38, 39, 69
위린굴楡林窟 54
위박衛朴 295
위충현魏忠賢 271
유곤劉琨 216
유공권 374
유과劉過 260
유광세劉光世 225
유극장劉克莊 247, 260
《유림외사儒林外史》 464
유병충劉秉忠 432
유비 467, 468, 472, 474
《유선굴游仙窟》 79, 80
《유세명언喩世明言》 366
유송년劉松年 404
유신옹劉辰翁 260
《유양잡조酉陽雜俎》 103
유영柳永 184~187, 192, 216, 217
유원기劉元起 373
《유의전柳毅傳》 78
유자휘劉子翬 274
육구령陸九齡 257, 265
육구연陸九淵 163, 257, 265, 269, 270, 279
육수번陸樹藩 380
《육십종곡六十種曲》 462
육심원陸心源 379
육유陸游 92, 96, 236~247
육천지陸天池 462
윤상매尹常賣 359
은자아銀子兒 364
은정銀錠 348~350
《음소집吟嘯集》 299
《의고당제발義顧堂題跋》 379
의종毅宗 52, 53, 55
이계경李季卿 90, 91
이계천李繼遷 46, 47, 50

이공좌李公佐 77, 78
이당李唐 404
이덕명李德明 47, 48, 50
이매李玫 77
이모심異车尋 23, 24
이몽양 267
이발李潑 267
이방李昉 73, 103, 518
이방숙李方叔 207
이백 106, 152, 199
이복언李復言 77
이섭李涉 267
이숭李嵩 404
이안체 212
이양조李諒祚 52
《이왜전李娃傳》 77
이욱李煜 188
이원호李元昊 47~50, 52, 54, 55, 134
이일화李日華 462
이조원李調元 221
이조위李朝威 78
이족彝族 18, 21, 22, 68
이청조李淸照 92, 184, 188, 192, 210~221
이학理學 269, 274~283
《이혹론理或論》 102
《이혼기離婚記》 77, 83
《인각쇄담茵閣瑣談》 216
인종仁宗 50, 53, 54, 100, 113~115, 127, 128, 131, 196, 414, 530
《인화록因話錄》 90
《임천집臨川集》 155

ㅈ

《자설字說》 158
자요박역무瓷窯博易務 389
《자치통감資治通鑒》 43, 168~177, 315, 374,

466
잡극雜劇 103, 436, 442~452, 454, 455, 458, 460, 479, 493
장가구張可久 436, 438, 439
장과로張果老 100, 101, 103, 105, 110
장귀비張貴妃 114, 115
장락張樂 21, 22
장량張良 435
장방蔣防 77, 80
장병법將兵法 157
장복張福 512
장봉익張鳳翼 82
장사신張士信 411, 412
장손무기 43
장숙야張叔夜 479
장안국張安國 250
장열張說 129
장욱張旭 106
장의조張議潮 39
장작張鷟 79
《장정송별長亭送別》 462
장준 224
장권추張君秋 83
장창종張昌宗 518
장택단張擇端 404, 405, 409
《장한가전》 82
《장흥집長興集》 296
《재인유제梓人遺制》 511
《전기傳記》 73, 77
전기소설 72~83, 456
《전당시全唐詩》 107, 262
《전명산곡全明散曲》 440
전숙錢淑 373
《전청산곡全淸散曲》 440
《정관정요》 53
정광조鄭光祖 450
〈정기가正氣歌〉 299, 302, 303, 305, 309
정덕휘鄭德輝 83

정사초鄭思肖 409, 410
정요定窯 386
정이程頤 270
정전둬鄭振鐸 75, 76, 380
정판교鄭板橋 247
정현鄭玄 293
정호程顥 270, 274, 276, 282
정화鄭和 520~531
정회鄭回 22~24
제갈량 21, 203, 467~473
제궁조諸宮調 444, 457
조국구曹國舅 100, 101, 103, 105
조길趙佶 98
조맹부 375, 406
조명성趙明誠 210, 211, 214, 215
《조반아풍월구풍진趙盼兒風月救風塵》 448
조백구趙伯駒 404
조사정趙士程 242, 243
조설근曹雪芹 463
《조씨고아趙氏孤兒》 451
조의금曹議金 39
《조자건집曹子建集》 312
조조 203, 472~474
조지프 니덤 330
조총鳥銃 334
조판인쇄 312~324, 370~372, 374~376
《종예필용種藝必用》 512
《종예필용보유種藝必用補遺》 512
좌종당左宗棠 267
주돈이周敦 276, 282
주밀周密 119, 308
주방언周邦彦 184, 185, 188, 191
《주역주소周易注疏》 374
주원장朱元璋 36, 333, 508, 516, 522
주유周瑜 203, 468, 471~473
주윤문朱允炆 516
주이존朱彝尊 438
주체朱棣 509, 516, 520, 522

주춘周春 53
주필대周必大 315
주희朱熹 137, 152, 257, 265, 267, 269, 270, 274~283, 508
증공曾鞏 143, 217
증국번 267
《중국소설사략中國小說史略》 75, 83
증기曾幾 236, 241
지괴소설 73, 77, 79
《지남록指南錄》 299
《지남후록》 299
《지림志林》 200
지적선사 86, 87
진관秦觀 151, 184, 187, 188, 191, 192, 207, 216, 218
진덕수眞德秀 121
진량陳亮 256, 257, 260
《진몽기秦夢記》 78
《진사塵史》 331
진수陳壽 466, 475, 512
진유숭陳維崧 260
진종眞宗 46, 126, 267
진현우陳玄祐 77
진홍陳鴻 77
진홍거陳鴻拒 82
진홍수陳洪綬 464
진회秦檜 225, 229, 237
《집이기集異記》 77
징더전요景德鎭窯 384
짱족藏族 60~69

ㅊ

《착참최령錯斬崔寧》 362, 363, 367
《찬이기纂異記》 77
참군희參軍戲 444
참천가한도參天可汗道 43

채경蔡京 166, 176
채광蔡光 260
《채다록采茶錄》 98
채양蔡襄 98, 207
《책부원구册府元龜》 314, 518
척발씨 48
척발적사拓跋赤辭 46
천가한天可汗 32
《천공개물天工開物》 343
《천녀이혼倩女離魂》 83
《천상성조금단비결天上聖祖金丹秘訣》 329
천성원보전天盛元寶錢 54
천수통보天授通寶 54
천심탑千尋塔 27~29
천일각天一閣 376, 377
천하주현도天下州縣圖 291, 292
철괴리鐵拐李 100, 101, 104, 110
철륵鐵勒 32
철종哲宗 166, 187, 198, 205
〈청명상하도淸明上河圖〉 407~409
청묘법靑苗法 156, 176
청평관淸平官 19, 22, 23
《청평산당화본淸平山堂話本》 366
청허자淸虛子 329
청화聽話 75
청화자靑花瓷 390
《초계어은총화苕溪漁隱叢話》 217, 316
《초사楚辭》 180
촉각본蜀刻本 315
최시패崔時佩 462
추부유 390
《춘추春秋》 295, 475, 514
《취옹담록醉翁談錄》 357, 361, 511
〈취옹정기醉翁亭記〉 144, 146, 147, 150, 152
《취중천醉中天》 434
츠저우요磁州窯 386, 387, 493
《침중기枕中記》 77, 78

ㅋ

캉유웨이康有爲 270
콜럼버스 292, 427, 520, 524, 531
쿠빌라이 306, 416

ㅌ

탕구트족 46, 47, 49, 58, 134
탕현조湯顯祖 83
《태극도설太極圖說》 276
태조 46, 228, 508, 516
태종 32, 40, 43, 46, 341
《태평광기太平廣記》 73, 103
《태평어람太平御覽》 314, 518
태학 53, 187
테무친鐵木眞 56
토번吐蕃 18, 24, 33, 38, 39, 46, 48, 50, 160
토호잔兎毫盞 395
《통감강목通鑒綱目》 323
《통지당경해通志堂經解》 320
투곡套曲 432, 434, 437, 446, 450
투수套數 432, 433, 436, 438, 440
투자족土家族 68
투판인쇄 318

ㅍ

《팔만대장경》 323
팔선八仙 100~110
《팔선출처동유기八仙出處東遊記》 103, 104
《포박자抱朴子》 373
포증包拯(포청천包靑天) 112~123, 135
피라각皮邏閣 19, 24, 25
《피서녹화避暑錄話》 186

필승畢昇 296, 313, 316, 318

ㅎ

하규夏圭 404
하선고何仙姑 100, 101, 105
하주夏州 46
하지장賀知章 106
《한궁추漢宮秋》 436
한기韓琦 134, 135
한림도화원翰林圖畫院 404
한림아韓林兒 36
한상자韓湘子 100, 101, 103, 105
《한서漢書》 72, 373
한세충韓世忠 225
한유 75, 101, 141, 152, 278
한종리漢鍾離 100, 104, 105
한타주 256, 258, 259, 275
합리미蛤蜊味 433, 438
해진解珍 483
허차서許次紓 98
헌종獻宗 56, 329
현장법사 496, 497, 501
협객소설 81
호림익胡林翼 267
호방파豪放派 185, 192, 203, 210, 213, 254, 255
호원중胡原仲 274
호자胡仔 217
《홍루몽》 455, 463, 464
《홍무정운洪武正韻》 513
《홍불기紅拂記》 82
《홍선전紅線傳》 77, 81
홍이포紅夷炮 334, 336
화목란花木蘭 217
화본소설 357, 364, 366, 368
화소송명루火燒松明樓 24

《화양국지華陽國志》 86
화총 331, 333, 334
활자인쇄 296, 312~324
황공망黃公望 406, 413
《황량몽》 450
황보매皇甫玫 77
황정견黃庭堅 162, 163, 207, 218
황종희黃宗羲 267, 270
회인가한懷仁可汗 33
회흘回紇 32~43, 47~50
효종 233, 237, 252, 253, 256, 280, 281, 352
《후한서後漢書》 373, 374, 466
휘종徽宗 166, 224, 344, 404, 414
흠종欽宗 224, 226
흥평興平공주 49
희령변법熙寧變法 154~166